EDITH STEIN GESAMTAUSGABE

2

EDITH STEIN GESAMTAUSGABE

Herausgegeben im Auftrag des
Internationalen Edith Stein Instituts Würzburg
von Michael Linssen OCD † und Klaus Mass OCD

Unter wissenschaftlicher Mitarbeit von
Hanna-Barbara Gerl-Falkovitz
Lehrstuhl für Religionsphilosophie und
vergleichende Religionswissenschaft der
Technischen Universität Dresden

2

Biographische Schriften 2

Selbstbildnis in Briefen I

Edith Stein

Selbstbildnis in Briefen

Erster Teil
1916–1933

Einleitung von
Hanna-Barbara Gerl-Falkovitz

Bearbeitung und Anmerkungen von
Maria Amata Neyer OCD

Revidiert von
Hanna-Barbara Gerl-Falkovitz

HERDER

FREIBURG · BASEL · WIEN

Diese Sonderausgabe wurde realisiert mit freundlicher Unterstützung der Provinzen des Teresianischen Karmels (OCD) in Deutschland und Österreich sowie der Edith Stein Gesellschaft Deutschland.

Neuausgabe 2025 der 3. Auflage 2010

Hermann-Herder-Straße 4, D-79104 Freiburg

www.herder.de
produktsicherheit@herder.de

Umschlaggestaltung: Finken & Bumiller, Stuttgart
Satz: SatzWeise, Bad Wünnenberg
Printed in Germany

ISBN 978-3-451-02622-5
ISBN E-Book (PDF) 978-3-451-83882-8

Geleitwort

In der ersten Veröffentlichung der Briefe Edith Steins durch das Archivum Carmelitanum Edith Stein (Edith Steins Werke, Bde. VIII–IX, 1976/77) schrieb Romaeus Leuven OCD einleitend: „Wir wüßten kein passenderes Wort zum Geleit … als das einleitende Zitat aus J. H. Kardinal Newmans Briefen und Tagebüchern in der Übertragung Edith Steins: ‚Es ist immer eins meiner Steckenpferde gewesen, obwohl es vielleicht eine ganz alltägliche Wahrheit ist und gar kein Steckenpferd, daß das wahre Leben eines Menschen in seinen Briefen steckt … Nicht nur im Interesse einer Biographie, sondern um ins Innere der Dinge zu gelangen, ist die Veröffentlichung von Briefen die rechte Methode'".[1]

Die vorliegende Sammlung von Briefen macht die Gestaltungskraft Edith Steins fühlbar, „eine Kraft, durch die Edith Stein wahrnehmbare Dinge und Personen in ihrem geistigen Zusammenhang erfaßt, sie in das eigene Leben einbezieht und in diesem Wirken sich selbst und andere Personen gestaltet … Bei der Lektüre dieser Briefsammlung begegnen wir vielen und sehr verschiedenen Personen, aber die Person der Briefschreiberin bleibt stets dieselbe, und ihre Essenz manifestiert sich, gerade durch die Vielfalt von Personen und verschiedenartigen persönlichen Beziehungen, mit stets zunehmender Deutlichkeit. So steigt zweifellos vor dem geistigen Auge des Lesers ein Selbstportrait Edith Steins auf …"[2]

Seit dem Erscheinen der ersten Auflage der Briefe Edith Steins konnten weitere Briefe aufgefunden und dieser Sammlung eingefügt werden. Der nun vorliegende Band enthält auch Schreiben, die *an* Edith Stein gerichtet wurden. Ihre Zahl ist nicht allzu groß: Edith Stein pflegte beantwortete Briefe zu vernichten. Sie hatte aber die Gewohnheit, leere Rückseiten oder freie Ränder solcher Briefe für Notizen oder Exzerpte zu benutzen; sie fanden sich unter ihren Manuskripten. Auch wurden einige Briefe offensichtlich ihres Erinnerungswertes wegen aufbewahrt.; dazu gehören vor allem Karten und

---

[1] Edith Steins Übersetzung von *J. H. Kardinal Newman, Briefe und Texte zur ersten Lebenshälfte (1801–1845)*, ESGA 22, 5f.
[2] P. Romaeus Leuven OCD im Geleitwort der ersten Briefausgabe, Freiburg 1976.

Briefe von Edmund und Malvine Husserl. Auch diese an Edith Stein gerichteten Briefe – zum Teil Fragmente – wurden dem vorliegenden Band chronologisch eingeordnet (mit kursiven Briefnummern).

Die Herausgeber dieses Bandes sind vielen Menschen zu Dank verpflichtet. Zahlreiche Briefe wurden – im Zusammenhang mit dem sogenannten Schriftenprozeß im Seligsprechungsverfahren für Edith Stein – von Schwester Teresia Margareta Drügemöller OCD/Köln gesammelt. Besonderer Dank gebührt den Angehörigen Edith Steins, zumal den Familien Batzdorff und Biberstein in den USA, die dem Edith-Stein-Archiv viele Originale zum Geschenk machten und dazu die Abdruckerlaubnis gaben.

In den gegenüber früheren Ausgaben stark vermehrten editorischen Anmerkungen zu den Briefen wurde versucht, Personennamen, Ereignisse, Buchtitel u. a., die im Brieftext erscheinen, verständlich zu machen. Für die Erstellung dieser Anmerkungen sind so viele kenntnisreiche Menschen zu Hilfe gekommen, daß es unmöglich erscheint, ihre Namen hier zu nennen. Manche sind an Ort und Stelle mit Dank erwähnt worden.

Für die Bearbeitung des vorliegenden Bandes wurden hauptsächlich folgende Werke herangezogen:

ESGA 1: Aus dem Leben einer jüdischen Familie und weitere autobiographische Beiträge, Freiburg, Basel, Wien 2002

ESGA 3: Selbstbildnis in Briefen II (1933–1942), Freiburg, Basel, Wien 2000

ESGA 4: Selbstbildnis in Briefen III: Briefe an Roman Ingarden, Freiburg, Basel, Wien 2001

Teresia Renata Posselt, Edith Stein, ein Lebensbild, Nürnberg 1954 (7. Auflage)

Jahrbuch für Philosophie und phänomenologische Forschung (JPPF), hg. v. E. Husserl u. a., Halle a. d. Saale 1913–1930

Edmund Husserl, Briefe an Roman Ingarden, hg. v. Roman Ingarden, Den Haag 1968

Karl Schuhmann, Husserl-Chronik (HChr.), Husserliana, Dokumente Bd. 1, Den Haag 1977

Hans Rainer Sepp, Edmund Husserl und die phänomenologische Bewegung, Katalog zur Ausstellung, Freiburg – München 1988

Maria Amata Neyer, Edith Stein. Ihr Leben in Dokumenten und Bildern, Würzburg 1987 ff. (AN1)

Edith Stein, Wie ich in den Kölner Karmel kam. Mit Erläuterungen und Ergänzungen von Maria Amata Neyer, Würzburg 1994 (AN2), jetzt in: ESGA 1, 345–362.

† *Michael Linssen OCD* (Würzburg)
Maria Amata Neyer OCD (Köln)

Vorwort zur zur 2. Auflage

In erfreulich kurzer Zeit war die Erstauflage des Briefwechsels von Edith Stein vergriffen. Dieses erfreuliche Echo ist sicher auf die Tatsache zurückzuführen, daß darin nicht allein neu aufgefundene Briefe Edith Steins enthalten waren, sondern daß erstmals auch die Briefpartner zu Wort kamen und ferner einige Briefe und Dokumente von dritter Seite das Gesamtbild sachlich abrundeten. Daraus ergaben sich neue, unbekannte Aufschlüsse über den geistigen Werdegang der jungen Phänomenologin über die Konversion bis zum Eintritt in den Karmel.

Mittlerweile wurden weitere Briefe und Dokumente entdeckt, und die Existenz anderer kann nicht ausgeschlossen werden. Alle neu aufgefundenen Dokumente werden zunächst gesammelt und dann in einem ESGA-Ergänzungsband publiziert.

Für die 2. Auflage wurden nochmals alle Texte mit dem Original (soweit vorhanden) sorgfältig verglichen, Fehler verbessert, bisherige Auslassungen ergänzt, Fußnoten vervollständigt und das Register neu erstellt.

Dresden, 9. November 2004, 66 Jahre nach der „Reichskristallnacht“

Hanna-Barbara Gerl-Falkovitz

Inhalt

Einleitung

von Hanna-Barbara Gerl-Falkovitz

1. Grund der Neuveröffentlichung

In damaliger zeitbedingter Unvollständigkeit waren die Briefe Edith Steins (ESW VIII und IX) 1976/77 herausgegeben worden. Mit der wachsenden Bedeutung ihrer Gestalt nahm die Notwendigkeit zu, die Lücken zu ergänzen, Unbekanntes und Verstreutes zu sammeln. Das Briefcorpus an den Jugend- und Studienfreund Roman Ingarden ist schon gesondert 1991 erschienen (ESW XIV, jetzt ESGA 4, 2001).

So liegt nunmehr der erste Teil der Korrespondenz von Edith Stein vor, und zwar beträchtlich erweitert. *Erstmals ergänzt* aber ist der Briefwechsel auch durch alle auffindbare Korrespondenz an sie. Teils hat sich diese erhalten als Konzeptpapier – auf den berühmten „heilige-Armut-Blättern" (Edith Stein benutzte die Rückseite von Briefen für Notizen). Teils ist die Korrespondenz zusammengetragen durch die rühmenswerten Anstrengungen von Sr. T. Margareta Drügemöller und Sr. M. Amata Neyer (beide im Karmel Köln).

Die Teilung der Briefe erfolgt im Schicksalsjahr 1933, d.h. der erste Band umfaßt die Korrespondenz bis zur Aufnahme in den Kölner Karmel als Postulantin im Oktober 1933. Auch sind die Briefe im Unterschied zur Erstausgabe nunmehr durch Sr. M. Amata Neyer sorgfältig kommentiert und enthalten in den Fußnoten viele Materialien zur Geistesgeschichte, insbesondere von den 10er zu den 30er Jahren unseres Jahrhunderts.

2. Alte und neue Inhalte

Wirft die jetzige, vervollständigte Ausgabe ein neues Licht auf Edith Stein? Wohl nicht im Sinne grundlegend neuer Erkenntnisse, was ihre Arbeit oder ihre Menschlichkeit angeht. Doch rückt das schon Bekannte in immer klarere Konturen ein. Im ganzen gliedert sich das Corpus in die trockeneren sachbezogenen Briefe und den persönlichen Austausch.

Zu den vorwiegend sachbezogenen Briefen gehören:
- der umfangreiche Briefwechsel mit den Kommilitonen im Husserl-Kreis, besonders mit Fritz Kaufmann und Jean Hering,

- die amtlichen Eingaben in Bezug auf den Druck der Dissertation und auf die (vergeblichen) Habilitationsversuche, die diesbezüglichen Antworten und Gutachten,
- Buchbestellungen und Rechnungen für philosophische und pädagogische Bücher,
- Verlegerkorrespondenz,
- die Bitte um kirchliche Erlaubnis zum Studium von Büchern, die damals auf dem Index standen,
- Berichte über Vorträge, etwa über die „Frauenfrage" und über die Phänomenologentagung in Juvisy 1932,
- Arbeitspläne und Fortgang der Thomas-Studien ab 1925 und die Veröffentlichung der Thomas-Übersetzung mit den folgenden Reaktionen.

Hinzugekommen sind aber vor allem persönlich gefärbte Briefe und Postkarten, die seit dem Wechsel an das Lyzeum St. Magdalena in Speyer die zunehmende beratende Tätigkeit zeigen, das Einstehen für die Jüngeren, die eigene wachsende Vertiefung im Christlichen:

- geistlicher und beruflicher Rat,
- Angaben über die eigene innere Entwicklung,
- die Eintragungen im Gästebuch Mayer in Beuron,
- Empfehlungen für die Lektüre an Schülerinnen und befreundete Ordensschwestern,
- Festtags- und Feriengrüße an einen breiten Kreis und, seltener, an die Familie.

Mit besonderer Bewegung lesen sich die Briefe ab Januar 1933, wo Edith Stein aufgrund der Machtergreifung Hitlers die Münsteraner Dozentur aufgibt und der Entschluß zum Karmel unabweislich wird, gleichzeitig aber die Furcht zunimmt, dies der Mutter zumuten zu müssen. So mehren sich die Bitten um das begleitende Gebet. Und es fällt der Satz: „Ich bin dem Umsturz, der mir diesen Weg freimachte, sehr zu Dank verpflichtet."[3]

Wichtig ist der Einschub 251, worin das Schreiben Edith Steins an Papst Pius XI. in bezug auf eine Enzyklika zur Judenfrage angesprochen wird. Dieses Schreiben, das entgegen früheren Vermutungen nicht verloren ist, wurde bisher vom Staatssekretariat im Vatikan nicht zur Lektüre und nicht zum Druck freigegeben.

3. Zuordnung zum heutigen Interesse an Briefausgaben

Es gehört zur tragischen und verwundeten Signatur dieser Zeit, daß sie die Viten und Briefwechsel bedeutender deutschsprachiger Zeitgenossen nur

[3] An Hilde V. Borsinger vom 4.8.1933, Brief 263.

durch Narben oder gar durch Lager und Vernichtung hindurch zur Kenntnis nehmen kann. Erst jetzt füllen sich geschichtliche Lücken des totalitären Alltags oder auch des Exils durch die zahlreich herausgegebenen Korrespondenzen dieser Jahre. In der letzten Zeit erschien eine Reihe wichtiger Briefwechsel, vor allem von Frauen, so 1996 verschiedene Korrespondenzen von Hannah Arendt (mit ihrem Mann Heinrich Blücher, mit Mary Mc Carthy, mit Karl Jaspers[4]), ebenso 1996 die Briefe von Milena Jesenská, der Freundin Kafkas[5] – um nur auf zwei Frauen hinzuweisen. Gleichermaßen wurden mittlerweile Briefe aus der Welt der Lager, so etwa der katholischen Sozialistin Maria Grollmuß aus dem Frauen-Konzentrationslager Ravensbrück, veröffentlicht.[6]

Edith Steins Briefe treffen andere Segmente derselben mitteleuropäischen Welt: das Segment der Phänomenologie um den „Meister" Edmund Husserl und das Segment des katholischen, auch des klösterlichen Lebens vor 1933, darin zuweilen leise aufleuchtend auch der Hintergrund einer jüdischen Familie in ihrem wachsenden Bedrohungsgefühl. Hervor tritt das Porträt einer geradlinigen Frau, vielbegabt, nicht ohne Selbstkritik, ja Selbstzweifel, aber von wachsender Sicherheit über den eigenen, undurchschauten Weg getragen. Genauer: Nicht der Weg wird sicherer, nur das Vertrauen, sich fallenlassen zu können. Darin liegt wohl der Ertrag der Briefe: im Durchstehen des Nüchternen, des übermäßigen beruflich und wissenschaftlich Fordernden, des „Gyrovagen"-Lebens, das alle Enden Deutschlands einbegreift. Dieses Durchstehen war unspektakulär nach außen, bei allem Rampenlicht, in das ein solches Wissenschaftlerinnen-Dasein durch die Vorträge zwischen Wien, München, Salzburg und Juvisy bei Paris geriet. Aber es vertiefte sich nach innen, bis es durch den Druck 1933 in die längst gewünschte, gedanklich mindestens seit 1921 vorentworfene Richtung mündete – in das Karmel-Leben.

Gibt es das doch offensichtlich: einen Ruf quer durch die zeitgenössische Kultur, quer gegen die eigene religiöse Herkunft und sie doch einlösend? Edith Stein ist das Beispiel einer Berufung, nicht auf den ihr zustehenden Lehrstuhl, sondern zu einer Lehrerschaft des Vertrauens, einfach, ja so einfach wie möglich „an Gottes Hand zu gehen". Daß solches Vertrauen mit einer ausnehmenden Intellektualität zusammenfällt, ist die besondere, berührende Spannbreite der Briefe. Hier hat der Glaube keine große Ich-Funktion; er ist – fern der heutigen Versuchung zur Selbstbestätigung – lösender Gehorsam.

---

4 Alle erschienen im Piper-Verlag, München.
5 Erschienen im Bollmann-Verlag, Mannheim.
6 Elisabeth Prégadier (Hg.), Briefe nach Radibor. Maria Grollmuß (1896–1944). Aus dem Zuchthaus Waldheim und dem Konzentrationslager Ravensbrück von 1935–1944, Plöger Verlag, Annweiler/Essen 1997.

Um den Gewinn der Briefe mit Kierkegaard zusammenzufassen: „Nicht den allein nennen wir einen Lehrer der Menschen, der durch eine besonders glückliche Gunst oder mit unermüdlicher Mühe und durchgreifender Ausdauer die eine oder andere Wahrheit entdeckte oder ergründete, das Erworbene als eine Lehre hinterließ, die die nachfolgenden Generationen zu verstehen und in solchem Verstehen sich anzueignen versuchen, sondern – und in einem vielleicht noch strengeren Sinne – auch den nennen wir einen Lehrer der Menschen, der nicht nur anderen eine Lehre zu überliefern hatte, sondern der dem Geschlecht sich selbst als *Vorbild* hinterließ, sein Leben als eine *Orientierung* für den Menschen, seinen Namen als eine *Bürgschaft* für die Vielen, seine Tat als eine *Ermutigung* für die Versuchten.“[7]

[7] Sören Kierkegaard, Vier erbauliche Reden. Deutsch in: Gesammelte Werke 7., 8., 9. Abteilung, Düsseldorf/Köln 1956, 1.

Abkürzungsverzeichnis

Anm.	Anmerkung
Bd.(e)	Band (Bände)
Br.	Brief
bes.	besonders
bezw.	beziehungsweise
d. h.	das heißt
d. i.	das ist
d.	der, die, das
dergl.	dergleichen
Dr.	Doktor
E. E.	Euer Ehrwürden
Ehrw.	Ehrwürdige / Ehrwürden
ESGA	Edith Stein Gesamtausgabe. Herder, Freiburg/Basel/Wien 2000 ff.
ESW	Edith Steins Werke, Bd. I–XVIII. Herder, Freiburg/Basel/Wien 1950–1998.
etc. (p. p.)	und so weiter
ev.	eventuell
f.	für
fr.	Frater = Bruder
Fr.	Frau
Frl.	Fräulein
hg.	herausgegeben
hl. (st.)	heilig(ste)
Hrsg.	herausgegeben
hs.	handschriftlich
Hs(s).	Handschrift(en)
in Corde Jesu/i.C.J.	im Herzen Jesu
in Xo.	in Christus
Jg.(e).	Jahrgang (Jahrgänge)
Jh.	Jahrhundert
JPPF	Jahrbuch für Philosophie und phänomenologische Forschung, Halle 1913 ff.
kath.	katholisch
l./lb.	liebe(r)
m. E.	meines Erachtens
M.	Mutter
Ms(s).	Manuskript/Manuskripte
n. b.	notabene = wohlgemerkt
Nr.	Nummer
o. J.	ohne Jahr
o. O.	ohne Ort
OCD	Ordo Carmelitarum bzw. Discalceatorum/-arum = Orden der Unbeschuhten Karmeliten/Karmelitinnen
OFM	Ordo Fratrum Minorum = Franziskanerorden
OP.	Ordo Praedicatorum = Dominikanerorden
O. S. B.	Ordo Sancti Benedicti = Benediktinerorden
P.	Pater
P. N. (P.)	Pater Noster (Provinzial)

Pax Xi	Pax Christi = der Friede Christi	Tl(e).	Teil(e)
		u.	und
Prof.	Professor	V.	Vater
R. i. p.	requiescat in pace = er/sie ruhe in Frieden	v.	von
		Verf.	Verfasser
Schw./Sr.	Schwester	vgl.	vergleiche
S.	Seite	Vlg.	Verlag
Sign.	Signatur	Xi	Christi
SJ	Societas Jesu = Jesuit(en)	Xs	Christus
		z. T.	zum Teil
s. z. s.	sozusagen	Zs./Zft.	Zeitschrift

Editorische Vorbemerkung

Mit spitzen Klammern ⟨ ⟩ versehene Einfügungen im Text wie in den Fußnoten kennzeichnen editorische Hinweise/Ergänzungen/Verdeutlichungen.

Briefe, Brieffragmente, Eintragungen, Dokumente

1

Gutachten Edmund Husserls[1] zur Dissertation Edith Steins

In ihrer Dissertation über „Das Einfühlungsproblem in seiner geschichtlichen Entwicklung und in phänomenologischer Betrachtung" verfolgt Fräulein E. Stein zunächst (Th⟨eil⟩ I) in lehrreicher Weise die Geschichte des Einfühlungsproblems von Herders[2] bahnbrechenden Ausführungen ab bis zur Gegenwart. Das Schwergewicht der Arbeit liegt aber in den systematischen Versuchen des II.–IV. Theils zu einer Phänomenologie der Einfühlung und den Anwendungen derselben auf die Klarlegung des phänomenologischen Ursprungs der Ideen Leib, Seele, Individuum, geistige Persönlicheit, sociale Gemeinschaft und Gemeinschaftsgebilde. In den beiden abschließenden Theilen wird die Bedeutung der Einfühlung in der ethischen und aesthetischen Sphäre untersucht und in letzterer Hinsicht einer phänomenologischen Analyse der aesthetischen Einfühlung unterworfen.

Abgesehen von den historischen und kritischen Ausführungen ist die Verf⟨asserin⟩ – in den leitenden Grundgedanken ihrer Theorien – von meinen Göttinger[3] Vorlesungen und persönlichen Anregungen bestimmt. Der große Stil aber, in dem sie diese Anregungen verarbeitet, und die wissenschaftliche Gründlichkeit sowie der Scharfsinn, den sie dabei erwiesen hat, verdienen die g r ö ß t e Anerkennung. Ich beantrage daher Zulassung der Verf⟨asserin⟩ zur mündlichen Prüfung[4].

Freiburg, 29. Juli 1916
E. Husserl

Das Original dieses Gutachtens – Handschrift von E. Husserl – befindet sich im Universitätsarchiv der Albert-Ludwigs-Universität Freiburg i. Br., das die Kopie freundlicherweise zur Verfügung stellte.

[1] Edmund Husserl, Begründer der Phänomenologie, geb. am 8.4.1859 in Proßnitz/Mähren, gest. am 27.4.1938 in Freiburg, wo sich auch sein Grab befindet (in Günterstal). Husserl war zunächst Privatdozent in Halle (1878–1901), dann Professor für Philosophie in Göttingen (1901–1916), schließlich in Freiburg (1916–1928). Sein umfangreicher Nachlaß konnte nach Löwen gerettet werden und wird vom dortigen Husserl – Archiv herausgegeben.

[2] Johann Gottfried Herder, geb. am 25.8.1744 in Mohrungen/Ostpr., gest. am 18.12.1803 in Weimar, war Theologe, Philosoph, Historiker und Dichter. Er verwendet den Einfühlungsbegriff in „Vom Erkennen und Empfinden der menschlichen Seele" (1778).

[3] Gemäß dem Abgangszeugnis der Königlich Preußischen Georg-August-Universität zu Göttingen hat sich Edith Stein „vom 21. April 1913 bis zum Schlusse des Wintersemesters 1914/15" dort „des Studiums beflissen" und in jedem dieser Semester Vorlesungen bei Husserl gehört und seine Übungen für Fortgeschrittene mitgemacht. – In ihren Aufzeich-

nungen berichtet Edith Stein von ihren Begegnungen und persönlichen Aussprachen mit Edmund Husserl (vgl. ESGA 1, Kap. 7).

[4] Das Rigorosum fand in Freiburg am 3.8.1916, 18 Uhr, statt, im Sitzungszimmer der Staatswissenschaftlichen Fakultät, „weil es da am kühlsten war" (vgl. ESGA 1, Kap. 10). Edith Stein erhielt für die Doktorprüfung das Prädikat summa cum laude (mit höchster Auszeichnung). Das Original der Promotionsurkunde befindet sich im Edith-Stein-Archiv des Karmel in Köln.

2

Edith Stein an Fritz Kaufmann[1]

Breslau, 16.8.16

Lieber Herr Kaufmann,

recht herzlichen Dank für Ihre lieben Zeilen. Es tut mir so wohl, daß Sie alle sich so mit mir freuen[2], denn ich selbst fühle mich eigentlich etwas bedrückt, weil das Glück sich gerade in dieser Zeit so mit Gaben überhäuft. Einen kleinen Tribut fordert es sich allerdings ein: ich bin seit einigen Tagen nicht ganz gesund und kann nur mit knapper Not meinen amtlichen Pflichten nachkommen; versäumen kann ich die Schule[3] so kurz vor dem Abitur, wo keinerlei Vertretung da ist, unmöglich. Hoffentlich werde ich trotzdem am 1. Oktober (dann bin ich hier nicht mehr nötig), wenn ich wieder nach Freiburg reise, so weit sein, daß ich alle Kräfte einsetzen kann. Ja, von dieser wundersamen Angelegenheit muß ich Ihnen doch noch Näheres erzählen. Als ich etwa 14 Tage in Freiburg[4] war und der Meister[5] noch sehr schmollte, weil ich so grausam war, ihn zur Lektüre meiner Arbeit[6] zu nötigen, hörte ich ihn eines Abends zu einer andern Dame sagen, er müßte notwendig – ebenso wie Hilbert[7] – einen Assistenten haben. Der kleine Meyer[8] erzählte uns dann, er trage sich schon lange mit diesem Gedanken und meine, er könnte ohne Hilfe überhaupt nicht mehr an seine Manuskripte herangehen. Da begann ich schüchtern zu erwägen, ob ich ihm meine Hilfe anbieten könnte. Und ich faßte mir ein Herz dazu, als er mir am nächsten Tage eröffnete, er sei mit meiner Arbeit sehr zufrieden und ein gutes Stück davon dekke sich mit wesentlichen Bestandteilen aus dem 2. Teil der Ideen[9]. Er war sichtlich ganz glücklich bei dem Gedanken, nun einen Menschen ganz zu seiner Verfügung zu haben – obwohl er offenbar noch gar keine klare Vorstellung hat, wie sich unsere gemeinsame Tätigkeit gestalten soll. Jedenfalls sind wir uns darüber einig, daß wir zuerst die Manuskripte der Ideen vornehmen wollen. Als Vorbereitung dazu muß ich jetzt auf meine alten Tage Gabelsberger Stenographie[10] lernen – das ist der Schlüssel zum Allerheiligsten.

Der Schluß des Briefes ging verloren.

[1] Fritz Kaufmann, geb. am 3.7.1891 in Leipzig, gest. am 9.8.1958 in Zürich, habilitierte sich 1926 bei Husserl in Freiburg. Edith Stein lernte ihn 1913 als Husserlschüler in Göttingen kennen und erwähnt ihn oft in ihren Aufzeichnungen (vgl. ESGA 1, Kap. 7). Kaufmann lehrte ab 1933 an der Hochschule für die Wissenschaft des Judentums in Berlin und emigrierte 1936 in die USA; er war Professor für Philosophie in Buffalo, später in Zürich.
[2] Über Edith Steins glänzend bestandene Promotion.
[3] Edith Stein hat vom 7.2. bis 29.9.1916 an der realgymnasialen Studienanstalt der Viktoriaschule in Breslau Unterricht erteilt und in dieser Zeit ab Ostern auch das „Königliche Seminar für Kandidatinnen des höheren Lehramtes" mitgemacht (vgl. Originaldokumente im Kölner Edith-Stein-Archiv Nr. A 15 bis A 17).
[4] Edith Stein reiste in den ersten Julitagen 1916 nach Freiburg und blieb bis zum 4.8. dort.
[5] Vgl. Br. 1 Anm. 1. Husserls Schüler nannten ihn „Meister". „Er wußte darum und mochte es gar nicht leiden", schreibt Edith Stein dazu (ESGA 1, 201).
[6] Ihrer Doktorarbeit „Das Einfühlungsproblem in seiner historischen Entwicklung und in phänomenologischer Betrachtung".
[7] David Hilbert, bedeutender Mathematiker, geb. am 23.1.1862 in Königsberg, war ab 1895 Professor in Göttingen; er starb dort am 14.2.1943.
[8] Rudolf Meyer, Student der ev. Theologie, hörte in Freiburg Vorlesungen bei Husserl; er war später Geistlicher der auf Rudolf Steiner zurückgehenden Anthroposophischen Christengemeinschaft.
[9] Husserls Werk „Ideen zu einer reinen Phänomenologie und phänomenologischen Philosophie, Erster Band" war als 1. Beitrag im 1. Band des soeben von Husserl begründeten Jahrbuchs für Philosophie und phänomenologische Forschung (JPPF), Halle 1913, erschienen. Der II. Teil des Werkes, schon 1912 im Manuskript entworfen und 1915 von Husserl überarbeitet, wurde erst von Edith Stein in druckfertige Form gebracht (veröffentlicht als „Ideen II" bzw. „Ideen III" in Husserliana IV und V).
[10] Ein nach seinem Erfinder Fanz Xaver Gabelsberger (1789–1849) benanntes, vor allem in Österreich gebrauchtes stenographisches System, das heute nicht mehr in Gebrauch ist. Husserl pflegte alle seine Notizen in dieser Kurzschrift abzufassen.

3

Edith Stein an Fritz Kaufmann[1]

Freiburg, 13.XII.16
Goethestr. 63

Lieber Herr Kaufmann,

zunächst die besten Wünsche für den neuen Kriegsabschnitt[2], der hoffentlich (und das ist doch heute eine vernünftig motivierte Hoffnung!) recht kurz sein wird. Zugleich diese schüchterne Andeutung eines Weihnachtspakets. Leider bekam ich nämlich Ihre Adresse gerade, als die Annahme der großen Pakete geschlossen war, und das, was ich Ihnen eigentlich zugedacht hatte, kann daher zu meiner Betrübnis erst nach den Feiertagen folgen. Es sind Konrad Fiedlers[3] Schriften über Kunst; wenn Sie sie, wie ich hoffe, noch nicht kennen, so werden Sie, glaube ich, darin manche Anregung finden für das, was Sie zuletzt beschäftigte. Mein Kopf taugt heute nicht viel zur Philosophie. Wenn man doch ein paar Tage älter wäre und wüßte, was die Entente[4] zum Friedensangebot sagt! Ist Ihre Phantasie kühn genug, um sich auszumalen, daß wieder Friede wird und wie sich alles gestalten wird? Wenn es nicht wird, dann gehe ich vielleicht – trotz der Ideen[5] – in eine Munitionsfabrik oder dergl. Aber ich muß Sie doch noch ein wenig mit meinem gräßlichen Optimismus ärgern, und so wünsche ich Ihnen ein fröhliches Weihnachtsfest bei Waffenstillstand!

Mit herzlichen Grüßen
Edith Stein

[1] Vgl. Br. 2 Anm. 1.
[2] Am 12. 12. 1916 hatte die Deutsche Regierung den neutralen Mächten und durch sie den kriegführenden Staaten ein Angebot unterbreitet, das die Einleitung von Friedensverhandlungen vorschlug, das jedoch am 30. 12. 1916 abgelehnt wurde.
[3] Conrad Fiedler, geb. am 23. 9. 1841 in Oederan/Sachsen, gest. am 3. 6. 1895 in München, hatte ein zweibändiges Werk „Schriften über Kunst" herausgegeben, das 1914 in einer Neuauflage erschienen war. Kaufmann war stark an Philosophie der Kunst interessiert.
[4] Entente: englisch-französisches Bündnis im 1. Weltkrieg.
[5] Vgl. Br. 2 Anm. 9.

4

Edith Stein an Fritz Kaufmann[1]

Freiburg, 12. I. 1917

Lieber Herr Kaufmann,

mit einiger Bekümmernis sehe ich, wie lange ich Ihnen schon Antwort schulde. So geht es mir aber jetzt mit allen Leuten. Der Kreis von Menschen, mit denen ich in brieflichem Verkehr stehe, ist so groß, daß es immer eine Zeit dauert, bis ich herumkomme. Dazu kam ein kleiner Abstecher nach Göttingen, den ich machte, um Reinach[2] während seines Weihnachtsurlaubs zu sprechen. Es geht ihm gesundheitlich ausgezeichnet, und auch seine Stimmung ist weiter recht erfreulich, obgleich er natürlich recht froh wäre, wenn das Spiel ein Ende nähme. Er behauptet im Felde die Entdeckung gemacht zu haben, daß er weder philosophisch begabt noch jemals ernst dafür interessiert gewesen ist. Das liegt daran, daß er jetzt ganz von religiösen Fragen in Anspruch genommen ist, und seine Arbeit wird sicherlich nach dem Kriege in erster Linie diesem Gebiet gelten.[3] Immerhin ist in den

Tagen, während ich mit ihm zusammen war, auch sein philosophisches Interesse wieder wachgeworden, wir haben sogar sein Bewegungs-Manuskript[4] wieder hervorgeholt, und er will sehen, ob er draußen was daran machen kann. Das ist wunderschön. Ich hatte kaum noch zu hoffen gewagt, daß er überhaupt nochmal dran ginge.

Was meine Arbeit[5] anbelangt, so sind die Schwierigkeiten doch größer, als sich anfangs übersehen ließ. Es ist sachlich noch sehr viel zu tun, und außerdem ist die Zusammenarbeit mit dem lieben Meister[6] eine höchst komplizierte Geschichte. D. h. das Bedenkliche liegt darin, daß es zu einer rechten *Zusammen*arbeit gar nicht kommen will. Er beschäftigt sich immer mit einzelnen Fragen und erstattet mir darüber auch getreulich Bericht, aber er ist nicht dazu zu bewegen, einmal die Ausarbeitung anzusehen, die ich ihm aus seinen alten Materialien mache, damit er den Überblick über das Ganze wiederbekommt, den er verloren hat. Solange das nicht zu erreichen ist, kann an eine abschließende Gestaltung natürlich nicht gedacht werden. Ich habe mich aber jetzt bei dem Entschluß beruhigt, die Sache mit oder ohne ihn und gleichgültig, wie lange es dauern mag, in eine allgemein zugängliche Form zu bringen. Denn verloren darf es keinesfalls gehen. Sie sehen daraus zugleich, daß ich den Gedanken einer Rückkehr an die Schule endgültig aufgesteckt habe (falls nicht unvorhergesehene Umstände mich einmal dazu nötigen sollten) und hoffe, ganz und für immer bei der wissenschaftlichen Arbeit bleiben zu können.

Lipps[7] hat nächstens wieder Urlaub, und ich hoffe stark, ihn hier zu sehen.

Mit herzlichen Grüßen
Edith Stein

1 Vgl. Br. 2 Anm. 1.

2 Adolf Reinach, geb. am 23. 12. 1883 in Mainz, gefallen am 16. 11. 1917 in Dixmuiden/Flandern, war Privatdozent in Göttingen. Er und seine Frau Anne waren eng mit Edith Stein befreundet, da sie verschiedene Vorlesungen und Übungen von Reinach besucht hatte. Sie erwähnt ihn, seine Frau und seine Schwester oft in ihren Briefen und Aufzeichnungen (vgl. ESGA 1, 7. Kap.). Reinachs wohnten in Göttingen, Am Steinsgraben 28.

3 Nach dem Tod Reinachs gaben seine Freunde einen Sammelband heraus: „Adolf Reinach. Gesammelte Schriften. Herausgegeben von seinen Schülern", Halle a. d. S⟨aale⟩, Max Niemeyer, 1921. In der Einleitung zu diesem Band läßt sich die von Edith Stein angedeutete Entwicklung verfolgen (vgl. bes. S. XXVII ff.).

4 Im Wintersemester 1913/14 und im Sommersemester 1914 hatte Reinach Übungen für Fortgeschrittene abgehalten mit dem Thema „Über das Wesen der Bewegung" (vgl. ESGA 1, 223 ff. und 238 ff.).

5 An Husserls Manuskript der „Ideen II".

6 Vgl. Br. 2 Anm. 5.

7 Hans Lipps, geb. am 22. 11. 1889 in Pirna a. d. Elbe, gefallen am 10. 9. 1941 an der Ostfront des 2. Weltkrieges, machte Doktor- und Staatsexamen in Medizin und Philosophie. Er war Dozent für Philosophie der Mathematik in Göttingen, später Professor in Frank-

furt/M.; zeitweise arbeitete er als Schiffsarzt. Edith Stein erwähnt Lipps, mit dem zusammen sie in Göttingen studiert hatte, sehr oft in ihren Briefen und Aufzeichnungen (vgl. ESGA 1, Kap. 7).

5

Edith Stein an die Philosophische Fakultät in Freiburg

Handgeschriebenes Gesuch auf Aktenbogen

An die Hohe Philosophische Fakultät
der Großherzoglich Badischen Albert-Ludwigs-Universität
(Philologisch-Historische Abteilung)

Freiburg, den 30. I. 17
Goethestr. 63

Hierdurch ersuche ich ergebenst um die Erlaubnis, von meiner Dissertation[1], auf Grund deren ich am 3. August 1916 zum examen rigorosum zugelassen wurde, nur einen Teil im Druck erscheinen lassen zu dürfen, da die ganze Arbeit sehr umfangreich und die Druckkosten gegenwärtig ungewöhnlich hoch sind. Ich habe die Abhandlung unter dem Titel „Das Einfühlungsproblem in seiner historischen Entwicklung und in phänomenologischer Betrachtung" eingereicht und möchte nun Teil II/IV unter dem Titel „Zum Problem der Einfühlung" drucken lassen.[2]

Hochachtungsvoll ergebenst
Edith Stein

Am Rande dieses Schreibens liest man:
Herrn Professor Husserl[3] zur gefälligen Äußerung
Körte[4], d⟨er⟩z⟨eit⟩ Dekan
Fr⟨eiburg⟩, d⟨en⟩ 1. 2. 17

Ich befürworte dieses Gesuch aufs wärmste. Die Theile II – IV geben noch eine stattliche, ja recht große u. inhaltlich wertvolle Dissertation und die Druckkosten werden auch dafür ungewöhnlich hohe sein.
E. Husserl
1. II. 17

Genehmigt. Beantwortet 12. 2. 17
Körte

Das Original dieses Dokumentes befindet sich im Universitätsarchiv der Albert-Ludwigs-Universität Freiburg i. Br. Wir danken für die Abdruckerlaubnis.

1 Vgl. Br. 1.
2 Der Teildruck erschien in Halle 1917 bei der Buchdruckerei des Waisenhauses. Das ursprünglich umfangreichere Manuskript von Edith Steins Dissertation ging verloren.
3 Vgl. Br. 1 Anm. 1.
4 Albrecht Heinrich Alfred Körte, geb. am 5. 9. 1866 in Berlin, gest. am 6. 11. 1946 in Leipzig, habilitierte sich 1896 in Bonn für Klassische Philologie, war ab 1899 Professor in Greifswald, ab 1903 in Basel, 1906 in Gießen, 1914 in Freiburg und zuletzt in Leipzig. Er gehörte zu den bedeutendsten klassischen Philologen dieser Universität (Auskunft von Archivdirektor Dr. Gerald Wiemers, für die aufrichtig gedankt sei).

6

Edith Stein an Fritz Kaufmann[1]

Breslau X, 9. III. 18
Michaelisstr. 38

Lieber Herr Kaufmann,

nun wird vielleicht Ihr „Kasernendienst" in Rumänien auch nicht mehr lange dauern. Hoffentlich können Sie Ihre Examensvorbereitung noch in Ruhe dort erledigen. Seit wann sind Sie unter die Germanisten gegangen? Wenn Sie *leichte* Texte wünschen, so empfehle ich Ihnen den „Meier Helmbrecht" (Ausgabe Panzer)[2], ev. einiges aus Minnesangs Frühling (Lachmann-Haupt)[3], Konrad v. Würzburgs „Engelhart" (Haupt)[4]. Auch Hartmann[5] ist nicht schwer.

Von Ingarden[6] soll ich Ihnen einen herzlichen Gruß sagen; er freut sich sehr über die bevorstehende Promotion[7] und wünscht Ihnen viel Glück dazu. Was meine Assistententätigkeit angeht, so muß ich Ihnen erzählen, daß ich Husserl[8] gebeten habe, mich für die nächste Zeit davon zu befreien. Das Ordnen von Manuskripten, auf das sie sich seit Monaten beschränkte, war mir allmählich nahezu unerträglich geworden, und es scheint mir auch nicht so notwendig, daß ich darum auf eigene Tätigkeit verzichten müßte. Ich arbeite also jetzt an der Analyse der Person, von der ich Ihnen erzählte[9]. Ostern will ich in Göttingen sein[10]. Ob ich dort längere Zeit bleibe oder nach Freiburg weiterreise (um für alle Fälle zur Verfügung zu sein) oder noch einmal zurückkehre ⟨nach Breslau⟩, das weiß ich vorläufig noch nicht. Auf jeden Fall denke ich dann die Bewegungsarbeit[11] in Angriff zu nehmen. Vor einiger Zeit – ich glaube, erst nach Ihrem Besuch – bekam ich eine Abschrift von Reinachs[12] religionsphilosophischen Notizen aus den letzten beiden Jahren, sehr schöne Sachen. Ein paar Seiten Ausführung sind so schön, daß man sie vielleicht als Fragment drucken könnte. Ich muß hören, wie Frau Reinach[13] darüber denkt.

Sie denken gelegentlich daran, daß ich mich freue, wenn ich Nachrichten von Ihnen bekomme, nicht wahr?

Mit freundlichen Grüßen
Edith Stein

[1] Vgl. Br. 2 Anm. 1.
[2] „Meier Helmbrecht": mittelalterliche Versnovelle, Dichtung von Wernher dem Gartenaere; Ausgabe von Friedrich Panzer: 1911 (3. Aufl.).
[3] „Des Minnesangs Frühling": Standardausgabe der frühen mittelhochdeutschen Minnelieder, ges. u. hg. von Karl Lachmann u. Moritz Haupt, 1888/91 (3. Aufl.).
[4] Konrad v. Würzburg: mhd. Dichter, „Engelhart und Engeltrut": Versepos, hg. von Moritz Haupt (Würzburg 1890, 2. Aufl.).
[5] Hartmann v. Aue, mhd. Epiker und Lyriker; sein bekanntestes Werk ist die Versdichtung „Der arme Heinrich".
[6] Roman Witold Ingarden, geb. am 5. 2. 1893 in Krakau; dort gest. am 14. 6. 1970, war, wie Edith Stein, Husserl-Schüler in Göttingen und Freiburg. Zunächst im Schuldienst tätig, habilitierte er sich in Lemberg und war dort und später in Krakau Professor für Philosophie. Edith Stein hat Ingarden oft in ihren Aufzeichnungen erwähnt (vgl. ESGA 1); die Schreiben Edith Steins an ihn sind erhalten und publiziert (ESGA 4).
[7] Diese geplante Promotion in Leipzig, für die Kaufmann ein Manuskript „Der Konflikt" verfaßt hatte, kam nicht zustande. Kaufmann wurde erst 1923 in Freiburg von Husserl mit einer anderen Arbeit promoviert.
[8] Vgl. Br. 1 Anm. 1.
[9] Dieses Thema (Analyse der Person) hat Edith Stein schon in ihrer Doktorarbeit anklingen lassen und später immer wieder aufgegriffen. Die in diesem Brief erwähnten Niederschriften sind zweifellos in ihre nächste Veröffentlichung (Psychische Kausalität, vgl. Br. 12 Anm. 8) eingeflossen und in späteren Arbeiten (vgl. ESGA 4, 5 und 15) weiterentwickelt worden.
[10] Im Jahr 1918 fiel Ostern auf den 31. 3./1. 4. Am 29. 3., also am Karfreitag, wurde Pauline Reinach, die Schwester Adolf Reinachs, in der Göttinger Kirche St. Albani getauft. (Ich danke Frau Pyras vom ev.-luth. Kirchenbuchamt Göttingen für diese Mitteilung.) Es darf als sicher angenommen werden, daß Edith Stein bei dieser Tauffeier zugegen war. Anne Reinach (vgl. Anm. 13) war Patin bei dieser Taufe.
[11] Vgl. Br. 4 Anm. 4. Der Gedenkband (vgl. Br. 4 Anm. 3) enthält Edith Steins Ausarbeitung „Über das Wesen der Bewegung" (S. 406–461).
[12] Vgl. Br. 4 Anm. 2.
[13] Anne Reinach geb. Stettenheimer, geb. am 21. 6. 1884 in Stuttgart, gest. am 29. 12. 1953 in München, war promovierte Physikerin (Dissertation über „Das sogenannte Zeemanphänomen"). Sie war Edith Stein in naher Freundschaft verbunden. Die erwähnten Notizen ihres Mannes schickte sie am 12. 2. 1918 an Edith Stein (vgl. ESGA 4, Nr. 27). Aus Reinachs nachgelassenen Notizen zitiert Edith Stein in ihren „Beiträgen zur philosophischen Begründung der Psychologie und der Geisteswissenschaften" (JPPF Bd. 5, S. 74 f. Anm.) in einem vor 1919 abgeschlossenen Textstück. Weitere Exzerpte finden sich in Hedwig Conrad-Martius' „Einleitung" zu Adolf Reinachs „Gesammelten Schriften", Halle a. d. S. 1921, S. XXVIII–XXXVII. – Gesamtausgabe in: Adolf Reinach, Sämtliche Werke, hg. von Karl Schuhmann und Barry Smith, Philosophia Verlag, München – Hamden – Wien 1989, S. 589–611.

7

Edith Stein an Max Scheler[1]

Göttingen, 4. IV. 18
Friedländerweg 8

Sehr geehrter Herr Doktor,

es ist unter den jungen Phänomenologen der Wunsch aufgetaucht, Reinachs[2] Andenken einen Band des Jahrbuchs zu widmen. Husserls Einwilligung habe ich dazu, und ich wollte Sie nun fragen, ob wir einen Beitrag von Ihnen erhoffen dürfen. Es soll Reinachs Bewegungsarbeit hinein (soweit es uns gelingt, sie druckfertig zu machen), außerdem Arbeiten von Herrn v. Hildebrand[3], Frau Conrad-Martius[4] und vielleicht noch einigen andern aus Reinachs Schülerkreis. Ich hatte ursprünglich die Absicht, schon im Herbst mit dem Druck zu beginnen. Da aber Herr v. Hildebrand meint, vor dem nächsten Frühjahr nicht fertig werden zu können, wird es sich wohl so lange hinziehen. Ich wäre Ihnen dankbar, wenn ich bald erfahren könnte, ob wir auf Sie rechnen dürfen.

Es ist mir nicht möglich, an Sie zu schreiben, ohne eine Angelegenheit zu berühren, die ich sonst unerörtert gelassen hätte, weil ich mir von einer schriftlichen Auseinandersetzung wenig verspreche. Es ist mir kürzlich zu Ohren gekommen, daß Sie mir vorwerfen, ich hätte Ergebnisse aus Ihren Vorlesungen veröffentlicht[5], ohne Sie zu citieren. Daß ich Ihrer Anregung sehr viel verdanke, darüber bin ich mir immer klar gewesen. Wo ich in einem bestimmten Punkte mir solcher Anregung bewußt war, da habe ich Ihren Namen genannt. Im übrigen kann von einer Herübernahme von Ergebnissen keine Rede sein, sondern nur von einem Einfluß auf die Methode, die Sachen anzugreifen, die dann freilich zu einer Übereinstimmung in den Ergebnissen geführt haben mag, von der mir selbst nichts bekannt war. Beweisen kann ich Ihnen das natürlich nicht ⟨…⟩

Dieses Brieffragment wurde erst in jüngster Zeit aufgefunden. Inhalt und Handschrift weisen eindeutig darauf hin, daß es sich um ein Schreiben Edith Steins an Max Scheler handelt (vgl. ESGA 4, Nr. 29). Das Original befindet sich in der Bayerischen Staatsbibliothek (Nachlaß Scheler, Sign. Ana 315), die die Genehmigung zur Veröffentlichung erteilte. Frau Dr. von Moisy und Herrn Prof. Dr. Henckmann sei für ihre Hilfe gedankt.

[1] Max Scheler, Philosoph, geb. am 22. 7. 1874 in München, gest. am 19. 5. 1928 in Frankfurt/M., schloß sich zunächst der Phänomenologie Husserls an, entwickelte dann aber eigene Gedankengänge, später traten kulturelle und soziologische Fragen in den Vordergrund. Edith Stein sagt, daß Scheler „auf das gesamte Geistesleben der letzten Jahrzehnte vielleicht noch stärker eingewirkt hat als Husserls ‚Ideen'". (ESGA 1, 208). Sie hörte und

sprach ihn in Göttingen im SS 1913: „Nie wieder ist mir an einem Menschen so rein das ‚Phänomen der Genialität' entgegengetreten." (ESGA 1, 210) Scheler stand damals der katholischen Kirche nahe, trennte sich aber später wieder von ihr (vgl. ESW VII, 227 ff.; ESGA 1) Schelers Grab befindet sich in Köln, wo er von 1919–1928 gelehrt hatte.

[2] Adolf Reinach (vgl. Br. 4 Anm. 2).

[3] Dietrich von Hildebrand, geb. am 12. 10. 1889 in Florenz, gest. am 25. 1. 1977 in New Rochelle, Husserlschüler in Göttingen (Promotion 1912), befreundet mit Adolf Reinach und Max Scheler, Dozent in München bis 1933; nach seiner Emigration Professor an der Fordham-University in New York. Bei der Salzburger Herbstversammlung des Akademikerverbandes 1930 (vgl. Br. 96 Anm. 3) hielt v. Hildebrand sein Referat unmittelbar vor Edith Stein.

[4] Hedwig Conrad-Martius, geb. am 27. 2. 1888 in Berlin, gest. am 15. 2. 1966 in Starnberg, studierte u. a. in Göttingen bei Husserl und Reinach. 1912 Heirat mit dem Husserlschüler Theodor Conrad (geb. am 22. 12. 1881 in Beurig b. Saarburg, gest. am 23. 3. 1969 in Starnberg). Das Ehepaar Conrad bewirtschaftete in Bergzabern/Pfalz (am Eisbrünnelweg) ein Obstgut. Edith Stein stand seit 1920 in enger Verbindung mit Hedwig Conrad-Martius, die am 1. 1. 1922 ihre Taufpatin wurde. 1949 erhielt H. C.-M. einen Lehrauftrag für Philosophie an der Universität München; sie war Inhaberin des Großen Verdienstkreuzes der Bundesrepublik Deutschland. Über ihre Freundschaft mit Edith Stein publizierte sie einen Aufsatz in: „Hochland" (LI /Okt. 1958, S. 38 ff.).

[5] Gemeint ist Edith Steins Dissertation „Zum Problem der Einfühlung", Halle 1917, in der in mehreren Fußnoten auf Scheler und seine Werke hingewiesen wird.

8

Edith Stein an Fritz Kaufmann[1]

Freiburg, 20. V. 18
Zasiusstr. 24

Lieber Herr Kaufmann,

endlich wieder ein Lebenszeichen! Ich wollte mich längst schon wieder mal nach Ihnen umtun, kam aber in letzter Zeit nicht dazu. Ich bin erst seit 3 Wochen wieder hier, vorher war ich reichlich einen Monat in Göttingen und habe mit Frau Reinach[2] den ganzen Nachlaß durchgesehen. Die Bewegungs-Arbeit[3] ist schon ziemlich weit gediehen. Die Stetigkeit der Bewegung scheint mir ausreichend geklärt; aber zum Problem des Differentials und der mathematischen Bestimmung gibt es so wenig Material, daß kaum mehr als eine Anmerkung darüber herauszuholen ist. Leider wird die Arbeit und der ganze Band, in dem sie erscheinen soll, nicht so bald herauskommen können, da ihm – und zwar z. T. durch meine Schuld – ein Konkurrenzunternehmen zu erwachsen droht. Husserl[4] hat im April nächsten Jahres 60. Geburtstag; ich habe in München[5] darauf hingewiesen, und nun findet man, daß eine Festschrift unerläßlich ist. Zum Glück hat sich Pfänder[6] überreden lassen, die Herausgabe zu übernehmen, falls er genügend Beiträge zugesichert bekommt, sodaß ich nicht auch noch für beide Unternehmungen zugleich (in dieser Zeit!) werben muß. Er selbst und Frau Conrad[7] werden wohl sicher etwas liefern. Wie steht es mit einem Beitrag von Ihnen für den einen oder andern Band? Unteroffiziersrang ist nicht Vorbedingung für die Mitarbeit. Von Reinachs religionsphilosophischen Notizen lasse ich eben noch einige Abschriften machen und werde Ihnen möglichst bald eine schicken. – Ingarden[8] (Krakau, Krupnicza 28) bewirbt sich gegenwärtig um eine Anstellung an den Staatlichen Gymnasien in Warschau. Ich bin sehr traurig darüber, denn bei seiner geringen Widerstandsfähigkeit kann das ev. seine ganze Kraft in Anspruch nehmen. Lipps[9] (100. Leibgrenadier-Reg⟨iment⟩ I. Bataillon) war kürzlich leicht verwundet und kam auf der Rückreise zur Front über Göttingen, gerade an dem Tag, als ich abreiste. Da er von meiner bevorstehenden Abreise und ich von seiner Anwesenheit nichts wußte, hat er die Stunden, die wir zusammen verbringen konnten, verschlafen!

Das Buch, nach dem Sie fahnden, ist „Der Wille zur Ewigkeit" von D. Mahnke[10], bei Niemeyer erschienen.

Viele Grüße Edith Stein

1 Vgl. Br. 2 Anm. 1.
2 Vgl. Br. 6 Anm. 13. Edith Stein hatte mit ihr den philosophischen Nachlaß ihres im Feld gefallenen Mannes durchgesehen. In diesen Göttinger Aufenthalt fällt das Ereignis, das Prof. Dr. Johannes Hirschmann SJ, der Edith Stein/Sr. Teresia Benedicta a Cruce im Sprechzimmer des Echter Karmel begegnete, folgendermaßen schildert: „Der entscheidende Anlaß zu ihrer Konversion zum Christentum war, wie sie mir erzählte, die Art und Weise, wie die ihr befreundete Frau Reinach in der Kraft des Kreuzesgeheimnisses das Opfer brachte, das ihr durch den Tod ihres Mannes an der Front des ersten Weltkrieges auferlegt war. In diesem Opfer erlebte sie den Erweis der Wahrheit der christlichen Religion und ward ihr geöffnet. Sie weilte damals nach dem Tode von Reinach in dessen Haus, um seinen Nachlaß durchzusehen" (Brief vom 13.5.1950 an Teresia Renata Posselt OCD/ Köln).
3 Vgl. Br. 4 Anm. 4.
4 Vgl. Br. 1 Anm. 1.
5 Im Kreis der dortigen Phänomenologen, zu dem auch die Mitherausgeber des Husserl'schen Jahrbuchs gehörten.
6 Alexander Pfänder, geb. am 7.2.1870 in Iserlohn, gest. am 18.3.1941 in München, promovierte und habilitierte sich bei Theodor Lipps in München, wo er der Mittelpunkt des Phänomenologenkreises wurde. Das von Pfänder am 5. April 1919 an Husserl abgeschickte Manuskript der Festschrift enthielt Beiträge von Hedwig Conrad-Martius, Hans Lipps, Alexander Pfänder und Edith Stein (vgl. Hans Rainer Sepp, Edmund Husserl und die phänomenologische Bewegung, Freiburg-München 1988, S. 314).
7 Hedwig Conrad-Martius, vgl. Br. Anm. 4.
8 Vgl. Br. 6 Anm. 6.
9 Vgl. Br. 4 Anm. 7.
10 Dietrich Mahnke, geb. am 17.10.1884 in Verden a.d. Aller, gest. am 25.7.1939 in Fürth, war in Göttingen Schüler Husserls (1922 Promotion bei Husserl in Freiburg, später Habi-

litation und Professur in Marburg). Sein Husserl gewidmetes Buch „Der Wille zur Ewigkeit“ erschien 1917 im Verlag Max Niemeyer in Halle.

9

Jean Hering[1] an Hedwig Conrad-Martius[2]

Freiburg, den 25. 5. 18

1. Fräulein Dr. Stein erklärt, nie einen Reinach*gedenk*band[3] haben vorschlagen zu wollen, sondern eine Sammlung von Reinachmanuskripten sowie Seminararbeiten sich als Mittelpunkt zu denken, im Rahmen der Auffassung des Sukanya-Briefes.[4]

2. Lomascha[5] erklärt, Frl. Dr. Stein mißverstanden zu haben.

3. Lomascha hat gegen die sub 1) skizzierte Fassung nicht die Bedenken, die er gegen einen Gedenkband erhoben hätte.

4. Lomascha stellt fest, daß damit eine Einigung zwischen Sukanya, Frl. Dr. Stein und sich in dem Wesenspunkt erzielt ist.

5. Lomascha meldet: „Befehl ausgeführt.“

Lomascha

Auf diesen Briefbogen fügte Edith Stein an:

Liebe Frau Dr. Conrad, mit obigen Feststellungen erkläre ich mich einverstanden. Ich dachte übrigens, das sei schon nach Ihrem und meinem letzten Brief klargeworden. Von Rosenblum[6] habe ich direkt noch keinen Bescheid, habe aber gehört, daß er etwas arbeiten will. Wenn es die Arbeit über die Zahlen[7] ist, kommt sie *nur* für den Reinach-Band in Betracht, und Rosenblum dürfte darum für die Festschrift[8] nicht in Anspruch genommen werden. Sonst bin ich ganz einverstanden, daß die Festschrift – vor allem zeitlich – vorgehen soll. Über eine Sammlung von Reinachs Schriften wird sich mit Frau Reinach noch reden lassen. Die zerstreuten Arbeiten mit in den geplanten Band aufzunehmen – wie Hering vorschlägt – würde, glaube ich, nicht in ihrem Sinne sein. Das muß noch überlegt werden. Von Pfänder[9] hatte ich heute Nachricht und werde ihm direkt Bescheid geben.

Viele Grüße
Ihre Edith Stein

Das Original dieses Blattes mit den Handschriften Jean Herings und Edith Steins befindet sich in der Bayerischen Staatsbibliothek, im Nachlaß Hedwig Conrad-Martius (Signatur C II Edith Stein); Herrn Dr. Eberhard Avé-Lallemant sei für die Abdruckerlaubnis gedankt.

[1] Jean Hering, geb. am 12.9.1890 in Ribeauville, gest. am 23.3.1966 in Straßburg, war in Göttingen Schüler bei Husserl; später hatte er eine Professur für Neues Testament an der Evangelisch-Theologischen Fakultät der Universität Straßburg. Edith Stein lernte Hering in Göttingen kennen (vgl. ESGA 1, Kap. 7).
[2] Vgl. Br. 7 Anm. 4.
[3] Vgl. Br. 4 Anm. 3.
[4] Der Phänomenologenkreis, dem Edith Stein angehörte, benutzte unter sich häufig Scherznamen: Sukanya war Hedwig Conrad-Martius.
[5] Vgl. Anm. 1: Lomascha bezeichnet Jean Hering (diese Angaben verdanke ich Herrn Dr. Avé-Lallemant/München).
[6] Alexander Rosenblum – später nannte er sich nach seiner Mutter Augustowski – studierte bei Husserl in Göttingen. Er galt als begabter Philosoph; seine Manuskripte wurden beim Aufstand in Warschau 1944 vernichtet. Zur Zeit des Briefes war Rosenblum Gymnasiallehrer in Warschau; dort starb er in den 50er Jahren.
[7] Gemeint ist wohl eine Ausarbeitung von Reinachs Seminarübungen des WS 1913/14 über den Zahlbegriff (vgl. Adolf Reinach, Sämtliche Werke, Textkritische Ausgabe 1, Werke, hg. von Karl Schuhmann und Barry Smith, Philosophia Verlag, München-Hamden-Wien 1989, S. 515–529).
[8] Festschrift zu Husserls 60. Geburtstag.
[9] Vgl. Br. 8 Anm. 6. Pfänder hatte die Leitung der Festschrift übernommen.

10

Edith Stein an Erna Stein[1]

Freiburg, 6. VII. 18

Meine liebe Erna,

herzlichen Dank für Deinen Brief und ebenso Rosa[2] für ihren und das Päckchen (vergiß nicht, ihr das auszurichten). Ich bitte Dich sehr, Dich jetzt so viel Du kannst um Rose[3] zu kümmern. Es ist doch das Schlimmste, was sie treffen konnte[4]. Natürlich ist es ein *großer* Unterschied, ob ein natürlicher Tod oder ein freiwilliger (wie ich fast sicher glaube) vorliegt. Für ihn macht es *jetzt* freilich nichts mehr aus. Aber für vorher bedeutet es doch sehr viel, ob ihm die Erlösung – das war ihm ja der Tod ohne Zweifel – als ein schönes Geschenk kam oder ob er sich bis zum letzten Moment seelisch unsagbar quälen mußte. Und entsprechend härter ist es für uns. Aber man muß auch das tragen und zu verstehen suchen, wozu es gut ist. Es tut mir wirklich weh, bei Dir und bei Rosa so ausgesprochen pessimistische Wendungen zu finden. Ich möchte Euch so gern etwas von dem einflößen, was mir nach jedem neuen Schlage wieder frische Kraft gibt. Ich kann nur sagen, daß ich nach allem, was ich im letzten Jahr durchgemacht habe, das Leben stärker bejahe als je. Ich schicke Dir einen Aufsatz von Rathenau[5], damit Du siehst, daß andere Leute ähnlich über die Kriegsaussichten denken wie ich. Ich glaube wirklich manchmal, man muß sich mit dem Gedanken vertraut machen, daß man das Ende des Krieges nicht erlebt. Und man darf auch dann nicht verzweifeln. Man muß sich nur nicht auf das Stückchen Leben beschränken, das man selbst übersieht, und gar auf das, was deutlich greifbar an der Oberfläche liegt. Es ist doch ganz sicher, daß wir an einem Wendepunkt in der Entwicklung des menschlichen Geisteslebens stehen, und man darf sich nicht beklagen, wenn die Krisis länger dauert, als es dem einzelnen nach seinem Ermessen bekömmlich ist. Alles was jetzt so schrecklich ist und was ich gewiß nicht beschönigen will, das ist der Geist, der überwunden werden muß. Aber der neue Geist ist bereits da, und er wird sich zweifellos durchsetzen. Wir haben ihn ganz sichtbar in der Philosophie und in den Anfängen einer neuen Kunst im Expressionismus. Und so gewiß hier Materialismus und Naturalismus überwunden sind, so gewiß werden sie es – wenn auch langsam und unter schmerzlichen Kämpfen – auf allen andern Lebensgebieten. Man spürt den Willen dazu ja auch in den politischen und socialen Kämpfen, in denen ja die treibenden Motive ganz andere sind als die abgestandenen Schlagworte, die die Leute dafür halten. Gutes und Böses, Erkenntnis und Irrtum sind auf *allen* Seiten gemischt, und jeder sieht auf seiner Seite nur das Positive und bei den andern nur das Negative. Die Völker wie die Parteien. Das wirbelt nun alles entfesselt durcheinander, und wer will wissen, wann wieder etwas Ruhe und Klarheit eintreten wird. Jedenfalls ist das Leben viel zu kompliziert, als daß man ihm mit einem noch so klug erdachten Weltverbesserungsplan zu Leibe rücken und ihm nun endgültig und eindeutig vorschreiben könnte, wie es zu gehen hat. Du merkst wohl, daß dies nicht gegen Dich gerichtet ist. Du wirst mir ja so ziemlich zustimmen. Nur den Glauben möchte ich Dir beibringen, daß die Entwicklung, deren Gang wir nur in sehr bescheidenen Grenzen vorausahnen und in noch viel bescheideneren Grenzen mitbestimmen können, letzten Endes eine gute ist.

Morgen will ich Marta[6] abholen, um mit ihr die Tour Blauen – Belchen – Todtnau – Herzogenhorn – Feldberg – Titisee[7] zu machen.

Herzliche Grüße u. Küsse
Deine Edith

[1] Erna Stein, ältere Schwester Edith Steins, geb. am 11.2.1890 in Lublinitz/OS, gest. am 15.1.1978 in Davis CA/USA. Sie heiratete am 5.12.1920 den Hautarzt Dr. Hans Biberstein. Sie selbst betrieb ihre Praxis als Gynäkologin zunächst im Elternhaus in Breslau, Michaelisstr. 38. Erna und Edith Stein standen einander besonders nahe. Erna Biberstein hat später ihre Erinnerungen an ihre Schwester Edith publiziert (ESGA 1, 377–381).

[2] Rosa Adelheid Stein, ältere Schwester Ernas und Ediths, geb. am 13.12.1883 in Lublinitz, gest. am 9.8.1942 im KZ Auschwitz.

[3] Rose Guttmann (später Bluhm), gemeinsame Freundin von Erna und Edith Stein, geb. am 15.7.1891 in Breslau, gest. 1977 in London, hatte das Sommersemester 1913

gemeinsam mit Edith Stein in Göttingen verbracht; sie hatten zwei Zimmer in der Langen Geismarstr. 2. An diesem Haus befindet sich heute eine Gedenktafel für Edith Stein. In Edith Steins Aufzeichnungen (ESGA 1) sind viele Erinnerungen an Rose Guttmann bewahrt.

4 Plötzlicher Tod des ihr sehr nahestehenden Georg Moskiewicz (1878–1918), Arzt (Psychiater) und Philosoph. Er war es, der in Breslau Edith Stein zum Studium in Göttingen angeregt hatte, wo er selbst Husserlschüler gewesen war (vgl. ESGA 1, 170 ff; 197 ff.).

5 Walther Rathenau, deutscher Politiker, geb. am 29. 9. 1867 in Berlin, gest. am 24. 6. 1922 als Opfer eines Mordanschlags in Berlin. Am 5. Juli 1918 erschien in der Frankfurter Zeitung ein Artikel von Rathenau unter dem Titel „Sicherungen". Dieser Aufsatz entspricht dem, was Edith Stein in ihrem Brief ausführt. (Diese Angaben verdanke ich Herrn Prof. Dr. Ernst Schulin vom Historischen Seminar der Albert-Ludwigs-Universität Freiburg; er sandte mir auch die Kopie des Rathenau-Textes, die sich unter der Signatur E II 171 f im Edith-Stein-Archiv Köln befindet.)

6 Nicht identifiziert.

7 Blauen, Belchen, Herzogenhorn und Feldberg sind Berge im südlichen Schwarzwald; nordöstlich des Feldbergs befindet sich der Titisee, in ca. 800 m Höhe; Todtnau ist ein Kurort in der Nähe des Feldbergs.

11

Edith Stein an Erna Stein[1]

⟨Freiburg⟩, 23. VII. 18

Meine liebe Erna,

es scheint mir jetzt manchmal, als ob Ihr mich alle gewaltig überschätztet, und ich fühle mich recht beschämt dadurch. Ich bin ja durchaus keine Heilige und habe ebensogut meine schwachen Stunden wie jeder andere. Übrigens glaube ich, daß es auch für einen Heiligen nicht erforderlich ist, allen Wünschen und Hoffnungen und allen Freuden der Welt zu entsagen. Im Gegenteil: man ist auf der Welt, um zu leben, und soll alles Schöne, was es gibt, dankbar hinnehmen. Man soll nur nicht verzweifeln, wenn es anders geht, als man sich's gedacht hat. Man soll dann an das denken, was einem noch bleibt, und auch daran, daß man hier doch schließlich bloß zu Besuch ist und daß alles, was einen jetzt so schrecklich bedrückt, am Ende gar nicht so wichtig ist oder doch eine ganz andere Bedeutung hat, als man jetzt erkennen kann. Wenn Du jetzt keinen Urlaub bekommst, mußt Du dann ⟨später⟩ ganz bestimmt zu mir kommen. – Ich muß gestehen, daß mir Hansens[2] Argumente noch immer nicht einleuchten. Ich kann gar nicht sehen, was an seiner pekuniären Lage und an seinen sonstigen Plänen geändert würde, wenn Ihr verheiratet wärt. Er brauchte doch für Dich ebenso wenig zu sorgen wie bisher und brauchte andererseits auch von Dir nichts anzunehmen. Ich sehe nur den einen einzigen Unterschied, daß Ihr dann während seines Urlaubs immer frei und ungehindert zusammen leben könntet.

Das sind freilich Bohème-Ansichten und vom Standpunkt bürgerlich-wohlgeordneter Verhältnisse ganz horribel. Mich würde der Geldpunkt niemals am Heiraten hindern, aber ich kann's immerhin verstehen, wenn man darin anders denkt. Was aber gegen die Verlobung zu sagen ist, das weiß ich wirklich nicht. Wenn es eine „Äußerlichkeit" ist, so ist es das Nichtverlobtsein ebenso gut, und es kommt gar nicht darauf an, wofür man sich entscheidet. Sobald aber ein Teil darunter leidet, ist es eben keine Äußerlichkeit mehr, und ich kann nur ein eigensinniges Beharren auf einem hinfällig gewordenen Vorsatz darin sehen. Ich habe nur ein Bedenken: Es scheint mir, daß Du Hans zu nichts drängen darfst, daß er nichts Dir zu Gefallen tun soll, was er nicht aus eigener Überzeugung tun kann. Darum finde ich es auch nicht gut, wenn ein Dritter mit ihm über die Sachen spricht. Ob Du ihm meinen Brief zeigen willst, das überlasse ich Dir. – Eigentlich sollte Erika[3] schon hier sein. Aber an ihrer Stelle kam Sonntag ein Brief, in dem sie mich aus verschiedenen Gründen dringend bat, zu ihr nach Göttingen zu kommen. Da ich von Rose[4] noch keinen klaren Bescheid hatte, konnte ich keinen Entschluß fassen. Nun wird es wahrscheinlich noch einen lebhaften Depeschenwechsel geben, ehe es sich entscheidet. Lieber wäre es mir, wenn sie herkäme. Denn so gern ich auch mit Reinachs[5] und mit Hering[6] zusammen wäre (der auch zu den Ferien hinkommt), so liegt mir doch jetzt vor allem daran, mit ihr Reinachs Arbeiten durchzusprechen, und das können wir hier in größerer Ruhe. Wenn sie aber nicht kommen kann – ihr Bruder wird auf Urlaub erwartet, und sie will ev. noch zwischendurch auf ein paar Tage zurück nach Schwerin –, dann müßte ich doch hinfahren. Wahrscheinlich dann am Freitag. Donnerstag ist Semesterschluß.

Viele Grüße u. Küsse
Edith

[1] Vgl. Br. 10 Anm. 1.

[2] Hans Biberstein, Studienfreund und späterer Gatte Erna Steins, geb. am 4.12.1889 in Laurahütte/OS, gest. am 21.11.1965 in New York, erwarb nach der Rückkehr aus dem Feld den Facharzttitel als Dermatologe in Berlin.

[3] Erika Gothe, Studienfreundin von Erna und Edith Stein, geb. am 23.1.1887 in Darmstadt, gest. am 31.8.1966 in Schwerin, war lange Jahre im Schuldienst in Schwerin; auch mit Hedwig Conrad-Martius und anderen Phänomenologen war sie in Freundschaft verbunden. Am 29.3.1918 war sie zweite Patin bei der Taufe Pauline Reinachs (vgl. Br. 6 Anm. 10) in Göttingen.

[4] Rose Guttmann (vgl. Br. 10 Anm. 3).

[5] Mit Anne (vgl. Br. 6 Anm. 13) und Pauline Reinach, ihrer Schwägerin, geb. am 16.8.1879 in Mainz, gest. am 24.3.1974 in der Benediktinerinnen-Abtei Ermeton/Belgien.

[6] Vgl. Br. 9 Anm. 1.

12

Edith Stein an Fritz Kaufmann[1]

Freiburg, 25. VIII. 18
Zasiusstr. 24

Lieber Herr Kaufmann,

herzlichen Dank für Ihren Brief, dessen lebendige Schilderungen mir viel Freude machten (freilich mehr durch die Lebendigkeit als durch das, *was* Sie zu schildern haben). Er traf mich in Göttingen, wo ich 3 Wochen mit Fräulein Gothe[2] zusammen war. Anfang August kam auch Hering[3] hin. Ich habe ihnen die Bewegungs-Arbeit[4] in der Fassung, die ich ihr gegeben habe, vorgelesen und zu meiner Freude ihre volle Zustimmung gefunden. Der Plan eines Gedenkbandes hat sich infolge gewisser Schwierigkeiten zerschlagen. Statt dessen haben wir nun mit Frau Reinach[5] beschlossen, Reinachs[6] sämtliche Schriften in einem Bande gesammelt herauszugeben; da kommt auch die Bewegungsarbeit mit hinein. Eine Husserl-Festschrift unter Pfänders[7] Leitung verspricht zustande zu kommen. Ich habe einen Beitrag über psychische Kausalität[8] zugesagt, den ich in den Grundzügen fertig habe, aber noch gründlich überarbeiten muß. Lipps[9], der die Marneschlacht mitgemacht hat, kündigte mir kürzlich seinen Besuch an. Hering und ich warten aber nun schon seit 10 Tagen hier vergeblich auf ihn. Husserl[10] verbringt die Ferien wieder in Bernau und ist – wie immer im Schwarzwald – eifrig bei der Arbeit, während im Semester gar nichts zustande gekommen ist. Ich werde wahrscheinlich nur noch den Winter über hier bleiben und dann dauernd nach Breslau übersiedeln, da meine Mutter[11] es sehr wünscht. Natürlich werde ich häufig zu Besuch hier sein und eine Form zu finden suchen, wie ich auch so dauernd mit Husserl zusammenarbeiten kann.

Viele herzliche Grüße
Edith Stein

[1] Vgl. Br. 2 Anm. 1. [2] Vgl. Br. 11 Anm. 3. [3] Vgl. Br. 9 Anm. 1.
[4] Vgl. Br. 6 Anm. 11. [5] Vgl. Br. 6 Anm. 13. [6] Vgl. Br. 4 Anm. 2.
[7] Vgl. Br. 8 Anm. 6.
[8] „Psychische Kausalität" ist die erste der beiden Abhandlungen, die Edith Stein unter dem gemeinsamen Titel „Beiträge zur philosophischen Begründung der Psychologie und der Geisteswissenschaften" später als Habilitationsarbeit eingereicht hat. Die „Beiträge" sind publiziert in JPPF Bd. 5, S. 1–283. Ein Neudruck der „Beiträge" erfolgte 1970 im Verlag Max Niemeyer in Tübingen. Dieser Band enthält außerdem von Edith Stein „Eine Untersuchung über den Staat".
[9] Vgl. Br. 4 Anm. 7. [10] Vgl. Br. 1 Anm. 1.
[11] Auguste Stein geb. Courant, war geboren am 4. 10. 1849 in Lublinitz/OS und starb am 14. 9. 1936 in Breslau. Edith war das jüngste ihrer elf Kinder (von denen nur sieben erwach-

sen wurden), und Auguste Stein hing an ihr mit besonderer Liebe. Solange Lublinitz zum Deutschen Reich gehörte, verbrachten Erna und Edith oft ihre Ferien im großelterlichen Haus in Lublinitz. Das Haus steht noch heute und wurde von der Edith-Stein-Gesellschaft in Lublinitz zu einer Gedenk- und Begegnungsstätte gestaltet.

13

Erna Stein[1] an Hans Biberstein[2]

Freiburg, den 7. IX. 18

Mein geliebter Hans!

Nun liegt der erste Freiburger Tag[3] bald hinter mir, ich wollte eigentlich mittags schreiben, da kam mir aber Besuch dazwischen. Herta Krämer[4], eine Breslauerin, kam von Baden-Baden aus her, um was von Freiburg zu sehen. Da mußten wir gleich losgehen. Nachher machten Edith und ich gleich einen Ausflug nach St. Ottilien[5] und sind eben zurückgekehrt. Die Reise ⟨von Breslau nach Freiburg⟩ war ziemlich ekelhaft, und ich war so müde, daß ich abends in einen totenähnlichen Schlaf verfiel, aus dem ich erst um ½ 9 heute morgen erwachte. Nun werde ich mich hoffentlich schnell erholen, das Wetter ist auch vorläufig herrlich, ziemlich heiß. Es fehlt mir bloß eins: Nachricht von Dir. Eher komme ich zu keinem ordentlichen Genusse. Edith hat von Lipps[6] glücklicherweise Nachricht gehabt, er war nahe dran, in Gefangenschaft zu geraten.- Wir haben schon einen schönen Stundenplan gemacht: Früh wird geschlafen, dann arbeitet Edith, und ich darf lesen und schreiben hier auf dem Balkon oder auch irgendwo im Walde. Nachmittags wollen wir immer gemeinsam bei schönem Wetter spazieren gehen, sonst hier lesen. Edith soll mich auch endlich in die Phaenomenologie einführen, es ist doch eine Schande, daß ich als ihre Schwester nichts davon verstehe. Sie meint, ich sei sicher nicht zu dumm dazu.- Was magst Du wohl jetzt machen, Geliebter? Ob Du auch so ewig keine Nachricht hattest? Dafür gibt's dann aber für uns beide viele liebe, nette Briefe, gelt? Ich freue mich schon so schrecklich darauf. Jetzt könnte auch bald direkte Nachricht da sein. Ewig kann doch die Sperre auch nicht dauern. Ich denke mir nach dem Hindenburg-Aufruf,[7] daß sie jetzt eine Verbindung zwischen Heer und Heimat durchaus vermeiden wollten, allerdings läßt es sich auch rückwärts schließen, daß es da schlimm zugegangen sein mag, leider. Hoffentlich ist es Dir nur gut dabei gegangen. Mit Eurer Verpflegung mag es wohl jetzt auch nicht sehr gut stehen. Hier gibt es dieses Jahr leider gar kein Obst, alles beschlagnahmt. Nur Brombeeren haben wir vorhin in ganz stattlicher Menge gefunden. Es ist wieder wunderschön hier. Wir wollen in dem vorhin erwähnten Programm natürlich auch einige größere Ausflüge einschieben (Belchen –

Blauen[8], evtl. auch die Tour zu Mugdans[9] in den nördlichen Schwarzwald, dazu müssen wir uns aber erst genau orientieren). Unterhalten haben wir uns schon sehr viel, man hat sich nach der langen Zeit recht viel zu berichten.

Für heute sei mir recht, recht herzlich gegrüßt und geküßt
von Deiner Erna

Nachschrift von Edith Stein:
Lieber Hans,
natürlich freue ich mich sehr, Erna hier zu haben. Schade, daß Du nicht wenigstens einen Tag mal dabei sein kannst. Ich weiß, daß Du eigentlich seit ewigen Zeiten einen Brief von mir zu beanspruchen hast. Ich dachte im stillen, Du würdest nach dem Breslauer Aufenthalt meine Briefe an Erna als Antwort rechnen.

Recht herzliche Grüße
Edith

1 Vgl. Br. 10 Anm. 1.
2 Vgl. Br. 11 Anm. 2.
3 Erna Stein verbrachte die Sommerferien bei ihrer Schwester Edith in Freiburg (vgl. ESGA 1, 179).
4 Nicht identifiziert.
5 Kleine Wallfahrtskirche am östlich von Freiburg gelegenen Schloßberg.
6 Vgl. Br. 4 Anm. 7.
7 In den Sommermonaten 1918 spielten sich an der Westfront die letzten entscheidenden Kämpfe des 1. Weltkrieges ab. General Foch, Oberbefehlshaber der vereinten Entente-Streitkräfte, wollte durch massive Einsätze die Entscheidung herbeizwingen. Dem gewaltigen Einsatz von Truppen und Waffen war das deutsche Heer nicht mehr gewachsen. In den Tagen, ehe Erna Stein den obigen Brief an ihren Verlobten schrieb, hatte Generalfeldmarschall Hindenburg die deutschen Linien bis in die sog. Siegfriedstellung zurückgenommen. Vermutlich war in diesem Zusammenhang eine Feldpostsperre verhängt worden.
8 Belchen und Blauen: Berge im südlichen Schwarzwald.
9 Mugdans: Die Familie Dr. med. Franz Mugdan lebte in Neckargemünd, wo Dr. Mugdan als Psychiater leitender Arzt einer Kuranstalt für Nerven- und Gemütskranke war. Seine Tochter Susanne (Susi), geb. am 25. 9. 1889 in Breslau, gest. am 13. 12. 1959 in New York/ USA, lernte Edith Stein kennen in Mährisch-Weißkirchen, wo sie zusammen Krankenpflege im Lazarett leisteten (vgl. ESGA 1, 282 f.). Susanne heiratete Dr. Victor Paschkis; beide waren stark sozial engagiert und gründeten später in Amerika interkonfessionelle Sozialeinrichtungen. (Diese Mitteilungen verdanke ich Dr. Liselotte Mugdan und Dr. Victor Paschkis.)

14

Susanne Mugdan[1] an Edith Stein

Kurhaus für Nerven- und Gemütskranke
Leitender Arzt Dr. Mugdan
Telefon Amt Heidelberg 314

Neckargemünd, den 26.9.1918

Meine liebe Edith!
Schönen Gruß und Dank!

Die Kinder wollen gern schleunigst spazieren gehen, also heute nur diese eiligen Zeilen !

Herzlichst Deine Susi

[1] Vgl. Br. 13 Anm. 9.

15

Edith Stein an Erna Stein[1]

Fräulein Dr. Erna Stein
Kgl. Univ. Frauen-Klinik
Breslau XVI
Maxstr. 3.

⟨Freiburg,⟩ 26.IX.18

Meine liebe Erna,

einen schönen Willkommengruß[2] muß ich Dir doch gleich heute noch schicken. Hoffentlich kommst Du heil und ganz und rechtzeitig an und brauchst Dich nicht gleich zu sehr anzustrengen. Frau Keller[3] empfing mich heute, als ich von der Bahn kam, noch mit einem Tässle Kaffee und mit einer Kostprobe von dem Kuchen, der indessen abgekühlt war und herrlich schmeckte. Hatte Deiner sehr gelitten? Denk dran, daß man mir jetzt *viele* Briefe schreiben muß!

Viele herzliche Grüße u. Küsse
Deine Edith

[1] Vgl. Br. 10 Anm. 1.
[2] Edith Stein hatte ihrer Schwester Erna nach deren Abreise nach Breslau diesen Gruß nach Hause geschickt.

[3] Theresia Keller geb. Hirzinger, unterhielt im 3. und 4. Stock des Hauses Goethestr. 63 eine Fremdenpension, in der Edith Stein zunächst wohnte; an diesem Haus befindet sich heute eine Gedenktafel für Edith Stein. Theresia Keller zog Mitte Oktober 1917 in die Zasiusstr. 24; Edith Stein zog mit ihr um und bewohnte ein Zimmer im 2. Stock (gemäß den polizeilichen Meldekarten).

16

Empfehlungsschreiben Edmund Husserls[1] an Edith Stein

Freiburg i. B⟨reisgau⟩, d⟨en⟩ 6. Februar 1919

Fräulein Dr. phil. Edith Stein, meine langjährige Schülerin an den Universitäten zu Göttingen und Freiburg, hat im Sommersemester d⟨es⟩ J⟨ahres⟩ 1916 in Freiburg summa cum laude das Doktorat der Philosophie gemacht, und zwar mit einer ausgezeichneten wissenschaftlichen Abhandlung über „Einfühlung", die sogleich nach ihrem Erscheinen[2] das Interesse der Fachmänner erweckt hat. Sie wirkte nachher über 1 ½ Jahre als meine Assistentin und leistete mir nicht nur wertvolle Dienste bei der Ordnung und Verarbeitung meiner Manuscripte für umfassende wissenschaftliche Publikationen, sondern nicht minder bei meiner akademischen Lehrthätigkeit. Sie hielt zu diesem Zwecke regelmäßig philosophische Übungen für meine, nach tieferer wissenschaftlicher Ausbildung strebenden Hörer, an welchen nicht nur philosophische Anfänger, sondern auch Fortgeschrittene theilnahmen. Von dem ausgezeichneten Erfolge dieser Mitwirkung konnte ich mich im Fortgange meiner eigenen seminaristischen Übungen und durch persönliche Fühlungnahme mit meinen Hörern überzeugen. Fräulein Dr. Stein hat in der Philosophie eine weite und tiefe Bildung gewonnen, und ihre Fähigkeiten für selbständige wissenschaftliche Forschung und Lehre sind außer Frage. Sollte die akademische Laufbahn für Damen eröffnet werden,[3] so könnte ich sie an allererster Stelle u. aufs wärmste für die Zulassung zur Habilitation empfehlen.

Geh⟨eimer⟩ Hofrat Prof. Dr. E. Husserl
an der Universität zu Freiburg i. Br.

[1] Vgl. Br. 1 Anm. 1. [2] Edith Stein, Zum Problem der Einfühlung, Halle 1917.
[3] Dies geschah durch die von der Weimarer Nationalversammlung am 11.8.1919 in Kraft gesetzte Verfassung (Art. 109).

17

Edith Stein an Fritz Kaufmann[1]

Göttingen, 9. VI. 19
Steinsgraben 28

Lieber Herr Kaufmann,

heute erhielt ich Ihre Karte, und ich beeile mich, Ihnen zu antworten. Wegen einer Wohnung kann ich allerdings heute – am Pfingsttage[2] – keine Ermittlungen anstellen, aber die übrigen Tatsachen kann ich Ihnen doch sofort mitteilen. Lipps[3] und ich bleiben jedenfalls noch einige Wochen da, ob bis zum Schluß des Semesters, das steht für beide noch nicht fest. Immerhin würde sich in dieser Zeit wahrscheinlich herausstellen, wie sich die Verhältnisse in Freiburg gestalten und ob man an eine Weiterreise denken kann. Übrigens halte ich die Freiburger Nervosität[4] für sehr wenig am Platze. Bei Husserls[5] scheint sie auch noch nicht eingedrungen zu sein, aus der Studentenschaft hört man aber schon lange solche Gerüchte; es scheint, daß die Studenten in ganz Süd- und Westdeutschland etwas aus dem Häuschen sind, sogar in Göttingen gibt es Leute, die von einer englischen Besetzung träumen. Wo man in den nächsten Monaten ruhig wird arbeiten können, das ist ja überhaupt ganz unberechenbar, und eben darum sollte man meiner Meinung nach solche Betrachtungen aus dem Umkreis zu berücksichtigender Umstände ausschalten. Auf Überraschungen muß man natürlich immer gefaßt sein.

Der langen Rede kurzer Sinn: Ich denke, Sie kommen jetzt zunächst her und fassen dann weitere Beschlüsse. Wenn Ihnen das einleuchtet, so geben Sie mir, bitte, bald Bescheid, zugleich mit Zeitangabe und Ermächtigung zum Wohnungmieten. Wenn ich auch schon vorher mal am Theaterplatz nachfragen will, so sind doch solche unverbindliche Anfragen auch für die Gegenseite unverbindlich und sichern Ihnen nichts, besonders jetzt, wo auch in Göttingen Wohnungsknappheit herrscht.

Ich hoffe also bald von Ihnen zu hören.

Mit herzlichen Grüßen
Ihre Edith Stein

[1] Vgl. Br. 2 Anm. 1.
[2] Das Datum des Briefes war der Pfingstmontag.
[3] Vgl. Br. 4 Anm. 7.
[4] Man befürchtete die Besetzung Freiburgs durch französische Truppen.
[5] Vgl. Br. 1 Anm. 1.

18

Edith Stein an Fritz Kaufmann[1]

Postkarte

Poststempel: Göttingen, 17. VII. 19

Herrn Fritz Kaufmann
Göttingen
Weender Chaussee 75

17. VII. Gaußstr. 1

Lieber Herr Kaufmann,

man hat Sie ja ewig nicht mehr gesehen. Ich wollte Ihnen nur sagen, daß ich nicht mehr oben bei Reinachs[2] wohne, sondern zusammen mit Fräulein Gothe[3] hier unten. Vielleicht finden Sie sich einmal nächstens hier ein? Die Gaußstr. ist eine Querstraße von der Reinhäuser Chaussee gleich hinterm Geismar-Tor.[4]

Mit freundlichen Grüßen
Edith Stein

Freitag vor dem Abendessen (etwa von 6 an) sind wir sicher zu Hause.

[1] Vgl. Br. 2 Anm. 1.
[2] Bei Anne und Pauline Reinach, Am Steinsgraben 28.
[3] Vgl. Br. 11 Anm. 3.
[4] Das Haus Gaußstr. 1 existiert heute nicht mehr; auch das Geismartor mußte Verkehrsbedingungen weichen. Die damalige Reinhäuser Chaussee heißt heute Reinhäuser Landstraße.

19

Edith Stein an Fritz Kaufmann[1]

Postkarte

Poststempel: Breslau 10, 15. 8. 19

Herrn Fritz Kaufmann
Göttingen
Weender Landstr. 75/II.

X, Michaelisstr. 38
15. VIII. 19

Lieber Herr Kaufmann,

vielen Dank für die Zusendung meiner Arbeit[2] und Ihre Notizen dazu. Sobald ich sie genauer angesehen habe, schreibe ich Ihnen ausführlich darüber.

Vorläufig stecke ich zu sehr im II. Teil.[3] Ich finde es rührend, wie eingehend Sie sich mit der Sache befaßt haben, und ich freue mich sehr, daß Sie meinen, einigen Gewinn davon zu haben. Daß es nirgends bis zu Ende geht, weiß ich wohl. – Ihr Andersen hat mir unterwegs[4] recht gute Gesellschaft geleistet. Von meinen Besprechungen mit Niemeyer[5] bin ich sehr befriedigt. Er ist wirklich das Ideal eines Verlegers und gehört ganz mit zur Familie der Phänomenologen.

Mit herzlichen Grüßen
Ihre Edith Stein

[1] Vgl. Br. 2 Anm. 1.
[2] Edith Stein hatte Kaufmann das Manuskript ihrer Abhandlung „Psychische Kausalität" geschickt (vgl. Br. 12 Anm. 8).
[3] Die Abhandlung „Individuum und Gemeinschaft", die den 2. Teil der „Beiträge zur philosophischen Begründung der Psychologie und der Geisteswissenschaften" bildet, in: JPPF Bd. 5, S. 116 ff.
[4] Als Reiselektüre auf der Fahrt von Göttingen nach Breslau. Ob es sich um ein Werk des Märchensammlers Hans Christian Andersen (1805–1875) gehandelt hat, ließ sich nicht ermitteln; immerhin war 1917 ein Band mit Briefen Andersens erschienen, 1912 ein Neudruck seines Buches „Das Märchen meines Lebens".
[5] Der Verlag Max Niemeyer, damals Halle (heute Tübingen) wurde begründet durch Max⟨imilian⟩ David Niemeyer, geb. am 2. 6. 1841 in Halle, gest. am 17. 6. 1911. Edith Stein unterredete sich also mit seinem Nachfolger und Sohn, Dr. h. c. Hermann Niemeyer, geb. am 16. 4. 1883, gest. am 12. 10. 1964, der 1949 den Verlag nach Tübingen verlegte, weil es nicht möglich war, in der sowjetisch besetzten „Zone" das geisteswissenschaftliche Programm des Verlags in Halle weiterzuführen. Sein Enkel Robert Harsch-Niemeyer wurde Nachfolger Hermann Niemeyers. Niemeyer hatte 1900/01 die beiden Bände von Husserls „Logischen Untersuchungen" verlegt sowie ab 1913 Husserls „Jahrbuch" (JPPF) und war seither der führende Verlag für phänomenologische Literatur.

20

Edith Stein an Günther Jachmann[1]

Briefumschlag: Herrn Professor Dr. Günther Jachmann, Göttingen, Schildweg 38

Breslau X, 31. VIII. 19
Michaelisstr. 38

Lieber Herr Jachmann,

mit herzlicher Freude habe ich die Nachricht von Ihrer Verlobung[2] begrüßt, und ich sende Ihnen und Ihrer Braut meine besten Wünsche. Wenn ich mir nur ausmale, wie reizend die Häuslichkeit sein wird, die Traudchen einrichtet, so finde ich schon, daß Sie bewundernswerte Fähigkeiten bei Ihrer Wahl entwickelt haben. Schade, daß ich nicht – aller Wahrscheinlichkeit nach jedenfalls nicht – das Vergnügen haben werde, Sie als Bräutigam zu bewundern. Sie haben wohl schon gehört, daß ich daran denke, den neuen Feldzug gegen die Fakultät[3] von hier aus einzuleiten.

Nochmals alles Gute und viele Grüße
Ihre Edith Stein

[1] Günther Jachmann, bedeutender Forscher auf dem Gebiet der Altphilologie, geb. am 20.5.1887 in Gumbinnen/Ostpr., gest. am 17.9.1979 in Köln, hatte – allerdings vor der Zeit Edith Steins – bei Husserl in Göttingen studiert; zur Zeit des Briefes war er Extraordinarius in Göttingen. Später hatte er Lehrstühle inne in Dorpat, Greifswald, Basel und Köln. Jachmann war in Freundschaft verbunden mit der Familie des Bildhauers Adolf v. Hildebrand und durch ihn mit dem Kunsthistoriker Conrad Fiedler (vgl. Br. 3 Anm. 3).
[2] Jachmann verlobte sich mit Gertraude Nauels, geb. am 13.3.1895, gest. am 28.2.1984 in Köln; Edith Stein spielt auf ihre künstlerische Begabung an.
[3] Über den „Feldzug gegen die Fakultät" (gemeint ist die Philosophische Fakultät in Göttingen) vgl. Edith Steins Brief 26 an das Preußische Ministerium für Wissenschaft, Kunst und Volksbildung vom 12.XII.1919.

21

Edith Stein an Fritz Kaufmann[1]

16.IX.19

Lieber Herr Kaufmann,

nun endlich sollen Sie die versprochene Antwort auf Ihre Randbemerkungen zu meiner Arbeit[2] bekommen. Zu spät vielleicht, da Ihnen der Inhalt nach so langer Zeit vermutlich nicht mehr richtig gegenwärtig ist. Ich kam aber nicht eher dazu, mich noch einmal mit dem I. Teil zu beschäftigen, da der II. mich ganz mit Beschlag belegt hatte.

1.) Sie können sich mit dem Begriff des abgelaufenen Erlebens nicht so recht befreunden. Es ist so gemeint: Das jeweils Aktuelle – die Phase des „Jetzt" – ist immer nur ein Momentanes, hat aber als solches gar keine Existenzmöglichkeit, sondern nur eingebettet in ein Erlebnis, das sich als ganzes notwendig in einer Dauer aufbaut. Das, woraus dieses Aktuelle entspringt, ist – sofern es nicht mehr zum Jetzt gehört – abgelaufen; sofern es aber notwendig zur Einheit des Erlebnisses gehört und das jeweils aktuelle Jetzt möglich macht, ist es doch noch lebendig, nicht erloschen.

2.) Die Stellung der ichfremden Daten hat mir selbst viel Kopfzerbrechen gemacht und ich gebe offen zu, daß mir hier noch manches zur letzten

Klarheit fehlt. Daß ein Gegenüber von Erleben und Gehalt dabei vorliegt, habe ich ja durch die Bezeichnung „ich*fremd*" zum Ausdruck gebracht. Andererseits erscheint es mir unmöglich, sie vom Erleben zu trennen und als transcendentes Sein hinzustellen. Ein ichfremdes Datum ist unmöglich anders als eingebettet in ein Erlebnis zu denken, es hat keinerlei selbständig zu fassendes Sein: Daher – trotz der Ichfremdheit – „Gehalt".

3.) Ich glaube nicht, daß ich beim Problem der Willensfreiheit den Knoten durchhauen habe. Ich habe nur das Negative hervorgehoben – was mir allerdings sicher scheint –, daß sich aus den individuellen Kräften und Anlagen heraus die Willensspontaneität nicht herleiten läßt, und habe dann die Tür zur Religionsphilosophie aufgemacht, in deren Gebiet die weitere Untersuchung zu führen ist.

4.) Ich habe nie behauptet, daß die Stärke eines Gefühls durch die Höhe des entsprechenden Wertes eindeutig bestimmt sei. Natürlich kann ein Wert voll erfaßt sein als das, was er ist, ohne daß er mit der gebührenden Stärke gefühlt ist. Aber es *gibt* eine *gebührende* Stärke (vielleicht nicht punktuell, sondern in vagen Grenzen abzustecken) und ein Darüber und Darunter, das unvernünftig ist.

5.) Es ist ein Mißverständnis, wenn Sie meinen, ich wollte von freiem Tun nur sprechen, wo die lebendige Stellungnahme fehlt. Ich spreche davon überall dort, wo der Vorsatz eingreifen kann (positiv oder auch hemmend), auch dann, wenn er es s. z. s. nicht nötig hat einzugreifen, weil die Stellungnahme da ist.

6.) Sie haben nicht unrecht, wenn Sie mir vorwerfen, daß ich mit der Einteilung Vernunft – Motiv – Reiz nicht auskomme. Ich habe unter dem Titel „Reiz" die bloß verständliche, aber nicht vernünftige Motivation in der intentionalen Sphäre und die „niedere" Motivation zusammengefaßt. – Zum Thema der Association möchte ich hier nichts mehr sagen, weil ich an dieser Stelle der Arbeit jetzt noch einige ergänzende Ausführungen eingefügt habe. Im übrigen wäre dies wohl das Wichtigste. Nochmals vielen Dank für Ihr gründliches Studium und alle kritischen Anmerkungen. Noch eins möchte ich Ihnen verraten: ich muß immer lachen, wenn jemand die „Disposition" meiner Arbeiten rühmt. Die wird nämlich immer erst hinterher gemacht, wenn die Arbeit fertig ist. –

Wie geht es Ihnen und wann gehen Sie nach Freiburg?

Mit herzlichen Grüßen
Ihre Edith Stein

[1] Vgl. Br. 2 Anm. 1.

[2] Zu diesem Brief vgl. Br. 19 Anm. 2 u. 3.

22

Edith Stein an Fritz Kaufmann[1]

Breslau, 3. X. 19

Lieber Herr Kaufmann,

wenn Sie dieser Brief bereits in Freiburg trifft, dann brauchen Sie ihn nicht weiterzulesen. Sonst aber möchte ich Sie bitten, einmal in Ruhe mit mir folgendes Bedenken zu erwägen, das mir schon früher gelegentlich, im Anschluß an Ihren letzten Brief aber verstärkt aufgestiegen ist. Ich sehe mit Besorgnis, wie Sie seit Monaten vor der rein philosophischen Arbeit ausweichen, und fange allmählich an, mich zu fragen, ob Ihr „Beruf" nicht in einer andern Richtung liegen sollte. Bitte, fassen Sie dies nicht als ein Mißtrauensvotum, als einen Zweifel an Ihrer Befähigung auf. Ich meine nur, daß es nicht richtig wäre, etwas, was einem nicht die rechte Befriedigung geben kann, gewaltsam ins Zentrum seines Lebens zu stellen. Wenn Sie überzeugt sind, daß Sie keinen falschen Weg eingeschlagen haben, sondern daß es sich nur um eine Depression handelt, die vorübergehend überhaupt jede größere Anspannung unmöglich macht, dann lassen Sie sich durch meine Frage nicht beirren, sondern warten Sie – ohne alle gewaltsamen Anstrengungen, die ja nur verschlimmernd wirken können – geduldig ab, bis die Arbeitslust wiederkommt. Sollten Ihnen aber ähnliche Erwägungen wie mir auch schon gekommen sein, so wäre es doch wohl an der Zeit, ihnen ernstlich ins Auge zu sehen. Wenn Ihnen die Diskussion über diesen Punkt unliebsam ist, so lassen Sie diesen Brief unbeantwortet und verzeihen Sie, daß ich ihn geschrieben habe. Ich dachte nur, daß vier Augen im allgemeinen mehr sehen als zwei, und wollte Sie nur wissen lassen, daß ich gern bereit bin, mit Ihnen zu überlegen, falls Sie keinen besseren Ratgeber zur Verfügung haben sollten. – Etwa am 15. X. fahre ich mit meinem opus[2] nach Göttingen. Es wird eben getippt – ein höchst unerfreuliches Stadium.

Mit herzlichen Grüßen
Ihre Edith Stein

[1] Vgl. Br. 2 Anm. 1.
[2] „Beiträge zur philosophischen Begründung der Psychologie und der Geisteswissenschaften", die Edith Stein als Habilitationsschrift einreichen wollte.

23

Edith Stein an Fritz Kaufmann[1]

14. X. 19

Lieber Herr Kaufmann,

ich bin sehr froh, daß Sie meinen letzten Brief so aufgenommen haben und danke Ihnen dafür wie für Ihre Glückwünsche und den Rilke[2], den ich noch nicht besaß und sehr gern mag.

Vorläufig bin ich zufrieden, daß Sie nun in Freiburg sind, und hoffe, daß jetzt alles gut gehen wird. Weitere Zukunftspläne braucht man ja nicht zu machen, ehe es nötig ist. Daß Husserl[3] Sie nett aufnehmen würde, war mir nie zweifelhaft. Es scheint ihm ja ausgezeichnet zu gehen nach dem, was Sie schreiben. Grüßen Sie den guten Meister recht herzlich von mir. Ich werde ihm nächstens selbst schreiben. Er muß ja ein arg schlechtes Gewissen haben, daß er sich gar so liebevoll nach mir erkundigt. In 2 Tagen fahre ich nach Göttingen. Eine Wohnung habe ich vorläufig nicht. Briefe erreichen mich bei Reinachs[4] oder bei Prof. Courant[5], am weißen Stein 5. Viele Grüße an die philosophische Gesellschaft[6], soweit sie mir bekannt ist, ganz besonders natürlich an Sie und Lipps[7].

Ihre Edith Stein

[1] Vgl. Br. 2 Anm. 1.
[2] Rainer Maria Rilke, Dichter und Schriftsteller, geb. am 4. 12. 1875 in Prag, gest. am 29. 12. 1926 in Val-Mont bei Montreux. Wir wissen nicht, welches seiner Werke Kaufmann Edith Stein zum Geburtstag am 12. Oktober schenkte. [3] Vgl. Br. 1 Anm. 1.
[4] Am Steinsgraben 28, bei Anne und Pauline Reinach.
[5] Richard Courant, Mathematiker, Vetter Edith Steins, geb. am 8. 1. 1888 in Lublinitz/OS, gest. am 27. 1. 1972 in New Rochelle/USA.
[6] Husserlschüler und andere philosophisch Interessierte hatten sich in Freiburg, wie zuvor schon in Göttingen, zusammengeschlossen; sie trafen sich wöchentlich, um anstehende Fragen miteinander durchzusprechen. [7] Vgl. Br. 4 Anm. 7.

24

Edith Stein an Fritz Kaufmann[1]

Göttingen, 8. XI. 19
Reinhäuser Landstr. 53

Lieber Herr Kaufmann,

herzlichen Dank für Ihren Brief. Eigentlich wollte ich Ihnen schon lange schreiben, daß das „Unmögliche“ – nach Ihrer Überzeugung – möglich geworden ist. Ich habe schon seit 10 Tagen die Ablehnung[2] schwarz auf weiß in der Tasche oder vielmehr in unserm „Archiv“ als abschließendes Dokument. Die Sache ist gar nicht vor die Fakultät gekommen, sondern in aller Stille erledigt worden. Als offiziell erscheinen sollenden Bescheid erhielt ich einen Brief des Abteilungsvorstehers Hermann[3], daß eine „Vorkommission“[4] beschlossen hätte, die Sache gar nicht zu prüfen, da die Habilitation von Damen noch immer Schwierigkeiten mache. Mündlich sagte er mir tags darauf – offenbar indessen über das Unvorschriftsmäßige dieses Verhaltens aufgeklärt –, es hätte Gefahr bestanden, daß die Arbeit zurückgewiesen würde, weil Müller[5] festgestellt hätte, daß sie „die Psychologie, wie sie hier betrieben würde, ganz aus dem Sattel heben wollte“ (übrigens ein kleiner Irrtum), und das hätte man mir ersparen wollen. Als spiritus rector erscheint mir bei allem doch Misch[6]; er hat sich auf alle Weise der Zwickmühle entziehen wollen, durch sein Urteil entweder Müller oder Husserl vor den Kopf zu stoßen. Dies dürfen Sie Husserl erzählen, und fügen Sie hinzu, daß ich nicht „gebrochen“ bin. Zuwider ist mir nur, daß ich nun nachdenken muß, was ich weiter tun soll. Eine leise Aussicht ist in Kiel. Dort ist seit diesem Semester Heinrich Scholz[7], den ich persönlich kenne, als Nachfolger Deussens[8]. Er schrieb mir heute, es sei vorläufig freilich auch dort nichts zu machen, denn es gibt bereits 3 Pr⟨ivat⟩-Docenten, und 3 weitere Habilitationen sind angemeldet. Aber diesen Bewerbern gegenüber wollte er sich sehr kritisch verhalten, weil er lieber mich hinhaben möchte. Natürlich kann er sie aber nur abweisen, wenn die Arbeiten nichts taugen, und das muß er ja erst untersuchen. Also muß ich noch bis zum Frühjahr auf den endgültigen Bescheid warten. Ich fahre von hier aus zu meiner ältesten Schwester[9] nach Hamburg und werde mich dort noch einmal mit meinem alten Freunde W. Stern[10] beraten. Bitten mag ich ihn ja nicht darum, sich für mich zu verwenden, weil die Philosophie in Hamburg bereits durch 2 jüdische Ordinarien[11] vertreten ist. Aber wenn er es – wider mein Erwarten – für möglich halten sollte, würde er es mir wahrscheinlich von selbst anbieten. Weitere Schritte tue ich nicht mehr. Überall, wo ich nicht auf persönliches Wohlwollen rechnen kann, werde ich ja, wie in Breslau[12] und hier, den guten Rat bekommen: Gehen Sie doch nach Freiburg! Auch das dürfen Sie meinetwegen Husserl sagen – aber ich warne Sie entschieden vor der Debatte, die das auslösen würde. – Daß Ihnen Freiburg so gut bekommt, freut mich herzlich. Ich hatte schon durch Lipps[13] davon gehört. Denn er ist ja doch vor 14 Tagen hier „aufgeblitzt“ (wie Jachmann[14] zu sagen pflegt). Es ist übrigens keine Nervosität, die ihn von Freiburg forttrieb. Freilich auch keine Manie. Ich wußte es sehr gut, daß seine seelische Widerstandskraft nicht ausreichen würde, um die Stöße in der Lorettostraße[15] zu ertragen. Er leidet doch so namenlos unter jedem „unrechten Sachverhalt“, und dort rennt man bei jedem Schritt an so etwas an. Ich wollte es ja darum durchaus verhindern, daß er ohne eine fix-fertige Habilitationsschrift nach Freiburg ginge. Nun fürchte ich, daß er nicht wieder hingeht, wenn er es auch jetzt noch fest vorhat. Ob er wohl mal überhaupt zur Ruhe kommt, der gute Lipps? Man sieht so deutlich, was ihm fehlt, und zugleich, daß man gar keine Möglichkeit hat zu helfen. Und möchte es doch so schrecklich gern.

Mit herzlichen Grüßen
Ihre Edith Stein

Etwa vom 20. XI. ab: Hamburg 19, Ottersbekallee 6, bei Dr. Gordon[16].

[1] Vgl. Br. 2 Anm. 1.
[2] Ihrer Habilitationseingabe (vgl. die folgenden Briefe).
[3] Eduard Hermann, Dr. phil., geb. am 19. 12. 1869, gest. am 14. 2. 1950, war von 1917 bis zu seiner Emeritierung 1936 Professor für Indogermanische Sprachwissenschaften in Göttingen. Die Philosophische Fakultät hatte zwei Abteilungen, eine philologisch-historische und eine mathematisch-naturwissenschaftliche; der erstgenannten stand seit 1916 Hermann als Vorsitzender vor.
[4] Die phil.-hist. Abteilung der Fakultät besaß einen aus zehn Mitgliedern bestehenden Ausschuß, der über anstehende Fragen, u. a. über Habilitationen zu beraten hatte. (Ich danke Frau Dr. Marianne Zingel/Göttingen für die Besorgung umfassender Informationen.)
[5] Georg Elias Müller, geb. am 20. 7. 1850 in Grimma/S., gest. 1934 in Göttingen, war von 1881 bis 1919 Ordinarius für Philosophie. Er betätigte sich hauptsächlich als experimenteller Psychologe und war ein erbitterter Gegner Husserls und der Phänomenologie. Edith Stein erwähnt ihn in ihren Aufzeichnungen über die Göttinger Studienzeit. Sie läßt durchblicken, daß sie sich bei seiner empirischen Arbeitsweise nicht wohlfühlte; jedoch galt Müller bei vielen Studenten als „außerordentlich anregender und bedeutender Lehrer". (Ich danke Herrn Prof. Günter Patzig für diese Mitteilung.) Müllers Grab auf dem Göttinger Stadtfriedhof ist noch erhalten.
[6] Georg Misch, geb. am 5. 4. 1878 in Berlin, gest. am 10. 6. 1965 in Göttingen, mußte 1938 emigrieren und ging nach England. Von dort rief ihn die Göttinger Philosophische Fakultät 1946 zurück und übertrug ihm wieder seinen Lehrstuhl. Misch war 1917 als Nachfolger Husserls in Göttingen Extraordinarius und 1919 Ordinarius geworden.
[7] Heinrich Scholz, geb. am 17. 12. 1884 in Berlin, gest. am 30. 12. 1956 in Münster, war Prof. (Religionsphilosoph) in Breslau, ab 1919 in Kiel, seit 1928 in Münster, wo er das „Logistische Seminar" begründete.
[8] Paul Deussen, geb. am 7. 1. 1845 in Neuwied, gest. 6. 7. 1919 in Kiel, war Philosoph und Indologe.
[9] Edith Stein besuchte die Familie ihrer ältesten Schwester Else, die in Hamburg mit dem Dermatologen Dr. Max Gordon verheiratet war.
[10] William Stern, geb. am 29. 4. 1871 in Berlin, gest. am 27. 3. 1938 in Durham, bedeutender Psychologe und Philosoph, dessen Vorlesungen Edith Stein in Breslau hörte; sie erwähnt ihn oft in ihren Erinnerungen (vgl. ESGA 1). Sterns Spezialgebiet war die Kinder- und Jugendpsychologie. Seit 1915 war Stern Professor für Philosophie in Hamburg.
[11] Auch Ernst Cassirer, geb. am 28. 7. 1874 in Breslau, gest. am 13. 4. 1945 in New York, lehrte seit kurzem in Hamburg.
[12] Über Habilitationsversuche Edith Steins in Breslau um diese Zeit ist nichts Näheres bekannt.

[13] Vgl. Br. 4 Anm. 7. [14] Vgl. Br. 20 Anm. 1. [15] Dort wohnte Familie Husserl.
[16] Dr. Max Gordon, der Schwager Edith Steins, hatte seine Arztpraxis in Hamburg in der Wexstr. 15. Der Wohnsitz seiner Familie wechselte mehrmals. Anfangs wohnten sie Hudtwalckerstr. 16, zogen ca. 1905/06 in den Loehrsweg 5 und schließlich in die Ottersbekallee. (Ich danke Herrn Hans-Jürgen von Klingspor/Hamburg für seine Ermittlungen.)

25

Edith Stein an Fritz Kaufmann[1]

⟨Göttingen⟩, 22. XI. 19

Lieber Herr Kaufmann,

eben habe ich Ihren lieben Brief vom 14. erhalten (aus dem Felde ging's schneller) und muß mich ganz schnell hinsetzen, um Ihren Zorn gegen diese böse Welt – falls er indessen noch nicht verraucht sein sollte – etwas zu dämpfen. Es ist ja schrecklich lieb von Ihnen, daß Sie sich so für mich ereifern, aber ich muß Ihnen doch sagen, daß es mir in diesen Wochen hier recht gut gegangen ist und daß ich kein bißchen wütend oder traurig mehr bin, sondern die ganze Sache sehr komisch finde. Ich lege doch auf das ganze Leben nicht so schrecklich viel Gewicht, daß es mir viel ausmachen könnte, ob ich nun diese oder jene Stellung darin einnehme. Und ich möchte gern, daß Sie sich diese Haltung zu eigen machen. Soviel über die Welt im allgemeinen. Und nun im besonderen:

1.) ad Lipps[2]. Da haben Sie eine Kleinigkeit mißverstanden. Er war auf der Durchreise nach Hamburg ein paar Stunden hier, und das war ja eigentlich so selbstverständlich – da doch die direkte Verbindung über Göttingen geht –, daß er es wohl nicht für nötig fand, es besonders zu sagen. Und auch über Husserl[3] hatte er nichts „anzuvertrauen". Es ist nicht das Geringste „vorgekommen", wovon etwa Husserl etwas wüßte. Es handelt sich um ganz persönliche Kleinigkeiten, die man in Göttingen freilich zum Besten gibt, weil sie da als „schöne Geschichten" gewürdigt werden. Und wenn er uns gegenüber sich vielleicht freier äußert, so dürfen Sie auch das nicht als böse Absicht deuten. Bekenntnisse darf man von Lipps nicht erwarten. Aber in der besonderen Atmosphäre, die hier herrscht, kann man gelegentlich ganz leicht über Dinge sprechen, die man sonst verschweigt. Ich bin auch hier weniger verschlossen als selbst meinen nächsten Angehörigen gegenüber.

2.) der Meister[4]. Lieber Herr Kaufmann, daß es da manchmal nicht leicht ist, die richtige Einstellung zu wahren, das habe ich in 2 Jahren nahen persönlichen Verkehrs gründlichst erfahren. Aber man muß sich doch immer wieder sagen, daß er selbst am meisten darunter zu leiden hat, daß er seine Menschlichkeit seiner Wissenschaft geopfert hat. Das ist doch so überwältigend, und was man ihm zu danken hat, so unschätzbar, daß irgendwelche persönliche Kränkung dagegen gar nicht aufkommen kann. Für mich bleibt er immer der Meister, dessen Bild mir keine menschliche Schwäche trüben kann. Hering[5] z.B. denkt genauso, und wenn es Lipps nicht gar so schlecht ginge, würde er es sicher auch können. –

Am Montag[6] fahre ich nach Hamburg (19, Ottersbekallee 6) und Anfang Dezember wohl nach Hause.

Herzlichen Dank für Ihre freundschaftliche Teilnahme und viele Grüße.
Ihre Edith Stein

Grüße an alle Freiburger Bekannten.

Daß es einen Streit mit Husserl geben würde, habe ich gar nicht gefürchtet. Ich nahm nur an, daß er Ihnen umständlich auseinandersetzen würde, warum er nichts tun könne, und das denke ich mir höchst unerquicklich.

[1] Vgl. Br. 2 Anm. 1. [2] Vgl. Br. 4 Anm. 7.
[3] Vgl. Br. 1 Anm. 1. [4] Vgl. Br. 2 Anm. 5. [5] Vgl. Br. 9 Anm. 1.
[6] Dieser Montag war der 24.11.1919; für den 25.11. ist Edith Stein auf der polizeilichen Meldekarte in Göttingen abgemeldet nach Hamburg. Sie besuchte dort die Familie ihrer Schwester Else Gordon und fuhr dann nach Breslau zurück.

26

Edith Stein an Konrad Haenisch[1]

Edith Stein

12. XII. 19

Betrifft die Frage der Habilitation von Frauen an preußischen Universitäten

An S. Excellenz den Herrn Minister für Wissenschaft, Kunst und Volksbildung

Euer Excellenz erlaube ich mir folgenden Fall zur prinzipiellen Beurteilung vorzulegen:

Das beigefügte Schreiben[2] erhielt ich als Bescheid auf eine offizielle Meldung zur Habilitation bei der Philosophischen Fakultät in Göttingen (Historisch-Philologische Abteilung). Der vorausgegangene Fall, auf den das Schreiben sich bezieht, ist die Habilitation der Mathematikerin Fräulein Dr. Nöther[3]. Es wurde mir auch mündlich wiederholt versichert, daß diese nur als Ausnahme zugelassen worden sei, weil die Dame nach dem Urteil der Fachleute „über dem Durchschnitt der Ordinarien stände"; es dürfte daraus kein Präcedenzfall gemacht werden.- Da dieses Verfahren meines Wissens durch die Habilitationsordnung nicht gerechtfertigt ist und außerdem gegen die Reichsverfassung verstößt, erlaube ich mir, Euer Excellenz darauf aufmerksam zu machen, in der Hoffnung, daß eine prinzipielle Klärung der Frage erfolgen wird.

Ich ersuche höflichst, mir die Anlage zurückzusenden, nachdem davon Kenntnis genommen ist.

Mit vorzüglicher Hochachtung Euer Excellenz ergebene
Dr. Edith Stein
Breslau X
Michaelisstr. 38

Das von Edith Stein als Anlage beigefügte Schreiben hat folgenden Wortlaut:

Göttingen, den 29. 10. 1919

Sehr geehrtes Fräulein Doktor!

Zu meinem Bedauern habe ich Ihnen mitzuteilen, daß ich aufgrund einer Beratung der Vorkommission nicht in der Lage bin, Ihre Arbeit dem Herrn Referenten zu überweisen. Die Zulassung einer Dame zur Habilitation begegnet immer noch Schwierigkeiten. Der einzige hier vorgekommene Fall lag völlig anders als bei Ihnen, denn er war als Ausnahmefall von den Fachgelehrten besonders motiviert: sowohl mit den außergewöhnlichen vorausgegangenen Leistungen wie mit dem Lehrbedürfnis. Ich bitte Sie daher, Ihre Schriften und Papiere in meiner nächsten Sprechstunde wiederzuholen.

Hermann[4]
An Frl. Dr. E. Stein
Hier

[1] Konrad Haenisch, Politiker, geb. am 14. 3. 1876 in Greifswald, gest. am 28. 4. 1925 in Wiesbaden, war von März 1919 bis April 1921 Preußischer Minister für Wissenschaft, Kunst und Volksbildung. [2] S. unten.

[3] Emmy Noether, Mathematikerin, geb. am 23. 3. 1882 in Erlangen, gest. am 14. 4. 1935 in Bryan/USA, wurde 1908 in Göttingen mit der Dissertation „Über die Bildung des Formensystems der ternären biquadratischen Form" zum Dr. phil. promoviert; sie habilitierte sich in Göttingen mit der Arbeit „Invariante Variationsprobleme". Sie wurde 1919, gegen den Widerstand der philolog.-histor. Abteilung der Fakultät, von Hilbert als Privatdozentin durchgesetzt; 1922 erhielt sie ein Extraordinariat. Zu ihrer Anstellung als Honorarprofessorin in Göttingen sagt das Protokollbuch der hist.-phil. Abteilung der Philosophischen

Fakultät (vgl. Br. 24 Anm. 3) folgendes: „13.2.1919, Tagesordnungspunkt 1: Wichtige Mitteilung des Punktes 6 der Fakultätssitzung/Fall Noether ... Der Vorsteher gibt Aufschluß über die Rechtslage, nach der ein eventueller Antrag der anderen Abteilung ⟨nämlich der mathematisch-naturwissenschaftlichen⟩ auf Anstellung des Frl. Noether als Honorarprofessorin ohne Befragung der historisch-philologischen Abteilung als ein Rechtsbruch anzusehen ist. Die Abteilung ist mit der Anordnung des Vorstehers ⟨Eduard Hermann⟩ einverstanden." Emmy Noether verlor 1933 ihren Lehrauftrag und emigrierte in die USA.

4 Eduard Hermann (vgl. Br. 24 Anm. 3).

27

Edith Stein an Fritz Kaufmann[1]

⟨Breslau⟩, 25.I.20

Lieber Herr Kaufmann,

heute habe ich Ihren Brief bekommen und bin nicht schlecht erschrocken – einmal darüber, daß ich Sie ohne mein Wissen und Wollen so gekränkt habe, und dann über dieses grauenhafte Bild, das Sie da von mir entwerfen. Glauben Sie nicht, daß ich nun meinerseits die Empfindliche spielen will. Ich nehme an, daß Sie in einer depressiven Stimmung aus meinem Brief allerhand herausgelesen haben, was weder auf noch zwischen den Zeilen stand, und hoffe stark, daß Sie selbst inzwischen schon Korrektur an Ihrem Eindruck geübt haben. Wäre es anders, so müßte ich ja daran verzweifeln, Ihnen eine andere Auffassung beizubringen. Denn *beweisen* kann ich es Ihnen ja nicht, daß mir solche Gesinnungen, wie Sie mir in diesem Schreiben zutrauen, absolut fern liegen. Ich habe weder ein „Verdikt" über Husserl[2] gefällt noch Ihnen gegenüber eine gönnerhafte Einstellung gehabt. Was das Erste betrifft, so habe ich Ihren Standpunkt durchaus gebilligt (ich habe das vielleicht nicht eigens hervorgehoben), ich meinte nur, daß ich nicht in der Verfassung war, mich für das Positive auf dieser Seite zu erwärmen, wo mir noch Worte in den Ohren klangen wie die: „Werturteile dürfen *Sie* nicht fällen. Das haben Sie verwirkt!" Das zu unserm Hans Lipps[3]! Und niemand im Husserlschen Hause hat ihm mehr die Hand gegeben. Lieber Herr Kaufmann, ich werde nie aufhören – wie ich Ihnen schon vor ein paar Monaten schrieb[4] –, den Philosophen Husserl grenzenlos zu verehren und jede menschliche Schwäche als sein Schicksal zu begreifen. Und ich würde mir ganz lächerlich vorkommen, wenn ich es mir als Verdienst anrechnen wollte, daß ich dem Leben etwas näher stehe als er. Aber *daß* für den rein menschlichen Verkehr sich hier eine unübersteigbare Scheidewand auftut und daß mir dies jetzt stärker als je fühlbar geworden ist, das müssen Sie doch verstehen. Ich kann es mir tatsächlich noch heute nicht vorstellen, wie ich ihm noch einmal persönlich gegenüber treten soll.

Und die Gönnerhaftigkeit! Ich weiß gar nicht, was mich daran am meisten verletzen würde, wenn ich es als ernstliche und andauernde Meinung auffassen müßte. Der Größenwahn, den Sie mir zutrauen. Die Überschätzung des Intellektuellen (falls Sie schon annehmen, daß ich Grund hätte, mir auf wissenschaftlichem Gebiet eine besondere Befähigung einzubilden). Oder schließlich, daß Sie glauben können, ich hätte Ihnen 5 Jahre lang eine Freundschaft vorgetäuscht, bei der ich im Grunde nur meine eigene Überlegenheit genossen hätte. Aber genug davon. – Ich möchte jetzt nur noch etwas über die Punkte sagen, in denen ich mir bei ernstlicher Selbstprüfung etwas vorzuwerfen habe.

1.) ist es ein alter Fehler von mir, daß ich – sachlich wie persönlich – Kritik zu üben pflege, ohne mir lange zu überlegen, ob ich denn ein Recht dazu hätte. Ich habe mir schon manchmal nachträglich gedacht, daß die Leute (freilich nicht gerade meine nächsten Freunde) mich leicht für größenwahnsinnig halten könnten. 2.) muß ich Ihnen zugeben – was ich mir freilich eigentlich nicht als Schuld anrechnen kann –, daß ich Lipps wohl etwas lieber habe als Sie ⟨ihn⟩ und mich darum so stark mit ihm identifiziert habe, daß ich Ihnen danken konnte, weil Sie sich „auch“ für ihn bemühen (das „auch“ kam übrigens wohl daher, daß ich gerade von den Bemühungen des kleinen Emmrich[5] gehört hatte und von Frau Reinachs[6] Anteil u. s. w. – also rein kolligierend und ohne jede Gradabstufung). Das hat ja aber weder mit menschlicher noch gar mit wissenschaftlicher Bewertung etwas zu tun. Und böse können Sie mir doch darum nicht sein, nicht wahr? 3.) müssen Sie bedenken, daß ich mindestens 3 Wochen in völliger Ungewißheit gelebt hatte. Ein paar Andeutungen von Lipps, die meiner Phantasie weitesten Spielraum ließen – sonst nichts. Ich wollte mehrmals an Sie schreiben, um Sie um Aufklärung zu bitten. Aber ich wußte ja nicht, ob die Nachricht nicht als vertraulich zu betrachten sei und wollte darum mit niemandem davon sprechen. Unmittelbar vor Ihrem Bericht bekam ich nun den von Frau Reinach und fühlte mich durch ihre Zuversicht, daß Lipps über die Katastrophe[7] hinwegkommen würde, so erleichtert, daß ich die äußeren Dinge mit einem gewissen Übermut behandelt habe, der Ihnen natürlich nicht verständlich sein konnte. Und man sollte ja doch immer bedenken, an wen man schreibt und wie es wirken muß. Zur Entschuldigung kann ich nur anführen, daß jetzt gar so viel Sachen auf mir lasten, von denen immer eine die andere drängt, sodaß keine sich richtig auswirken kann. Ich wäre sehr traurig, wenn es sich um mehr als eine vorübergehende Stimmung bei Ihnen handelte. Für alle Fälle möchte ich Ihnen noch sagen, daß es mir sehr lieb ist, daß Sie mir gleich alles gesagt haben. Ich weiß aus eigener Erfahrung – denn ich bin mit Depressionen sehr viel besser vertraut als Sie vielleicht ahnen –, wie es tut, wenn man so etwas anstehen läßt und sich in der Stille damit abquält, wobei es immer ungeheuerlichere Dimensionen annimmt.

Leben Sie herzlich wohl und schreiben Sie bald wieder

Ihrer alten „Gönnerin" Edith Stein
Unverbesserliche Person!

P.S. Ich wohne gegenwärtig nicht zu Hause, sondern bei einer alten Tante[8], die ihre Tochter plötzlich verloren hat und nicht allein sein soll.

[1] Vgl. Br. 2 Anm. 1. [2] Vgl. Br. 1 Anm. 1.
[3] Vgl. Br. 4 Anm. 7. Es handelt sich hier um den in der Anm. 7 erläuterten Sachverhalt.
[4] Im Brief Nr. 24.
[5] Curt Emmrich (Pseudonym Peter Bamm), Arzt und Schriftsteller, geb. am 20.10.1897 in Hochneukirch, gest. am 30.3.1975 in Zürich, wohnte in Göttingen zeitweilig im Hause Anne Reinachs und war mit Hans Lipps befreundet.
[6] Anne Reinach (vgl. Br. 6 Anm. 13).
[7] Lipps wurde durch die Frau des Husserl-Schülers Ludwig Clauss in eine Vaterschaftssache verwickelt, die eine zeitweilige Entfremdung von Husserl, den Abbruch seiner Habilitationsversuche und durch einen langwierigen Prozeß wirtschaftliche Schwierigkeiten zur Folge hatte (vgl. Dilthey-Jahrbuch, Bd. 6/1989, S. 14 u. 56; dieser Jahrbuchband ist besonders dem Andenken Lipps' gewidmet aus Anlaß seines 100. Geburtstages). – Ludwig Ferdinand Clauß, geb. am 8.2.1892 in Offenburg, gest. am 13.1.1974 in Ruppertshain/Taunus, war Mitarbeiter Husserls in Freiburg und Teilnehmer an Edith Steins philosophischen Einführungskursen. Später war Clauss Professor in Frankfurt/M. und genoß als Völkerpsychologe internationalen Ruf.
[8] Bei Bianca Schlesinger geb. Courant, der ältesten Schwester von Ediths Mutter. Sie hatte in Breslau Am Stadtgraben mit Jenny, ihrer jüngsten Tochter, zusammen gewohnt. Nach deren Tod zog Edith für ca. 6 Wochen, ab 1. Januar 1920, zu ihr (vgl. ESGA 1, 183).

28

Edith Stein an Fritz Kaufmann[1]

⟨Breslau⟩, 2.II.20

Lieber Herr Kaufmann,

nur das eine als umgehende Antwort auf Ihren Brief: ich habe *nur* auf Ihre und Frau Reinachs[2] Veranlassung an Clauss[3] geschrieben, von Lipps[4] habe ich seit Freiburg keine Zeile, bin also keineswegs von ihm beauftragt. Sie werden ihn nicht entgelten lassen, was ich verschuldet habe. Übrigens war es nicht meine Absicht, Sie oder irgendjemand in Freiburg auszuschalten, nur Lipps wollte ich ausgeschaltet wissen.

Mehr kann und mag ich heut nicht sagen. Ich fürchte mich nachgerade vor dem Gebrauch der Sprache.

Mit herzlichen Grüßen
Ihre Edith Stein

[1] Vgl. Br. 2 Anm. 1. [2] Anne Reinach (vgl. Br. 6 Anm. 13).
[3] Ludwig Ferdinand Clauss (vgl. Br. 27 Anm. 7). [4] Vgl. Br. 4 Anm. 7.

29

Edith Stein an Fritz Kaufmann[1]

Poststempel: Breslau, 13.02.20

Abs.: Dr. E. Stein
Breslau X, Michaelisstr. 38

Herrn Fritz Kaufmann
Freiburg i. Br., Maximilianstr. 34

12.II.20

Lieber Herr Kaufmann,

vielen Dank für Ihre lieben Zeilen. Bitte, quälen Sie sich jetzt nicht mit Selbstvorwürfen. Ich kann es sehr gut verstehen, daß meine ungeschickte Durchkreuzung Ihrer aufopfernden Bemühungen Sie in helle Empörung versetzt hat, und bin Ihnen nicht einen Augenblick böse gewesen. Ich denke, wir wollen diese Geschichte nun begraben sein lassen und das alte Vertrauensverhältnis als die unverrückbare Grundlage ansehen, von der aus alle Worte und Handlungen zu deuten sind, nicht wahr?

Und nun wünsche ich Ihnen und uns allen viel Glück für die Fortführung unserer Sache, bei der wir Sie nicht wieder stören wollen.

Ich grüße Sie herzlich
Ihre Edith Stein

Ich würde gern gelegentlich mal hören, *wie* schlecht eigentlich Husserl auf mich zu sprechen ist.

[1] Vgl. Br. 2 Anm. 1.

30

Konrad Haenisch[1] an Edith Stein

Antwortschreiben des Ministeriums für Wissenschaft, Kunst und Volksbildung auf Edith Steins Eingabe vom 12. XII. 1919

Der Minister für Wissenschaft, Kunst und Volksbildung
U I Nr. 18535

Berlin W 8, den 21. Februar 1920

Der in Ihrer Eingabe vom 12. Dezember 1919[2] vertretenen Auffassung, daß in der Zugehörigkeit zum weiblichen Geschlecht kein Hindernis gegen die Habilitierung erblickt werden darf, trete ich bei.

Ich habe aus Anlaß des von Ihnen vorgetragenen Einzelfalles sämtliche beteiligten Stellen hiervon in Kenntnis gesetzt.

(Unterschrift)

An Fräulein Dr. Edith *Stein* in Breslau X, Michaelisstr. 38

Abschrift zur Kenntnisnahme.
In Vertretung: Becker[3]

An die Herren *Universitätskuratoren*, den Herrn Rektor und den Senat der Universität in Frankfurt a. M. (d⟨urch⟩ d⟨en⟩ Herrn Oberpräsidenten in Cassel), den Herrn Rektor und den Senat der Universität in Cöln (d⟨urch⟩ d⟨en⟩ Herrn Regierungspräsidenten in Cöln), sowie den Herrn Rektor und den Senat der Universität hier.

[1] Vgl. Br. 26 Anm. 1. [2] Vgl. Br. 26.

[3] Carl Heinrich Becker, Orientalist und preußischer Politiker, geb. am 12.4.1876 in Amsterdam, gest. am 10.2.1933 in Berlin, war Professor in Heidelberg, Hamburg, Bonn und Berlin. 1921 und 1925–1930 war Becker preußischer Kultusminister. Zur Zeit des Briefes Edith Steins war er Staatssekretär im Ministerium für Wissenschaft, Kunst und Volksbildung.

31

Edith Stein an Fritz Kaufmann[1]

Breslau X, 30. IV. 20
Michaelisstr. 38

Lieber Herr Kaufmann,

seit einer kleinen Ewigkeit habe ich nichts von Ihnen gehört und weiß nicht einmal recht, ob ich Sie noch in Freiburg zu suchen habe. Der äußere Anlaß meines Schreibens sind zwei Bitten, die ich Ihnen vorzutragen habe. Die eine betrifft eine Angelegenheit von Ingarden[2]. Er schreibt mir heut, daß er Herrn Clauss[3] schon vor längerer Zeit um ein Exemplar seiner Bergsonarbeit[4] gebeten hat, ohne eine Antwort zu bekommen. Er hatte es Herrn Cl⟨auss⟩ in Freiburg zurückgelassen und braucht es jetzt, um Änderungen darin vorzunehmen, bevor er es Husserl für das Jahrbuch übergibt. Würden Sie wohl so gut sein, sich zu erkundigen, ob es abgegangen ist, und es ev⟨entuell⟩ selbst abschicken? (Adresse: Dr. R. Ingarden, Warschau, Zlota 41 m.4.) Vielleicht können Sie es vermeiden, meine Vermittlung bei diesem Auftrag zu erwähnen, um keine peinlichen Erinnerungen zu wecken. Und sollte Ihnen die ganze Sache irgendwie unangenehm sein, so schreiben Sie mir ruhig ab. Es ist nur ein Einfall von mir, daß ich Ingarden auf diese Weise vielleicht behilflich sein könnte. – Die 2. Bitte ist harmloser. Es ist jetzt ein Jüngling von hier nach Freiburg gegangen, um bei Husserl zu hören, und ich habe ihm versprochen, ihn an Sie zu empfehlen, was ich eigentlich längst hätte tun sollen. Er heißt Norbert Elias[5] (zu erkennnen an einem blau-weißen Abzeichen[6]!), ist im Haupt- oder Nebenberuf Mediziner, philosophisch von Hönigswald[7] gedrillt, aber von mir instruiert, daß er seinen Kritizismus einklammern muß, um etwas von Phänomenologie zu kapieren. Ich habe ihm auch eine Karte an Herrn Thust[8] mitgegeben, weiß aber nicht, ob der wieder in Freiburg ist. –

Von mir habe ich Ihnen zu berichten, daß ich mir faute de mieux[9] selbst die venia ⟨legendi⟩[10] erteilt habe und in meiner Wohnung Vorlesungen mit Übungen halte (Einleitung in die Philosophie auf phänomenologischer Grundlage), an denen über 30 Leute teilnehmen. Außerdem beginne ich demnächst mit einem Kursus an der Volkshochschule über Ethische Grundfragen.[11]

Was treiben Sie?

Viele herzliche Grüße Ihre Edith Stein

[1] Vgl. Br. 2 Anm. 1. [2] Vgl. Br. 6 Anm. 6. [3] Vgl. Br. 27 Anm. 7.
[4] Gemeint ist ein Exemplar des Manuskriptes von Ingardens Doktorarbeit „Intuition und

Intellekt bei Henri Bergson", mit der er am 16. Januar 1918 bei Husserl promoviert hatte und die zunächst 1921 bei Niemeyer in Halle als Dissertationsdruck und im Jahr darauf in Husserls Jahrbuch publiziert wurde (vgl. JPPF Bd. 5, Halle 1922, S. 285–461).

5 Norbert Elias, Soziologe und Kulturphilosoph, geb. am 22.6.1897 in Breslau, gest. am 1.8.1990 in Amsterdam. Elias lernte Edith Stein kennnen durch seine Kusine Lilli Berg-Platau, Ärztin und nahe Freundin Erna Steins; er nahm in Breslau an ihren privaten Vorlesungen zur Einführung in die Phänomenologie teil.

6 Dies Abzeichen deute ich als das Kennzeichen des „Blau-Weiß", eines nach dem 1. Weltkrieg erstarkten jüdischen Jugend- und Wanderbundes, der damals auch Praktikantenlager zur späteren Besiedlung Palästinas einrichtete, in denen auch einige Neffen Edith Steins nach 1933 gearbeitet haben.

7 Richard Hönigswald, neukantianischer Philosoph, geb. 1875 in Altenburg/Ungarn, gest. 1947 in New York. Edith Stein hörte in ihren vier Breslauer Semestern bei ihm, wie ihr Studienbuch ausweist. Seit 1930 lehrte Hönigswald in München; später emigrierte er in die USA.

8 Martin Thust nahm von 1920–1922 an Vorlesungen und Übungen Husserls teil. Er schrieb seine Dissertation über „Sören Kierkegaard, der Dichter des Religiösen" (München 1931). Husserl sagte von ihm, er sei ein „vortrefflicher Schüler, eigentlich ein Theologe" (vgl. HChr. S. 237).

9 Mangels Besserem. 10 Vorlesungserlaubnis an Universitäten.

11 Über diesen Kursus konnte Näheres nicht ermittelt werden.

32

Edith Stein an Fritz Kaufmann[1]

Breslau X, 31.V.20
Michaelisstr. 38

Lieber Herr Kaufmann,

als ich gestern von meiner Pfingstreise aus dem Riesengebirge heimkam, fand ich Ihren Brief und zugleich eine Karte von Ingarden[2] mit erneuter Bitte um seine Bergson-Arbeit. Ich bin sehr froh, daß dies nun erledigt ist. Wegen Herrn Elias[3] müssen Sie sich nicht entschuldigen. Ich glaube, es täte ihm recht gut, wenn er in den Kinder-Zirkel[4] käme. Denn – wie Sie offenbar bereits bemerkt haben – hat er den üblichen Kritizistendünkel. Ich glaube aber, wenn man ihm den aberzogen hätte, käme ganz was Brauchbares zum Vorschein, und es täte mir leid, wenn er in Freiburg nicht auf seine Kosten käme, denn er ist mit dem guten Willen, was zu lernen, hingegangen. – In dem Freiburg, das Sie mir schildern, kann ich mich nur mühsam zurechtfinden. Es wäre mir schon recht lieb, wenn ich einmal mündlich ausführlich darüber hören und wenn man richtig beraten könnte, was denn aus all dem werden soll. Ich betrachte mich ja keineswegs als nicht mehr zugehörig und stimmberechtigt, und ebenso die andern, die für Husserl verblaßt sind. Im August werde ich mich voraussichtlich mit Erika Gothe[5] und Hans Lipps[6] in Göttingen treffen. Vielleicht tauchen Sie da auch mal auf? Ihren Vorschlag für Lipps' Habilitation, den ich sehr erwägenswert finde, will ich auch lieber mündlich mit ihm besprechen.

Nun möchte ich Sie gleich noch einmal als „Geschäftsträger" anspannen: auf Veranlassung von Pfänder[7], der zuerst mit mir über meinen Jahrbuchbeitrag verhandelte, habe ich kürzlich an Husserl geschrieben und ihn gebeten, in den V. Band meine *ganze* „Habilitationsschrift" (1. und 2. Teil) aufzunehmen.[8] Da Sie meinen, daß er nichts Besonderes gegen mich hat, wäre es vielleicht nicht unangenehm für Sie, mal etwas anzutippen, daß er mir Antwort schreibt oder Ihnen die Antwort sagt. Wenn er den 2. Teil zur Prüfung hinhaben wollte, wäre zugleich für Sie eine Gelegenheit, ihn kennenzulernen. – Meine Vorlesungen[9] haben mich bisher nicht ganz am Weiterarbeiten gehindert, aber, da sich alles am Abend abspielt und nach ungekürzter Tagesarbeit eine ziemliche Überanspannung erfordert, gesundheitlich etwas heruntergebracht. Ich habe jetzt in den Bergen etwas Reserven gesammelt, die hoffentlich bis zum Schluß des Semesters reichen werden. An einen neuen Habilitationsversuch denke ich nicht. Der Runderlaß an die Universitäten[10] wegen weiblicher Habilitation geht zwar auf meinen Antrag zurück, ich verspreche mir aber praktisch nichts davon. Das war nur ein Nasenstüber für die Göttinger Herrn. – Wie es in der Prozeßgeschichte steht, weiß ich gar nicht. Lipps hat mir darüber lange nicht geschrieben. Ist Herr Clauss[11] eigentlich einigermaßen wieder beieinander und kann er arbeiten? Und was ist aus Frau Clauss geworden? Ich frage das aus rein persönlichem Interesse, aber nur Sie. Weitergeleitet möchte ich diese Teilnahme nicht haben, aus begreiflichen Gründen.

Ich grüße Sie herzlich,
Ihre Edith Stein

Einen schönen Gruß an den energischen kleinen Bruder. Ich freue mich, daß Sie so jemanden da haben, das tut Ihnen sicher schrecklich gut.

[1] Vgl. Br. 2 Anm. 1. [2] Vgl. Br. 6 Anm. 6.

[3] Vgl. Br. 31 Anm. 6.

[4] Scherzausdruck für den von Edith Stein begonnenen, von Kaufmann fortgeführten phänomenologischen Anfängerkurs in Freiburg. Der Kurs verfolgte u. a. den Zweck, die Hörer mit der ihnen noch fremden Husserlschen Terminologie vertraut zu machen.

[5] Vgl. Br. 11 Anm. 3. [6] Vgl. Br. 4 Anm. 7.

[7] Vgl. Br. 8 Anm. 6. – Seit ca. 1920 hatte Pfänder die Geschäftsführung des von Husserl herausgegebenen Jahrbuchs (JPPF) übernommen.

[8] Edith Stein hatte den 1. („Psychische Kausalität") und den 2. Teil („Individuum und Gemeinschaft") ihrer Arbeit unter dem gemeinsamen Titel „Beiträge zur philosophischen Begründung der Psychologie und der Geisteswissenschaften" vereinigt und als Habilitationsschrift einzureichen versucht (vgl. Br. 26). Die umfangreiche Arbeit wurde in den 5. Bd. des JPPF aufgenommen.

[9] Private Vorlesungen zur Einführung in die Phänomenologie, die Edith Stein im „Saal" ihres Elternhauses, Michaelisstr. 38, I. Etage, hielt.
[10] Vgl. Br. 26.
[11] Vgl. Br. 27 Anm. 7. Anläßlich der „Prozeßgeschichte", in die seine Frau ihn und Lipps verwickelt hatte, wurde die Ehe geschieden. Über Frau Clauss ist nichts Näheres bekannt.

33

Max Niemeyer[1] an Edith Stein

H.B.Fol. Halle a.d.S., den 1.6.1920

RECHNUNG

FÜR *Frl. Dr. Edith Stein, Breslau*

VOM
VERLAG MAX NIEMEYER, HALLE a.d.S.
Brüderstraße 6
Fernruf 2218

1 Husserl, Ideen I[2]	*M. 10,–*	*7.50*
60 % Teuerungszuschlag	*M.*	*4.50*
P⟨or⟩to	*M.*	*4.40*
		16.40

An Adresse gesandt.

[1] Vgl. Br. 19 Anm. 5.
[2] Edmund Husserl, Ideen zu einer reinen Phänomenologie und phänomenologischen Philosophie, Teil I. Dieses Werk Husserls erschien im 1. Band seines 1913 edierten Jahrbuchs und zugleich als Separatum.

34

Julius Stenzel[1] an Edith Stein

Breslau, 7.6.1920

Sehr geehrtes Fräulein Doktor Stein!

Es tat mir besonders leid, daß Sie nicht bei uns waren, aber es hätte dann leider noch über den von Ihnen gesetzten Terminus post quem[2] vertagt werden müssen, nachdem wir den Donnerstag leider hatten verstreichen lassen.

Wir haben im wesentlichen nur über zwei Worte gesprochen: 529 D den Sinn von τὰ ἐνόντα, 533 D über das Objekt von βεβαιώσηται[3]; in beiden Fällen m. E. noch ohne Entscheidung. Da beide Stellen sicher principiell sehr wichtig sind und nur aus dem Ganzen heraus diskutiert werden können, so müssen wir das nochmals versuchen im Zusammenhang mit der Hauptfrage, die wir uns mit Fleiß für die nächste Stunde mit Ihnen aufgespart haben, nämlich der alten trivialen Frage, warum er das merkwürdige Ding die Idee des Guten nennt. Darf ich Ihnen vielleicht in diesem Sinne meinen Sokratesvortrag[4] u. die Seiten 20–45 meines Buches zur Kritik vorlegen, in denen der Weg, den ich einmal zu gehen hoffe, vorgedeutet ist? Ich bitte Sie, außer dem Buch,[5] das Ihnen beliebig lange zur Verfügung steht, das Übrige als Ihr Eigentum zu betrachten, da ich mich damals mit Separaten „eingedeckt" habe. Leider ist dies mit dem Demokritos[6]-Vortrag nicht der Fall – von dem ich zur Zeit leider gar kein Exemplar habe, der auch für den Staat ⟨Platons⟩ nichts enthält. Ich hoffe, wir finden in der übernächsten Woche einen Ihnen passenden Tag; die Verhandlungen will Bultmann[7] führen.

Viele Grüße von uns beiden
Ihr Stenzel

[1] Julius Stenzel, Altphilologe und Platon-Forscher, geb. 1883 in Breslau, wo er sich 1921 habilitierte, gest. 1936 in Halle, war eng befreundet mit Richard Courant (vgl. Br. 23 Anm. 5), dem Vetter Edith Steins. Er war verheiratet mit Bertha Mugdan, der Schwester Susannes (vgl. Br. 12 u. 13). Bertha Stenzel war Edith behilflich gewesen, nach ihrer Rückkehr aus dem Lazarettdienst (1915) das Graecum zu machen (vgl. ESGA 1, 301).
[2] „... über den von Ihnen gesetzten Termin hinaus ...".
[3] Ta enonta: die Einheit; bebaiosetai: es wird bekräftigt. Beide griechische Termini sind Platons Staat entnommen. (Herrn Günter Leffers Volmetal-Kierspe sei für seine Hilfe bei der Auffindung dieser Textstellen gedankt.)
[4] Sokrates: griechischer Philosoph, geb. 470 v. Chr. in Athen, gest. 399 durch Verurteilung zum Giftbecher. – Sokratesvortrag: Julius Stenzel, „Zur Logik des Sokrates" in: 95. Jahresbericht der Schlesischen Gesellschaft für vaterländische Cultur, philosophisch-psychologische Sektion, Breslau 1917.
[5] Julius Stenzel, Studien zur Entwicklung der platonischen Dialektik von Sokrates zu Aristoteles, Breslau 1917.
[6] Demokritos (460–371), griechischer Philosoph aus Abdera.
[7] Rudolf Karl Bultmann, ev. Theologe, geb. am 20. 8. 1884 in Wiefelstede/Oldenburg, gest. 30. 7. 1976 in Marburg. Zur Zeit des Briefes war Bultmann Privatdozent in Breslau; im folgenden Jahr wurde er Professor in Marburg.

35

Edith Stein an Wolfgang Stein[1]

Postkarte

Herrn Wolfgang Stein
Breslau X
Michaelisstr. 38

⟨Bergzabern,⟩ 19. VI. 1921

Lieber Wolfgang,

zu Deinem Geburtstag gratuliere ich Dir herzlich. Ich schicke Dir ein Buch mit Geschichten aus der Pfalz, damit Ihr sehen könnt, in was für einem Lande ich bin. Schade, daß ich Euch nicht alle mal für einen Tag hier in den Garten[2] einladen kann, das würde Euch gefallen. Grüße Deine Eltern und alle Kinder und auch alle andern Lieben im Hause.[3]

Dir einen herzlichen Gruß und Kuß
von Deiner Tante Edith

[1] Wolfgang Stein, Neffe von Edith Stein, ältester Sohn ihres Bruders Arno, geb. am 21. 6. 1912 in Breslau, gest. am 2. 6. 2000 in Uhica/NY/USA.

[2] Am 27. 5. 1921 war Edith Stein, von Göttingen kommend, nach Bergzabern übergesiedelt. Sie wohnte dort bei dem Philosophenehepaar Theodor Conrad und Hedwig Conrad-Martius, beide Husserlschüler. Edith Stein hatte im März 1921 das Elternhaus in Breslau verlassen und war nach Göttingen gegangen, „der größten Entscheidung meines Lebens entgegen" (ESGA 1, 189). „Ich befand mich in einer inneren Krisis, die … in unserem Hause nicht gelöst werden konnte" (ESGA 1, 185 f.). Die Krisis, die wohl mehrfache Ursachen hatte, war auch eine religiöse. Sie endete mit der Aufnahme in die katholische Kirche am 1. 1. 1922, durch ihre Taufe in der Pfarrkirche St. Martin in Bergzabern.

[3] Wolfgangs Eltern: Arno Stein und Martha geb. Kaminsky; alle Kinder: Wolfgangs jüngere Geschwister Eva, Helmut, Charlotte, dazu seine Kusine Erika Tworoger, Tochter von Frieda geb. Stein; alle Lieben im Hause: Wolfgangs Großmutter Auguste Stein geb. Courant, seine Tanten Frieda Tworoger, Rosa Stein und Martha Stein geb. Kaminsky und Erna Biberstein, sowie sein Onkel Arno Stein und Hans Biberstein. Sie alle wohnten im Hause Michaelisstr. 38.

36

Max Niemeyer[1] an Edith Stein

Halle a. S., den 12. 8. 1921

Fol. 142

RECHNUNG

Für *Frl. Dr. Edith Stein, Breslau*

VOM
VERLAG MAX NIEMEYER, HALLE a. S.
Brüderstraße 6

Bankkonto Frenkel & Poetsch, Halle a. S.
Postscheckkonto Leipzig 46 136

1 Reinach, Ges. Schriften[2], gbd. 65.-	*48,75*
1 Husserl, Log. Unterschgn II 2[3], gbd. 29.-	*21,75*
1 Jahrbuch f. Philosophie IV[4], br. 80.-	*60,-*
Pto für 2 x bdr.	*19,40*
ges. an Mr. Bell[5] in Boulderwood	
	149, 90

1 Vgl. Br. 19 Anm. 5.

2 Niemeyer, Halle a. d. Saale, 1921.

3 Der die VI. Untersuchung enthaltende Schlußband der Neuauflage der „Logischen Untersuchungen" war 1921 bei Niemeyer erschienen.

4 Erschienen im Frühjahr 1921.

5 Winthrop Bell, Kommilitone Edith Steins in Göttingen, Husserlschüler, geb. am 12. 5. 1885 in Halifax, gest. am 4. 4. 1965 in Chester, wurde im 1. Weltkrieg, weil Kanadier, als Kolonialengländer in der Nähe Berlins interniert. Vorher hatte er wegen einer angeblich antideutschen Bemerkung im „Karzer" der Universität gesessen, und Edith Stein hatte sich eine Freude daraus gemacht, ihn an diesem interessanten Ort zu besuchen (vgl. ESGA 1, 247 f.). Nach dem Kriege sandte Bell an Edith Stein größere Geldsummen, damit sie davon Bücher für das „Phänomenologenheim" bei Conrads in Bergzabern anschaffe. Er machte auch politische Bemühungen, um Deutschland in der schweren Nachkriegszeit in Übersee Hilfe zu erwirken. Edith Stein macht darüber eine Bemerkung im Brief an Roman Ingarden vom September 1919 (vgl. ESGA 4, Nr. 65); sie hatte Bell mehrfach in Berlin getroffen. – Husserl schreibt am 11. 8. 1920 an Bell: „… Was Sie mir von Ihren tragischen Bemühungen während der Wintermonate 1919/20 geschrieben, von dem Mißgeschick Ihrer Denkschrift (Anm. des Herausgebers: Wohl an den amerikanischen Kongreß zugunsten Deutschlands), las ich übrigens mit begreiflicher innerer Bewegung. Wieviel Segen hatten Sie davon erhofft! … Das Elend ist ja inzwischen in ungeheuerlichen Proportionen weitergewachsen …" (Aus: Edmund Husserl, Briefwechsel, Bd. III, hg. von Karl Schuhmann in Verbindung mit Elisabeth Schuhmann, Dordrecht, Boston, London 1994, Husserliana. Dokumente, Bd. III/3, S. 12 f.)

37

Edith Stein an Eugen Breitling[1]

Breslau X, 17. X. 22
Michaelisstr. 38

Hochverehrter Herr Dekan,

jetzt bin ich seit 8 Tagen[2] zu Hause. Heute fand ich etwas Zeit, auf der Bibliothek nach Literatur über Musikaesthetik zu sehen. Was mir für das spezielle Thema wichtig scheint, habe ich mit + bezeichnet. Offenbar ist darüber noch wenig erschienen.

Mir geht es hier ganz gut[3]. In den nächsten Wochen habe ich noch ziemlich viel Zeit für mich und kann wieder mal etwas wissenschaftlich arbeiten. Vorläufig mache ich ein älteres Manuskript für den Druck fertig[4].

Ich hoffe, daß es Ihnen und Ihren Hausgenossen recht gut geht.

Mit den ergebensten Grüßen
Ihre stets dankbare Edith Stein

Anschließend liest man in Breitlings Handschrift:

Bergzabern, 20. Oct. 1922

Geehrter Herr Expositus[5]!

Sende Ihnen für Ihr Thema Litteraturangabe, welche Frl. Stein auf der Universitätsbibliothek in Breslau *für Sie* zusammengestellt hat. Frl. Stein ist Convertitin ex Judaismo und hier am 1. I. 1922 getauft worden – eine hochtalentierte, sehr gelehrte Frl. Dr. phil.

Mit dem Wunsch auf besten Erfolg grüßt Sie ergebenst
Breitling, G⟨eistlicher⟩ R⟨at⟩.

[1] Eugen Breitling, Geistlicher Rat, geb. am 21.3.1851 in Böhl/Pfalz, gest. 17.12.1931 in Bergzabern, war Pfarrer an der Pfarrkiche St. Martin in Bergzabern, wo er am 1.1.1922 Edith Stein taufte. Er trug das Ereignis eigenhändig in das Taufbuch der Pfarre ein.

[2] Am 5. Okt. 1922 ist Edith Stein in Bergzabern polizeilich abgemeldet; ebenso vermeldet das Conradsche Gästebuch ihre Abreise „in den Heimaturlaub" für diesen Tag.

[3] Edith Stein war nach ihrer Taufe (am 1.1.1922) zum erstenmal von Bergzabern nach Breslau gefahren am 14.6.1922 (Gästebuch Conrad). Am 1.8. schrieb sie an Roman Ingarden (ESGA 4, Nr. 82): „Meine Mutter hatte seit meinem Übertritt geglaubt, ich wäre in ihrem Hause für alle Zeiten unmöglich. Jetzt habe ich ihr gezeigt, daß es doch geht." Edith Stein weilte dann noch von August bis Oktober 1922 in Bergzabern und verbrachte Herbst und Winter im Elternhaus in Breslau – soweit dies bis jetzt festgestellt werden konnte.

[4] „Eine Untersuchung über den Staat", erschienen 1925 in JPPF Bd. 7, S. 1–123.

[5] Expositus: ein für den Dienst an einer Filialkirche freigestellter Geistlicher, hier vielleicht

zum Zwecke wissenschaftlicher Arbeit. Der Name des Empfängers, an den Breitling den Brief weitersandte, ist nicht ermittelt.

38

Eva Laubhardt[1] an Edith Stein

Der erste Teil dieses Briefes ist nicht mehr auffindbar.

⟨Freiburg, nach Ostern 1923⟩

Dadurch kommt es auch, daß ich nicht mehr gegen meine Phantasie kämpfe, sondern auf Spaziergängen ruhig meine Gedanken spielen lasse, und wenn ich auch keine Luftschlösser baue, so baue ich doch Orden u. Klöster. – Ich lese jetzt gerade Platons Staat[2], über den wir eine Arbeit machen müssen. Wir brauchen ihn nicht zu lesen, aber mir ist es zu langweilig, Vorerzähltes nur nachzukauen. Dann kommen die Dydache[3] u. die Kirchenväter, besonders Augustinus[4] dran. Socialpaedagogik ist überhaupt wundervoll. Dr. Liselotte Wulff[5] gibt sie. Jetzt ist sie freilich eine brave Lioba-Schwester Hildegardis, so eine echte Konvertitin. Dann haben wir bei P. Wiesen[6] die Geschichte und Philosophie des 19. u. 20. Jahrhunderts. Seine Unparteilichkeit ist ganz herrlich. Da weht's aus einem andern Loch als bei Prof. Scholz. Jetzt sind wir bei Kant u. Fichte[7], u. er bringt alles so wundervoll klar. Hoffentlich braucht der gute Kant nicht mehr allzulange auf mich zu warten. Am liebsten möchte ich alles auf einmal wissen, und dabei langt mein Latein noch nicht mal für die Nokturnen[8] aus. Wenn ich auch noch nicht viel weiß, so weiß ich doch, daß ich in den Ferien keine lange Weile haben werde. Prof. Hoffmann[9] schrieb mir, daß er an Mutter für sie Schulemanns[10] Kern aller Philosophie, wovon ich ihr schrieb, und für mich den Herbstteil des Breviers[11] geschickt hat. Nun fehlt nur noch die Fastenzeit u. die kommt schon auch noch. Jetzt muß ich wieder an den Platon, sonst werde ich nicht fertig damit.

Behüt Sie Gott!
Ihre Eva.
Hier regnet es zu meinem Erstaunen fast immer.

[1] Eva Laubhardt (später Placida Laubhardt OSB), geb. am 16.5.1904 in Berlin, gest. am 4.1.1998 in St. Lioba/Freiburg, lernte Edith Stein als junges Mädchen (und Konvertitin) in Breslau kennen. Sie trafen sich jeden Morgen in der Frühmesse in St. Michael. Zum Sommersemester 1923 ging Eva Laubhardt nach Freiburg an das dortige Caritas-Seminar für Katechese und Gemeindehilfe, Edith Stein aber begann mit ihrer Lehrtätigkeit in Speyer.

Dieser Brief, dessen Anfangsteil verlorenging, war Evas erster Brief aus Freiburg an Edith Stein.

[2] Platon (427–347 v. Chr.), Philosoph der griechischen Antike; Politeia (Staat) ist eines seiner Werke.

[3] Didache, die sog. Zwölfapostellehre, eine sehr alte, vielleicht in Syrien im 2. Jh. entstandene Sammlung von Ritualien und geistlichen Anweisungen.

[4] Aurelius Augustinus, geb. am 13.11.354 in Tagaste/Numidien, gest. am 28.8.430 in Hippo/Nordafrika, zählt zu den vier abendländischen Kirchenvätern; er war Rhetoriker, Philosoph und Theologe. Zunächst Manichäer, ließ er sich 387 vom hl. Ambrosius, Bischof von Mailand, taufen und wurde 395 Bischof von Hippo.

[5] Hildegardis (Liselotte) Wulff OSB, geb. am 8.9.1896 in Mannheim, gest. am 20.10.1961 in Freiburg-Günterstal, konvertierte 1918 vom Protestantismus zur katholischen Kirche. 1920 wurde sie eine der drei Gründungsschwestern der Gemeinschaft der Benediktinerinnen von der hl. Lioba in Freiburg. Sie wurde 1929 nach Temesvar/Rumänien gerufen und entfaltete dort eine bedeutende karitative und apostolische Tätigkeit. Im Jahr 1944 geriet sie in Gefangenschaft, aus der sie erst 1959 freikam.

[6] Wilhelm Wiesen OSC (Kamillianer), geb. am 20.4.1889 in Gönnersdorf/Daun (Eifel), gest. am 8.9.1980 in Sendenhorst/Westf., wurde 1920 von Prälat Lorenz Werthmann in die Zentrale des Caritasverbandes in Freiburg berufen. Dort wurde P. Wiesen zum „Pionier" der pastoralen Tätigkeit von Frauen. Er begründete das „Seminar für Seelsorgehilfe", heute „Seminar für Gemeindepastoral und Religionspädagogik".

[7] Immanuel Kant, Philosoph, geb. am 22.4.1724 in Königsberg, dort gestorben am 22.2.1804, stellte die Pflichterfüllung in den Mittelpunkt der Sittlichkeit („kategorischer Imperativ"). Sein Kritizismus wurde Ausgangspunkt für viele neuere philosophische Richtungen. – Johann Gottlieb Fichte, idealistischer Philosoph in der Nachfolge Kants, geb. am 19.5.1762 in der Lausitz, gest. am 29.1.1814 in Berlin, setzte sich für die Erhebung gegen Napoleon ein („Reden an die deutsche Nation").

[8] Teil der (nächtlichen) Liturgie, bestehend aus Psalmen und Lesungen, damals alle in lateinischer Sprache.

[9] Hermann Hoffmann, Theologieprofessor in Breslau, geb. am 14.7.1878 in Glogau, gest. 12.1.1972 in Leipzig, war ein bekannter Jugendseelsorger (Burg Rothenfels).

[10] Günther Schulemann, Domvikar und Professor in Breslau, geb. am 26.8.1889 in Neiße/OS, gest. am 15.6.1964 in Dresden. „Kern aller Philosophie" ist der Titel einer seiner damals erschienenen Schriften (Habelschwerdt, Frankes Buchhandlung 1923).

[11] Brevier: liturgisches Buch zum Tagzeiten- und Chorgebet, das damals in vier den Jahreszeiten folgenden Bänden erschien.

39

Hans Lipps[1] an Edith Stein

Göttingen, 12. IV. 23

Das ist mir neulich eingefallen und gestern und vorgestern habe ich es aufgeschrieben. Es sollte auch in die Kant-Studien[2]. Aber ich getraue es mir nicht ohne Ihr Placet. 1. ob es überhaupt Sinn hat 2. ob es *so* geht.

Sind Sie mir sehr böse, daß ich Sie darum bitte? Ich weiß mir sonst aber wirklich nicht zu helfen.

Von Peterson[3] soll ich Ihnen Grüße bestellen. Und Sie dürfen drin rumkorrigieren und ausstreichen.

Dieser Brief hat keine Anrede und keine Unterschrift. Jedoch ist die Handschrift von Hans Lipps unverwechselbar. Frau Dr. Christine Lipp geb. Lipps sei herzlich für ihre Zustimmung zur Veröffentlichung dieses Briefes gedankt.

[1] Vgl. Br. 4 Anm. 7.
[2] Kant-Studien: philosophische Fachzeitschrift, 1896 begründet von Hans Vaihinger (1852–1933), herausgegeben von ihm und später von Arthur Liebert. Dem Brief von Hans Lipps lag ein Manuskript bei, und zwar handelte es sich um den Text „Bemerkungen zu der Paradoxie des Lügners", der 1923 in den Kant-Studien erschien (Jg. 28, S. 335–339). Die antiken Paradoxien, darunter die des Lügners, waren von Reinach in seinen Übungen diskutiert worden und den Göttinger Phänomenologen von daher bestens vertraut.
[3] Erik Peterson, (anfangs evangelischer, später katholischer) Theologe, geb. am 7.6.1890 in Hamburg, dort gest. am 26.10.1960 (bestattet in Rom), hatte in Straßburg, Greifswald, Berlin, Basel und Göttingen (woher Edith Stein ihn kannte) studiert, lehrte ab 1920 in Bonn als Privatdozent Neues Testament und Kirchengeschichte, ab 1924 als Professor. Nach seiner Konversion zur katholischen Kirche 1930 lebte er in Rom, lange Zeit in schweren finanziellen Nöten (er hatte eine Italienerin geheiratet und hatte fünf Kinder), bis er 1946 Professor am Päpstlichen Institut für Christliche Archäologie wurde.

40

Rosa und Frieda Stein[1] an Edith Stein

Br⟨eslau⟩, d⟨en⟩ 31.8.23

Meine liebe Edith,

die letzte Gelegenheit vor der neuesten großen ⟨Porto-⟩Erhöhung müssen wir auch ⟨zum Schreiben⟩ ausnützen, trotzdem die Zeit dasjenige ist, was uns sehr fehlt. Es ist jetzt sehr schwer, der Junge[2] braucht einen Menschen nötig, wenn er nicht schläft, und Susel[3] ist doch auch noch so klein. Sie ist wirklich süß, ihr Mäulchen steht gar nicht still, und das kommt alles so drollig heraus in ganzen Sätzen, wenn man bloß nicht so viel nebenbei zu tun hätte. Dazu kommt noch das Bein, das immer schlimmer wird, je weniger ich es schonen kann. – Neulich war Tante Mieka[4] einmal einen halben Tag hier, sie macht einen äußerst gedrückten Eindruck, über die Kinder hat sie sich sehr gefreut, weil sie so munter und artig sind. Sie sagte mir, Du hättest ihr versprochen, Du würdest ihr mal schreiben. Montag soll sie nach Oppeln[5] fahren und eine Weile dort bleiben, wenn die bloß nett zu ihr wären, sie fühlt sich so überflüssig. – Martha[6] fährt Montag nach Hamburg, weil von Dienstag ab die Reise dorthin 20 M. kostet. Frau Lüdicke[7] ist seit gestern hier. Vielleicht kommen Erna und Hans auch schon Montag, denn um noch 1 ½ Tage dort zu bleiben, lohnt die teure Reise wirklich nicht. Ich würde froh sein; so lieb ich die Kinder habe, aber es ist zu viel und verantwortlich. Auguste kam erst heut zurück und Frl. Lene[8] fährt übermorgen nach Frankfurth. Ich fand sie sehr brauchbar, sie hat mir viel geholfen und ist geschickt, es wird schwer sein ohne sie. – Hoffentlich bist Du gut nach und von Bergzabern[9] gekommen u. zurück und wir hören bald mal wieder von Dir.

Herzlichst grüßt Dich Deine Rosa

Nachschrift:

Herzlichste Grüße sendet Dir Deine Frieda.[10]
Mutter ist zu müde, um zu schreiben, wir hatten heute wieder viel zu tun, und Arno[11] war den ganzen Vormittag auf dem Finanzamt zur Prüfung der Bücher; sie läßt Dich deshalb grüßen.

[1] Vgl. Br. 10 Anm. 2.

[2] Ernst Ludwig Biberstein, Sohn von Erna und Hans Biberstein, geb. am 11.11.1922 in Breslau, lebt in Davis/USA.

[3] Susanne Biberstein, Tochter von Erna und Hans Biberstein, geb. am 25.9.1921 in Breslau, lebt in Santa Rosa/USA.

[4] Tante Mieka: Friederike Courant, jüngere Schwester von Auguste Stein geb. Courant, geb. 1859 in Lublinitz. Edith Stein hat in ihren Aufzeichnungen viel von Tante Mieka erzählt (vgl. ESGA 1, 10 ff.). Friederike Courant lebte mit ihrer unverheirateten Schwester Clara im Stammhaus der Familie in Lublinitz. Nach 1921, als ein Teil Oberschlesiens an Polen fiel, zogen die beiden Schwestern mit ihrem Bruder Emil nach Berlin. Durch die damalige Wohnungsnot lebten sie in sehr beengten Verhältnissen, und Friederike fehlte es an einer befriedigenden Aufgabe. Später nahm Auguste Stein die beiden Schwestern in ihr Haus in Breslau auf. Dort ist Friederike Courant 1926 gestorben.

[5] In Oppeln lebte Alfred Courant mit seiner Frau Else geb. Schlesinger und drei Kindern, nachdem er das Lublinitzer Geschäft im Familienhaus verkauft hatte. Alfred war der jüngste Bruder von Auguste Stein geb. Courant. Von Alfred Courant blieb in Lublinitz folgendes Dokument erhalten:
„Abs. S⟨alomon⟩ Courant, Spezerei-Handlung – Destil⟨l⟩ation – Eisen- und Baumaterialien, Lublinitz O.-S. Postfach Nr. 2, Fernsprecher Nr. 2, Postscheckkonto Breslau Nr. 795
An das Amtsgericht Lublinitz.
In meiner Löschungsangelegenheit der Häuser 105/106 Lublinitz nehme ich an, daß nunmehr alle erforderlichen Papiere beschafft sind. Infolge der politischen Lage und in Anbetracht, daß ich mit der Absicht umgehe, die Grundstücke sobald wie möglich zu verkaufen, bitte ich, die noch ausstehenden Löschungen recht bald vollziehen zu wollen. Ergebenst Alfred Courant." (Die Kopie dieses Dokumentes verdanke ich Herrn Jan Lewandowski/Altrich.)

[6] Martha Stein geb. Kaminsky, Schwägerin von Rosa, geb. am 11.3.1879, gest. am 21.3.1947 in San Francisco/USA; sie lebte bis 1926 mit Mann und vier Kindern im Hause Michaelisstr. 38; Martha besuchte in Hamburg die Familie von Else und Max Gordon. Sie war im Lehrerinnenseminar Elses Klassenkameradin gewesen und blieb mit der Familie Stein befreundet.

[7] Frau Lüdicke sollte Martha im Haushalt vertreten.
[8] Auguste Feierabend und Frl. Lene: Hilfen in Haus und Geschäft; Näheres ist nicht ermittelt.
[9] Edith Stein besuchte von Speyer aus öfter ihre Freunde Hedwig und Theodor Conrad in Bergzabern; auch von Breslau aus kann sie die Rückfahrt nach Speyer in Bergzabern unterbrochen haben. Das Datum des Briefes fällt in das Ende der Sommerferien, die Edith regelmäßig zu Hause verbrachte.
[10] Frieda Tworoger geb. Stein, ältere Schwester von Rosa und Edith; geb. am 11.12.1881 in Lublinitz, gest. 1942 in Theresienstadt. Sie besorgte in der Firma ihrer Mutter die Buchführung und half im Haushalt.
[11] Arno Stein, der jüngere der beiden Brüder Edith Steins, geb. am 9.9.1879 in Gleiwitz, gest. 14.2.1948 in San Francisco/USA.

41

Rosa Stein[1] an Edith Stein

Br⟨eslau⟩, d⟨en⟩ 19.9. 23

Meine liebe Edith,

von Dir hörten wir fast 14 Tage nichts, woran liegt das? – Hier geht es unheimlich hart zu, wir sind am Ende unsrer Kräfte. Marthas[2] Vertreterin lief nach 14 Tagen davon, sie fühlte sich *dieser* Wirtschaft nicht gewachsen und so muß, soviel es irgend geht, von uns aus der ganze Betrieb versorgt werden, das ist furchtbar schwer. Denn es türmen sich Berge von Flickwäsche und Sachen, die in schrecklichem Zustand sind, wer soll das bewältigen? Und die Kinder[3] sind sehr schwer zu regieren, weil man gar keine Zeit hat, zu gehorchen sind sie nicht gewöhnt, auch nicht, ordentlich ihre Schulaufgaben zu machen. Frau Laqua[4] ist die einzige Stütze, wenn sie nicht anderweitig besetzt ist, gerade heute (Vorabend Versöhnungstag) und morgen kann sie nicht hier sein. Freitag soll Frau Weiß kommen, Käthe Münzers[5] Verwandte, die mit Else[6] von Hamburg her bekannt ist; wie lange sie sich der Arbeit gewachsen fühlen wird, ist fraglich, schwächlich sieht sie sehr aus, und leicht ist es nicht, besonders, ehe Ordnung und Regelmäßigkeit eingekehrt ist. Mutter ist sehr elend, die ganzen allgemeinen Zustände regen sie sehr auf, und dann noch diese Verhältnisse im Hause. Und wenn Du weg bist und man nichts hört[7], ist sie in einem schrecklichen Zustand, in Angst und Aufregungen; wir hören sie dann stundenlang im Bett weinen. – Mir ist schrecklich zumute, ich fühle mich körperlich und seelisch wie zerschlagen und bin ob der vielen Lasten gereizt und unausstehlich oft, und hinterher möchte ich alles ungeschehen machen. Nicht einmal sonntags ist Zeit, ein wenig zu ruhen und ⟨sich⟩ zu sammeln, abends geht es nicht, da sinke ich um vor Abspannung. – Es ist schon 4 Uhr; ich muß die Abendmahlzeit vorbereiten,

herzlichste Grüße Deine Rosa

[1] Vgl. Br. 10 Anm. 2. [2] Vgl. Br. 40 Anm. 6.
[3] Rosa meint die vier Kinder von Martha und Arno Stein.
[4] Nicht ermittelt. [5] Frau Weiß, Käthe Münzer: nicht ermittelt.
[6] Else Gordon geb. Stein, die älteste der Geschwister Stein, geb. am 29. 6. 1876 in Gleiwitz, gest. 23. 11. 1956 in Bogota/Columbien, war mit dem Hautarzt Dr. Max Gordon in Hamburg verheiratet und hatte drei Kinder. Edith Stein erzählt in ihren Erinnerungen oft von Else und ihrer Familie (vgl. ESGA 1). Als Edith Stein 1906 den Schulbesuch unterbrochen hatte, brachte sie fast ein Jahr im Haus von Else und Max in Hamburg zu. Dieser Aufenthalt ist für ihre areligiöse Entwicklung wichtig geworden.
[7] Auguste Stein war von je gewöhnt, von Edith allwöchentlich einen Brief zu erhalten. Auch im Karmel hielt Edith bis zum Tod der Mutter an dieser Gewohnheit fest.

42

Edith Stein an Clara Baur[1]

⟨Speyer?⟩, 16. XII. 23

Liebes Fräulein Baur,

in Gedanken begleite ich Sie auf Ihrer schweren Reise[2], und in der ganzen nächsten Zeit werde ich viel an Sie denken. Das werden schwere Tage für Sie sein, und vielleicht werden Sie erst meinen, Sie könnten es gar nicht ertragen. Aber ich habe das feste Vertrauen, daß Sie die nötige Kraft in sich finden werden. Sie haben ja nun eine treue Fürsprecherin im Himmel, die gewiß alle Ihre Schwierigkeiten kennt und deren mütterliches Gebet sicher Erhörung findet. Nichts hilft uns so, unsere Heimat da oben zu sehen, als wenn uns jemand vorausgeht, an dem wir mit ganzem Herzen hängen.

Ich grüße Sie sehr herzlich,
Ihre Edith Stein

[1] Clara Baur, Schülerin Edith Steins an St. Magdalena, geb. am 10. 9. 1904 in Biberach, dort gest. am 16. 11. 1988. (Ich danke Herrn Dietmar Leupolz für die Überlassung der Briefe seiner Mutter Clara geb. Baur.)
[2] Clara Baur wurde nach Hause gerufen, weil ihre Mutter plötzlich verstorben war.

43

Elisabeth Mleinek[1] an Edith Stein

Verein kath.
deutscher Lehrerinnen

Berlin-Steglitz, Breitestr. 7
den 2. September 1924

Sehr geehrtes Fräulein Doktor!

Es würde mich freuen, wenn Frl. Filitz[2] die Stelle am dortigen Lyzeum erhielte.

Akademische Lehrkräfte vermitteln wir auch. Augenblicklich ist leider keine Akademikerin für beide Fremdsprachen gemeldet.

Der Verband katholischer deutscher Philologinnen vermittelt auch Akademikerinnen. Die Vorsitzende ist Frau Oberschulrätin Pfennings, Münster, Westf., Domplatz 4.

Mit vorzüglicher Hochachtung
i⟨n⟩ V⟨ertretung⟩ E. Mleinek

[1] Elisabeth Mleinek, hauptamtliche Mitarbeiterin im Verein katholischer deutscher Lehrerinnen, später 1. Vorsitzende, geb. am 28.2.1892 in Hindenburg/Oberschlesien, gest. am 20.10.1980 in Bad Pyrmont, war zur Zeit des Briefes Schriftleiterin der Verbandszeitschrift „Katholische Frauenbildung im deutschen Volke". Sie war Trägerin des Päpstlichen Ordens „Pro Ecclesia et Pontifice" und des Großen Bundesverdienstkreuzes.

[2] Nicht ermittelt.

44

Edith Stein an Fritz Kaufmann[1]

Breslau X, 28.VII.25
Michaelisstr. 38

Lieber Herr Kaufmann,

vor einigen Wochen hörte ich, daß Sie beinahe zu Conrads[2] nach Bergzabern gekommen wären. Und gestern fielen mir beim Ordnen alter Briefe auch einige von Ihnen in die Hände. Das hat mich, ich kann nicht sagen an Sie erinnert, denn das Vergessen ist überhaupt nicht meine Sache in menschlichen Dingen, aber es hat mir Sie aus nebelhafter Ferne wieder in greifbare Nähe gerückt, und das möchte ich Ihnen gern sagen. Ich habe mit Betrübnis gehört, daß eine Krankheit Ihrer Mutter Sie in Leipzig festgehalten hat; und all die Jahre, wenn jemand aus Freiburg kam, habe ich nach Ihnen gefragt, aber es waren immer nur spärliche Nachrichten und meist von Leuten, die Sie nicht näher kannten. Natürlich würde mich alles interessieren, was Sie mir von sich erzählen würden. Aber wenn Sie es lieber nicht tun, dann lassen Sie es, bitte. Ich habe es ja immer gut verstanden, daß Sie nicht mehr schrieben und bin nie böse gewesen.

Jetzt bin ich für die Ferien zu Hause. Sonst lebe ich, wie Sie wohl wissen, in Speyer, im Kloster St. Magdalena[3].

Mit herzlichen Grüßen
Ihre Edith Stein

[1] Vgl. Br. 2 Anm. 1.
[2] Vgl. Br. 7 Anm. 4.
[3] St. Magdalena in Speyer ist ein sehr altes Dominikanerinnen-Kloster, das mehrere Schulen unterhielt, nämlich die katholische Mädchenvolksschule der Stadt Speyer, eine Handelsschule und eine Frauenarbeitsschule. Außerdem gehörten dazu ein Oberlyzeum für Mädchen und eine Lehrerinnen-Bildungsanstalt. In diesen beiden Einrichtungen erteilte Edith Stein Unterricht. In Speyer, Kloster St. Magdalena, Hasenpfuhlstr. 32, war Edith Stein polizeilich gemeldet vom 15.4.23 bis 26.3.31. Es ist nicht unmöglich, daß Edith Stein schon im Herbst 1922 an St. Magdalena (vertretungsweise?) unterrichtet hat.

45

Edith Stein an Fritz Kaufmann[1]

St. Magdalena, 13.IX.25

Lieber Herr Kaufmann,

über Ihren Brief habe ich mich sehr gefreut. Hauptsächlich über die Tatsache, daß ... Denn nach der langen Pause hatte ich doch starke Bedenken, ob ich nicht wieder mal einen unangebrachten Eingriff begangen hätte. Freilich, als ich vor 14 Tagen in Bergzabern hörte, daß Sie Ihre Mutter verloren haben, war es mir doch recht lieb, daß ich Ihnen einen Gruß geschickt hatte. Es war mir fast merkwürdig, daß ich Ihre Mutter nie gesehen habe. Sie haben mir freilich kaum etwas von ihr erzählt, aber ich spürte immer so stark die mütterliche Sorge, die hinter Ihnen stand. Die kann Ihnen ja nun kein Mensch ersetzen. Aber vielleicht wird es das Gefühl der Einsamkeit etwas mindern, wenn Sie wissen, daß jemand da ist, der stetig an Sie denkt. Denn diese stete Verbundenheit mit allen, die das Leben mit mir zusammengeführt hat – ganz unabhängig von allem aktuellen Verkehr –, macht einen wesentlichen Bestandteil meines Lebens aus. Und Sie dürfen daran glauben, auch wenn ich nicht immer so schnell antworte wie diesmal. – Daß ein fester Pflichtenkreis, gleichviel welcher Art, sehr wohltätig ist, habe ich erfahren und darum begrüße ich Ihre Habilitation[2] und wünsche Ihnen von Herzen, daß sie Ihnen hält, was Sie sich davon versprechen, und mehr als dies. Ist Ihre Doktorarbeit[3] auch nicht als Dissertation gedruckt? Darüber war ich immer etwas erstaunt, daß die nie kam.

Nun soll ich von mir erzählen. Wo anfangen, lieber Herr Kaufmann, nach 5 Jahren? Etwas über die letzte Zeit vorher möchte ich noch bemerken. Wenn ich Ihnen gegenüber menschlich versagte – wie sehr, das habe ich erst später eingesehen, aber schmerzlich und drückend empfunden habe ich es schon im Sommer ⟨19⟩19 in Göttingen –, so lag es z⟨um⟩ T⟨eil⟩ wohl daran, daß es mir selbst damals ganz erbärmlich schlecht ging, kaum weniger als Ihnen. Es fiel mir erst vor wenigen Tagen ein, daß Sie das vielleicht nie so recht gewußt haben und daß es Ihnen manches erklären kann. Das hatte schon früher angefangen und hat mit manchen Wandlungen noch Jahre gedauert, bis ich den Ort gefunden habe, wo Ruhe und Frieden ist für alle unruhigen Herzen[4]. Wie das geschehen ist, darüber lassen Sie mich heute schweigen. Ich habe keine Scheu, davon zu sprechen, und werde es sicherlich zu gegebener Stunde auch Ihnen gegenüber tun, aber das muß sich „ergeben", ich kann nicht darüber „berichten".

Nun lebe ich schon das dritte Jahr hinter den schützenden Klostermauern, dem Herzen nach – das darf ich wohl ohne Vermessenheit sagen – als eine rechte Klosterfrau, wenn ich auch keinen Schleier trage und nicht durch Gelübde und Klausur gebunden bin und auch vorderhand nicht daran denken darf, diese Bindung einzugehen. Daß ich Seminarlehrerin bin, werden Sie wohl gehört haben. Ich will Ihnen verraten, daß ich mich als Lehrerin nicht allzu ernst nehme und immer noch lächeln muß, wenn ich dies irgendwo als meinen Beruf hinzuschreiben habe. Das hindert mich aber nicht, meine Pflichten ernst zu nehmen, so daß ich geistig und seelisch ziemlich stark davon absorbiert bin. Darum ist die Möglichkeit wissenschaftlicher Arbeit noch immer Problem. In den ersten beiden Jahren habe ich nur etwas übersetzt[5] neben der Schule, dazu reichte es. Nun wollte ich mich an etwas Größeres heranwagen, nämlich an eine Auseinandersetzung mit dem hl. Thomas[6]. Ich habe auch mit dem Studium der Quaestiones Disputatae[7] begonnen, aber bisher hat sich die nötige Kontinuität nicht hergestellt, und ich muß abwarten, wie es damit wird.

Jetzt noch ganz etwas anderes: Haben Sie den Plan ganz aufgegeben, in Bergzabern[8] noch Kräfte zu sammeln für Ihre Privatdocentenlaufbahn? Ich würde mich sehr freuen, wenn noch was draus würde. In erster Linie – das sage ich ganz offen – im Interesse der Conrad'schen Finanzen. Dann gäbe es Gelegenheit zu einem Abstecher nach Speyer, und ein paar Stunden persönliches Zusammensein tun sicher mehr als viele Briefe.

Wollen Sie, bitte, Ihrer Schwester einen Gruß von mir bestellen und mir gelegentlich erzählen, was aus ihr geworden ist.

Herzlichst
Ihre Edith Stein

[1] Vgl. Br. 2 Anm. 1.
[2] Kaufmann habilitierte sich 1926 bei Husserl in Freiburg mit einer Arbeit über „Die Philosophie des Grafen Paul Yorck von Wartenburg", publiziert im JPPF Bd. 9, Halle 1928, S. 1–235.
[3] Promotion bei Husserl 1923 mit einer ungedruckten Studie über „Das Bildwerk als ästhetisches Phänomen".
[4] Anspielung auf die Konversion zur katholischen Kirche. Edith Stein erwähnt die Zeit, als es ihr „recht schlecht ging" u. a. in ihren Aufzeichnungen (ESGA 1, 187).
[5] Edith Stein übersetzte damals J. H. Newman, „Idea of a University" (ESGA 21) und „Briefe und Tagebücher bis zum Übertritt zur Kirche 1801–1845". Diese Übersetzung, hg. von Erich Przywara SJ, erschien erst 1928 im Theatiner Verlag, München (jetzt unter neuem Titel in ESGA 22).
[6] Thomas von Aquin (1225–1274), Dominikaner, gehört zu den bedeutendsten Kirchenlehrern, Philosophen und Theologen des Mittelalters. In Köln war er Schüler des Albertus Magnus; er selbst lehrte u. a. in Paris, Rom und Neapel. Er faßte die zu seiner Zeit im Abendland bekannt gewordenen Lehren des Aristoteles mit dem überliefertem Augustinismus zu einer großen philosophisch-theologischen Synthese zusammen. In der katholischen Kirche war die Scholastik des hl. Thomas das beherrschende Lehrsystem. Mehrere Päpste hatten die Verbindlichkeit der Gesamtlehre des hl. Thomas ausgesprochen, zuletzt Papst Pius XI. in seiner Enzyklika „Studiorum ducem" vom 29. 6. 1923. Das zur Zeit Edith Steins geltende Kirchenrecht betonte die normative Bindung an „die Methode, die Lehre und die Grundsätze" des hl. Thomas (vgl. CIC c. 589 § 1 u. c. 1366 § 2). Als Edith Stein die denkerischen Grundlagen ihres Glaubens näher kennenlernen wollte, mußte sie auf Thomas stoßen. Später wurde es ihr großes Anliegen, Scholastik und Phänomenologie zusammenzuführen.
[7] Edith Stein hatte die noch nicht ins Deutsche übersetzten Quaestiones disputatae de veritate, entstanden zwischen 1256 u. 1259, in Arbeit genommen. Die Quaestiones disputatae sind eine im Mittelalter bevorzugte Literaturgattung: der literarische Niederschlag von Disputationen, die der Magister der Philosophie mit seinen Schülern abhielt.
[8] Bei Hedwig und Theodor Conrad (vgl. Br. 7 Anm. 4).

46

Edith Stein an Winthrop Bell[1]

St. Magdalena, 31. X. 25

Lieber Herr Bell,

Ihnen und Ihrer Frau Gemahlin recht herzliche Glückwünsche. Daß das freie Jahr der praktischen Philosophie gelten sollte, hatte ich angenommen.

Aber so praktisch hatte ich sie mir nicht gedacht! Wann werden Sie sich zusammen in Europa vorstellen?

Mit vielen Grüßen
Ihre Edith Stein

[1] Vgl. Br. 36 Anm. 5.

47

Edith Stein an Fritz Kaufmann[1]

Postkarte

Poststempel: Speyer, 14. 11. 25

Abs. Stein, St. Magdalena

Herrn Dr. Fritz Kaufmann
Freiburg/Br., Maria Theresiastr. 15

14. XI. 25

Lieber Herr Kaufmann,

hoffentlich sind Sie indessen am Ziel angelangt.[2] Bergzabern hat sich insofern erledigt, als Conrads 2 Zimmer an den neuen Bezirksamtmann vermietet haben und künftig nicht einmal die ältesten Stammgäste mehr im Hause aufnehmen können. Ich bin kurz vorher noch an einem Sonntag mit Hering[3] u. Lipps[4] dort zusammengetroffen. Natürlich können Sie mich ebensogut unabhängig von dieser Kombination sprechen. Sie brauchen nur mal Sonntag früh in einen Zug nach Heidelberg zu steigen und in Heidelberg in das Rheinbähnchen, das Sie in 1½ Stunden nach Speyer führt. Von der Rheinstation Speyer bis zum Kloster ist es 2 Minuten, und dort wird jeder Besuch, der zu mir kommt, sehr freundlich eingelassen.

Herzliche Grüße, auch an Husserls,
Ihre E. S.

[1] Vgl. Br. 2 Anm. 1.
[2] Am Beginn der Privatdozentenlaufbahn, wie Edith Stein im vorhergehenden Brief sagt.
[3] Vgl. Br. 9 Anm. 1.
[4] Vgl. Br. 4 Anm. 7. Edith Stein weilte am Wochenende 28./29. 8. 25 in Bergzabern.

48

Edith Stein an Agnella Stadtmüller[1]

Bildkarte: Hl. Agnes von Jusepe de Ribera
Amtliche Ausgabe des Ministeriums des Kultus und öffentlichen Unterrichts in Dresden

19. I. 26

Herzliche Glückwünsche zum Namenstage und viele Grüße
Ihre E. S.

Aus Regensburg kam jetzt eine 2. Antwort. Die 1. war verloren gegangen.

[1] Agnella (Maria) Stadtmüller, Dominikanerin von St. Magdalena in Speyer, geb. am 9. 6. 1898 in Landstuhl, gest. am 9. 2. 1965 in Speyer, trat als junge Volksschullehrerin in den Orden ein, machte 1925 am Mädchengymnasium der Englischen Fräulein (heute Maria-Ward-Schwestern) in Regensburg die Ergänzungsprüfungen zum Abitur, studierte in Heidelberg und München, promovierte 1930 zum Dr. phil. Später unterrichtete sie an den ordenseigenen Schulen in Speyer und in Ludwigshafen. Sr. Agnella war in St. Magdalena besonders mit Edith Stein verbunden. Diese gratulierte ihr alljährlich zum Fest der hl. Agnes (am 21. Januar) zum Namenstag.

49

Edith Stein an Ludwig Sebastian[1]

Speyer, den 21. Februar 1926
St. Magdalena

Betrifft Genehmigung
zum Behalten und Benützen
indizierter Schriften

Hochwürdigster Herr Bischof!
Gnädiger Herr!

Ew. Bischöflichen Gnaden bitte ich ergebenst um die gütige Erlaubnis, folgende indizierte Schriften in meinem Besitz behalten und gegebenenfalls benützen zu dürfen:

1. *Henri Bergson*[2], Zeit und Freiheit (Les données immédiates de la conscience)
2. Die schöpferische Entwicklung (L'évolution créatrice)
3. Matière et mémoire

4. *David Hume*[3], Traktat über die menschliche Natur (2 Bde.)

5. *Kant,*[4] Kritik der reinen Vernunft

6. *John Locke*[5], Versuch über den menschlichen Verstand (2 Bde.)

7. *Spinoza*[6], Opera omnia

Es sind durchweg Schriften, die ich früher zum Studium der neueren Philosophie gebraucht habe. Gegenwärtig beschäftige ich mich hauptsächlich mit den Werken des heiligen Thomas. Da mir aber daran liegt, Klarheit über das Verhältnis der thomistischen Philosophie zur modernen zu gewinnen, wird es kaum zu vermeiden sein, gelegentlich die genannten Schriften zum Vergleich heranzuziehen. Darum wäre ich sehr dankbar, wenn der Hochwürdigste Herr dies gütigst gestatten würden.

Ew. Bischöflichen Gnaden
ehrfurchtsvoll ergebene
Dr. Edith Stein

Auf diesem Briefbogen liest man den handschriftlichen Zusatz:

Fräulein Dr. Edith Stein im Auftrage S⟨eine⟩r Bischöflichen Gnaden zurück mit dem Bescheide, daß das Ansuchen auf die Dauer der berichteten Verhältnisse genehmigt ist.
Speyer, den 26. Februar 1926
B⟨ischöfliches⟩ Generalvikariat
Schwind[7]

Das Original dieses Dokumentes befindet sich im Edith-Stein-Archiv des Karmel in Köln.

[1] Ludwig Sebastian, Dr. phil., Bischof von Speyer, geb. am 6.10.1862 in Frankenstein, zum Bischof konsekriert am 23.9.1917, gest. am 20.5.1947 in Speyer, hatte Edith Stein am 2.2.1922 in seiner Hauskapelle gefirmt.

[2] Henri Bergson, französischer Philosoph, geb. am 18.10.1859 in Paris, dort gest. am 4.1.1941; Bergson wurde 1927 Literatur-Nobelpreisträger. Die deutsche Übersetzung von „Zeit und Freiheit“ erschien in Jena 1911, „Die schöpferische Entwicklung“ in Jena 1921.

[3] David Hume, empiristischer Philosoph und Historiker, geb. am 26.4.1711 in Edinburgh, dort gest am. 25.8.1776. Die beiden Bände der von Edith Stein genannten deutschen Übersetzung erschienen in Hamburg, Bd. I: 1895, Bd. II: 1906.

[4] Immanuel Kant (vgl. Br. 38 Anm. 7).

[5] John Locke, empiristischer Philosoph: geb. am 29.8.1632 in Wrington/Somerset, gest. am 28.10.1704 in Oates/Essex. Die beiden Bände der von Edith Stein genannten deutschen Übersetzungen erschienen in Berlin, Bd. I: 1871, Bd. II: 1873.

[6] Baruch Benedikt de Spinoza, rationalistischer Philosoph, geb. am 24.11.1632 in Amster-

dam, gest. am 21.2.1677 in Den Haag. In ihren Erinnerungen (ESGA 1, 95f.) schreibt Edith Stein über die ersten Semesterferien 1911: „… als Ferienlektüre ⟨hatte ich⟩ Spinozas Ethik mitgenommen. Ich trennte mich niemals von dem kleinen Büchlein …"

[7] Joseph Schwind, geb. am 28.11.1851 in Schifferstadt, gest. am 17.9.1927 in Speyer, wurde Freund und Ratgeber Edith Steins. Die „Korrespondenz des Priestergebetsvereins im theologischen Konvikte zu Innsbruck", November 1927, Nr. 1, 62. Jg., S. 7f., druckte nach seinem Tod Edith Steins Nachruf auszugsweise und ohne Nennung ihres Namens.

50

Edith Stein an Clara Baur[1]

Fotokarte mit Porträt Edith Steins. Auf die Rückseite schrieb sie:

Aufgenommen am 4. VIII. 1926 für Klara Baur zum 12. VIII. 26[2]
Edith Stein

[1] Vgl. Br. 42 Anm. 1.

[2] Damals wurde das Fest der hl. Clara, an dem Clara Baur ihren Namenstag feierte, am 12. August begangen (inzwischen auf den 11.8. verlegt). Dieses Foto sandte Edith Stein mit einem Brief vom 24.X.26 auch an Roman Ingarden, der sie um ein Bild gebeten hatte (vgl. ESGA 4, Nr. 101). Auf der Rückseite der Karte erkennt man den Firmenaufdruck des Photographen: „Mimosa", Otto Scholz, Breslau. Edith Stein trug bei Gelegenheit des Fotos ein Kleid, das in der Schneiderei der Dominikanerinnen in Speyer genäht wurde. Man weiß dort noch heute, daß es von dunkelgrüner Farbe war.

51

Günther Schulemann[1] an Edith Stein

Fotokarte mit dem Aufdruck: Katholikentagung Breslau – 1926

Poststempel: Neiße, 4.9.26

An: I⟨hre⟩ H⟨ochgeboren⟩
Fräulein Dr. Edith Stein
Speyer a⟨m⟩ Rh⟨ein⟩
Kloster S⟨ankt⟩ Maria Magdalena

Grunau b⟨ei⟩ Neiße, 4. Sept⟨ember⟩ 26

Sehr verehrtes gnädiges Frl!

Erst jetzt, da ich Sie sicher wieder nach Speyer zurückgekehrt vermute, möchte ich Ihnen sagen, wie sehr ich bedauerte, daß ich Sie zuletzt in Breslau verfehlte. Sicher lag es wieder an meiner Vergeßlichkeit. Und dann habe ich Ihnen so sehr für die schöne Abhandlung und Gegenüberstellung zu danken[2]. Eine so schnelle und exakte geistige Gabe muß ja mehr als doppelt erfreuen[3]. Umstehend der Empfang des Nuntius[4] beim Festgottesdienst.

Die schönsten Grüße von Ihrem ganz ergebenen G. Schulemann

[1] Günther Schulemann (vgl. Br. 38 Anm. 10) war ein geschätzter geistlicher Führer; auch Edith Stein pflegte ihn aufzusuchen, wenn sie in Breslau weilte.
[2] Es ist nicht geklärt, an welche „Abhandlung und Gegenüberstellung" Schulemann hier denkt.
[3] Schulemann spielt hier auf das lateinische Sprichwort an „Bis dat, qui cito dat". („Wer schnell gibt, gibt doppelt.")
[4] Eugenio Pacelli, Erzbischof (ab 1929 Kardinal), geb. am 2.3.1876 in Rom, gest. am 9.10.1958 in Castel Gandolfo, war seit 1920 Apostolischer Nuntius für das Deutsche Reich, seit 1930 Kardinalstaatssekretär im Vatikan. Als solcher war er am Zustandekommen u.a. des Reichskonkordats 1933 beteiligt. Pacelli wurde 1939 zum Papst gewählt und nahm den Namen Pius XII. an.

52

M. Al.[1] an Edith Stein

Postkarte

Poststempel: Freiburg (Breisgau), 18.12.26

Frl. Dr. Stein
Speyer, Kloster St. Magd⟨alena⟩

Liebes Frl. Dr.!

Herzlichsten Dank für Ihre lb. K⟨arte⟩. Ich habe schon vor 10 T⟨agen⟩ geschrieben, daß ich am *21.* (Dienstag) mit dem Zug komme, den Sie benutzten, (hier 11.48 weg) & habe hinzugefügt, daß Frl. Dr. vielleicht so gut ist & mich von der Bahn abholt. Die ärztliche Verfüg⟨ung⟩ über meine nächste Zukunft bringe ich in geschlossenen Akten mit. Sie lautet ganz anders, als Ihr alle erwartet. Alles Weitere mündlich.

Mit herzlichsten Grüßen
Ihre Sr. M. Al. OSB

Nicht wahr, Sie sorgen, daß mich jemand an der Bahn in Speyer abholt, lb. Frl. Dr.

[1] Die Schreiberin dieser Karte ist nicht mehr zu identifizieren. Vermutlich handelt es sich um eine Benediktinerin, die krankheitshalber ihre Gemeinschaft wieder verließ.

53

Edith Stein an Fritz Kaufmann[1]

Bildkarte: Schöne Madonna, Breslau, Ausstellung Schlesischer Malerei und Plastik des Mittelalters/Breslau-Scheitnig Herbst 1926

Recht herzliche Weihnachtsgrüße[2], lieber Herr Kaufmann, sendet Ihnen Ihre Edith Stein.

St. Magdalena, 21. XII. 26

[1] Vgl. Br. 2 Anm. 1.
[2] Die Karte trägt weder eine Frankatur noch eine Anschrift; sie hat vermutlich einer Weihnachtsgabe beigelegen.

54

Edith Stein an Fritz Kaufmann[1]

St. Magdalena, 6. I. 27

Lieber Herr Kaufmann,

das war eine überraschend große Leistung, dieser Brief. Ich weiß, wie schwer es Ihnen ist zu schreiben, und danke darum doppelt dafür.

Warum bereuen Sie es, daß Sie damals[2] offen mit mir sprachen? Daß mich all Ihre Bedenken nicht im leisesten beirren konnten, müssen Sie ja gespürt haben. Und wenn Sie mich einen Blick in Ihr Inneres tun ließen, so war ich nur dankbar dafür – wie es mir immer lieb ist, die Not eines Menschen recht nah und deutlich zu sehen, weil ich dann besser weiß, was ich für ihn erbitten muß. Ich glaube, etwas anderes kann ich gegenwärtig kaum für Sie tun. Mit Argumenten ist Ihnen nicht zu helfen. Wenn man Sie von allem Argumentieren frei machen könnte, dann wäre Ihnen geholfen. Und raten? Meinen Rat habe ich Ihnen gesagt: zum Kinde werden und das Leben *mit* allem Forschen und Grübeln in des Vaters Hände legen. Wenn man das noch nicht fertig bringt: bitten, den unbekannten und angezweifelten Gott bitten, daß er einem dazu verhilft. Nun gucken Sie mich recht erstaunt an, daß ich mich nicht scheue, Ihnen mit so einfältiger Kinderweisheit zu kommen. Es *ist* Weisheit, *weil* es einfältig ist, und alle Geheimnisse sind darin verborgen. Und es ist ein Weg, der ganz sicher zum Ziel führt.

Ich danke Ihnen auch für Ihren Bericht über den Pater. Ich bitte Sie aber, mir eine Antwort darauf zu erlassen. Ich habe gemerkt, daß ich wohl in einer verkehrten Weise über dieses Thema mit Ihnen gesprochen haben muß (woraus Sie nun nicht etwa schließen dürfen, daß es mich reut, Ihnen Vertrauen geschenkt zu haben), und ich möchte nicht durch Fortsetzung der Diskussion mein Schuldkonto noch vergrößern.

Die Heilige Nacht war ich, wie immer in den letzten Jahren, hier im Kloster. Es kann nirgends schöner sein. Dann war ich einige Tage in Bergzabern und kam an Sylvester zurück. Frau Conrad[3] sprach davon, daß Sie die Absicht hatten, einmal hinzukommen.

Was macht denn das Jahrbuch?[4] Stockt der Druck noch immer?

Mit vielen Grüßen und herzlichen Wünschen
Ihre Edith Stein

[1] Vgl. Br. 2 Anm. 1.
[2] Edith Stein weilte Ende September/Anfang Oktober 1926 in Freiburg; vermutlich bei dieser Gelegenheit kam es zu einem längeren Gespräch mit Fritz Kaufmann.
[3] Hedwig Conrad-Martius: vgl. Br. 7 Anm. 4.
[4] Die Frage bezieht sich auf den 8. Bd. vom JPPF, der im selben Jahr noch erschien. Der 7. Bd. war im Sommer 1925 herausgekommen; danach kam es zu einer längeren Unterbrechung.

55

Edith Stein an Agnella Stadtmüller[1]

Visitenkarten mit dem Aufdruck:

Dr. phil. Edith Stein
Speyer

Auf solche Visitenkarten schrieb Edith Stein mehrfach Glückwünsche und Notizen:

⟨a⟩ „Handsome is, what handsome does“[2] – müssen Sie sich sagen. Die neue Ausgabe von Guntwar[3] ist noch nicht erschienen, und ich bekam indessen eine antiquarische geliefert.
Recht viel Freude mit der kleinen Martyrin!

⟨b⟩ „Aequam memento rebus in arduis
Servare mentem …" Hor., carm. 2, 3[4]

⟨c⟩ Liebe Sr. Agnella,
wer ins Philisterland einzieht[5], muß sich gefallen lassen, daß er nützliche Dinge geschenkt bekommt – und sogar solche, die andern Leuten für ihre dienstliche Arbeit nützen können!
Ergo

⟨d⟩ Beuroner Weihnachtsgnadenfülle für Zeit u. Ewigkeit!
E. S.
1930

[1] Vgl. Br. 48 Anm. 1.
[2] Das Sprichwort besagt: Edel ist, wer edel handelt. – Die kleine Martyrin meint die Namenspatronin von Sr. Agnella, die hl. Agnes, zu deren Gedenktag (am 21. 1.) Edith Stein vermutlich das Buch geschenkt hat, zusammen mit einem Bild der Heiligen.
[3] „Guntwar, die Schule des Propheten" ist ein religiöses Drama (Handlung in fünf Aufzügen, mit einem Vor- und einem Nachspiel) von Reinhard Johannes Sorge (1892–1916), das im Kösel-Verlag, München 1914, erschien. Ein weiterer Druck zur Zeit Edith Steins ist nicht feststellbar.
[4] „Bewahre sorgsam dir in schwerer Zeit des Herzens Gleichmut"; zitiert nach: Quintus Horatius Flaccus, Gedichte und Lieder, hg. von Wilhelm Plankl, Stuttgart 1963, S. 12.
[5] Ins Philisterland einziehen: vom Studentenleben ins Berufsleben überwechseln. Vermutlich schrieb Edith Stein diese Zeilen 1930, als Sr. Agnella zum Referendarjahr einberufen wurde.

56

Edith Stein an Clara Baur[1]

Postkarte

Poststempel: Speyer, 19. 4. 27

Absender: Dr. E. Stein
Speyer a. Rh., St. Magdalena

Fräulein Clara Baur, Biberach a. Riß
Württemberg
Postfach 2

19. IV. 27[2]

Mein liebes Fräulein Baur,

vor 1 Stunde bin ich von einer kurzen Ferienreise zurückgekehrt und habe Ihre Karte vorgefunden. Ich dachte es, sonst hätte ich Ihnen vom Liebfrauenberg[3] schon einen Ostergruß geschickt. Ich habe die ganze letzte Zeit viel an Sie gedacht, in Erwartung Ihres Besuchs. Bitte, kommen Sie ohne alle Angst. Böse werde ich ganz gewiß über nichts; Sie können aber auch ziemlich sicher sein, daß ich auf alles gefaßt bin und daß ich Sie nicht durch Erstaunen aus dem Konzept bringen werde. Ich freue mich, daß es nun endlich Wirklichkeit werden soll, was schon so lange geplant ist.

Die Schule beginnt schon am 28. IV. Wenn Sie erst im Mai kommen, dann über Sonntag, nicht wahr?

Herzlichst Ihre
Edith Stein

[1] Vgl. Br. 42 Anm. 1.
[2] Dieser Tag war der Osterdienstag.
[3] Auf dem Liebfrauenberg (zu Bergzabern gehörend) betreuten die Paulus-Schwestern (Mutterhaus Herxheim/Pfalz) ein Erholungsheim. Edith Stein ist wiederholt dort zu kurzen Ferien gewesen. Generalvikar Prälat Joseph Schwind (vgl. Br. 49 Anm. 7) war geistlicher Beirat (Klosterkommissar) des Schwesternkonventes auf dem Liebfrauenberg; Edith Stein soll ihn dort wiederholt getroffen haben. – Der obige Brief ist am Osterdienstag geschrieben. Edith Stein wird die Kar- und Ostertage dort verbracht haben. Dafür spricht auch der Umstand, daß Edith Stein schon in der Osterzeit 1925 zwei Paulusschwestern vom Liebfrauenberg ein Kreuzwegbüchlein schenkte: „Der heilige Kreuzweg in Bildern von Fra Angelico und anderen alten Meistern. Mit liturgischem Text von P. Anselm Manser OSB, Beuron, Theatiner-Verlag, München 1924". Die beiden Büchlein enthalten von Edith Steins Handschrift folgende Widmungen: „In herzlicher Dankbarkeit, Edith Stein, 20. IV. 25" und „Mit herzlichem Dank, Edith Stein, 21. IV. 25". Erst von 1928 ab pflegte Edith Stein die Kar- und Osterwoche in der Erzabtei Beuron zu verbringen.

57

Edith Stein an Margarete Kuntz[1]

Ansichtskarte: Zobtengebirge; Kirche auf dem Zobten, 718 m ü⟨ber⟩ d⟨em⟩ M⟨eer⟩

Poststempel: Zobten, 19. 8. 27

Fräulein Margarete Kuntz
Landau (Pfalz), Birnbaumstr. 13

Zobten, 18. VIII. 27

Liebes Fräulein Kuntz,

Ihr liebes Briefchen bekam ich in Speyer gerade noch vor der Abreise. Nun sollen Sie noch einen Feriengruß haben. Ich habe meinen Aufenthalt daheim für 8 Tage unterbrochen, um etwas Wald- und Bergluft zu atmen.[2] Vom 22.–28.VIII. bin ich noch einmal in Breslau (Michaelisstr. 38) und am 29. wieder in Speyer. Hoffentlich hatten Sie schöne Ferien.

Herzlichst
Ihre Edith Stein

[1] Margarete Kuntz, ehemalige Schülerin Edith Steins an St. Magdalena in Speyer, geb. am 15.4.1906 in Egglfing a. Inn, gest. am 11.5.1984 in Landau/Pfalz.
[2] In Zobten führten die Jesuiten ein Exerzitienhaus, das auch Erholungsgäste aufnahm.

58

Edith Stein an Fritz Kaufmann[1]

St. Magdalena, 13.IX.27

Lieber Herr Kaufmann,

heute gelangte Ihre Anzeige in meine Hände. Indessen sind Sie gewiß von Freiburg abgereist, und Ihre Casseler Adresse weiß ich nicht. Aber ich möchte es doch wenigstens versuchen, Sie noch vor dem 18. zu erreichen. – Ingarden hat Ihnen wohl meine Grüße bestellt; und auch ohne dies werden Sie keinen Zweifel haben, wie ich diese Nachricht aufnehme[2]. Ich könnte mich natürlich noch besser freuen, wenn mir Ihre Braut bekannt wäre. Aber auch so verspreche ich mir viel für Sie. Und daß Sie zu diesem Entschluß kommen konnten, ist ja schon Bürgschaft genug.

Wenn am Sonntag der Morgen kommt, dann denken Sie daran, daß in Speyer sich jemand rüstet, in den Dom[3] zu gehen und dort mit einem frohen und vertrauensvollen Herzen Ihr Fest auf seine Weise zu begehen.

Mit herzlichen Grüßen
Ihre Edith Stein

[1] Vgl. Br. 2 Anm. 1.
[2] Kaufmann heiratete in Kassel Luise Frankenstein (1896–1992).
[3] Edith Stein pflegte in Speyer jeden Sonntag im Kaiserdom dem Hochamt beizuwohnen, nachdem sie in der Frühe in St. Magdalena schon die Hl. Messe mitgefeiert hatte.

59

Edith Stein an Callista Kopf[1]

St. Magdalena, 12. X. 27

Liebe Sr. Callista,

Ihr Abschiedszettelchen trage ich noch in meiner Tasche. Ich wollte es gern gleich beantworten, kam aber nicht dazu. Ich wollte Ihnen sagen, daß es doch gar keiner Worte bedurfte.[2] Es gibt Dinge, in denen man sich besser ohne Worte versteht. Ich weiß, daß niemand in St. Magdalena treuer meine Freuden und Leiden teilt als Sie. Denken Sie sich nur nicht die Leiden zu groß und die Freuden zu gering. Der Himmel nimmt einem nichts, ohne es unermeßlich zu vergelten.

Nun wollen wir unsere Namenstage[3] miteinander feiern. Wenn Sie zurückkommen, müssen Sie sich nachträglich etwas aus den Schätzen meiner Bibliothek (die heute schon wieder um einige Nummern gewachsen ist[4]) aussuchen, was Sie in München brauchen können.

Jetzt will ich Ihnen gleich noch etwas zur Aufmunterung für das neue Semester sagen. Sr. Agnella[5] war auch nach der Erledigung des Newman-Ms.[6] noch mehrmals bei mir. Ich glaube, man braucht sich um sie nicht so große Sorgen zu machen. Sie hat ihr Kreuz wie wir alle, aber es hat ihr Früchte getragen, und sie weiß es und möchte es sicher nicht hergeben. Das müssen wir auch lernen, liebe Schwester, andere ihr Kreuz tragen zu sehen und es ihnen nicht abnehmen zu können. Es ist schwerer als das eigene zu tragen, aber wir kommen auch daran nicht vorbei. – Ich glaube, Sie können den andern am besten helfen, wenn Sie sich möglichst wenig darüber den Kopf zerbrechen, wie Sie es tun sollen, sondern möglichst unbefangen und fröhlich sind. Und wenn für Sie selbst die Schwierigkeiten der studierenden Klosterfrau kommen, dann sagen Sie sich, daß Sie eben darin Ihren Dienst haben. Ich verspreche mir für das ganze Haus sehr viel von den studierenden Schwestern: nicht nur für die Schulen (für die sie ja natürlich unbedingt notwendig sind), sondern auch für das klösterliche Leben. Wenn Sie es jetzt noch nicht wissen sollten, was ich damit meine, so werden Sie es nach ein paar Semestern sicher wissen.

Viele gute Wünsche und herzliche Grüße, auch für Sr. Immolata[7] und ⟨Sr.⟩ Theophana[8],
Ihre Edith Stein

[1] Callista (Elisabeth) Kopf, Dominikanerin in St. Magdalena in Speyer, geb. am 6. 2. 1902 in Speyer, gest. am 17. 9. 1970 in Dannenfels/Pfalz: wurde von Edith Stein auf das Abitur vorbereitet, wie vorher und nachher noch andere Schwestern in St. Magdalena. Zur Zeit des Briefes studierte Sr. M. Callista in München, vorher in Würzburg.

[2] Sr. Callista hatte ihre Teilnahme zum Tode des Edith Stein sehr nahestehenden Generalvikars Joseph Schwind (vgl. Br. 49 Anm. 7) ausgedrückt.
[3] Edith Stein beging seit der Taufe ihren Namenstag am Fest der hl. Teresa v. Avila (am 15.10.); Sr. Callista beging den ihren am Fest des hl. Callistus I. (Papst zu Anfang des 3. Jh.) am 14.10.
[4] Offenbar anläßlich ihres Geburtstages, an dem Edith Stein diesen Brief schrieb.
[5] Vgl. Br. 48 Anm. 1.
[6] Vgl. Br. 45 Anm. 5; vermutlich hat Sr. Agnella beim Korrekturlesen geholfen. Das Buch erschien 1928.
[7] Immolata Matheis, Dominikanerin in St. Magdalena in Speyer, geb. am 30.7.1900 in Dirmstein/Pfalz, gest. am 18.11.1981 in Speyer. Auch sie und Sr. Theophana studierten damals in München.
[8] Theophana Grießemer, Dominikanerin in St. Magdalena, geb. am 24.11.1895 in Landau, gest. 27.8.1972 in Speyer.

60

Edith Stein an Callista Kopf[1]

St. Magdalena, 12.II.28, Sonntag Sexagesima[2]

Liebe Schwester Callista!

Ihren lieben Lichtmeßgruß[3] hätte ich gern bald beantwortet, aber es war nicht möglich. Und da ich jetzt nicht weiß, wie bald ich unterbrochen werde, will ich gleich in medias res gehen[4] und Ihre Hauptfrage beantworten. Natürlich ist Religion nicht etwas für den stillen Winkel und für einige Feierstunden, sondern sie muß, wie Sie es ja selbst empfinden, Wurzel und Grund alles Lebens sein, und das nicht nur für wenige Auserwählte, sondern für jeden wirklichen Christen (davon gibt es freilich immer nur eine „kleine Schar"). Daß es möglich sei, Wissenschaft als Gottesdienst zu betreiben, ist mir zuerst so recht am hl. Thomas[5] aufgegangen. (Es ist in dem kleinen Büchlein, das die Schwestern hier für die Thomassonntage haben, eine schöne Betrachtung darüber.)[6] Und nur daraufhin habe ich mich entschließen können, wieder ernstlich an wissenschaftliche Arbeit heranzugehen. In der Zeit unmittelbar vor und noch eine ganze Weile nach meiner Konversion habe ich nämlich gemeint, ein religiöses Leben führen heiße, alles Irdische aufgeben und nur im Gedanken an göttliche Dinge leben. Allmählich habe ich aber einsehen gelernt, daß in dieser Welt anderes von uns verlangt wird und daß selbst im beschaulichsten Leben die Verbindung mit der Welt nicht durchschnitten werden darf; ich glaube sogar, je tiefer jemand in Gott hineingezogen wird, desto mehr muß er auch in diesem Sinne „aus sich herausgehen", d.h. in die Welt hinein, um das göttliche Leben in sie hineinzutragen. Es kommt nur darauf an, daß man zunächst einmal in der Tat einen stillen Winkel hat, in dem man mit Gott so verkehren kann, als ob es sonst überhaupt nichts gäbe, und das täglich: das Gegebene scheinen mir die Morgenstunden, ehe die Tagesarbeit beginnt; ferner, daß man seine besondere Mission dort bekommt, am besten auch für jeden Tag, und nichts selbst wählt; schließlich, daß man sich ganz und gar als Werkzeug betrachtet und speziell die Kräfte, mit denen man besonders arbeiten muß: z. B. den Verstand in unserem Fall, als etwas, was nicht *wir* brauchen, sondern Gott in uns. Darin haben Sie mein Rezept, und ich vermute, das von Sr. Dolorosa[7] wird nicht viel anders sein; gesprochen habe ich mit ihr noch nicht darüber. Mein Leben beginnt jeden Morgen neu und endet jeden Abend; Pläne und Absichten darüber hinaus habe ich keine; d. h. es kann natürlich zum Tagewerk gehören vorauszudenken – ein Schulbetrieb z. B. ist ja ohne dies unmöglich –, aber eine „Sorge" für den kommenden Tag darf es nie sein. – Danach werden Sie verstehen, daß ich es nicht gelten lassen kann, wenn Sie sagen, ich sei etwas „geworden". Es hat den Anschein, als ob der Umkreis meines Tagewerks weiter werden sollte.[8] Das ändert aber, denke ich, an mir nichts. Man hat es von mir verlangt, und so habe ich es übernommen, obwohl mir noch dunkel ist, was es einschließt und welches die praktischen Wege sein werden. Am 15. will ich an Sie denken. Es wäre mir recht, wenn Sie Sr. Agnella[9] den Brief lesen ließen, weil ich ihr nun doch keinen mehr schreiben kann. Aber nur, wenn Sie es gern mögen. Sonst sagen Sie beiden Schwestern nur herzliche Grüße und auf Wiedersehn. Denn sie kommen ja jetzt bald.

Herzlichst Ihre
Edith Stein

[1] Vgl. Br. 59 Anm. 1.
[2] Sonntag in der Fastenzeit: 60 Tage bis Ostern.
[3] Fest Mariae Lichtmeß (heute umbenannt in: Fest der Darstellung des Herrn, nämlich im Tempel zu Jerusalem, gemäß Lk 2, 21 ff.) am 2. Februar. Dieses Datum hatte Edith Stein zu ihrem Firmtag gewählt, vermutlich in Hinblick auf das altjüdische Ritual. Ähnliches kann man für die Wahl ihres Tauftages am 1. 1. annehmen, weil auf dieses Datum damals das Hochfest der Beschneidung Christi fiel (Circumcisio Domini nostri Jesu Christi, am Oktavtag des Weihnachtsfestes). Sicherlich wußte Edith Stein, daß die Kirchenväter die Beschneidung, das Bundeszeichen des Gottesvolkes, als Voraus-Bild der Taufe deuteten. Inzwischen fiel dieses Fest der Liturgiereform zum Opfer.
[4] in medias res gehen = zur Hauptsache kommen.
[5] Thomas v. Aquin (vgl. Br. 45 Anm. 6).
[6] Vermutlich handelte es sich um das Betrachtungsbüchlein: „Der engelgleiche heilige Thomas von Aquin, von einem Priester aus dem III. Orden des heiligen Dominikus, 2. Aufl. Dülmen i. Westf. 1928". Die Thomassonntage wurden an den sechs dem Fest des hl. Thomas (damals am 7. März) vorausgehenden Sonntagen begangen, in Verbindung mit der sonntäglichen Abendandacht. (Ich danke den Schwestern von St. Magdalena für diese Auskunft.)

7 Dolorosa Leister, Dominikanerin von St. Magdalena in Speyer, geb. am. 15.2.1897 in Rechtenbach, gest. am 13.10.1979 in Speyer.
8 Um jene Zeit begann Edith Steins öffentliche Tätigkeit als Rednerin und Referentin.
9 Vgl. Br. 48 Anm. 1.

61

Hermann-Josef Müller[1] an Edith Stein

Ansichtskarte: Exerzitienhaus Maria Trost – Beuron

Poststempel: Beuron (Hohenzollern), 27.3.28

Fräulein Dr. Editha Stein
Speyer a. R., Kloster St. Magdalena

Verehrtes Fräulein!

Ich konnte Sie noch ganz in der Nähe, *privat* unterbringen; die Mahlzeiten nehmen Sie in Maria Trost ein. Volle Pension t⟨ä⟩gl⟨ich⟩ mit Zimmer 5,50 Mk. – Es ist schon alles besetzt in Maria Trost wegen stattfindender Lehr⟨er⟩-Ex⟨erzitien⟩ v. 31.3.–4.4. – Ich hoffe Sie mit einverstanden und grüße Sie fr⟨eun⟩dl⟨ich⟩,

ergebene Schw. Oberin

1 Das Gäste- und Exerzitienhaus „Maria Trost", bei dem Edith Stein um Unterkunft angefragt hatte, wurde geleitet von den Barmherzigen Schwestern vom hl. Vinzenz von Paul (Mutterhaus Freiburg). Das Haus war 1925 eingeweiht worden, und die erste Oberin dort war Sr. Hermann-Josef Müller, geb. am 4.12.1868 in Wertheim a. M., gest. am 17.8.1942 in Heitersheim. Edith Stein weilte öfter in diesem Haus. Der in Beuron von der Abtei zum Haus „Maria Trost" hinaufführende Weg wurde inzwischen Edith-Stein-Weg benannt.

62

Edith Stein im Gästebuch Mayer[1], Beuron

Laetatus sum in his quae dicta sunt mihi: in domum Domini ibimus. –
Ich freute mich, da mir gesagt wurde: Wir wollen ins Haus des Herrn gehen.

In der Hoffnung, daß ich recht bald wieder aus dem gastlichen Haus an der Holzbrücke ins „Haus des Herrn“ gehen darf, und in herzlicher Dankbarkeit

9. IV. 28
Dr. Edith Stein
Speyer a. Rh., Kloster St. Magdalena.

[1] Die vom Schwesternhaus „Maria Trost“ (vgl. Br. 59) empfohlene private Unterkunft – „ganz in der Nähe“ – war höchstwahrscheinlich das von Mutter und Tochter Mayer betriebene Gästehaus „an der Holzbrücke“. Edith Stein besuchte vom Haus Mayer aus alle liturgischen Tagzeiten in der Abtei, die nach einem schönen kleinen Weg durch die Holzbrücke schnell zu erreichen war. Die sehr alte Holzbrücke, heute unter Denkmalschutz stehend, ist noch immer für den Fußgängerverkehr (über die obere Donau) in Benutzung. Bei diesem ersten Besuch in der Abtei lernte Edith Stein auch den jungen Erzabt Raphael Walzer (vgl. Br. 90 Anm. 3) kennen, der ihr Freund und Berater blieb, so lange die Verbindung noch möglich war. – Diese Eintragung im Gästehaus ist die erste von einer Reihe noch folgender. Das Datum der Eintragung war der Ostermontag. Die Schriftstelle ist aus Ps 121, 1.

63

Edith Stein an Fritz Kaufmann[1]

Gedenkkarte mit Zeichnung des Klosters St. Magdalena, mit Ordenswappen und zwei Engeln.
Aufdruck: 1228 – VERITAS – 1928, St. Magdalena – Speyer – Rh⟨ein⟩
Auf der Rückseite:
Erinnerung an das 700jährige Jubiläum des Dominikanerinnen-Klosters St. Magdalena, Speyer a. Rh.

5.–7. X. ⟨1928⟩

Lieber Herr Kaufmann,

1 Jahr sollen Sie nicht auf Antwort warten, wenn auch zu einem langen Brief keine Zeit ist. Also herzlichen Dank für Ihre lb. Zeilen und das Separatum[2]. Lesen konnte ich es natürlich noch nicht. (N. B. Könnten Sie vielleicht diplomatisch ermitteln, ob Husserl die Absicht hat, mir ein Sep⟨aratum⟩ der Zeit-Arbeit[3] zu schicken? Dann würde ich nämlich den J⟨ahr⟩b⟨uch⟩-Band zurücksenden, den mir Niemeyer schickte.) Vielleicht habe ich in den Osterferien Gelegenheit, Ihre Frau und Tochter kennenzulernen. Das würde mich sehr freuen. – Meine Bearbeitung der Quaest⟨iones⟩ de Veritate[4] hoffe ich noch in diesem Jahr abschließen und im neuen in Druck geben zu können. Aber bestimmt ist bei mir nichts vorauszusagen, weil immer so viel dazwischen kommt. Meine Übersetzung von Newmans Briefen u. Tagebüchern,

deren Ms. seit Jahren beim Theatiner-Verlag lag, ist eben erschienen.[5] Leider bekam ich nicht genügend Exemplare, um Ihnen eins zu schicken. – Mit allen guten Wünschen für Sie und die Ihren

Ihre E. St.

[1] Vgl. Br. 2 Anm. 1.
[2] Vermutlich Kaufmanns Habilitationsarbeit (vgl. Br. 45 Anm. 2), die 1928 im JPPF Bd. 9 und zugleich als Separatausgabe erschien.
[3] Husserl schickte ihr das Separatum: „Edmund Husserls Vorlesungen zur Phänomenologie des inneren Zeitbewußtseins, herausgegeben von Martin Heidegger, Freiburg i. Br." Es ist ein Sonderdruck aus dem 9. Bd. des JPPF, 1928. Das Exemplar, das sich im Kölner Archiv befindet, trägt Husserls eigenhändige Eintragung: „Fräulein Dr. Edith Stein, der hilfreichen Mitarbeiterin 1916–17 mit herzlichsten Grüßen, EHusserl". In der Vorbemerkung des Herausgebers liest man den Satz (S. 368): „Die Kapitel- und Paragrapheneinteilung wurde von Frl. Dr. Stein gelegentlich der Übertragung des stenographischen Konzepts im teilweisen Anschluß an Randbemerkungen des Verfassers eingefügt." Diese Bemerkung Heideggers läßt nicht erkennen, daß Edith Stein nicht nur „Einteilungen" vorgenommen, sondern die Ausarbeitung der Husserlschen Notizen geleistet hat. Edith Stein hatte am 6. VII. 1917 an Ingarden geschrieben: „⟨Ich⟩ bin eben jetzt auf das Konvolut ‚Zeitbewußtsein' gestoßen. Wie wichtig die Sachen sind, wissen Sie ja am besten … Der äußere Zustand ist ziemlich traurig: Notizenzettel von 1903 an. Ich habe aber große Lust zu versuchen, ob sich eine Ausarbeitung daraus machen läßt; es würde doch einen Schritt vorwärts zur Druckreife bedeuten." (ESGA 4, Nr. 20).
[4] Edith Stein übertrug dies Werk des hl. Thomas v. Aquin ins Deutsche. Es sollte noch mehrere Jahre dauern, bis die Übertragung im Druck erscheinen konnte (1931/32).
[5] München 1928.

64

Edith Stein an Hans Biberstein[1]

Kolorierte Bildkarte. Die Vorderseite zeigt einen mit Gänsekiel in einem dicken Folianten schreibenden Mann. Er sitzt an einem offenen Butzenscheibenfenster, das den Blick auf das Straßburger Münster freigibt. Darunter liest man: Congrès de l'Union des Employés Communaux d'Alsace et de Lorraine 15–17 mai 1928.

Auf der Rückseite der Karte sieht man ein Kranzgewinde mit der Aufschrift: 25e Anniversaire Strasbourg

Poststempel: Speyer, 2. 12. 28

Herrn Dr. Hans Biberstein
Breslau X, Michaelisstr. 38

St. Magdalena, 1. XII. 28

Lieber Hans,

recht herzliche Glückwünsche zu Deinem Geburtstag. Diese schöne Karte hat mir Hering[2] kürzlich zum 2. x verliehen und ich überlegte, wer wohl würdig sei, nun meinerseits damit ausgezeichnet zu werden. Ich hoffe, Du wirst genügend Sinn für ihre Schönheit haben[3].

Viele herzliche Grüße an Euch alle,
Deine Edith

[1] Vgl. Br. 11 Anm. 2.
[2] Vgl. Br. 9 Anm. 1.
[3] Herr Pfarrer Gustave Koch, der in Straßburg mit dem Nachlaß von Jean Hering befaßt war, hatte die Freundlichkeit, sich nach Ursprung und Bedeutung der Karte zu erkundigen. Er schrieb mir dazu: „Es war wohl der 25. Geburtstag der Entstehung der Union, des Zusammenschlusses der Angestellten der ⟨Zivil⟩-Gemeinden; ⟨vermutlich⟩ könnte man die Arbeitshypothese aufstellen, daß hier *der* Straßburger Stadtschreiber Sebastian Brant (1457–1521) als Beispiel und Modell gedient hat. – Die Postkarte wurde gemalt von Marie Marguerite Bretzl, genannt Marga (1884–1967)."

65

Edith Stein an Adelheid Noack[1]

St. Magdalena, 22. XII. 28

Meine liebe Frau Noack,

ein paar Worte erlauben Sie mir doch? Wenn Sie etwa nun Ihre Reise aufgeben oder verschieben sollten und wenn Sie dächten, daß ein Zusammensein mit mir Ihnen gut tun könnte, dann bitte ich Sie herzlich, über mich zu verfügen – bis zum 28., denn dann muß ich etwas verreisen (bis zum 7. I.)[2]. Auf alle Fälle denke ich an Sie und Ihre Kleine[3] recht herzlich, besonders werde ich es in der Heiligen Nacht tun, vor der Krippe, die ich Ihren Kindern gern zeigen wollte. Dort ist man mit allen verbunden, die in aller Welt verstreut sind, und auch über alle Welt hinaus. Das ist ein trostvolles Geheimnis.

Herzlichst
Ihre Edith Stein

[1] Adelheid Noack-Cramer, geb. am 22.3.1896 in Breslau, gest. am 26.1.1987 in Heidelberg, kannte Edith Stein seit ihrer Schulzeit an der Breslauer Viktoriaschule. Die Verbindung kam zustande durch Erna und Edith Steins Freundin Rose Guttmann (vgl. Br. 9 Anm. 3), die Klassenkameradin von Eva Cramer, der Schwester Adelheids, war. Seit ihrer Verheiratung lebte Adelheid Noack in Heidelberg, also unweit von Speyer.
[2] Vom 28.12.1928 bis zum 2.1.29 weilte Edith Stein in Beuron; nachgewiesenermaßen war sie am 6.1.29, dem Hochfest der Epiphanie (Dreikönigsfest), in München. Zu München hatte Edith Stein vielfache Beziehungen, die noch nicht alle aufgehellt sind. Jedenfalls wohnte sie zu Anfang Januar 1929 im Studentinnenheim St. Agnes in der Türkenstraße 2, wo sie einige studierende Ordensfrauen traf, u.a. Agnella Stadtmüller OP aus Speyer (vgl. Br. 48 Anm. 1) und M. Callista Brenzing OCist. aus der Abtei Seligenthal (vgl. Br. 70 Anm. 1). Sie besuchten gemeinsam den Münchner Liebfrauendom zum Festhochamt. Vorbereitet hatten sie sich durch gemeinsame Lektüre aus dem 1915 erschienenen Mysterienspiel (Metanoeite 3. Teil) von Reinhard Johannes Sorge, das sie mit verteilten Rollen zu dreien lasen. (Mitteilung aus: Seligenthaler Beilagen Nr. 2, 1988, S. 4, für deren Zusendung ich Irene Schneider OCist. Seligenthal herzlich danke.)
[3] Die etwa 10jährigeTochter Evchen von Adelheid Noack war gestorben.

66

Edith Stein an Clara Baur[1]

Weihnachtskarte mit einer Darstellung von Matthias Schiestl

Poststempel: Speyer, 23.12.28

Fräulein Clara Baur
Schloß Wildshausen[2]
Post Öwerntrop[3]
Westfalen

St. Magdalena, 23.XII.28

Die herzlichsten Weihnachtsgrüße und viele gute Wünsche für das neue Jahr!

Ihre
Edith Stein

[1] Vgl. Br. 42 Anm. 1.
[2] Clara Baur hatte auf Gut Wildshausen bei der Familie Hans Cosack eine Stelle als Hauslehrerin angenommen. Die Familie hatte zwei kleine Töchter, die Clara Baur in den ersten Schuljahren unterrichtete. Besonders war ihr die Erziehung und Betreuung des etwa dreijährigen Sohnes anvertraut. Bei den Kindern und deren Eltern war die junge Hauslehrerin sehr beliebt und hochgeschätzt. Auf Gut Wildshausen blieb auch in Erinnerung, daß Clara Baur im weihnachtlichen Krippenspiel Maria, die Mutter des Jesuskindes, darzustellen

pflegte; Clara Baur verließ Wildshausen, als sie heiratete. (Elisabeth Steffek-Cosack sei für diese Angaben gedankt.)
[3] Richtig: Oeventrop.

67

Edith Stein im Gästebuch der Familie Mayer[1], Beuron

Allen Gnadensegen der Hl. Weihnachtszeit möchte ich der l⟨ieben⟩ Familie Mayer als Gabe für das neue Jahr, das ich hier beginnen durfte, und als meinen Dank zurücklassen.

Edith Stein
Beuron, am Fest des Allerheiligsten Namens Jesu
29. XII. 28/2. I. 29

[1] Vgl. Br. 62 Anm. 1.

68

Irmgard Koch[1] an Edith Stein

Ansichtskarte: Böttingerhaus, Hof ⟨Bamberg⟩

Poststempel: Ludwigshafen, 22. 1. 29

Fräulein Dr. E. Stein
Speyer a⟨m⟩ Rh⟨ein⟩, Kloster St. Magdalena

Liebes Fräulein Doktor,

vielleicht können Sie sich denken, warum ich schon wieder schreibe: ich kann morgen nicht kommen. Nicht wegen der Lehrprobe – die war gestern schon fertig –, ich liege mal wieder zu Bett m. einer stärkeren Erkältung als sonst. Meine erste längere Verwendung muß so unangenehm enden. Wir wollen bis morgen warten und dann Frau Dr. Hirschler[2] holen. Ich habe Husten, der weh tut, starke Verschleimung … B. Kupper[3] schreibe ich auch.

Ihre Irmgard.

Sagen Sie bitte der Pfortenschwester, sie möge es Schw⟨ester⟩ Juliana[4] mitteilen.

[1] Irmgard Koch, Schülerin von Edith Stein, geb. am 23.3.1908 in Ludwigshafen, gest. am 21.1.1962 in Liebenau. Sie trat im April 1930 in einen Orden ein, wurde dort als Schwester Irmengard eingekleidet und legte im folgenden Jahr die ersten Gelübde ab, erkrankte jedoch bald so schwer, daß sie im Sommer 1934 die Gemeinschaft verlassen mußte.
[2] Dr. med. Helene Hirschler geb. Riess, Hausärztin der Familie, geb. am 4.12.1888 in Breslau, gest. am 2.1.1977 in Newport/USA. Lene Riess war in Breslau Kommilitonin von Dr. med. Erna Stein gewesen, der Schwester Ediths; sie kannte die ganze Familie Stein. Durch ihre Heirat mit dem Chirurgen Dr. Max Hirschler kam sie nach Ludwigshafen, wo Edith Stein sie später öfter besuchte.
[3] Mitschülerin von Irmgard Koch.
[4] Juliana Gebhardt, Dominikanerin von St. Magdalena/Speyer, geb. am 30.1.1895 in Jockgrim/Pfalz, gest. am 4.6.1958 in Speyer, war Turn- und Stenographielehrerin am Lehrerinnenseminar in St. Magdalena.

69

Edith Stein an Franz Pelster[1]

Gedruckter Briefkopf:

Dr. phil. Edith Stein

Speyer (Pfalz), den 5.II.29
St. Magdalena

Hochwürdiger Herr Pater,

vor längerer Zeit hatten Sie schon einmal die große Freundlichkeit, mir durch Vermittlung von Herrn P. Przywara[2] über einige zweifelhafte Textstellen der Quaest⟨iones⟩ Disp⟨utatae⟩ de Veritate[3] Auskunft zu geben. Nun stehe ich am Ende der Übertragung und bin gerade mit einer General-Textrevision beschäftigt. Darf ich jetzt noch einmal Ihre Güte in Anspruch nehmen und Ihnen die übrigen Stellen vorlegen, die mir verdächtig sind? Ich bin genötigt, mit der Turiner Ausgabe[4] zu arbeiten, die manche schlimme Druckfehler hat.

Mit herzlichem Dank
Ihre in Xs. ergebene
Edith Stein

[1] Franz Pelster SJ, Philosophieprofessor an der Päpstlichen Universität Gregoriana in Rom und bedeutender Forscher zu Problemen der Hochscholastik, geb. am 9.3.1880 in Lüdge/Westf., gest. am 28.6.1956 in Rom. Er trat 1897 in die Gesellschaft Jesu ein, es folgten Studien und Priesterweihe in Valkenburg, 1918 wurde er nach Rom berufen.
[2] Erich Przywara, Philosoph und Jesuit, geb. am 12.10.1889 in Kattowitz/OS, gest. am 28.9.1972 in Murnau/Obb., lernte Edith Stein 1925 in Speyer kennen (vgl. ESGA 4,

Nr. 89). Er kam 1922 nach München in die Redaktion der Jesuitenzeitschrift „Stimmen der Zeit“. Sein Gesamtwerk umfaßt gegen 800 Titel, darunter ca. 50 Bücher. Seine Begegnung mit Edith Stein hat er beschrieben in: „In und Gegen“, Nürnberg 1955, S. 61–73.

[3] An deren Übertragung ins Deutsche Edith Stein damals arbeitete (vgl. dazu Br. 44 Anm. 7).

[4] Die dreibändige Turiner Ausgabe der Quaestiones disputatae war erschienen ab 1895.

70

Edith Stein an Callista Brenzing[1]

St. Magdalena, 29. IV. 29

Ehrwürdige, liebe Frau Callista,

da Sr. Agnella[2] plötzlich einberufen wurde[3] und zu Ihnen kommt, kann ich ihr einen kleinen Gruß mitgeben. Einen Abglanz von Beuron werden Sie gewiß noch an Sr. Agnella wahrnehmen[4]. Was man von dort mitbringt, ist dauerhaft. Und in 12 Tagen kann man dort einen Schatz sammeln, der lange nährt und alles verdauen hilft, was von außen kommt. Das ist die Antwort auf die Frage nach meinem Ergehen. Mich würde es auch recht freuen, wenn ich Sie noch einmal treffen könnte. Vorläufig steht keine Münchener Reise bestimmt in Aussicht. Aber Sie wissen ja jetzt schon, daß solche Dinge sehr plötzlich kommen können. Sonst wünsche ich Ihnen für den August eine Studienfahrt in die schlesischen Cistercienserabteien[5] und erbiete mich als Führerin. Für das kommende Semester alles Gute! Den Begleiter dafür schicke ich Ihnen mit[6].

Mit herzlichen Grüßen
Ihre in X. ergebene Edith Stein

[1] Callista (Maria) Brenzing, Zisterzienserin in der Abtei Seligenthal in Landshut i. B., geb. am 15. 6. 1896 in Landshut, gest. am 27. 4. 1975 in der Abtei Seligenthal. Sie lernte Edith Stein in München im Studentinnenheim in der Türkenstraße kennen, wo auch die studierenden Dominikanerinnen aus Speyer wohnten.

[2] Vgl. Br. 48 Anm. 1.

[3] Zum Referendarjahr nach München.

[4] Edith Stein hatte Sr. M. Agnella nach deren Staatsexamen für einen 12tägigen Aufenthalt nach Beuron eingeladen.

[5] Callista Brenzing beschäftigte sich damals mit der Entstehungsgeschichte der Zisterzienserinnnen-Abtei Seligenthal, deren Ursprung man auf die schlesischen Abteien zurückführte.

[6] Edith Stein legte ihrem Brief ein Beuroner Andachtsbildchen mit einer Abbildung des Jesuskindes bei.

71

Edith Stein mit Schülerinnnen an Katharina Schreier[1]

Karte (ohne Datum- und Ortsangabe) mit der Aufschrift: ***19 ABSOLVIA PÄDAGOGIA 29***
auf der Vorderseite Zeichnung: Berg mit Leuchtturm, Meer, Sonne und Gestalt, die ein Schiff betritt[2].
Unter einem Scherzgedicht im Pfälzer Dialekt liest man Grüße in der Handschrift einer der Schülerinnen:

Viel herzlichen Dank dem lieben Frl. Schreier für die liebenswürdige Sorge und Aufmerksamkeit!
Sechs fröhl⟨iche⟩ Pfälzerinnen:

Anna Liebel, Paula Westerdorf, Thekla Ditz, Rosl Kluding, Susi Wannemacher, Marianne Schneider,
Edith Stein

[1] Katharina Schreier, Studienrätin, geb. am 20.2.1900 in München, dort gest. am 13.3.1954. Edith Stein weilte wiederholt mit Schülerinnen aus Speyer in München. Sie zeigte und erläuterte den jungen Mädchen Sehenswertes, besuchte Theater und Oper mit ihnen und führte sie so ein wenig in das Großstadtleben ein. Katharina Schreier unterrichtete an der Frauenfachschule in München; sie blieb mit Edith Stein noch bis in deren Klosterzeit hinein in Verbindung.
[2] Offenbar stammt die Karte von einer Seminar-Abschlußklasse aus Speyer. Edith Stein hatte mit den Absolventinnen eine Fahrt nach München gemacht.

72

Edith Stein an Katharina Schreier[1]

Ansichtskarte: Kaiserdom von Speyer

Poststempel: Speyer, 20.5.29

Fräulein Käthe Schreier
München, Barerstr. 13

St. Magdalena, Pfingstmontag

Liebes Fräulein Schreier,

der größere Teil der Münchner Gesellschaft[2] ist beisammen und sendet Ihnen dankbare und herzliche Grüße,

Edith Stein

Herzliche Grüße vom Rhein
Anna Liebel, Susi Wannemacher, Marianne Schneider, Paula Westerdorf.

[1] Vgl. Br. 71 Anm. 1.
[2] Die Gruppe der Absolventinnen, die mit Edith Stein in München war, traf sich nochmals in St. Magdalena.

73

Roman Ingarden[1] an Edith Stein

Lwów, den 30. VI. 29

Liebes Fräulein Stein!

Erst jetzt bin ich frei. Vorgestern habe ich die letzten Beschäftigungen in diesem Schuljahre erledigt und so habe ich jetzt 2 Monate Ferien. Tatsächlich habe ich aber nur 4 Wochen ausschließlich für mich, d. h. für meine wissenschaftliche Arbeit, weil ich im August an irgendwelchem Ferienkursus lesen muß, um etwas zu verdienen. Wann beginnen Ihre Ferien und wo gedenken Sie sie zu verbringen? Werden Sie jetzt etwas freie Zeit haben? Wäre es vielleicht möglich, daß Sie während Ihrer Ferien etwas von Ihrer Zeit der Durchsicht meiner Arbeit über das literarische Kunstwerk[2] widmen könnten? Ich könnte Ihnen vorläufig die ersten 100–150 Seiten zuschicken, die im allgemeinen fertig sind. Falls Sie aber etwas Wichtigeres zu tun haben, z. B. die Thomas-Übersetzung[3], so schreiben Sie mir es ganz offen, ja? Ich will jedenfalls die nächsten Wochen meiner Arbeit über das literarische Kunstwerk vollkommen widmen, vielleicht wird es mir gelingen, das Wesentliche zum Abschluß zu bringen.

Außer Ihnen und Pfänder[4] hat noch vor einiger Zeit Prof. Liebert[5] aus Berlin an mich geschrieben und meine Arbeit über das Idealismus-Realismus-Problem[6] sehr gelobt, was mir natürlich Freude machte, insbesondere, da ich ihn gar nicht persönlich kenne. Dagegen schweigt Hering[7], dem ich ein Separatum geschickt habe. Frau Conrad habe ich ein Separatum nicht zugeschickt, weil sie ja die Festschrift selbst bekommen mußte[8]. (Nota bene: Wissen Sie nicht, ob die Heidegger'sche Arbeit über Kant schon erschienen sei?)[9]

Und jetzt noch einige Worte zur Beantwortung Ihrer Fragen, die Sie mir im Zusammenhang mit meiner Arbeit gestellt haben:

1. Die Beziehung zwischen „Seinsmodus“ und „existentiales Moment“: Unter „Seinsmodus“ verstehe ich den konkreten oder, wenn Sie wollen, „selbständigen“ Seins-Charakter, in welchem ein Gegenstand steht, falls er auf diese oder jene Weise existiert. Z. B. „Realität“, „Ideal-sein“, „Sein des rein intentionalen Gegenstandes“. Es ist der *volle* existentiale Charakter des

Gegenstandes, ein Spezialfall der Existenz *überhaupt*, zugleich aber ein solcher Spezialfall, in welchem der existentiale Charakter für sich selbständig ist, d. h. in Bezug auf keinerlei *existentiale* Momente ergänzungsbedürftig ist. „Unselbständig“ ist er aber natürlich in Bezug auf die formale Struktur und die materiale Ausstattung des Gegenstandes; er hat nur Bestand als Seinsmodus eines bestimmten (formaliter und materialiter) Gegenstandes. Ein „existentiales Moment“ dagegen ist im Verhältnis zu dem Seinsmodus ein *Abstraktum*. Es ist etwas, was in einem Seinsmodus herausgeschaut werden kann, als dessen Mit-konstituens. In einem und demselben Seinsmodus können mehrere, verschiedene existentiale Momente abstraktiv herausgeschaut werden. Daraus folgt noch nicht, daß jeder Seins-modus etwas Zusammengesetztes, eine Summe von existentialen Momenten sei. Er ist aber eine existentiale *abgeleitete* Wesenheit (im Sinne meiner Essentialen Fragen)[10]. Ein solches abstraktes existentiales Moment scheint mir u. a. die Seinsautonomie zu sein, welche unzweifelhaft in der „Realität“ als einem Seinsmodus enthalten ist, ihr Wesen aber nicht erschöpft. Aus diesem Grunde habe ich gegen Frau Conrad[11] polemisiert, weil sie – soviel ich sie verstehe – Seinsautonomie und Realität *identifiziert*.

2. Ich habe absichtlich in meinem Beitrag die „Realität“ positiv nicht bestimmt. Denn meine Bestimmung würde einen Teil der existentialen ontologischen Probleme lösen, indem sie der Realität die existentialen Momente der Seinsautonomie, der Seinsselbständigkeit und Seinsunabhängigkeit (und vielleicht auch der Seins-abgeleitetheit) zuweisen würde. Damit wäre auch die existentiale Beziehung einer Welt, die „real“ sein sollte, zu dem Sein des reinen Bewußtseins eo ipso entschieden, also wiederum eine Lösung an die Stelle eines Problems gegeben.

Es gab aber noch einen anderen Grund, weswegen ich die Realität als einen Seinsmodus positiv nicht bestimmt habe. Ich habe hier nämlich noch verschiedene Schwierigkeiten empfunden, die ich auch bis jetzt nicht überwinden konnte. Die erste war, daß die aufgezählten existentialen Momente, obwohl in der „Realität“ enthalten, sie doch nicht erschöpfen. Wenn ich mich in den Sinn der Realität vertiefe, so finde ich da noch ein unbeschreibbares Etwas, das mir sehr wesentlich zu sein scheint, das es mir aber nicht gelingt für sich zu erfassen und zu begreifen,[12] etwas, was s. z. s zu den aufgezählten Momenten hinzutreten muß, um das in sich abgeleitet-einfache Phaenomen des Realseins hervorzurufen. So ist es wahrscheinlich, daß auch die vier Gegensatz-Paare von existentialen Momenten den ganzen Bereich von existentialen Momenten nicht erschöpfen (was ich übrigens auch nicht behauptet habe). Mit einem Wort: hier sind weitere Analysen nötig. Und ich durfte nur das sagen, was mir unzweifelhaft zu sein schien.

Eine andere Schwierigkeit war die, daß ein seinsunselbständiges Moment eines realen Gegenstandes ebenso real ist, wie der Gegenstand selbst. Einerseits also steht die Seinsunselbständigkeit in keinem Gegensatz zur Realität, andererseits entsteht die Frage, ob sie wirklich zum Wesen der Realität gehöre? Auch aus diesem Grunde mußte ich die positive Bestimmung der „Realität" offen lassen. Im Zusammenhang damit kann überhaupt die Frage gestellt werden, ob der Gedanke, zur *Bestimmung* (nicht zur Erfassung!) der „Realität" auf dem Wege der existentialen Momente zu gelangen, ein richtiger und fruchtbarer ist? Momentan weiß ich nicht, wie diese Frage zu beantworten ist; damals schien mir aber dieser Gedanke richtig zu sein, wenn ich ihn auch explicite nicht ausgesprochen habe. Die Besprechung der verschiedenen existentialen Momente mußte jedenfalls aus dem Grunde entwickelt werden, weil sie an die Faktizitäten dieser bisherigen Diskussion des ganzen Problems anknüpfte. –

Was die Möglichkeit einer reinen, von der Petitio Principii freien Erkenntnistheorie[13] betrifft, so ist es ein viel zu umfangreiches Problem, ⟨als⟩ daß ich es hier besprechen könnte. Ob der Appell an die göttliche Offenbarung in diesem Zusammenhang ein Gewinn ist, scheint mir fraglich zu sein. Es ist im Grunde nur ein Verzicht auf die Möglichkeit der Lösung des Problems, zugleich aber die große Gefahr, daß verschiedene subjektive Einbildungen mit der Offenbarung vermengt werden, falls man schon zugibt, daß es dergleichen faktisch gibt. Aber darüber müßte man auch lange diskutieren. –

Schreiben Sie bitte bald und nehmen Sie mir meinen ketzerischen Standpunkt nicht übel. Wenn Sie was von Frau Conrad oder Hering über meinen Beitrag gehört haben sollten, so schreiben Sie auch, und zwar auch dann, wenn das Urteil negativ lauten sollte.

Ich grüße Sie herzlichst und wünsche Ihnen angenehme Ferien.
Ihr Roman Ingarden
Schöne Grüße von meiner Frau!

Bis Ende Juli bin ich in Lemberg, spätere Adresse werde ich Ihnen noch schicken.

[1] Vgl. Br. 6 Anm. 6.

[2] Es handelt sich um Ingardens bedeutendstes, auch in Deutschland bekanntgewordenes Buch „Das literarische Kunstwerk", das 1931 bei Max Niemeyer in Halle erschien. In seinem Vorwort (Lemberg, im Oktober 1930) schreibt Ingarden: „Frl. Dr. Stein hatte die Güte, die großen Mühen der sprachlichen Korrektur des Textes zu übernehmen, und hat mir dadurch einen wertvollen Freundesdienst erwiesen." Dieses Werk und seine Korrekturen haben Edith Stein und Roman Ingarden in der folgenden Zeit immer wieder beschäftigt (vgl. ESGA 4, Nr. 127 – Nr. 147).

[3] Edith Stein übersetzte damals die Quaestiones disputatae de veritate des hl. Thomas v. Aquin.

[4] Vgl. Br. 8 Anm. 6.
[5] Arthur Liebert (eigentlich Levy), Professor für Philosophie in Berlin, leitender Direktor der Kant-Gesellschaft und Herausgeber der „Kant-Studien", geb. am 10.11.1878 in Berlin, dort gest. am 5.11.1946. Nach 1933 ging er nach Belgrad, emigrierte 1939 nach Birmingham/England und kehrte 1945 nach Berlin zurück. In Belgrad gab er als Nachfolgerin der Kant-Studien die Zeitschrift „Philosophia" heraus.
[6] Ingardens Arbeit „Bemerkungen zum Problem ‚Idealismus-Realismus'", die in der Festschrift zu Husserls 70. Geburtstag (am 8.4.1929) erschien, und zwar als Ergänzungsband zum JPPF, Halle 1929, S. 159–190. [7] Vgl. Br. 9 Anm. 1.
[8] Hedwig Conrad-Martius hatte selbst einen Beitrag darin: „Farben. Ein Kapitel aus der Realontologie", S. 339–370.
[9] Martin Heidegger, Begründer der Existenzphilosophie, geb. am 26.9.1889 in Meßkirch, gest. am 26.5.1976 in Freiburg, promovierte und habilitierte sich in Freiburg bei dem Neukantianer Heinrich Rickert, ging aber nach 1916 zur Phänomenologie von Rickerts Lehrstuhlnachfolger Husserl über. Ab 1923 Extraordinarius in Marburg, wurde er 1928 auf Betreiben Husserls dessen Nachfolger in Freiburg. Edith Stein antwortete Ingarden im Brief vom 11.7.29, sie wisse nicht, ob Heideggers Werk „Kant und das Problem der Metaphysik, Bonn 1929" bereits erschienen sei (vgl. ESGA 4, Nr. 127).
[10] Abgedruckt in JPPF Bd. 7 (1925), hier: S. 125.
[11] „Polemisiert" gegen Hedwig Conrad-Martius hatte Ingarden in seiner Studie in der Husserl-Festschrift „Bemerkungen zum Problem ‚Idealismus und Realismus'".
[12] Zu diesem Passus antwortete Edith Stein am 11.7.29 (ESGA 4, Nr. 127): „Daß Sie in der Realität auf etwas gestoßen sind, was Sie ‚vorläufig' nicht auflösen können, freut mich sehr."
[13] Hier spielt Ingarden auf seine für die Festschrift zu Husserls 60. Geburtstag (1919) geplante, aber erst 1921 publizierte Arbeit an: „Über die Gefahr einer Petitio Principii in der Erkenntnistheorie" (JPPF Bd. 4, S. 545 ff.)

74

Agnella Stadtmüller[1] an Edith Stein

Ansichtskarte: Inneres der Klosterkirche Seligenthal

Poststempel: Landshut, 3.9.29

Fräulein Dr. Edith Stein
Speyer a. Rh., Kloster St. Magdalena

Cisterzienserinnnen-Abtei Seligenthal, 2.9.29

Liebes Frl. Dr!

Aus dem vallis felix[2] recht liebe Grüße! So habe ich wieder ein Plätzchen gefunden, wo der Himmel offen zu stehen scheint. Ich spiele zwar keinen

„frommen Asketen“, mit Mittagessen und Bett! fing ich an – dann aber ging es mit dem Cisterzienser-Brevier weiter, während des schönen Chorgebetes ist die ganze Abteikirche mir! Nur zum ersten Chorgebet in der Morgenfrühe hat mir hochehrw⟨ürdige⟩ Frau Äbtissin[3] die Erlaubnis verweigert – in Ihrem Sinne! Es geht mir *sehr* gut hier, auch Frau Callista[4] ist recht munter.

Mit einem lieben St. Bernhardsgruß[5]!
Ihre dankbare Sr. M. Agnella O. Pr.

Auch von mir lieben Gruß.
Ich freue mich, daß Schw. Agnella so gerne in Seligenthal ist.
Ihre ergebenste M. Callista OC

1 Vgl. Br. 48 Anm. 1.
2 Vallis felix = seliges Tal, Anspielung auf den Namen der Abtei.
3 M. Luitgardis Aigner OCist., geb. am 6. 12. 1857 in Malching/Ndb., gest. am 10. 8. 1935 in Seligenthal, wurde im Januar 1925 zur Äbtissin gewählt.
4 Vgl. Br. 70 Anm. 1.
5 Der Zisterzienserorden ist eine Gründung des hl. Bernhard von Clairvaux (ca. 1090–20. 8. 1153).

75

Edith Stein an Edmund Husserl[1]

St. Magdalena, 10. IX. 29

Lieber, hochverehrter Herr Professor,

als ich vor 10 Tagen aus den Ferien zurückkam, fand ich auf meinem Schreibtisch Ihre „Formale und transzendentale Logik“[2]. Es ist nicht ratsam, mit meinem Dank zu warten, bis ich die Zeit finde, das Werk zu studieren. Ich freue mich herzlich, daß es erschienen ist, und Ihnen ist es auch sicher eine große Befriedigung. Mir war es bisher noch nicht einmal möglich – Ihnen vermutlich auch nicht –, die Festschrift[3] zu lesen. Nur Ingardens Beitrag[4] habe ich durchgesehen, weil er dringend darum bat, und fand ihn ausgezeichnet sauber und klar. Mein Thomas-Ms.[5] habe ich auch noch nicht völlig druckfertig, obgleich ich die ganzen Ferien eifrig daran gearbeitet habe; aber den größten Teil konnte ich doch von Breslau an den Verlag[6] schikken. Ich rechne damit, daß der Druck sehr lange Zeit in Anspruch nehmen wird; dabei werde ich schon von den verschiedensten Seiten nach dem Zeitpunkt des Erscheinens gefragt und merke, daß doch ein starkes Verlangen nach Thomas da ist. Um Aufgaben für weitere Arbeit bin ich nicht verlegen. Es ist nur immer sehr fraglich, was noch werden kann. Wenn ich mit Philosophen zusammen bin, wie in Freiburg[7] und gelegentlich in Breslau, dann denke und rede ich mit, als ob ich noch dazugehörte. Das ganze Jahr über habe ich aber doch so überwiegend mit andern Dingen zu tun, daß ich es niemandem übelnehmen kann, wenn er mich nicht mehr zur Zunft rechnet. Ich brauche nicht zu fürchten, daß Sie daraus eine Klage lesen. Ich weiß meinen Dienst für heute und morgen und bin für jeden künftigen bereit. Mehr bedarf es nicht.

Ich hoffe, daß es Ihnen und allen Ihren Lieben gut geht; es war mir eine große Freude, daß ich an Ihrem Geburtstag alle sehen konnte.

Ihnen allen sendet die herzlichsten Grüße
Ihre treu ergebene Edith Stein

1 Vgl. Br. 1 Anm. 1.

2 Edmund Husserl, Formale und transzendentale Logik. Versuch einer Kritik der logischen Vernunft, Sonderdruck aus: JPPF Bd. 10, Halle 1929. Das Original des von Husserl gesandten Buches – er ließ es Edith Stein durch den Verlag zugehen – befindet sich im Edith-Stein-Archiv in Köln. Es wurde von ihr selbst gezeichnet mit: E. Stein 1929.

3 Die Festschrift zu Husserls 70. Geburtstag erschien in Halle 1929 als Ergänzungsband zum JPPF.

4 Vgl. Br. 73 Anm. 6.

5 Ihre Übertragung der Quaestiones disputatae de veritate des Thomas von Aquin.

6 An den Verlag Otto Borgmeyer.

7 Edith Stein war am 8. April 1929 nebst vielen anderen Schülern Husserls zur Feier von Husserls 70. Geburtstag in Freiburg gewesen und hatte bei dieser Gelegenheit die ganze Familie getroffen.

76

Nina Courant[1] an Edith Stein

Ansichtskarte (Foto): Blick auf einige Vorstadthäuser Göttingens, im Hintergrund die beiden Türme der St. Johanniskirche

Poststempel: Göttingen 17.9.29

Frl. Dr. E. Stein
Speyer, St. Magdalenen

Liebe Edith!

Paßt es Dir, wenn ich schon *diesen* Sonntag, d. 22., in Speyer sein würde? Ich würde nachts abfahren und so circa 11.01 morgens in Speyer sein. Am Montag muß ich schon weiter zu Hänschen[2] (wahrscheinlich 10.14 von Heidelberg ab), den ich dann bis *Darmstadt* bringe, von wo uns Richard[3] (natürlich mit einmal Übernachten) im Auto nach Haus holt. Leider läßt sich nicht mehr Zeit für Sp⟨eyer⟩ herausschlagen!

Viele Grüße, und antworte bald!
D⟨eine⟩ Nina
⟨P.S.⟩ Dies hat T⟨ante⟩ Ellen photographiert!

[1] Nina Courant geb. Runge, die zweite Frau des Göttinger Mathematikers Prof. Richard Courant, Edith Steins Vetter. Nina war geb. am 23.11.1891 in Hannover, sie starb am 6.5.1991 in New Rochelle/NY/USA.
[2] Hans war das dritte von Nina und Richard Courants vier Kindern, geboren in Göttingen 1924.
[3] Richard Courant (vgl. Br. 23 Anm. 5) war 1920–1934 Professor in Göttingen, wo er später Direktor des Mathematischen Instituts wurde. Er emigrierte 1937 in die USA und war maßgeblich an der Gründung des Institute of Mathematical Sciences in New York beteiligt.

77

Edith Stein an Ilse Gordon[1]

St. Magdalena, 24. IX. 29

Meine liebe Ilse,

da ich morgen wenig Zeit haben werde, will ich den Brief noch heute abend fertig machen. Meine Wünsche brauche ich Dir nicht zu nennen, Du wirst ohnehin von den verschiedensten Seiten dasselbe geschrieben bekommen. Heute früh wußte ich noch nicht, was ich Dir mitschicken sollte. Aber dann brachte die Post ganz überraschend ein verhältnismäßig hohes Honorar für einen Zeitschriften-Artikel, den ich aus Gefälligkeit auf dringende Bitten geschrieben hatte und für den ich gar nichts erwartete[2]. Das kann ich nun gleich mit Dir teilen. Wenn sich unsere Wünsche begegnen, verwendest Du es für eine Reise zu Großmutters[3] Geburtstag. Wenn das nicht möglich sein sollte, so ist mir natürlich auch alles andere, was Dir Freude macht, recht.

Ich weiß nicht, ob Ihr seit meiner Rückkehr hierher Briefe via Breslau bekommen habt und wie weit Ihr orientiert seid. Daß ich Nina[4] für Sonntag erwartete, schrieb ich, glaube ich, in der Glückwunschkarte neulich. Sie war von vormittag ½ 11 bis zum nächsten Morgen um ¾ 8 bei uns und entzückte wieder alle durch ihr Geigenspiel und durch ihre prachtvolle Urwüchsigkeit und Unbefangenheit. Und sie selbst hatte die größte Freude an dem dankbaren Publikum. – Von Frl. v. Bodman[5] soll ich Dir herzliche Grüße und Glückwünsche bestellen. Sie hat uns in der vergangenen Woche etwas Sorge gemacht, weil sie bei dem Witterungsumschlag einen abscheulichen Asthmaanfall bekam. Zum Glück war es nach ein paar Tagen vorbei. Sie leidet um diese Zeit gewöhnlich daran, aber wir hatten es hier noch nicht erlebt. Ihr Bruder[6] in Persien, von dem sie Euch gewiß auch erzählt hat, ist vor einigen Wochen überraschend aus der sehr ungesunden Gegend, in der er war, in eine andere Stadt mit günstigem Klima und vielen Europäern versetzt worden. Darüber ist sie natürlich sehr froh.

Hoffentlich kannst Du mir bald etwas Gutes erzählen.

Mit vielen herzlichen Grüßen an Euch alle
Deine Tante Edith

1 Ilse Gordon, älteste Tochter von Else Gordon geb. Stein und Dr. Max Gordon, Nichte Edith Steins, geb. am 27. 9. 1904 in Hamburg, gest. 1999 in Bogota/Columbien. Edith Stein berichtet (ESGA 1, 63), daß ihre „Mutter mit ihrem ganzen Personal damit beschäftigt ⟨war⟩, den Umzug des großen Holzlagers auf das neuerworbene eigene Grundstück ⟨Matthiasstr. 151⟩ zu bewerkstelligen", als das Telegramm aus Hamburg eintraf, das die Geburt der Tochter Ilse ankündigte und Auguste Stein zu sofortiger Abreise dorthin bewog. Diese Angabe hat mich zu dem oft geäußerten Irrtum gebracht, auch das Haus Michaelisstr. 38 sei schon 1904 in den Besitz der Familie Stein gekommen; dies geschah jedoch erst einige Jahre später (A. Neyer).

2 Vielleicht hat es sich um ihren drei Wochen zuvor erschienenen Artikel gehandelt „Zum Kampf um den katholischen Lehrer" (in: „Zeit und Schule" 26. Jg. Nr. 17, S. 121–124, München 1. 9. 1929). Es war nämlich soeben die Streitschrift erschienen: Ingbert Naab OMCap, Der Kampf um den katholischen Lehrer, München 1929. Auf diese Broschüre hatte Dr. Joseph Adelmann eine „offene Antwort" veröffentlicht in: „Bayerische Lehrerzeitung", 63. Jg. Nr. 13. S. 185–212, Nürnberg 28. März 1929. Ein Exemplar dieser Zeitung mit dem erwähnten Aufsatz, das sich in ihrem Nachlaß fand, trägt Notizen von Edith Steins Hand. Man kann also vermuten, daß sie ihren Aufsatz verfaßte auf Bitten von P. Ingbert, der Pfälzer und ihr bekannt war, und wohl auch nach dem Wunsch des Vereins katholischer deutscher Lehrerinnen. Ingbert (Karl) Naab, geb. am 5. 11. 1885 in Dahn/Pfalz, gest. am 28. 3. 1935 in Straßburg, hatte schon früh leidenschaftlich gegen die nationalsozialistische Ideologie und Politik gesprochen und geschrieben; 1933 entkam er knapp den Verfolgern in die Schweiz. Sein Grab befindet sich in Eichstätt auf dem Friedhof der Kapuziner.

3 Auguste Stein geb. Courant hatte am 4. 10. Geburtstag.

4 Nina Courant (vgl. Br. 76 Anm. 1).

5 Uta Freiin von Bodman, geb. am 16. 11. 1896 in Lahr/Baden, gest. am 14. 8. 1988 in Oberkirch, war Lehrerin für Kunsterziehung an St. Magdalena in Speyer.

6 Richard Freiherr von Bodman, geb. am 13. 6. 1881 in Gengenbach, gest. am 20. 11. 1943 in Garmisch-Partenkirchen, arbeitete in Teheran. Er war ein Halbbruder der Freiin Uta von Bodman. (Ich danke Wilderich Graf von und zu Bodman für diese Auskünfte.)

78

Irmgard Koch[1] an Edith Stein

Ansichtskarte: Abtei St. Hildegard, Eibingen /Rheingau

Poststempel: Bingen, 8. 10. 29

Fräulein Dr. E. Stein
Speyer am Rhein, Kloster St. Magdalena

Mariental b⟨ei⟩ Eibingen,
Franziskanerkloster u. Wallfahrtsort, 8. X. 29

Liebes Frl. Doktor!
Mit den B⟨euroner⟩ Klerikern kam ich gestern nach Bingen. Heute nach Prim, Terz, Sext[2] u. Hochamt wallfahrte ich hierher, von der strengen Ruhe St. Hildegards nach dem lieblichen Franziskanerheiligtum. Um 3 Uhr gehts zur Non und Vesper[3] u. dann wieder heimwärts.

In beiden Heiligtümern gedenkt Ihrer
Ihre Irmgard

[1] Vgl. Br. 68 Anm. 1.
[2] Prim, Terz und Sext: Teile des monastischen Stundengebetes am Morgen und im Verlauf des Vormittags.
[3] Non: liturgisches Mittagsgebet, Vesper: Abendlob.

79

Schülerinnen an Edith Stein

Speyer, den 15. Oktober 1929

Sehr geehrtes Fräulein Dr. Stein!
Zu Ihrem heutigen Namensfeste[1] entbietet die 6. Klasse die herzlichsten Glückwünsche.

Ihre dankbare
6. Klasse Lyzeum

[1] Seit ihrer Taufe hatte Edith Stein als Namenspatronin die hl. Teresa v. Avila und beging ihren Namenstag an deren Gedenktag (15. 10.).

80

Edith Stein an Adelgundis Jaegerschmid[1]

St. Magdalena, 26. I. 30

Pax!
Liebe Sr. Adelgundis,

herzlichen Dank für Ihren lieben, ausführlichen Brief. Ihre Kritik meines Vortrages[2] möchte ich nicht nur unterschreiben – ich möchte sagen: die Kirchengeschichte ist nicht mager, sondern überhaupt nicht behandelt, sondern es ist nur darauf hingewiesen, daß auch sie zu behandeln wäre. So wäre ein Vortrag von Ihnen oder ein Aufsatz eine willkommene Ergänzung. Daß ich nicht alles gleichmäßig behandeln konnte, lag einmal an der Zeit: der Vortrag war ohnehin schon reichlich lang im Rahmen der Tagung[3]. Dann natürlich auch an meiner Einstellung; wenn Sie bei Sr. Placida[4] nachlesen, was ich über meine Vorbereitung schrieb, wird Ihnen verständlich werden, warum das Liturgische überwog. Eine Unterschätzung der Kirchengeschichte liegt mir durchaus fern. Ich habe seit Jahren den lebhaften Wunsch, mich damit zu beschäftigen, konnte es aber bisher nur ganz sporadisch und unsystematisch. Wie mein Leben verläuft, kann ich nichts anderes tun als abwarten, bis der Himmel mir auch dies einmal schenkt. Es kommt alles ja zu seiner Zeit. – Im stillen habe ich schon gedacht: Wie gut würde es St. Magdalena tun, wenn Sie hier mal einen Choralkurs geben könnten. Aber ich habe noch niemandem etwas davon gesagt. Ich tue gut, nur zu reden, wenn ich gefragt werde – in diesen Dingen wenigstens. Einen rührenden Brief mit einigen praktischen Winken für die Schulung unserer Kinder schrieb mir der alte Bergzaberner Pfarrer[5], der mich getauft hat, auf den Artikel hin. Er war viele Jahre Diözesanpräses der Cäcilienvereine und ist ein begeisterter Verehrer des Chorals; in Bergzabern können daher alle Schulkinder Choral singen, und von dorther kannte ich kaum etwas anderes für den Sonntag als Choralamt. – Nun beglückwünsche ich Sie noch zu dem Gnadengeschenk des Theologiestudiums und bleibe mit allen herzlichen Wünschen und in desiderio vitae monasticae[6] Ihnen verbunden

Ihre E. St.

[1] Adelgundis (Amalie) Jaegerschmid, Historikerin, Husserlschülerin und Teilnehmerin an Edith Steins Phänomenologischen Einführungskursen in Freiburg, geb. am 10.8.1895 in Berlin, gest. am 20.3.1996 in St. Lioba/Freiburg-Günterstal; sie legte am 1.5.1935 in St. Lioba die Ewigen Gelübde als Benediktinerin ab; Husserl wohnte dieser Feier bei. Sr. Adelgundis blieb mit ihm und seiner Familie, ebenso mit Edith Stein, durch viele Jahre freundschaftlich verbunden.

[2] Vermutlich ist hier der Vortrag gemeint, den Edith Stein in den letzten Augusttagen 1929

in München (vgl. ESGA 4, Nr. 126) gehalten hat zu dem Thema: „Die Mitwirkung der klösterlichen Anstalten an der religiösen Bildung der Jugend“, publiziert in: „Klerusblatt, Organ der Diözesan-Priestervereine Bayerns und ihres Wirtschaftlichen Verbandes, Jahrgang 1929, Nr. 48 und 49“. Der Hinweis auf die Kirchengeschichte findet sich im Separatdruck des Klerusblattes S. 3, Abschn. 3 a.

3 Im Archiv der Zisterzienserinnen-Abtei Seligenthal findet sich folgende Chroniknotiz: „Ende August ⟨1929⟩ wurde die von H. H. Domkapitular Stahler (Würzburg) 1916 gegründete klösterliche Arbeitsgemeinschaft ... nach München berufen zu einer wissenschaftlichen (erziehlich-unterrichtlichen) Konferenz.“ Über die Gründung dieser Arbeitsgemeinschaft berichtet ausführlich der Aufsatz „Der Anteil der bayerischen Frauenklöster am Erziehungswerk nach dem Kriege. – Rückschau auf die ‚Konferenz über Mädchenerziehung für Klostervorsteherinnen und klösterliche Schulleiterinnen‘ im Kloster Norbertusheim zu Zell am Main vom 25.–28. April 1916“. Der Aufsatz ist verfaßt von Prof. (später Bischof) Dr. Matthias Ehrenfried/Eichstätt und erschien in der von ihm geleiteten Zeitschrift „Die christliche Schule. Pädagogische Studien und Mitteilungen“ 7. Jg. Eichstätt 1916. S. 339 ff.

4 Dieser Brief blieb nicht erhalten.

5 Eugen Breitling (vgl. Br. 37 Anm. 1).

6 In der Sehnsucht nach dem klösterlichen (mönchischen) Leben.

81

Isabella Hartmann[1] an Edith Stein

Ansichtskarte: Rathaus zu Ulm a. d. Donau

Fräulein Dr. E. Stein

⟨1930?⟩

Mein liebes Fräulein Dr. Stein!
Recht herzliche Glück- und Segenswünsche zum schönen Feste mit treuem Gedenken bei Gott. Auch meine arme Schwester schließt sich an; sie muß viel u. schmerzlich leiden (fortschreitender Gelenkrheumatismus).

Mit vielen Grüßen
Ihre Sie verehrende Sr. M. Isabella O.P.

1 Isabella (Sophie) Hartmann, Dominikanerin von St. Magdalena, geb. am 5.7.1864 in Regenhütte/Niederbayern, gest. am 31.5.1952 in Speyer, war eine hochbegabte und sehr geschätzte Klavierlehrerin, unterrichtete außer an den ordenseigenen Anstalten auch viele Privatschülerinnen.

82

Edith Stein an Hans Reiner[1]

St. Magdalena, 3. II. 30

Sehr geehrter Herr Dr. Reiner,

Schulden muß ein ehrlicher Mensch zahlen, auch wenn sie schon sehr alt sind. Sie haben immer noch Anspruch auf eine Äußerung über Ihre freundlichst übersandte Abhandlung (Freiheit, Wollen und Aktivität). Kürzlich schlug sich eine meiner Schülerinnen mit dem Problem der Willensfreiheit herum und suchte nach etwas, was ihr zur Klarheit verhelfen könnte. Da gab ich ihr Ihre Schrift, und das war für mich die Veranlassung, sie endlich selbst zu lesen. Nun will ich Ihnen ein paar Bemerkungen aufschreiben, auf die Gefahr hin, daß Sie nun längst mit ganz andern Dingen beschäftigt sind und gar kein Interesse mehr daran haben.

Sie geben saubere und sorgfältige Analysen; da und dort glaube ich allerdings, daß näheres Zusehen noch zu andern Ergebnissen führen würde. So scheint mir, daß in Fällen, wo „ungewollt" ein Sachverhalt realisiert wird (S. 100f.), phänomenal keine Handlung mehr vorliegt. Ich glaube auch nicht, daß ich bei erneuter Prüfung meiner alten Arbeit[2] (zu der ich jetzt nicht kam) Ihrer Abgrenzung von Trieb u. Streben den Vorzug geben könnte. Bei der Rede von „Willensgrund" (S. 105) haben Sie wohl nicht bemerkt, daß ich darunter das miteinbezogen haben wollte, was Husserl „absolutes Motiv" nennt. Das, was Husserl „Wachheit" nennt und was Sie so nennen, scheint mir nicht nur wesentlich verschieden, ich glaube auch, daß das Verhältnis viel weniger einfach und eindeutig ist, als Sie annehmen. Aber das alles sind Kleinigkeiten. Was mich gegenwärtig vor allem an der Abhandlung interessiert, ist die Frage, was sie tatsächlich zum Problem der Willensfreiheit beiträgt: in dem Sinn, in dem es für dies junge Geschöpf neulich und für ungezählte andere eine Lebensfrage ist: d. h. im metaphysischen Sinn. Sie zeigen wohl den Ort auf, an dem es Sinn hat, von Freiheit zu sprechen. Aber dem Sinn der Freiheit selbst, die ontologische und theologische Wurzeln hat, gehen Sie nicht weiter nach. Ebenso trifft natürlich Ihre „Determination" nicht das, was in der sonstigen Diskussion damit gemeint wird. Die Hinweise in den Anmerkungen (S. 141 und 158) reichen nicht aus. Und die Annahme, daß die andern Freiheitsbegriffe den Ihren „irgendwie" voraussetzen, erinnerte mich an eine boshafte Bemerkung von Th. Haecker[3] in seinem Kierkegaard-Nachwort: Wir Phänomenologen setzten überall da, wo wir nicht weiterwüßten, ein „irgendwie". Wir sind damals in unsern Arbeiten auf die Jagd nach „irgendwie" gegangen und hüten uns seitdem vor dem Gebrauch. – Ich weiß nicht, womit Sie sich seit 1927 beschäftigt haben. Aber *wenn* Sie noch weiter auf demselben Gebiet arbeiten und wenn

Sie Ihre Studien noch nicht nach dieser Richtung hin ergänzt haben, würde ich Ihnen dringend eine ausgiebige Beschäftigung mit der Willenslehre des hl. Thomas[4] empfehlen.- Auch wenn wir rein phänomenologisch weiterarbeiten wollen, werden wir durch die ontologische, metaphysische und theologische Behandlung vor ganz überraschende neue Probleme gestellt. Auch der verschwommene Gnadenbegriff, mit dem Sie in den Schlußandeutungen arbeiten, brachte mich darauf, daß Ihnen Thomas heilsam wäre. Aber vielleicht haben Sie das selbst längst entdeckt.

Nun bitte ich noch einmal um Verzeihung für meine Säumigkeit. Sie hängt mit meinem modus existendi[5] zusammen.

Mit freundlichen Grüßen
Ihre Edith Stein

[1] Hans Reiner, Philosoph, geb. am 19.11.1896 in Waldkirch, gest. am 4.9.1991 in Freiburg, hatte ab 1957 in Freiburg den Lehrstuhl für Ethik inne. Die von Edith Stein hier besprochene Arbeit ist Reiners Dissertation „Freiheit, Wollen und Aktivität. Phänomenologische Untersuchungen in Richtung auf das Problem der Willensfreiheit", verlegt bei Max Niemeyer, Halle 1927.
[2] Vermutlich denkt Edith Stein an „Psychische Kausalität" (vgl. Br. 12 Anm. 8).
[3] Theodor Haecker, Kulturphilosoph, geb. am 4.6.1879 in Eberbach/Württ., gest. am 9.4.1945 in Ustersbach bei Augsburg, gehörte nach seiner Konversion zum Katholizismus zu den bedeutendsten Erneuerern des kirchlichen Lebens. Edith Stein bezieht sich hier auf: Theodor Haecker, Ein Nachwort, Hellerau 1918, das zunächst erschienen war in: Sören Kierkegaard, Der Begriff des Auserwählten, Übersetzung und Nachwort von Theodor Haecker, Hellerau 1917. Die gemeinte Stelle lautet: „Die Phänomenologie ⟨ist⟩ ‚die Philosophie des Irgendwie' geworden: – irgendwo und irgendwie immer schreibt oder sagt irgendeiner oder eine: irgendwie, was wirklich, aber nicht bloß irgendwie, zum Davonlaufen ist" (hier zitiert aus: Theodor Haecker, Essays, Kösel Verlag, München 1958, S. 22).
[4] Thomas v. Aquin (vgl. Br. 45 Anm. 6). [5] Lebensstil.

83

Edith Stein an Adelgundis Jaegerschmid[1]

St. Magdalena, 16. II. 30
Dom⟨inica⟩ Sept⟨uagesima⟩

Pax!
Liebe Sr. Adelgundis,

recht herzlichen Dank für Ihren lieben, ausführlichen Brief. Das Zusammentreffen der Ereignisse, auch der Briefe auf meinem Schreibtisch, wäre fast hinreichende Grundlage für einen teleologischen Gottesbeweis. Seit den Sommerferien liegt Husserls „Formale und transzendentale Logik"[2] (vom

Verlag in seinem Auftrag übersandt) bei mir. Am Do⟨nnerstag⟩ habe ich damit begonnen, weil es eben jetzt in den Zusammenhang meiner Arbeit gehört, und Freitag bekam ich Ihren Brief. Ein analoges Gespräch mit H⟨usserl⟩ hatte ich, als ich ihn zum erstenmal nach meiner Konversion sprach – ich hatte ihn auch 8 J⟨ahre⟩ dazwischen nicht gesehen.[3] Seine Frau[4] war zugegen, und immer, wenn sie etwas ganz Verständnisloses sagte, entgegnete er so tief und schön, daß ich kaum etwas hinzuzufügen brauchte. Und ich konnte ganz rückhaltlos offen sein. Aber ich glaube, man muß sich vor Illusionen hüten. Es ist gut, wenn wir frei über diese letzten Dinge mit ihm sprechen können. Aber es verschärft die Verantwortung für ihn und damit *unsere* Verantwortung für ihn. Gebet und Opfer sind sicher viel wichtiger als alles, was wir ihm sagen können, und sind – daran zweifle ich nicht – sehr nötig. Es ist ein anderes: ein auserlesenes Werkzeug sein und: in der Gnade stehen. Wir haben nicht zu urteilen und dürfen auf Gottes unergründliche Barmherzigkeit vertrauen. Aber den Ernst der letzten Dinge dürfen wir uns nicht verschleiern. Nach jeder Begegnung, in der mir die Ohnmacht direkter Beeinflussung fühlbar wird, verschärft sich mir die Dringlichkeit des eigenen holocaustum[5]. Und es spitzt sich immer mehr zu einem: hic Rhodus, hic salta![6] zu. Es mag uns noch so sehr die gegenwärtige Lebensform nicht als die adäquate erscheinen – was wissen wir im Grunde davon? Aber daß wir hier und jetzt stehen, um unser Heil zu wirken und das derer, die uns auf die Seele gelegt sind, daran kann kein Zweifel sein. Daß wir es mehr und mehr lernen, jeden Tag und jede Stunde in die Ewigkeit hinein zu bauen – dazu wollen wir uns gegenseitig im Gebet helfen in dieser heiligen Zeit[7], nicht wahr?

In caritate Xi[8]
Ihre Edith Stein

[1] Vgl. Br. 80 Anm. 1. [2] Vgl. Br. 75 Anm. 2.

[3] Edith Stein traf Husserl zum erstenmal seit ihrer Konversion in den letzten Oktobertagen 1926 (vgl. ESGA 4, Nr. 100). Sie hatte im Herbst 1918 von ihm Abschied genommen; innerhalb dieser acht Jahre lag ihre Konversion (1. 1. 1922).

[4] Malvine Husserl geb. Steinschneider, geb. am 7. 3. 1860 in Klausenburg/Siebenbürgen, gest. am 21. 11. 1950 in Freiburg/Br. Edmund und Malvine Husserl heirateten am 6. 8. 1887 in der evangelischen Stadtkirche in Wien; in dieser Kirche waren beide getauft worden. Edith Stein erwähnt in ihren Aufzeichnungen öfter Malvine Husserl (vgl. ESGA 1).

[5] Ganzopfer; Edith Stein ahnte damals nicht, welche Bedeutung dieses Wort später erhalten sollte.

[6] Sentenz aus Äsops Fabel 203: Hier ⟨ist⟩ Rhodos – hier springe!, im Sinne von: hier nimm die Gelegenheit wahr, hier handle!

[7] Mit dem Sonntag Septuagesima begann die Vorfastenzeit, drei Wochen vor dem 1. Fastensonntag (Quadragesima).

[8] In der Liebe Christi.

84

Edith Stein an Erna Herrmann[1]

Postkarte

Poststempel: Speyer, 7. 3. 30

Absender: Dr. E. Stein
Speyer a. Rh., St. Magdalena

An die Ehrwürdigen Dominikanerinnen
Bamberg, Heiliggrabkloster

St. Magdalena, 7. III. 30

Sehr geehrtes Frl. H⟨errmann⟩,

hiermit die offizielle Mitteilung, daß die Regierung der Pfalz Sie zur Aufnahmeprüfung[2] zuläßt, die am Do⟨nnerstag⟩, 13. III. früh 7½ in Speyer, Karmeliterstr. 3, in der Frauenarbeitsschule eröffnet wird. Sie möchten sobald wie möglich Ihr Gesuch mit Angabe der genauen Adresse an die Regierung d. Pfalz, Kammer des Innern, richten und folgende Papiere beifügen:

1.) Lebensabriß (Zeit u. Ort d. Geburt, Glaubensbekenntnis, letzter Wohnort, Stand u. Wohnort d. Eltern, Bildungsgang).
2.) Das letzte Schulzeugnis.
3.) Amtsärztliches Zeugnis über die Eignung zum Lehrerinnenberuf.
4.) Altersdispens.

Mit bestem Gruß
Dr. E. Stein

[1] Erna Herrmann, Schülerin am Lehrerinnenseminar in Speyer, geb. am 30. 9. 1902 in Scheßlitz/Bayern, gest. am 18. 4. 1977 in Brüssel. Erna Herrmann stand in enger Beziehung zu den Kreisen um Therese Neumann in Konnersreuth; sie erhielt dort auch ihr Grab.
[2] Zum Eintritt ins Lehrerinnenseminar.

85

Irmgard und Lucas Koch[1] an Edith Stein

Ansichtskarte: Abtei Maria Laach

Poststempel: Maria Laach (Bez. Koblenz) 14.3.30

Fräulein Dr. E. Stein
Speyer am Rhein / St. Magdalena

Pax! 13.III.30

In diesem klassischen Heiligtum unseres Hl. Vaters[2] gedenke ich Ihrer herzlichst. Laach hat z. Abschied ein schneeiges Gewand angezogen u. es wirbelt immerzu. Mit fr⟨ater⟩ L⟨ucas[3]⟩ habe ich schöne Stunden gehabt. Bald werde ich auch nach Speyer kommen, um mich z. verabschieden –

In c⟨aritate⟩ Sti. ⟨Sancti⟩ P⟨atris⟩ B⟨enedicti⟩[4] Ihre Irmgard.

Zusatz:
Einen recht frohen Gruß!
Ihr fr. Lucas OSB

[1] Vgl. Br. 68 Anm. 1.
[2] Benedikt von Nursia. – Maria Laach ist eine Benediktinerabtei am Laacher See, dem größten Maar im Vulkangebiet der Eifel, gegr. ca. 1100. Die Abtei wurde 1802 säkularisiert und 1892 von neuem von Benediktinern besiedelt, nachdem kurze Zeit dort ein Studienhaus der Jesuiten untergebracht war. Maria Laach ist Sitz des Abt-Herwegen-Instituts für liturgische und monastische Forschungen.
[3] Bruder von Irmgard Koch, zunächst Mönch in Beuron, dann Eremit in der Klause Egg am Bodensee.
[4] In der Liebe des hl. Vaters Benedikt.

86

Edith Stein an Adelgundis Jaegerschmid[1]

Gedruckter Briefkopf

Dr. phil. Edith Stein ***Speyer (Pfalz), den*** 28.III.30

Liebe Sr. Adelgundis,

in den letzten Wochen war ich sehr beschäftigt und kam nicht einmal dazu, den Kleinen Schott[2] für Sr. Placida[3] zu verpacken. In dem Vielerlei wird natürlich die Sehnsucht nach Ruhe in der Liturgie groß, und ich dachte daher, so bald und so geraden Wegs wie möglich nach Beuron zu fahren. Da kam mir gestern eine Angelegenheit in die Hände, die eine persönliche Unterredung mit Herrn Prof. Krebs[4] dringend wünschenswert macht. Eben darum schreibe ich an Sie. Würden Sie so lieb sein festzustellen, ob er am Freitag, d. 11. IV., in Freiburg und für mich zu sprechen wäre? Ich kenne ihn persönlich gar nicht, und es wäre mir lieb, wenn mein Besuch durch Sie angekündigt würde. Wenn er nicht da wäre, könnten Sie vielleicht seine Adresse erfahren. Dann müßte ich versuchen, es schriftlich zu machen. Auf alle Fälle wäre ich Ihnen dankbar für schnelle Antwort, weil doch nun meine Reisepläne geordnet werden müssen. Wenn ich Prof. Krebs sprechen könnte, käme ich wohl am Do⟨nnerstag⟩ (10.) abends und würde Samstag früh nach Beuron weiterfahren. Es wäre ja wohl praktisch, wenn ich bei Ihnen wohnen könnte, weil wir dann die beiden Abende hätten. Wenn es nicht ginge, würde ich im Hohenzollern[5] wohnen.

Für heute nur dieses eilige Anliegen und viele herzliche Grüße für Sie und Sr. Placida,
Ihre Edith Stein

[1] Vgl. Br. 80 Anm. 1.
[2] Nach seinem Herausgeber Anselm Schott OSB genanntes Meßbuch, das sehr viele Ausgaben und Auflagen erlebte und noch heute überall in Gebrauch ist.
[3] Placida (Eva) Laubhardt OSB (vgl. Br. 38 Anm. 1).
[4] Engelbert Krebs, katholischer Theologe, geb. am 4. 9. 1881 in Freiburg, dort gest. am 29. 11. 1950. Krebs war Dogmatiker an der Theol. Fakultät der Universität Freiburg; sein Forschungsgebiet war die kirchliche Mystik. Krebs hat in seinem Tagebuch den Besuch Edith Steins am 11. 4. 1930 vermerkt, erwähnt aber nichts von ihren Gründen; vgl. Hugo Ott, Edith Stein und Freiburg, in: Freiburger Diözesanarchiv, Zeitschrift des Kirchengeschichtlichen Vereins des Erzbistums Freiburg, 107. Bd. (4. Folge 39. Bd.) 1987, S. 253–274. Wahrscheinlich besuchte Edith Stein Engelbert Krebs schon in Zusammenhang mit ihrem Versuch, sich am weltanschaulich (katholisch) gebundenen Lehrstuhl für Philosophie in Freiburg zu habilitieren.
[5] Hotel – Pension – Restaurant Hohenzollern: In Freiburg an der Ecke Urbachstr./ Günterstalstr., besteht nicht mehr.

87

Edith Stein an Erna Herrmann[1]

Ansichtskarte: Vorplatz der Klosterpforte
Kloster St. Magdalena, Speyer a. Rh.

29. III. 30

Liebes Fräulein Herrmann,

über Ihren guten Erfolg[2] war ich schon durch Sr. Augusta[3] unterrichtet und habe mich sehr darüber gefreut. Ob es mir noch möglich sein wird, ins Marthaheim[4] zu gehen, weiß ich nicht, da ich nach Schulschluß sofort abreise und bis dahin noch sehr viel zu tun habe. Ich glaube, groß wird die Preisdifferenz nicht sein.

Ihre Bildchen haben große Freude hervorgerufen. Aber damit lassen Sie's nun genug sein, liebes Fräulein Herrmann! Mir wenigstens ist es immer ein wenig schmerzlich, wenn ein Liebesdienst mit einer materiellen Gabe vergolten wird. Der Christ sagt: Gott vergelt's! Und wenn er das von Herzen sagt, so ist es mehr wert als jeder andere Dank. – Grüßen Sie Herrn Rothschild[5] und die Resl[6]. Gnadenreiche Tage in Konnersreuth wünscht Ihnen

Ihre E. Stein

[1] Vgl. Br. 84 Anm. 1.
[2] Aufnahmeprüfung ins Lehrerinnenseminar am 13. März.
[3] Augusta Löffler, Dominikanerin von St. Magdalena, geb. am 1.5.1888 in Harthausen/Pfalz, gest. am 8.12.1973 in Speyer; Sr. Augusta war Leiterin der Frauenarbeitsschule der Dominikanerinnen und später Priorin mehrerer Konvente.
[4] Das Marthaheim in Speyer am St. Guido-Stiftsplatz war ein von Paulusschwestern (Mutterhaus Herxheim) geführtes Wohnheim, wo auch Erna Herrmann ihre Bleibe hatte.
[5] Bruno Rothschild, geb. am 24.1.1900 in Lohr/Main, gest. am 24.12.1932 in Nürnberg, im Hauptbahnhof, als er vom Begräbnis seines Vaters zurückkam und dort umstieg. Rothschild, anfangs Apotheker, war ein Vetter Erna Herrmanns, er konvertierte 1928 in Konnersreuth vom Judentum zur katholischen Kirche (Taufe am 10.8.). In seinem Notizbuch fand sich der Eintrag, daß er am 3.9.1928 in Speyer Dr. Edith Stein besuchte. An seine Kusine Erna schrieb er am 4.3.1930: „In Deiner Angelegenheit habe ich postwendend nach Speyer an Frl. Dr. Stein geschrieben. Ich glaube, daß dieselbe … die Sache aufs beste und zuverlässigste in Angriff nimmt und sicher in irgendeiner Weise sorgen wird." Edith Steins Mitteilung vom 7.3.30 (vgl. Br. 84) wird die Reaktion auf die Bitte Rothschilds gewesen sein.
[6] Therese Neumann, genannt „Resl", geb. am 8.4.1898 in Konnersreuth, dort gest. am 18.9.1962, wurde weltbekannt durch ihre Visionen und Stigmata, bis heute eine umstrittene Persönlichkeit. Es ist nicht bekannt, daß Edith Stein sich näher zu den Vorgängen in Konnersreuth äußerte.

88

Irmgard und (Frau) Koch[1] an Edith Stein

Ansichtskarte: Benediktinerinnenabtei Kellenried

Poststempel: Ravensburg, 5. 4. 30

Fräulein Dr. E. Stein
Speyer/Rhein, St. Magdalena

Pax!
Hic domus Dei est et porta caeli.[2]

Von der Schwelle meiner neuen Heimat herzlichen Gruß. Beuron läßt grüßen und freut sich auf den Schmerzensfreitag.[3] – Frl. Feuerstein[4] möge, bitte, Bescheid geben, damit m⟨eine⟩ Eltern das Gesuch machen können. Ihr auch gute Grüße.

Grüßen Sie, bitte, alle lieben Seelen in St. Magdalena, bes. Sr. Reinhildis[5]. Beten Sie für uns.

Es denkt Ihrer immer in Treuen
Ihre Irmgard

Zusatz in anderer Handschrift:
Freundl. Grüße Frau Koch[6]

1 Vgl. Br. 68 Anm. 1.
2 Friede! Hier ist das Haus Gottes und die Pforte des Himmels (Gen 28, 17).
3 In der Benediktinerabtei Beuron befindet sich das Gnadenbild der Schmerzhaften Mutter (Maria nach der Kreuzabnahme ihres Sohnes; sie hält den Toten auf ihrem Schoß). Der „Schmerzensfreitag", Fest der Sieben Schmerzen Mariä, wurde am Freitag vor der Karwoche festlich begangen.
4 Cordula Feuerstein, geb. am 25. 6. 1906, am 6. 4. 1931 in St. Magdalena eingekleidet als Sr. Chrysantha, blieb nicht im Orden der Dominikanerinnen.
5 Reinhildis Ferber, Dominikanerin in St. Magdalena, geb. am 3. 5. 1908 in Speyer, dort gest. am 21. 1995. Nach der Auflösung der Schulen von St. Magdalena durch das nationalsozialistische Regime gründete und leitete Sr. Reinhildis mehrere Missionsschulen in Peru. Von 1949 bis 1955 war sie Generalpriorin der Dominikanerinnen-Kongregation von St. Magdalena.
6 Irmgards Mutter; sie begleitete ihre Tochter zum Eintritt in die Abtei am 5. 4. 30.

89

Edmund und Malvine Husserl[1] an Edith Stein

Ansichtskarte: Battistero in Florenz

Poststempel: Chiavari (Genua), 18.4.30

Fräulein Dr. Edith Stein
St. Magdalena
Speyer/*Germania*

Chiavari, 17. Apr⟨il⟩ 1930
Liebes Fräulein Dr. Stein,

sehr betrübt war ich, aus Ihrem Brief zu ersehen, daß Sie nach Freib⟨ur⟩g gerade zu einer Zeit kamen, in der ich auf einer sehr nötig gewordenen Erholungsreise begriffen bin[2]. Als ob wir einander aus dem Wege gegangen wären, wir alten Freunde. Doch vor allem vielen Dank für Ihre lieben und herzlichen Geburtstagswünsche[3]. Ich bin nun wirklich ins 72. Jahr getreten, in dem ich noch so viel vorhabe, so viel Zeit noch brauche, um mein, das mir anvertraute Lebenswerk zu vollenden. Aber mit Gottes Hilfe wird es schon gehen und ich darf sagen, daß ich wirklich noch wie in alten, guten Zeiten *arbeiten* kann. Dr. Fink[4] ist mir eine große Hilfe, bei seiner jugendlichen Energie und einem außerordentlichen Verständnis für meine Intentionen. In Fl⟨orenz⟩ und Siena habe ich viel Schönes genossen, es war freilich anstrengend, und ich erhole mich jetzt in der italienischen Riviera, in Chiavari: ein herrlicher Pensionsgarten, so recht zum Meditieren. Wenn ⟨es⟩ nur nicht so kühl wäre.

Herzlichst Ihr alter E. Husserl

Husserl schrieb in der Edith Stein vertrauten Gabelsberger Stenographie. (Herrn Prof. Dr. Karl Schuhmann/Utrecht sei gedankt für Durchsicht und Korrektur der Übertragung.) Auf der Bildseite der Karte liest man von der Hand Malvine Husserls:

Viele warme Grüße. Sie müssen bald wieder nach Fr⟨eiburg⟩ kommen. Ihre getreue M. Husserl.[5]

[1] Vgl. Br. 1 Anm. 1.
[2] Edith Stein hatte sich am 11. April 1930 in Freiburg aufgehalten; Husserl war am 30. März für drei Wochen nach Italien gereist.
[3] Am 8. April war Husserl 71 Jahre alt geworden.

[4] Eugen Fink, geb. am 11.12.1905 in Konstanz, gest. am 25.7.1975 in Freiburg, hatte in Münster, Berlin und Freiburg studiert. In Freiburg war er Schüler und Doktorand Husserls, seit 1928 sein Privatassistent, bis zu Husserls Tod sein enger Mitarbeiter. Fink war von 1948 bis 1971 Ordinarius für Philosophie an der Universität Freiburg.
[5] Vgl. Br. 83 Anm. 4.

90

Edith Stein an Adelgundis Jaegerschmid[1]

Beuron, Ostersonntag, ⟨20.4.⟩ 1930

Pax!
Liebe Sr. Adelgundis,

der Karsamstag war zu schnell zu Ende, um Ihnen einen Ostergruß zu schikken. Dafür kann ich jetzt ein wenig mehr sagen. Freilich weiß ich nicht, wo anfangen und wo aufhören. Und das Beste an diesen überreich gesegneten Tagen läßt sich nicht sagen, geschweige denn schreiben. „Praestolari in silentio salutare Dei"[2] war der Text der Karfreitagspredigt, die V⟨ater⟩ E⟨rzabt⟩[3] wieder selbst hielt: Rüstungsschweigen des Gründonnerstags, Kampfesschweigen des Karfreitags, Siegesschweigen – stummer Jubel der Osterfreude. Dabei wollen wir es bewenden lassen.

Aber von vorher möchte ich gern noch etwas sagen. Fast das 1. Thema, das am Tage meiner Ankunft – und zwar nicht von mir – angeschnitten wurde, war Irmgard K[4]. und ihre problematische Zukunft. Dabei habe ich, ohne zu fragen, in die Verhältnisse, in die sie gekommen ist, den gründlichsten Einblick bekommen. Von einem Besuch wurde mir abgeraten. Meine Devise „Hic Rhodus, hic salta!"[5] ist durchaus und endgültig gebilligt worden. Auch sonst konnte ich alles ganz zwanglos vorbringen, und alles ist wohlwollend aufgenommen worden. Es gibt ja hier keinerlei „Diplomatie", wie Sie wissen, und keine Hintergedanken.

Der Hochwürdigste Herr hat für den Sommer einige Reisepläne: 12./13. Juli – hören und staunen Sie – nach Speyer zu den Hauptfesttagen des 900j. Domjubiläums[6]; in der 2. Augusthälfte das Emmerichjubiläum in Ungarn[7] und das Neuburg-Jubiläum[8]. Die 1. Augusthälfte wird voraussichtlich frei sein. Sie werden aber gut tun, für alle Fälle vorher nochmals anzufragen.

Heute hielt P. Ambrosius[9] die Festpredigt („Christus lebt"), und die liturgischen Vorträge von P. Damasus[10] in den Kartagen habe ich auch gehört. Am Mittwoch muß ich nun fort. Für den Donnerstag[11] erbitte ich mir von Ihnen und Sr. Placida kräftige Gebetshilfe für meinen Vortrag. Und ich danke Ihnen beiden noch recht herzlich für alle Liebe während meines Besuchs. Sagen Sie auch, bitte, Wohlehrwürden Mutter Priorin[12] nochmals vielen

Dank dafür, daß ich bei Ihnen sein durfte, und die herzlichsten Segenswünsche für Ihr ganzes Haus. Sr. Placida soll nicht böse sein, daß ich nicht besonders schreibe. Es ist noch zuviel anderes.

In caritate Xi
Ihre E. St.

[1] Vgl. Br. 80 Anm. 1. [2] Im Schweigen harren auf Gottes Heil (Klgld 3, 26).

[3] Raphael (Joseph) Walzer, Mönch der Benediktinerabtei Beuron, geb. am 27.3.1888 in Ravensburg, gest. am 19.7.1966 in Heidelberg, Dr. phil. et theol., wurde sehr jung 1918 zum Abt gewählt. Er entwickelte eine überaus reiche Tätigkeit durch den Bau der theologischen Hochschule und einer großen Bibliothek in Beuron, begann mit der Herausgabe benediktinischer Zeitschriften, beteiligte sich durch seine Mönche an den Gründungen in Grüssau, Neresheim, Weingarten, Neuburg bei Heidelberg. Auch in Japan errichtete er ein Priorat. 1935 mußte er, bedingt durch Schwierigkeiten mit dem nationalsozialistischen Regime, Beuron verlassen und ging zunächst in die Schweiz, später nach Frankreich und Algerien, wo er das in Chartres fortgesetzte Seminar für kriegsgefangene Theologen begann. 1964 kehrte er nach Deutschland zurück und lebte in der Abtei Neuburg. Sein Grab ist in der Äbtegruft Beuron. Erzabt Walzer stand mit Edith Stein in reger Verbindung und war ihr ein langjähriger Freund und Berater.

[4] Irmgard Koch (vgl. Br. 68 Anm. 1).

[5] Vgl. Br. 83 Anm. 6.

[6] Der 900. Jahrestag der Dom-Grundsteinlegung wurde in Speyer vom 6. bis 15. Juli 1930 hochfestlich begangen. Das Programm weist zahlreiche Gottesdienste, Akademien, Vorträge, Ausstellungen und Prozessionen aus. Die „Chronik von Beuron" (Zweites Halbjahr 1930, S. 2) bestätigt, daß Erzabt Raphael am 13. Juli in Speyer die Festpredigt beim großen Domjubiläum hielt, obschon am selben Tag der Freiburger Weihbischof Burger nach Beuron kam, um einigen jungen Benediktinern – allerdings nicht aus Beuron selbst – die Priesterweihe zu erteilen.

[7] In Ungarn beging man ein Gedächtnisjahr zum 1000. Todestag des hl. Emmerich, des Sohnes König Stephans.

[8] Die noch junge Gründung in Neuburg feierte das 800jährige Gründungsjubiläum des früheren Stiftes Neuburg; am 24. August weilte Erzabt Raphael dort. Am Ungarnjubiläum hat er offenbar nicht teilgenommen. Am 13. Oktober trat er eine langgeplante Reise ins Heilige Land an, während die vorhergehenden Wochen mit anderen Verpflichtungen ausgefüllt waren. So berichtet die Beuron-Chronik.

[9] Ambrosius (Ludwig) Würth, Mönch in der Erzabtei St. Martin in Beuron, geb. am 18.4.1889 in Stühlingen/Baden, gest. am 18.6.1972 in Weiler/Allgäu (Hospital), bestattet in Beuron.

[10] Damasus (Joseph) Zähringer, Mönch und 7. Erzabt von Beuron, geb. am 18.2.1899 in Ibach/St. Blasien, gest. am 8.4. 1977 in Kreßbronn/Bodensee, bestattet in Beuron.

[11] Am Donnerstag, den 24.4., hielt Edith Stein bei der 16. Hauptversammlung der kath. bayerischen Lehrerinnen in Nürnberg das Referat: „Die theoretischen Grundlagen der sozialen Bildungsarbeit", im Hotel „Deutscher Hof", Frauentorgraben 29, morgens ½10h. Der Vortrag wurde veröffentlicht in der Zeitschrift „Zeit und Schule", dem Organ des Vereins kath. deutscher Lehrerinnen, 27. Jg. S. 81–84 und S. 90–93 (ESGA 16, 15–34).

[12] Maria Benedicta (Elisabeth) Föhrenbach, geb. am 7.2.1883 in Oberkirch, gest. am 15.9.1961 in Freiburg, gründete am 6.1.1920 die Gemeinschaft der Benediktinerinnen von der hl. Lioba. Am 21.3.1927 erfolgte die kirchliche Anerkennung der Kongregation, die das benediktinische Leben mit pastoraler und sozialer Tätigkeit verbindet.

91

Raphael Walzer[1] an Edith Stein

Ansichtskarte: Beuroner Abteigebäude, von der Giebelseite her aufgenommen

Poststempel: Beuron (Hohenzollern), 25.4.30

Fräulein Dr. E. Stein
Speyer, St. Magdalena

S⟨ehr⟩ v⟨erehrte⟩ Fr. Dr.!

Für zwei wertvolle Grüße einen dankbaren Gegengruß und benedictionem omnimodam[2] und die lieben Giebel zum Andenken.

Immer in caritate Dei[3]
B⟨euron⟩ 25.4.30. †R⟨aphael Walzer OSB⟩

[1] Vgl. Br. 90 Anm. 3. [2] Segen auf alle Weise. [3] In der Liebe Gottes.

92

Edith Stein an Werner Gordon[1]

Ansichtskarte: Kloster St. Magdalena, Speyer a. Rh., An der alten Stadtmauer im Klostergarten

Poststempel: Speyer, 14.5.30

Herrn Werner Gordon
i. Fa. Gerhard Sager & Cie.
Apartado 114
Manizales/Colombia/Südamerika!

13.V.30

Lieber Werner,

gestern fiel mir plötzlich ein, daß es wohl hohe Zeit ist zu schreiben, wenn es zu Deinem Geburtstag ankommen soll[2]. Also herzlichste Wünsche, wie immer. Einen Brief bekommst Du erst wieder, wenn ich eine Antwort von Dir habe. Sonst schreiben wir aneinander vorbei.

Indessen viele Grüße,
Deine Tante Edith

[1] Werner Siegfried Ulrich Gordon, Neffe von Edith Stein, Sohn von Else Gordon geb. Stein und Dr. Max Gordon, geb. am 5. 6. 1906 in Hamburg, gest. am 16. 1. 1990 in Cali/Columbien. Als Werner geboren wurde, weilte Edith Stein bei ihrer Schwester in Hamburg. Sie hat den Aufenthalt dort geschildert in ihren Erinnerungen (ESGA 1, 65 f.). Werner emigrierte früh nach Südamerika und konnte später auch seine Eltern und Schwestern dorthin retten.
[2] Werner hat auf der Karte notiert, daß sie am 11. 6. 30 bei ihm eintraf; sie war mit Schiffspost befördert worden.

93

Edith Stein an Erna Herrmann[1]

St. Magdalena, 26. VI. 30

Liebes Fräulein Herrmann,

die Oberin von St. Dominikus – Ludwigshafen (zugleich Direktorin der dortigen Schulen)[2] wird demnächst zu einer Sitzung hier erwartet. Ich muß dann doch etwas mit ihr besprechen und könnte Ihre Angelegenheit gleich mit zur Sprache bringen, ev⟨entuell⟩, wenn Frau Direktorin genügend Zeit hätte, Sie telephonisch herbestellen. So glaube ich, Sie könnten sich die Fahrt nach L⟨udwigs⟩hafen vorläufig sparen.

Ihre Firmpatin zu sein, würde mich sehr freuen. Auf die Teilnahme an den Tauffeierlichkeiten werde ich wohl leider verzichten müssen, weil indessen an meinen Ferienschluß andere dringliche Ansprüche gestellt worden sind.

Viel Freude für die Anbetungsstunde heute nacht!

Ihre E. St.

[1] Vgl. Br. 84 Anm. 1.
[2] Oberin und Direktorin in Ludwigshafen war damals Amica Bruch OP, geb. am 10. 10. 1890 in Blieskastel, gest. am 27. 9. 1953 in Speyer. Die 1927 von Speyrer Dominikanerinnen begründete Anstalt (Gymnasium und Mädchenmittelschule) trug den Namen St. Maria Regina, das Kloster den Namen St. Dominikus. 1939 wurde die Einrichtung von der Stadt Ludwigshafen übernommen und erhielt nach dem Krieg den Namen Geschwister-Scholl-Gymnasium.

94

Edith Stein an Franz Joseph Gebhardt[1]

Gedruckter Briefkopf:

Dr. phil. Edith Stein ***Speyer (Pfalz), den*** 27. VI. 30

Hochwürdiger Herr Domkapitular,

Ihrer Bitte um Übernahme des Referats am 14. VII.[2] entnehme ich, daß Frau Dr. Maresch[3] abgesagt hat. Dann halte ich es freilich für meine Diözesanenpflicht, dem Hochwürdigsten Herrn aus der Verlegenheit zu helfen, so gut ich es vermag, wenn ich auch ohnehin schon mehr Arbeit habe, als ich leisten kann. Ich wäre Ihnen dankbar, wenn ich möglichst bald einmal mit Ihnen über die nähere Umgrenzung des Themas sprechen dürfte. Ich glaube, daß das in ein paar Minuten geschehen kann. Vielleicht wäre es am Sonntag möglich?

Mit ehrfürchtigem Gruß
Ihre in Xo ergebene Edith Stein

[1] Domkapitular Franz Joseph Gebhardt, geb. am 14. 2. 1869 in Lambsheim/Pfalz, gest. am 20. 3. 1945 in Speyer, war an den Vorbereitungen zum Domfest (vgl. Br. 90 Anm. 6) beteiligt. (Aus: Guido Nonn, Die Domherren seit Wiedererrichtung des Bistums Speyer im Jahre 1817, Speyer 1981).

[2] Den Mittelpunkt des Speyerer Domjubiläums bildete ein „Eucharistischer Kongreß der Länder deutscher Zunge am 12., 13. und 14. Juli 1930". Für die Arbeitstagungen hatte man drei Sektionen gebildet. Die Frauensektion tagte am Montag, den 14. 7. um 15 Uhr im St. Marthaheim. Hier hielt Edith Stein ihren Vortrag „Eucharistische Erziehung". Der Vortrag wurde im Diözesanblatt „Der Pilger" abgedruckt, am 27. Juli, Nr. 30, 699 f.; auch in ESW XII, 123 ff.; ESGA 19.

[3] Maria Maresch, Wien, (1886–1970), damals bekannte katholische Autorin. Edith Stein erwähnt sie in ihrem Wiener Elisabeth-Vortrag als eine ihrer Quellen für die Biographie der hl. Elisabeth v. Thüringen.

95

Albert Schmitt[1] an Edith Stein

Ansichtskarte: „Uraltes unser Lieben Frauen Bild" zu Grüssau

Poststempel: Grüssau, 29. 6. 30

Frl. Dr. E. Stein
St. Magdalena
Speyer/ Rhein, Pfalz

† Gr⟨üssau⟩, 28. VI. 1930

Herzl⟨ichen⟩ Dank für die fr⟨eun⟩dl⟨iche⟩ Übersendung Ihres Referates[2]. Herzl⟨iche⟩ Wünsche auch für Ihr weiteres Arbeiten in dieser Richtung. Kommen Sie diesen Sommer wieder nach Schlesien? Ich würde mich sehr freuen, Sie wieder in Gr⟨üssau⟩ begrüßen zu können.

Gott befohlen + alles Gute,
Abt Schmitt

[1] Albert (Fritz) Schmitt, geb. am 5. 1. 1894 in Mannheim, gest. 16. 9. 1970 in Wimpfen. Schmitt, aus der Abtei Beuron kommend, wurde bei der Wiedererrichtung der Abtei Grüssau (Niederschlesien/Kreis Liegnitz, 1919) 1924 dort erster Abt. 1947 wurde die Abtei verlegt nach Wimpfen a. Neckar, und Schmitt war auch erster Abt dieses Klosters.
[2] Vielleicht das Referat vom Speyerer Domfest „Eucharistische Erziehung", das sie 14 Tage später hielt.

96

Edith Stein an Erna Herrmann[1]

Breslau X, 23. VII. 30
Michaelisstr. 38

Pax!
Liebe Erna,

gestern abend erhielt ich Ihr Kärtchen. Einen kleinen Gruß sollen Sie gleich bekommen. Es tut mir sehr leid, daß die Operation noch so üble Nachwirkungen hat. Es scheint, daß Sie eine gründliche Geduldskur durchmachen müssen, um zur Aufnahme in die Kirche Christi reif zu werden. Wenn Sie das Ganze in diesem Sinne auffassen und ausnützen, wird es sicher eine sehr gesegnete Zeit sein. Gelingt es immer noch, Ihrer Mutter alles zu verbergen?

Ich denke, lange wird es nicht mehr gehen. Nach dem letzten Besuch bei Ihnen habe ich tatsächlich noch Taufpatin sein dürfen, bei einem Mädchen von 7 und einem Buben von 9 J⟨ahren⟩. Es war aber so unfeierlich – in 5 Minuten in unserer Sakristei –, daß es mir recht weh tat. Ich dachte daran, wie heilig ernst und mit wie reicher Liturgie alles bei mir vollzogen wurde. So wünsche ich es auch Ihnen und recht bald!

In herzlichem Gedenken
Ihre Edith Stein

[1] Vgl. Br. 84 Anm. 1.

97

Edith Stein an Callista Brenzing[1]

Ansichtskarte: Breslau – Kreuzkirche und Dom

Poststempel: Breslau, 26.7.30

Ehrw. Frau M. Callista OCist.
Abtei Seligenthal
b⟨ei⟩ Landshut/Bayern

Breslau X, Michaelisstr. 38, 26.VII.30

Ehrw., liebe Frau Callista,

erst hier zu Hause fand ich einen Augenblick Zeit, auf die Karte zu schauen und festzustellen, daß man von hier nach Salzburg[2] viel näher über Wien oder Prag fährt als über M⟨ünchen⟩. So werde ich nur auf d. Rückreise durch M⟨ünchen⟩ fahren, am 1.IX., und dann wohl nur abends von 8–10h Aufenthalt haben. Hoffentlich können wir uns dann sehen. P. P⟨rzywara⟩[3] wird Sie ja gern dabei beschützen.

Herzliche Grüße sendet Ihnen
Ihre E. Stein

[1] Vgl. Br. 70 Anm. 1. Callista Brenzing studierte damals in München.
[2] In Salzburg hatte Edith Stein bei der Herbstversammlung des katholischen Akademikerverbandes (ab 1931 Salzburger Hochschulwochen) ein Referat zu halten. Sie sprach am

Vormittag des 1. September, reiste am selben Tag noch ab und nahm in München den Nachtzug nach Speyer, um ihren Unterrichtspflichten nachzukommen.
[3] Vgl. Br. 69 Anm. 2. Przywara lebte damals in einer der Münchner Jesuitenniederlassungen.

98

Edith Stein an Adelgundis Jaegerschmid[1]

Breslau X, Michaelisstr. 38 ⟨Ende Juli/ August 1930 ⟩

Pax!
Liebe Sr. Adelgundis,

morgen werde ich wohl Sr. Placida[2] zum letztenmal sehen; da ist es Zeit, daß ich meinen Antwortbrief richte. Sie können sich wohl denken, wie ich mich freute, einen schwarzen Habit in dem „Sprechstundenstuhl" neben meinem Schreibtisch zu sehen. Eben sah ich einen am Bahnhof – es steckte ein sehr junger Pater darin –, und es war mir sehr merkwürdig, daß ich nicht hingehen und guten Tag sagen durfte. Mein Referat soll „Das Ethos der Frauenberufe" behandeln. Ursprünglich war mir das grundlegende – Christliches Berufsethos – zugedacht, und eigentlich hatte ich nur zugesagt, weil das mir im Augenblick der Anfrage gerade lag. Dann wurde von den Salzburgern[3] ein eigenes Frauenthema als unerläßlich bezeichnet, und so habe ich mich darein ergeben; das andere hat Hildebrand[4] übernommen. Sr. Placida kann Ihnen manches erzählen, wir waren ja jeden 2. Tag zusammen. Für Beuron wäre ja die 2. Septemberhälfte oder Anfang Oktober günstig; für vorher und nachher bestehen viel Reisepläne. (Es stieg mir nur, als ich Ihr Programm las, die Frage auf, ob das wohl dem Stil Ihres Hauses entsprechen mag, dreimal innerhalb einiger Monate nicht-dienstlich zu reisen. In St. Magdalena könnte es kaum vorkommen, daß jemand so etwas für sich erbäte. Aber vielleicht sind diese Fahrten mehr Seelsorge als Erholung?) Die Gräfin Bissingen[5] ist, glaube ich, eine Cousine meiner lieben Haus- und Tischgenossin Baroneß Uta v. Bodman[6]. Was ich auf diesem Wege hörte, klang mir danach. – S. Petri ad vinc.[7] ist mir auch ein besonders liebes Fest, nicht als ein Gedenktag, sondern im Sinne der Lösung von Fesseln durch Engelshand. Wieviele Fesseln sind schon so gelöst worden und wie selig wird es sein, wenn die letzten fallen! Bis dahin muß man still in denen aushalten, die einem noch beschieden sind – je stiller, desto weniger spürt man davon. Und man darf ja den Engeln nicht ins Handwerk pfuschen.

In caritate Xi
Ihre Edith

[1] Vgl. Br. 80 Anm. 1.
[2] Sr. Placida (vgl. Br. 38 Anm. 1) weilte in den Ferien bei ihren Angehörigen in Breslau.
[3] Die Salzburger Tagung war die Herbsttagung des Katholischen Akademikerverbandes (30. 8. – 3. 9. 1930). Bei dieser Versammlung wurde der Beschluß zu den Hochschulwochen gefaßt, die dann von 1931 an alljährlich gehalten wurden. Das Grundthema 1930 lautete: „Christus und das Berufsleben des modernen Menschen". Die Referenten der Tagung – Edith Stein war darunter die einzige Frau – gehörten ausnahmslos der geistlichen und wissenschaftlichen Prominenz an. Im Rahmen der Tagung veranstaltete der Salzburger Universitätsverein unter dem Vorsitz von Fürsterzbischof Dr. Rieder einen Festakt, bei dem Peter Wust/Köln einen vielbeachteten Vortrag hielt über „Die Idee einer katholischen Universität für das deutsche Volkstum". Die Akademikertagung in Salzburg trug auch einen starken kirchlich-liturgischen Charakter mit „gewagten" Neuheiten: jeder Tag begann mit der von allen Beteiligten vollzogenen „Missa recitata" in der Kollegienkirche St. Benedikt; beim Choralamt und dem abendlichen Completorium fanden die Teilnehmer ihre Plätze im Chorgestühl von St. Peter. – In der Stiftskirche von St. Peter verbrachte Edith Stein vor ihrem Referat eine Stunde stiller Meditation (Bericht von Prof. Thomas Michels OSB). Ausführliches über diese Tagung brachten mehrere Zeitschriften, z. B. die „Benediktinische Monatsschrift", Beuron, 12. Band, 1930, S. 497–503; „Der Katholische Gedanke", 3. Heft 1930; deutsche und österreichische Tageszeitungen informierten täglich über den Verlauf der Vorträge und Gottesdienste. – Walter Dirks vermißte in Edith Steins Vortrag die Auseinandersetzung mit der „möglichen Problematik, Tragik und Krise des Berufes" und „der Versklavung der Frau, die in tausend Formen heute Tatsache ist" (Rhein-Mainische Volkszeitung, 1930; zitiert nach einer Abschrift ohne Datenangaben).
[4] Dietrich v. Hildebrand, vgl. Br. 7, Anm. 3. In Salzburg hielt v. Hildebrand sein grundlegendes Referat „Das Berufsethos" in der Aula der Universität am Morgen des 1. September, unmittelbar vor Edith Stein.
[5] Maria Theresia (gen. Tes) Gräfin v. Bissingen, geb. am 6. 10. 1888 auf Schloß Hohenstein in Schramberg bei Rottweil, gest. am 3. 2. 1954 in Vallendar, lernte Edith Stein in St. Lioba/Freiburg kennen.
[6] Vgl. Br. 77 Anm. 5.
[7] Fest Sancti Petri Apostoli ad vincula („Petri Kettenfeier"), damals begangen am 1. August. 12 Jahre später war dies Gedächtnis ihr letzter vollständiger Tag im Karmel.

99

An die Polizeidirektion Speyer a/Rh

Breslau X, Michaelisstr. 38
3. VIII. 30

Für eine Reise nach Salzburg[1], die ich in diesem Monat von hier aus machen muß, bitte ich um Ausstellung eines Passes. Mein Wohnort ist Speyer (Kloster St. Magdalena), ich bin nur vorübergehend zu Besuch hier und könnte den Paß hier nur auf Grund eines Unbedenklichkeitsscheines der Speyerer Polizeibehörde bekommen. Es wurde mir daher auf dem hiesigen zuständigen Polizeiamt geraten, den Paß lieber in Speyer ausstellen und hier an die Paßstelle schicken zu lassen. Ich bitte daher, daß Sie die Güte haben möchten, dies zu tun. Ein Paßbild und die nötigen Personalangaben füge ich bei:

Größe: mittel	Beruf: Lehrerin
Haare: braun	Staatsangehörigkeit: Preußen
Augen: grau	Geburtsort: Breslau
Gesichtsform: oval	Geburtsdatum: 12. X. 1891
Zuname: Stein, Dr.	Wohnort: Speyer
Vorname: Edith	Wohnung: Kloster St. Magdalena

Mit bestem Dank
Hochachtungsvoll ergebenst
Dr. Edith Stein
z. Zt. Breslau X, Michaelisstr. 38 (Polizeiamt 11, Bartschstr.)

[1] Edith Stein plante ihre Reise nach Salzburg, wo sie bei der Herbstversammlung des katholischen Akademiker-Verbandes einen Vortrag zu halten hatte, (vgl. Br. 98 Anm. 3).

100

Albert Schmitt[1] an Edith Stein

Ansichtskarte: Abtei Grüssau i. Schlesien, Inneres der Klosterkirche (Spende zur Instandsetzung der Kirche)

Poststempel: Grüssau (Kr. Landeshut/ Schlesien) 12. 8. 30

Frl. Dr. Edith Stein
Michaelisstr. 38, Breslau X

Herzl⟨ichen⟩ Dank für Ihre fr⟨eun⟩dl⟨ichen⟩ Grüße aus W.[2] Ich kann mir denken, daß Sie sehr viele Freude dabei erleben konnten. Hoffentlich können Sie sich auch jetzt etwas erholen für neue Arbeiten.

Fr⟨eun⟩dl⟨iche⟩ Grüße, auch an Ihre Schwester[3],
Abt Schmitt

[1] Vgl. Br. 95 Anm. 1. [2] Nicht ermittelt.

[3] Vermutlich ist Rosa Stein gemeint. Edith benutzte jede Gelegenheit, ihre Schwester in die katholische Welt – der sie innerlich längst angehörte – einzuführen und ihr auch einen Bekanntenkreis zu eröffnen.

101

Maria Milloth[1] an Edith Stein

Ansichtskarte: Erzabtei Beuron, Gnaden-Altar

Poststempel: Beuron (Hohenzollern) 13.8.30

Abs.: M. Milloth
Beuron b⟨ei⟩ Frl. Mayer

Frl. Doktor E. Stein
Breslau X, Michaelisstr. 38

Beuron, d⟨en⟩ 12.VIII.30

Lb. Frl. Doktor!

Seit einigen Tagen bin ich wieder im friedlichen Donautal. Einen eigentlichen Choralkurs kann ich nicht mitmachen. Aber ich habe mir die nötigen Choralbücher verschafft und kann so dem Gesang gut folgen. Mir ist schon vieles aufgefallen u. habe manches gelernt, aber noch lange nicht alles. Meine Zeit ist gut ausgefüllt; der Tag dürfte nochmal so lang sein.

Ihnen noch frohe Ferientage wünschend, grüßt Sie in Dankbarkeit
Ihre M. Milloth

[1] Schülerin von Edith Stein am Lehrerinnenseminar.

102

Edith Stein an Erna Herrmann[1]

Breslau X, Michaelisstr. 38
20.VIII.30

Liebe Erna,

nun rüsten Sie gewiß schon zur Abreise. Hoffentlich haben Sie sich indessen ganz erholt, sodaß Sie mit frischer Kraft an die Arbeit gehen können. Wenn

Sie nicht schon von den verschiedensten Seiten mit Ermahnungen versorgt würden, hätte ich Sie noch etwas damit unterhalten, daß vernünftiges Maß besser ist als blinder Eifer und Gehorsam besser als Opfer. Aber so will ich Ihnen nur die herzlichsten Wünsche für's neue Trimester mitgeben. Ich werde erst am 2. IX. in Speyer eintreffen, da ich ja noch nach Salzburg[2] muß. Für den 1. IX. bitte ich Sie um ein besonderes Memento.

Auf frohes Wiedersehen
Ihre E. St.

[1] Vgl. Br. 84 Anm. 1.
[2] Zur Akademikertagung, auf der Edith Stein am 1. 9. ihren Vortrag „Das Ethos der Frauenberufe" zu halten hatte (vgl. Br. 98 Anm. 3).

103

Raphael Walzer[1] an Edith Stein

Ansichtskarte: Prag, Abtei Emmaus

Fräulein Dr. Edith Stein
Speyer/ Rhein, St. Magdalena

† S⟨ehr⟩ v⟨erehrtes⟩ Frl. Dr.!

Dr. K.[2] war eben da. Herzlichen Dank für die liebe Überraschung. Er ist schon warm nach B⟨euron⟩ eingeladen. Nous verrons[3]!

Unterdessen einen herzlichen Segensgruß!
† R⟨aphael⟩ 9. 9. 30

[1] Vgl. Br. 90 Anm. 3.
[2] Unbekannt.
[3] Wir werden sehen!

104

Edith Stein an Emilie Bechtold[1]

Ansichtskarte: Kloster St. Magdalena in Speyer a. Rh.

Poststempel: Speyer, 10.9.30

Fräulein Emilie Bechtold
Erziehungsanstalt der Dominikanerinnen
Wettenhausen

9.IX.30

Liebes Fräulein Bechtold,

es war mir sehr überraschend, als ich Sie bei meiner Rückkehr nicht mehr hier fand; ich wußte nichts von Ihrem Entschluß. Ich wünsche Ihnen von Herzen Glück auf Ihrem Weg und werde mich freuen, manchmal etwas zu hören.

Mit herzlichen Grüßen, auch von Frl. v. Bodman[2]
Ihre E. Stein

[1] Emilie Bechtold, geb. am 20.2.1904 in Saargemünd, gest. im Okt. 1982 in Edesheim/Pfalz, hatte sich mit der Absicht getragen, in den Orden der Dominikanerinnen einzutreten, und war in Speyer Postulantin. Sie verließ St. Magdalena wieder und trat in Wettenhausen in die Lehrerinnenbildungsanstalt ein. [2] Vgl. Br. 77 Anm. 5.

105

Edith Stein an Erna Herrmann[1]

St. Magdalena, 16.IX.30

Pax!
Liebe Erna,

die Antwort auf Ihre Frage kann ich Ihnen mündlich besser geben als schriftlich. Vielleicht können Sie Sonntag mal kommen; es wird wohl irgendeine Andacht bei uns sein, und anschließend daran werden Sie mich sicher treffen, wenn auch vielleicht nicht allein.

Mit herzlichem Gruß
Ihre Edith Stein

[1] Vgl. Br. 84 Anm. 1.

106

Edith Stein an Erna Herrmann[1]

St. Magdalena, 25. IX. 30

Liebe Erna,

für die Einladung besten Dank, bitte auch an Sr. Alexandra[2]. Ich werde sie an die Kinder weitergeben. Ob sie kommen können, weiß ich noch nicht. Mich entschuldigen Sie, bitte, auf alle Fälle, denn ich muß mit meiner Zeit sehr haushalten und kann mir solche Unternehmungen nicht gestatten. Darum kann ich auch Ihnen, liebe Erna, keine Besuche machen – ich habe all die Jahre in Speyer keinen Verkehr mit wechselseitigen Besuchen gepflegt. Wer meine Verpflichtungen kennt, nimmt mir das nicht übel. Es kommen viele Leute zu mir, und jeder, der glaubt, daß er bei mir eine Hilfe finden kann, ist mir herzlich willkommen. Das gilt natürlich auch für Sie, und ich sollte nicht mehr nötig haben, es Ihnen zu versichern. – Da Sie sich den Bescheid neulich nicht holen konnten, möchte ich ihn nun doch schriftlich geben. Die jungen Lehrerinnen, die jeden 2. Samstag zu ihrer Fortbildung bei mir zusammenkommen[3], hätten gegen Ihre Teilnahme nichts einzuwenden. Ich kann Ihnen aber mit Rücksicht auf Ihre Zeit und Kraft nur dringend raten, solche Dinge, die doch jetzt nicht sein müssen, auf später zu verschieben. Unsere Seminaristinnen kommen auch nicht dazu. Mit Sr. Ernestine[4] müßte ich wohl einmal persönlich sprechen, ob es für sie in Betracht kommt.

Immer mit den herzlichsten Wünschen und Grüßen
Ihre E. St.

[1] Vgl. Br. 84 Anm. 1.
[2] Alexandra Heck, Dominikanerin von St. Magdalena in Speyer, geb. am 22. 11. 1901 in Heidelberg, gest. am 11. 7. 1977 in Speyer.
[3] Edith Stein hielt diese Fortbildungskurse für die Junglehrerinnen, die sie aus eigener Initiative eingerichtet hatte, in ihrem Zimmer in St. Magdalena. Man saß, so die Erinnerung einiger dieser Schülerinnen, in dem gar nicht großen Raum dicht beieiander, die jungen Frauen teils auf dem Fußboden. Man lernte im gegenseitigen Gedankenaustausch, im Fragen und Antworten. Eine dieser jungen Lehrerinnen entsinnt sich besonders, daß Edith Stein auch Dinge zur Sprache brachte, auf welche die offizielle Ausbildung zu wenig einging, z. B. legte sie großen Wert auf politische Bildung und auf die Klärung anderer Probleme der Gegenwart und des öffentlichen Lebens.
[4] Es scheint sich nicht um eine Dominikanerin gehandelt zu haben, denn das Klosterarchiv von St. Magdalena erwähnt keine Schwester dieses Namens.

107

Edith Stein an Emil Vierneisel[1]

St. Magdalena, 27. IX. 30

Pax!
Sehr geehrter Herr Professor,

die Speyerer Ortsgruppe hat darauf bestanden, daß ich selbst über Salzburg referieren muß[2]. Das steigt am Montag abend. Für Oktober, November und Januar bin ich auch schon anderweitig festgelegt. So müßte ich versuchen, Heidelberg im Dezember einzuschieben. Zu dicht aufeinander kann ich diese Extravergnügungen nicht legen, weil dazwischen immer der Reigen der 100 Aufsätze kommt. (Gestern ist der letzte Stoß der 1. Serie gerade erledigt worden.) Thema weiß ich noch nicht. Augustin[3] wird kaum möglich sein, da ich nur so selten und nur in homöopathischen Dosen mir etwas davon leisten kann. Darum wird es auch mit einem schönen Oktobersonntag in Heidelberg kaum etwas werden. Aber wenn Sie mal für ein paar Stunden herüberkämen und Ihr Winterprogramm mitbrächten, würde es mich freuen.

Eine kleine Bitte: seit über 7 J. ist in St. Magdalena und in der ganzen Pfalz mein Eigenname „Fräulein Doktor“. Erst seit die Leute auf den Gedanken gekommen sind, daß ich „jemand“ sei, heißt es in den Zeitungen immer „*Frau* Doktor“, und dann kommt es mir immer vor, als sei das gar nicht ich.

Ihnen und den Ihren herzliche Grüße
Ihre Edith Stein

[1] Emil Vierneisel, Gymnasiallehrer (Historiker) in Heidelberg, geb. am 16. 1. 1890 in Lauda, gest. am 26. 11. 1973 in Heidelberg, wurde auf Edith Stein aufmerksam gemacht durch Erich Przywara SJ (vgl. Br. 67 Anm. 2), der damals alljährlich in Heidelberg Vorträge hielt. Vierneisel, der die Ortsgruppe Heidelberg des Katholischen Akademiker-Verbandes leitete, besuchte die Herbstversammlung in Salzburg (vgl. Br. 97 Anm. 3) und schrieb danach eine begeisterte Besprechung des Steinschen Vortrages (in: Pfälzer Bote, Heidelberg, 30. Sept. 1930). Schon vorher hatte er Edith Stein zu einem Vortrag in Heidelberg eingeladen. Der obige Brief ist die Antwort auf seine Einladung.

[2] Die Speyerer Ortsgruppe des Kath. Akademiker-Verbandes wünschte von Edith Stein einen Bericht über die Salzburger Tagung (vgl. Br. 98 Anm. 3).

[3] Aurelius Augustinus (vgl. Br. 38 Anm. 4).

108

Robert Eichelberger[1] an Edith Stein

Karlsruhe, den 29. September 1930

Sehr geehrtes gnädiges Fräulein!

In der letzten Vorstandssitzung der Ortsgruppe Karlsruhe des Verbandes kath⟨olischer⟩ Akademiker wurde nach einem Referat über die Salzburger Tagung[2] des Verbandes die Frage angeschnitten, ob es nicht möglich sei, Sie einmal für einen Vortrag in unserer Ortsgruppe zu gewinnen.

Ich erlaube mir daher die ergebenste Anfrage, ob Sie die große Güte hätten, im Laufe des Winters 1930/31 unsere hiesige Ortsgruppe durch einen Vortrag zu beehren. Die Auswahl des Themas würden wir Ihnen überlassen.

Einer gef⟨ä⟩l⟨ligen⟩ Antwort entgegensehend verbleibe ich mit dem Ausdruck vorzüglicher Hochachtung ergebenst

Dr. Robert Eichelberger
Oberregierungsrat
Schriftführer der Ortsgruppe Karlsruhe, Graf Rhenastr. 14

[1] Robert Eichelberger, geb. am 24.12.1890 in Freiburg, gest. am 15.4.1969 in Karlsruhe, wurde als junger Assessor ins damalige Badische Kultusministerium berufen und wurde früh zum Oberregierungsrat ernannt. Ab 1931 war er Direktor des Karlsruher Kant-Gymnasiums. Nach dem 2. Weltkrieg wurde er mit dem Wiederaufbau des Schulwesens in Nordbaden beauftragt und nahm Lehraufträge an der Technischen Hochschule Karlsruhe wahr. Dr. Eichelberger war schon früh Mitglied des Verbandes katholischer Akademiker und dessen Schriftführer. Nach dem Karlsruher Adreßbuch war die im Brief angegebene Adresse seine Privatanschrift, von der aus er auch den Schriftverkehr des Verbandes führte. – Edith Stein hat im Herbst 1931 eine größere Vortragsreise übernommen, deren 15 Stationen noch nicht völlig rekonstruiert werden konnten. Ob sie dabei auch den erbetenen Vortrag in Karlsruhe hielt, ist noch ungeklärt.

[2] Vgl. Br. 98 Anm. 3.

109

Edith Stein an Theodora Aberle[1]

St. Magdalena, 9. X. 30

Sehr verehrtes Fräulein Aberle,

leider ist mein Programm bis Ostern schon so überreich, daß ich nicht mehr wage, noch etwas darüber hinaus zu versprechen, weil ich es wahrscheinlich nicht halten könnte. Allerdings ist auf dem Programm ein Vortrag in Heidelberg für den kath⟨olischen⟩ Akademiker-Verband, Anfang Dezember[2]. Er wird öffentlich sein, sodaß der kath. Frauenbund teilnehmen könnte, freilich kein Frauenthema. Der Salzburger Vortrag[3] aber wird gedruckt, sodaß alle ihn kennenlernen können. Wenn mir die Zeit reicht, möchte ich sehr gern bei dieser Gelegenheit der Sozialen Frauenschule einen Besuch machen. Wollen Sie, bitte, Frau Gräfin Graimberg[4] meinen herzlichen Dank für ihre freundliche Einladung bestellen?

Mit freundlichem Gruß
Ihre ergebene Edith Stein

[1] Theodora Aberle, Dozentin an der Sozialen Frauenschule (später: Höhere Fachschule für Sozialarbeit) in Heidelberg, geb. am 9.7.1887 in Leutkirch, gest. am 15.4.1963 in Heidelberg, bestattet in der Familiengruft der Grafen Graimberg. Theodora Aberle war Trägerin des Ordens „Pro Ecclesia et Pontifice".

[2] Dieser Vortrag fand statt am 2.12.1930 (vgl. Briefe Nr. 107, 110, 115, 118, 119).

[3] „Das Ethos der Frauenberufe" (vgl. Br. 98 Anm. 3) erschien bei Haas & Grabherr, Augsburg 1931.

[4] Maria Gräfin von Graimberg, geb. am 8.7.1879 in Bensheim, gest. am 14.6.1965 in Heidelberg, gründete vor dem 1. Weltkrieg in Heidelberg, Kornmarkt 5, die erste Katholische Soziale Frauenschule und leitete sie durch Jahrzehnte. Sie gehörte nicht nur dem Katholischen Deutschen Frauenbund, sondern auch der Societas Religiosa als deren Leiterin an (vgl. Br. 223 Anm. 4); es ist möglich, daß die Verbindung zu Edith Stein durch Marie Buczkowska zustande kam (vgl. Br. 223 Anm. 3). Ob Edith Stein die Soziale Frauenschule in Heidelberg aufgesucht hat, ist nicht geklärt.

110

Edith Stein an Emil Vierneisel[1]

St. Magdalena, 9.X.30

Pax !
Sehr geehrter Herr Professor,

es ist die 1. Minute, die ich mir nehmen kann, um Ihnen zu antworten. Es fiel mir neulich ein Thema ein, ich nenne es Ihnen aber wirklich nur ganz unverbindlich, denn bis Mitte November habe ich bestimmt keine Zeit, darüber nachzudenken und zu merken, ob ich darüber sprechen kann: „Der Intellekt und die Intellektuellen". Das würde von Thomas[2] herkommen und dann sehr praktisch werden. Wenn der Vortrag am Nachmittag möglich wäre, sodaß ich um ½8 Uhr zurückfahren könnte, ginge es am Dienstag[3], also etwa am 9.XII. Kommt nur der Abend in Frage, so müßte es ja wohl ein Samstag sein, also der VI.

Könnten Sie Ihren Besuch bis nach dem 19.X. verschieben? Am 18. habe ich einen großen Vortrag für Lehrer und Lehrerinnen[4] zu halten, der guter

Vorbereitung bedarf und noch gar nicht vorbereitet ist. Und für den 19. ist schon lange anderer auswärtiger Besuch angemeldet.

Mit herzlichen Grüßen
Ihre Edith Stein

[1] Vgl. Br. 107 Anm. 1.
[2] Thomas v. Aquin (vgl. 45 Anm. 6).
[3] Die Ortsgruppe Heidelberg des Kath. Akademiker-Verbandes hatte eine „Dienstag-Gesellschaft" ins Leben gerufen, die auf dem gedruckten Briefkopf des Verbandes auftaucht.
[4] Vortrag für die katholischen Lehrer und Lehrerinnen der Pfalz in Speyer am 18. 10. 1930, „Zur Idee der Bildung". Der Vortrag wurde veröffentlicht in „Zeit und Schule" am 16. 11. 1930 (27. Jg. Nr. 22 S. 160 ff.); ESGA 16, 35–49.

111

Edith Stein an Emilie Bechtold[1]

Postkarte

Poststempel: Maikammer ⟨Datum unleserlich⟩

Fräulein Emilie Bechtold
Institut der Dominikanerinnen
Wettenhausen/ Schwaben

Von einem Herbstausflug herzliche Grüße: Edith Stein,[2] Gertrud Binder, Hermine Lenhard, Lore Haberkorn, M. Hahn, C⟨arola⟩ Altmeyer, Hedwig Magin, Gretel Doll, Friedel Schlachter, Gertrud Maurer, A⟨nneliese⟩ Lichtenberger, Johanna ⟨Müller⟩, Anna Wetzel, Hulda ⟨Eiselstein⟩, Lisa ⟨Lorenz⟩, ⟨eine Unterschrift unleserlich⟩.

[1] Vgl. Br. 104 Anm. 1.
[2] Bis hierhin geht die Handschrift Edith Steins; sie schrieb auch die Adresse. Die jungen Mädchen waren ihre Schulklasse; alle unterschrieben selbst. – Eine ehemalige Schülerin erinnert sich, daß Edith Stein – gestrenge Lehrerin – das Verhalten der Seminaristinnen auf diesem Ausflug „zu übermütig" fand: man hatte nicht nur Trauben gegessen, sondern auch Most getrunken.

112

Edith Stein an Peter Wust[1]

St. Magdalena, 31. X. 30

Sehr geehrter Herr Professor,

zum Antritt Ihrer Tätigkeit meine herzlichen Wünsche. Gern will ich am Dienstag[2] Ihrer besonders gedenken. Bei der Abreise von Salzburg fühlte ich mich etwas in Ihrer Schuld, weil es nicht mehr zu dem Gespräch kam, das Sie wünschten. Ich bin froh, daß Sie offenbar Verständnis für meine Situation hatten. Haben Sie es, bitte, auch fernerhin. Es sammelt sich bei mir chronisch mehr, als ich bewältigen kann.

Darum nur diesen kurzen Gruß.
Ihre Edith Stein

[1] Peter Wust, Philosophie-Professor in Münster (seit dem WS 1930/31), geb. am 28. 8. 1884 in Rissenthal/Saar, gest. am 3. 4. 1940 in Münster, lernte Edith Stein in Salzburg (vgl. Br. 98 Anm. 3) kennen. Wust sprach dort am Abend des 2. September im Mozarteum über „Die Idee einer katholischen Universität für das deutsche Volkstum", veröffentlicht in „Schönere Zukunft", Jg. 6, S. 8–10, 35 f.
[2] Wust hielt am Dienstag, den 4. 11. 1930, seine Antrittsvorlesung.

113

Edith Stein an Emilie Bechtold[1]

Postkarte mit kleinem Bildaufdruck: Mannheim, Rheinbrücke mit Schloß

Poststempel: Speyer, 6. 11. 30

Absender: Dr. E. Stein
Speyer a. Rh., St. Magdalena

Fräulein Emilie Bechtold
Institut der Dominikanerinnen
Wettenhausen/ Schwaben

Pax!

5. XI. 30

Liebes Fräulein Bechtold,

herzlichen Dank Ihnen und Liesel Nuber[2] für Ihre lieben Namenstagswünsche[3]. Sie wissen, daß meine Zeit immer reichlich ausgefüllt ist. Da komme ich mit dem Antworten nicht so schnell herum. Über Allerheiligen[4] hatten unsere Kinder Exerzitien und sind alle sehr froh und befriedigt herausgekommen. Wir vergessen Sie hier nicht. Es ist mir immer noch nicht recht glaubhaft, daß Sie endgültig fort sind.

Viele herzliche Grüße
Ihre E. St.

[1] Vgl. Br. 104 Anm. 1.
[2] Schülerin Edith Steins im Lyzeum von St. Magdalena, geb. am 13.12.1913 in Sondersheim b. Germersheim/Pfalz; besuchte später das Lehrerinnenseminar in Wettenhausen, von 1932/33 in Speyer.
[3] Am 15. Oktober, dem Fest der hl. Teresa v. Avila.
[4] Fest am 1. November, im Jahr 1930 an einem Samstag, gesetzlicher Feiertag.

114

Edith Stein an Callista Kopf[1]

St. Magdalena, 13.XI.30

Pax!
Liebe Sr. Callista,

in Kürze die Beantwortung der Fragen. Besondere Mittel wende ich zur Verlängerung der Arbeitszeit nicht an. Ich tu, soviel ich kann. Das Können steigert sich offenbar mit der Menge der *notwendigen* Dinge. Wenn nichts Brennendes vorliegt, hört es viel früher auf. Der Himmel versteht sich sicher auf die Ökonomie. Was also bei Ihnen nach 9 kommt, ist offenbar nicht mehr notwendig. – Daß es in der Praxis nicht glatt nach den Vernunftgesetzen geht, liegt daran, daß wir keine reinen Geister sind. Es hat keinen Sinn, dagegen zu rebellieren.

O Herre Gott, wollst geben mir
Alles, was mich führt hin zu dir.

O Herre Gott, nimm weg von mir
Alles, was mich wendet ab von dir.

O Herr Gott, nimm mich auch von mir
Und gib mich ganz zu eigen Dir.[2]

Das sind 3 Gnaden, die letzte ist die größte und schließt alle andern ein. Aber, Sie sehen: es wird darum gebeten.

Der Rest des Briefes ging verloren.

[1] Vgl. Br. 59 Anm. 1.
[2] Dieses Gebet wird dem hl. Bruder Klaus v. d. Flüe (1417–1487) zugeschrieben.

115

Edith Stein an Emil Vierneisel[1]

Postkarte

Poststempel: Speyer 23. 11. 30

Absender: Dr. E. Stein
Speyer a. Rh. / St. Magdalena

Herrn Dr. Emil Vierneisel
Heidelberg /Rohrbacher Str. 38

22. XI. 30

Sehr geehrter Herr Dr. Vierneisel,

gestern ist zum erstenmal das Bimmelbähnchen[2] wieder über die Brücke gefahren. Hoffen wir, daß sie bis über den 2. XII.[3] hinaus heil bleibt. Ich kann nicht sicher prophezeien, aber es wird vielleicht etwas länger als 5/4 St⟨unden⟩ dauern. Jedenfalls ist es nicht gut, mit der Minute rechnen zu müssen. Wenn es ein schöner Tag wäre, käme ich schon um 2. Ich war seit Jan⟨uar⟩ nicht in Neuburg[4] und könnte dort vielleicht noch besser „meditieren" als hier.

Indessen herzlichen Gruß
Edith Stein

[1] Vgl. Br. 107 Anm. 1.
[2] Eine Kleinbahn, die damals bei Speyer eine Schiffsbrücke überquerte.
[3] Auf den 2. Dezember war Edith Steins Heidelberger Vortrag festgelegt worden; er fand im Hörsaal 13 statt, dem damals größten der Universität.
[4] Benediktinerabtei Neuburg in Heidelberg. Edith Stein pflegte vor ihren Vorträgen eine Stunde dem stillen Gebet, der „Meditation", zu widmen.

116

Gerta Krabbel[1] an die Tagungsteilnehmerinnen vom 8./9. 11. 1930

KATHOLISCHER DEUTSCHER FRAUENBUND

Aachen, den 24. November 1930

Monheimsallee 61
Fernsprecher 4603
An die Teilnehmerinnen der Tagung der
Zentral-Bildungs-Kommission
des K. D. F. am 8./9. November 1930 in Bendorf /Rh.

Der Vortrag von Dr. Edith Stein hat, wie die anschließende Aussprache schon zeigte, eine sehr verschiedenartige Beurteilung gefunden. Die Meinungsverschiedenheiten sind wohl auch durch das Gespräch am Sonntag nicht geklärt, und die Frage nach den Grundlagen der katholischen Frauenbildung ist durch die Tagung nicht eigentlich beantwortet worden. Der Vortrag hatte eine große Geschlossenheit, führte auf tiefe Dinge, zeigte aber eine starke Einseitigkeit. Im Wesentlichen wurde die thomistische Auffassung der Bildung gegeben, diese dann durch phänomenologische Einsicht in die Seele der Frau ergänzt. Es fehlte aber die auf philosophischer Grundlage aufbauende tiefe Auseinandersetzung mit den geistigen und vor allem pädagogischen Strömungen der Gegenwart. Zudem stand ein Bild der heutigen Schule im Hintergrund, das mit der Schule, an der die meisten der Anwesenden tätig sind, gar nicht übereinstimmt. Das war eine große Erschwerung, auch bei der Aussprache.

Da aber so verschiedenartige Meinungen vorhanden waren und, trotz aller Bemühung in der Aussprache, man sich doch nicht ganz verstanden hat, scheint es mir dringend wünschenswert, den Gedankenaustausch weiterzuführen. Einmal um diese Unklarheit zu beheben, vor allem aber um die uns heute so brennend erregende Frage nach den Grundlagen der katholischen Frauenbildung wirklich aus der Tiefe und Klarheit des christlichen Gedankens zu beantworten. Diese Aufgabe ist, wie mir scheint, deshalb so überaus dringlich, weil wir einmal an einem schwierigen und sehr bedeutsamen Punkte der Entwicklung der Frau angelangt sind, und dann, weil man bei einer Überschau der geistigen Situation in Deutschland durchaus das Gefühl hat, daß bei den tiefgehenden, überaus schweren geistigen Kämpfen um das Christentum und die christliche Kultur, der Westen – das Rheinland und ein Teil Westfalens – den stärksten Anteil an dieser Auseinandersetzung, die wohl für die Zukunft entscheidend ist, haben muß. Aus dieser Verantwortung heraus sollten, so meine ich, diese Fragen weiter bearbeitet werden.

Ich möchte nun Folgendes vorschlagen: Wir haben ein ausführliches Protokoll des Vortrages von Dr. Edith Stein und der anschließenden Aussprache fertiggestellt.[2] Wenn Sie dafür Interesse haben, könnte es Ihnen zugeschickt werden ⟨*mit Handschrift eingefügt:*⟩ gegen Einsendung von Mk. –.50. Es bringt jedenfalls die Gedanken des Tages wieder sehr nahe, wenn es auch keineswegs vollständig ist. Ich möchte darauf aufmerksam machen, daß es ganz vertraulich behandelt werden muß, besonders was die Aussprache angeht, da es sonst den Einzelnen unangenehm sein könnte, daß die aus dem Augenblick heraus gesprochenen Worte festgehalten wurden. Wenn Sie es haben wollen, teilen Sie es bitte bald mit. Es soll dann zunächst ein Gedankenaustausch zwischen den sich besonders Interessierenden stattfinden und eine weitere Zusammenkunft überlegt werden.

Mit besten Grüßen!
Ihre Gerta Krabbel

[1] Gerta Krabbel, Dr. phil., seit 1926 Vorsitzende des Katholischen Deutschen Frauenbundes, geb. am 20.3.1881 in Witten, gest.1961 in Aachen, hatte Edith Stein eingeladen, bei einer Tagung der Zentral-Bildungs-Kommission des Frauenbundes den Vortrag zu übernehmen. Edith Stein sprach am 8.11.1930 im Hedwig-Dransfeld-Haus in Bendorf/Rh. über „Grundlagen der Frauenbildung". Am 9.11., einem Sonntag, fand die allgemeine Aussprache zu diesem Referat statt. Später hat Edith Stein geschrieben (Br. 223): „... verstehe ich jetzt so gut, daß ich auf Menschen, die mitten im Leben stehen, damals sehr befremdend wirken mußte". Der obige Rundbrief, den Gerta Krabbel kurz nach der Tagung an die Teilnehmerinnen richtete, zeigt die Opposition, auf die Edith Stein gestoßen war. Das gute Verhältnis, das zwischen den beiden Frauen persönlich bestand, wurde dadurch nicht getrübt.

[2] Abgedruckt in: ESGA 13, 232–248.

117

Emil Henk[1] an Edith Stein

Heidelberg, 27. XI. 30
Kaiserstr. 33

Sehr geehrtes Fräulein Doktor!

Auf Anregung von Frl. Dr. M. Riess erlaube ich mir, Ihnen beiliegend einen kleinen Aufsatz über die kath. Dichterin Ruth Schaumann[2] zu übersenden. Falls sie Ihnen unbekannt sein sollte, hoffe ich Ihnen einen Hinweis auf eine sehr innerliche Frau gegeben zu haben, die Ihnen übrigens in manchen Fragen nahestehen wird. Ich entsinne mich so z. B. gerne auf unser kurzes Gespräch bei Dr. Hirschler in Ludwigshafen, das Ihre Neigung zur Mystik hervortreten ließ: eine Neigung, die bei R. Schaumann nicht weniger stark ist.

Ich darf noch bemerken, daß die Stelle über Franz von Assisi gelegentlich (auf Wunsch der Dichterin) abgeändert wird; in einem ausführlichen Aufsatz über die Berührungspunkte beider werde ich mich präziser äußern. Und in einem dritten über ihre Mystik. –

Mit ergebenen Grüßen
Ihr Emil Henk jun.

[1] Emil Henk, geb. am 17.12.1893 in Heidelberg, dort gest. im Mai 1969, war Literaturhistoriker und Lyriker, zugleich Unternehmer und Sozialdemokrat. 1934 geriet er in Haft, kam aber frei. Er hatte Verbindungen zum Widerstand des 20. Juli 1944, war Mitbegründer des Hilfswerks für die Hinterbliebenen, auch Erforscher der Widerstandsgeschichte im Dritten Reich und Wegbereiter der Demokratie nach 1945. Die von Henk in diesem Brief erwähnten Aufsätze, die er geschrieben hat, konnte ich bisher nicht auffinden.

[2] Ruth Schaumann, Lyrikerin, Bildhauerin, Graphikerin, geb. am 24.8.1899 in Hamburg, gest. am 13.3.1975 in München. Sie war verheiratet mit dem Kulturkritiker und Schriftleiter des „Hochland" Friedrich Fuchs (1890–1948). Ob Edith Stein Ruth Schaumann gekannt hat, ist noch ungeklärt.

118

Edith Stein an Emil Vierneisel[1]

Postkarte mit kleinem Bildaufdruck: Mannheim, Rheinbrücke mit Schloß

Poststempel: Speyer, 28.11.30

Absender: E. Stein
Speyer a. Rh./St. Magdalena

Herrn Dr. Emil Vierneisel
Heidelberg/ Rohrbacherstr. 38

Pax! St. Magdalena, 28.XI.30

Sehr geehrter Herr Dr. Vierneisel,

es entspricht doch meinem Stundenplan besser, wenn ich erst 16.20 komme. Dann möchte ich Sie schonend vorbereiten, daß ich gern noch einen Gast mitbrächte: Baroneß Bodman[2], unsere Zeichenlehrerin. Ich denke, Sie haben nichts dagegen und das Auto auch nicht. Wenn wir gleich hinausfahren, erreichen wir wohl noch die Vesper in Neuburg[3]. Das Weitere überlasse ich vertrauensvoll Ihrer Fürsorge.

Ihre E. Stein

[1] Vgl. Br. 107 Anm. 1. [2] Vgl. Br. 77 Anm. 5. [3] Vgl. Br. 115 Anm. 4.

119

Edith Stein an Emil Vierneisel[1]

Postkarte

St. Nikolaus ⟨6. 12.⟩ 1930

Pax!
Sehr geehrter Herr Dr. Vierneisel,

es freut mich sehr, daß der hl. Thomas[2] bei Ihnen so viel Freude erweckt hat. Wir sind sehr fröhlich heimgefahren und schon nach ½ St. vor der Klosterpforte abgeladen worden. Herzlichen Dank, auch Ihrer lieben Frau Gemahlin[3], für alle Güte und Fürsorge. – Wollen Sie, bitte, Herrn Prof. Lossen[4] sagen, ich hätte mit der Präfektin des Internats[5] gesprochen und sie sei sehr geneigt, seinen Wunsch zu erfüllen, wenn es auch diese Ostern kaum möglich sein wird. Definitiven Bescheid kann sie erst geben, wenn sie mit der Würdigen Mutter[6] gesprochen hat, und die ist gegenwärtig verreist.

Ihnen beiden und den 3 Flachsköpfchen[7] herzliche Grüße von
U. v. B. + E. St.[8]

[1] Vgl. Br. 107 Anm. 1.
[2] Anspielung auf den von Edith Stein in Heidelberg gehaltenen Vortrag, der, wie sie angekündigt hatte, „von Thomas herkommen" sollte (vgl. Br. 110).
[3] Gertrud Vierneisel geb. Elshorst, hatte die Referentin und deren Begleiterin nach dem Vortrag in ihr Haus eingeladen.
[4] Richard Lossen (1875–1952), katholischer Geistlicher und Gymnasialprofessor, gab Unterricht an der Sozialen Frauenschule. Im Hause seiner Mutter, der Witwe des Hofrates Lossen, Rohrbacher Straße 38, wohnte damals die Familie Vierneisel (aus: Frank Moraw, Das Gymnasium zwischen Anpassung und Selbstbehauptung. Zur Geschichte des Heidelberger Kurfürst-Friedrich-Gymnasiums, Heidelberg 1987). – Frau OStR Monika Lipps danke ich herzlich für vielfache Hilfe beim Thema Heidelberg.
[5] Amata Schäfer OP, geb. am 31. 8. 1873 in Wattenheim, gest. am 30. 1. 1940 in Speyer.
[6] Ambrosia (Elisabeth) Heßler OP, geb. am 12. 2. 1876 in Alsterweiler bei Neustadt a. d. Weinstraße, gest. am 12. 5. 1948 in Speyer. Sie besuchte das Lehrerinnenseminar der Dominikanerinnen von St. Magdalena, trat 1895 in den Orden ein und wirkte als Lehrerin zunächst an der Mädchenoberschule, dann am Seminar als Lehrerin für Mathematik und Musik (Violine). Mutter Ambrosia war eine bedeutende Frau; sie war es, die Edith Stein als Lehrkraft an St. Magdalena anstellte; sie führte später (ab Februar 1934) die Ewige Anbetung in der Klosterkirche ein (sicherlich im Gedanken an die Nöte der Zeit) und gründete, nach Aufhebung der Anstalten an St. Magdalena durch das nationalsozialistische Regime, Niederlassungen der Dominikanerinnen in Peru und Brasilien. Mutter Ambrosia wurde 1920 zur Priorin von St. Magdalena gewählt; 1928 wurde sie erste Generalpriorin der Kongregation und blieb es bis zu ihrem Tode.
[7] Die drei ältesten der (später fünf) Kinder des Ehepaares Vierneisel: Birgitta, Norbert und Klaus.
[8] Uta v. Bodman und Edith Stein.

120

Edith Stein an Ottilie Küchenhoff[1]

St. Magdalena, 7. XII. 30

Pax!
Sehr verehrte Frau Studienrat,

haben Sie herzlichen Dank für Ihren lieben, gütigen Brief. Meine Zeit erlaubte es nicht, eher zu schreiben. Gewiß ist man froh über jeden Menschen, der im gleichen Geist arbeitet. Auf Widerstände in Bendorf[2] war ich gefaßt. Ich hätte nur gewünscht, daß sie klarer und unumwundener zum Ausdruck gekommen wären. Es hat ja niemand ein Wort davon gesagt, daß es „zu fromm" war, d.h. daß man sich an der radikalen Orientierung am Übernatürlichen stieß. Und wahrscheinlich stand doch das bei so manchen im Hintergrund, obwohl die Diskussion um ganz andere Dinge geführt wurde. Meinen Sie nicht auch? Ich habe übrigens dort auch recht warme und herzliche Zustimmung gefunden (privatim). Daß die Ablehnung doch wohl stärker war, nahm ich erst nach dem vollkommenen Schweigen in den Wochen seither an, und Ihre lieben Worte bestärkten mich darin. Wie dem auch sei – an unserm Weg soll es uns nicht irre machen. In der Miliz Christi wird es wohl noch manchen härteren Streit auszufechten geben. Schenken Sie mir, bitte, manchmal ein Memento als Waffenhilfe.

Gnadenreiche Advents- u. Weihnachtszeit wünscht Ihnen
Ihre Edith Stein

[1] Ottilie Küchenhoff, Oberstudiendirektorin, geb. am 5.8.1887 in Neheim-Hüsten, gest. am 8.8.1971 in Schmallenberg.
[2] Edith Stein hatte am 8.11.1930 im Hedwig-Dransfeld-Haus in Bendorf ihren Vortrag gehalten „Grundlagen der Frauenbildung" (vgl. Br. 116), publiziert in: „Stimmen der Zeit", 61. Jahrgang, März 1931, Heft 6, S. 414–424 (ESGA 13, 232–238).

121

Edith Stein an Adelgundis Jaegerschmid[1] und Placida Laubhardt[2]

St. Magdalena, 10. XII. 30

Pax!
Liebe Schwestern,

es ist mir schon geraume Zeit klar, daß ich Euch noch nicht einmal die Namenstagswünsche beantwortet habe. Und der Vor-Adventsbrief ist ein Mitt-Adventsbrief geworden und wird am Ende gar als Weihnachtsbrief gelten müssen. Warum, das könnt Ihr Euch wohl denken. Salzburg[3] hat erstaunliche Kreise gezogen. Ich muß bald da, bald dort als Rednerin auftreten. Dazwischen immer die Aufsatzberge. Voraussichtlich werde ich Ostern die Schule an den Nagel hängen (bitte, darüber vorläufig nicht sprechen); was dann kommt, weiß ich noch nicht. Ich habe alles Nachdenken darüber – als unnütz zeitraubend – bis auf die Weihnachtsferien vertagt. Aber nun muß es in Beuron[4] gründlich bedacht werden. Darum will ich nun doch auf dem Hinweg direkt fahren. Ich denke, es wird möglich sein, den Rückweg über Freiburg zu machen. Das schreibe ich Euch noch von B⟨euron⟩ aus. Wenn bei Euch kein Platz wäre, bliebe ja immer noch das Hohenzollern[5].

Heute habe ich noch eine ganz große Bitte: daß Ihr mir in der nächsten Zeit ganz besonders für meine Schwester Rosa[6] und für meine Mutter[7] beten helft. Es scheint dort jetzt sehr kritisch zu stehen. Meine Schwester leidet schon seit Monaten schwer, durch Erikas[8] immer schärfer ausgeprägte jüdische Richtung, und ⟨durch⟩ den Einfluß, den sie im Hause ausübt, wird es für Rosa fast unerträglich. Bisher ist sie jeder Auseinandersetzung aus dem Wege gegangen, um meine Mutter zu schonen. Jetzt hat sie Erika selbst ihr Geheimnis anvertraut, und es ist noch nicht zu übersehen, was das für Konsequenzen haben wird. Ich sehe im Augenblick kaum eine (andere) Möglichkeit, anders als durch Gebet zu helfen[9], aber dafür möchte ich nun gern auch alle meine Hilfstruppen aufbieten. Ich hätte so viel zu erzählen, aber ich muß es vorläufig verschieben bis auf den geplanten Besuch. Doch, noch ein Gebets-Anliegen: für Beuron steht mir als besondere Freude die Taufe einer Jüdin[10] in Aussicht (bitte, auch davon nicht Gebrauch machen), bei der ich ein klein wenig als causa secunda[11] beteiligt bin. Es sieht vorläufig aus, als müßte alles glatt gehen. Aber Ihr wißt ja, was alles vor dem entscheidenden Augenblick zu geschehen pflegt. – Am Sonntag Gaudete[12] gibt es Rundfunk von Beuron; ich vermute, V⟨ater⟩ E⟨rzabt⟩ wird vom Heiligen Land erzählen.[13] Und am letzten Advents-Sonntag hoffe ich schon dort zu sein.

Allen Advents-Gnadensegen wünscht Euch von Herzen
Eure Edith

[1] Vgl. Br. 80 Anm. 1. [2] Vgl. Br. 38 Anm. 1. [3] Vgl. Br. 98 Anm. 3.
[4] Der Abt der Erzabtei St. Martin in Beuron, Raphael Walzer OSB, war seit dem Tode des Speyerer Prälaten Schwind Edith Steins Freund und Berater. Sie pflegte alle Fragen von Belang mit ihm zu besprechen. Über Weihnachten und Neujahr wohnte sie in Beuron, wie gewöhnlich, in der Pension Mayer an der Holzbrücke.
[5] Hotel in Freiburg-Günterstal.
[6] Vgl. Br. 10 Anm. 2. [7] Vgl. Br. 12 Anm. 11.
[8] Erika Tworoger, Nichte Edith Steins, Tochter von Frieda Tworoger geb. Stein, war gebo-

ren am 1.1.1911 in Gleiwitz und starb am 19.5.1961 in Jerusalem. Sie war nach Palästina emigriert und heiratete dort Yitzhak Cohen.

9 Rosa Stein stand seit langem der katholischen Kirche nahe und wünschte zu konvertieren. Mit Rücksicht auf Auguste Stein, die als gläubige Jüdin sehr unter Edith Steins Glaubenswechsel litt, verzichtete sie vorerst auf die Taufe.

10 Alice Reis, geb. am 17.9.1903 in Berlin, gest. (ermordet) am 9.8.1942 in Auschwitz, wurde am 27.12.1930 in der Beuroner Abteikirche getauft. Im Beuroner Taufbuch ist Edith Stein als Patin eingetragen.

11 Als Zweitursache (Ausdruck der scholastischen Philosophie für innerweltliche Ursachen im Unterschied zu Gott als Erstursache). Es konnte noch nicht geklärt werden, auf welchem Wege Alice Reis mit Edith Stein bekannt wurde.

12 Gaudete ist die liturgische Bezeichnung für den 3. Adventssonntag; er war in jenem Jahr am 14. Dezember.

13 Erzabt Walzer hatte am 13. Oktober eine Reise nach Palästina angetreten; er kehrte am 5. Dezember nach Beuron zurück. Der Hauptgrund für diese Reise war der Besuch und die Visitation der Benediktiner-Abtei Dormitio Mariae in Jerusalem. Die Rückreise führte ihn über Konstantinopel, Athen und Wien.

122

Edith Stein an Erna Herrmann[1]

St. Magdalena, 11.XII.30

Pax!
Liebe Erna,

Bücher über das Thema habe ich nicht da. Vielleicht nützt Ihnen mein alter Vortrag etwas. Den andern Aufsatz lege ich der Literaturangaben wegen bei. Vielleicht können Sie etwas davon auf der Landesbibliothek bekommen.

Hoffentlich halten Sie noch gut bis zu den Ferien aus. – Die Sachen erbitte ich nach Benützung zurück.

Einen herzlichen Adventsgruß,
Ihre E. St.

1 Vgl. Br. 84 Anm. 1.

123

Edith Stein an Erna Herrmann[1]

St. Magdalena, 19.XII.30.

Pax!
Liebe Erna,

mit Ihrer schönen Handarbeit kann ich freilich nicht konkurrieren, aber einen kleinen Zimmerschmuck möchte ich Ihnen auch als Weihnachtsgruß schicken. Freilich: etwas anderes, viel Schöneres möchte ich Ihnen noch viel lieber geben, wenn es in meiner Macht stünde: den wahren Kindersinn, der dem kommenden Heiland die Tür öffnet, der – nicht in der Theorie, sondern praktisch, in jedem Einzelnen Fall, wo es gilt – von Herzen sprechen kann: Herr, nicht mein, sondern Dein Wille geschehe! Ich sage es Ihnen, weil ich gern zu dem Einen Notwendigen[2] helfen möchte: ich habe mir in den letzten Monaten oft Sorge darum gemacht, weil ich immer wieder den Eindruck hatte, daß es an diesem wichtigsten Punkt noch fehlt: daß ein starrer Eigenwille da ist, ein gewaltsames Festhalten an einmal gefaßten Wünschen. Und wenn ich Ihnen vielleicht hart und unerbittlich erschienen bin, weil ich nicht auf Ihre Wünsche einging, so glauben Sie mir, es geschah nicht aus Kälte und Lieblosigkeit, sondern in der festen Überzeugung, daß ich Ihnen schaden würde, wenn ich anders handelte. Ich bin nur ein Werkzeug des Herrn. Wer zu mir kommt, den möchte ich zu Ihm führen. Und wo ich merke, daß es nicht darum geht, sondern daß das Interesse meiner Person gilt, da kann ich als Werkzeug nicht dienen und muß den Herrn bitten, daß Er auf andern Wegen helfen möchte, Er ist ja niemals auf den einen nur angewiesen. Wollen Sie die letzten Adventstage noch zu einer aufrichtigen Selbstprüfung benützen, damit Sie ein recht gnadenreiches Weihnachtsfest geschenkt bekommen? Ich denke, die Resl[3] wird auch gern mithelfen. Wenn Sie nach Konnersreuth kommen, dann sagen Sie ihr, ich ließe sie auch recht herzlich darum bitten.

Nun wünsche ich Ihnen, daß Sie sich vor allem erst einmal daheim recht erholen und dann gekräftigt und mit dem vollen Weihnachtsfrieden im Herzen wiederkommen möchten.

Ich werde in Beuron Ihrer gedenken.
Herzlichst Ihre Edith Stein
Adresse vom 20.XII./3.I. Beuron (Hohenzollern) bei Mayer an der alten Holzbrücke.

1 Vgl. Br. 84 Anm. 1.
2 Anspielung auf das „unum necessarium" (das eine Notwendige in Lk 10, 42).
3 Therese Neumann (vgl. Br. 87 Anm. 6).

124

Edith Stein an Erna Herrmann[1]

L⟨iebe⟩ E⟨rna⟩,

leider habe ich gegenwärtig nichts anderes da. Wenn Sie speziell über Arbeitsschule etwas brauchen, müssen Sie versuchen, sich von der Landesbibliothek etwas von den Schriften von Kerschensteiner[2] und Gaudig[3] zu verschaffen. Ev. könnten Sie sich von Frl. Helfrich (Marienheim[4]) Eggersdorfers[5] „Jugendbildung“ holen lassen, die sie seit Jahr und Tag von mir geliehen hat. Das enthält wohl auch einen ausreichenden Abschnitt.

Herzlichen Gruß u. gute Besserung!
E. St.

Auf der Rückseite dieses Zettels stehen in fremder Handschrift die Worte: „Über das heutige Lehrverfahren, Arbeitsschule“ – vermutlich Bücherwünsche von Erna Herrmann.

1 Vgl. Br. 84 Anm. 1.
2 Georg Kerschensteiner, Pädagoge, Professor in München, geb. am 29. Juli 1854 in München, dort gest. 1932, schrieb u. a. ein Werk über den „Begriff der Arbeitsschule“.
3 Hugo Gaudig, Pädagoge, Direktor des Lehrerinnenseminars in Leipzig, geb. am 5. 12. 1860 in Nordhausen, gest. am 2. 8. 1923 in Leipzig, verfaßte u. a. ein Werk „Die Schule im Dienst der werdenden Persönlichkeit“.
4 Das Marienheim war Eigentum der Dominikanerinnen von St. Magdalena und beherbergte mehrere berufsbildende Schulen. Margarete Helfrich besuchte als junge Volksschullehrerin dies Institut, um noch eine Ausbildung als Hauswirtschaftslehrerin zu machen.
5 Franz Xaver Eggersdorfer, kath. Theologe, Professor für Pädagogik in Passau, geb. am 22. 2. 1879 in Pörndorf, gest. am 20. 5. 1958 in Passau. Im „Lexikon der Pädagogik“, hg. von Ernst M. Roloff, Freiburg 1913 ff., hat Eggersdorfer den Artikel „Arbeitsschule“ übernommen und das Thema ausführlich dargestellt. In seinem „Handbuch der Erziehungswissenschaft“ (München 1928) behandelt der 1. Teil des 3. Bandes das Thema Jugendbildung. F. X. Eggersdorfer, Jugendbildung. Allgemeine Theorie des Schulunterrichtes, München 1928.

125

Gästebuch der Pension Mayer[1] in Beuron

Introducit nos in terram fluentem lac et mel[2]. (Intr⟨oitus⟩ vom Ostermontag)

Edith Stein

12./23. IV. 1930
Pfingsten 1930
20. XII. 30/3. I. 31[3]

1 Vgl. Br. 62 Anm. 1.

[2] Er führt uns in das Land, in dem Milch und Honig fließen (Ex 13, 5). Eingangsvers in den Meßtexten zum zweiten Osterfeiertag.
[3] E. Stein ergänzte ihren Oster-Eintrag bei den folgenden Besuchen nur um das jeweilige Datum.

126

Edith Stein an eine Studentin oder Schülerin[1]

… In der gegenwärtigen Frage wird es Ihnen am ehesten helfen, wenn ich Ihnen geradeheraus sage, was ich von Ihren Fähigkeiten halte. Sie sind wohl nicht hervorragend begabt, wie Ihre Schwestern es sind. Und es ist natürlich bedrückend, immer so jemand neben sich zu haben. Aber Sie haben einen tüchtigen Verstand, dem prinzipiell nichts verschlossen ist. Sie verarbeiten nur langsam und sind schwerfällig im Ausdruck, darum werden Sie nie glänzende Ergebnisse erzielen – besonders nicht in Prüfungen. Aber Sie werden immer Brauchbares leisten. Was Sie verstehen, das dürfen Sie nicht an dem messen, was Sie reden können. Was Sie aufgenommen haben, das wirkt in Ihnen und aus Ihnen, auch wenn Sie nichts davon in Worte fassen können. Sie werden aber allmählich leichter sprechen lernen. Wenn wir uns Gott ganz in die Hände legen, dürfen wir zu ihm das Vertrauen haben, daß er aus uns etwas machen kann. Ihm steht es zu, das Urteil zu fällen. Wir brauchen uns nicht zu beobachten und zu messen. Und glauben Sie nur, diese Menschen, die Sie „kennenlernen durften", die Ihnen dem Idealbild eines Christen soviel näher scheinen, sind, von innen her besehen, genau so armselig, ihrer selbst genau so wenig sicher, wie Sie …

[1] Die Empfängerin dieses Briefes ist unbekannt. Quelle ist die erste Biographie: Teresia Renata Posselt, Edith Stein – Lebensbild einer Philosophin und Karmelitin, Nürnberg 1954 (7. Aufl.), S. 82. Das Brieffragment befindet sich schon in der 1. Aufl. (1948), dort S. 34. Die Autorin hatte ab 1947 Material für das Buch gesammelt und die Originale, die man ihr zur Verfügung stellte, nach Fertigstellung des Manuskriptes an die Leihgeber zurückgeschickt, ohne sich Notizen über die Briefempfänger zu machen. Das Fragment stammt aus der Speyerer Zeit Edith Steins.

127

Edith Stein an Elly Dursy[1]

1930

Die Einsamkeit, von der Du schreibst, gehört in einem gewissen Sinn zum geistlichen Leben. Je näher man Gott kommt, desto stärker lösen sich die natürlichen Verbindungen, u. wenn man auch in einem tieferen Sinn neu mit den Menschen verbunden wird, so bleibt man doch selbst noch so viel natürlicher Mensch, um die Trennung im Menschlichen zu spüren. Und auch zwischen Menschen, die im Innersten dieselbe Einstellung haben, schieben sich die Erdenreste, die ihnen anhaften, oft störend u. hemmend, sodaß es nicht ganz zu dem spürbaren Einklang kommt, der an sich möglich wäre. Im Vaterland wird es anders sein, u. manchmal gibt es doch auch hier schon einen Abglanz davon.

Im Grunde können wir nicht viel mehr tun, als uns in Gottes Hand legen u. Ihn bitten, daß er alles machen möge. Natürlich müssen wir tun, was Er von uns verlangt.

Diese Stimmungen nimm hin u. opfere sie auf u. handle so, als ob sie nicht da wären. Wenn Du schon mit andern zusammen bist, dann denk daran, daß doch etwas Gemeinsames vorhanden ist, was stärker ist als das Trennende u. versuche, daran anzuknüpfen. Natürlich nicht gewaltsam das Gespräch auf Religion bringen wollen; aber die Gelegenheiten, wo sich Wesentliches sagen läßt, nicht vorbei gehen lassen und sich der schlichten Form anpassen, die den andern zugänglich ist.

Daß Dir die Schwächen der Menschen in die Augen fallen, braucht Dich nicht bedenklich zu machen. Ein falscher Idealismus hat keinen Wert. Aber traue nicht allzuviel auf Deinen scharfen Blick. Ins Innere des Herzens schaut doch nur Gott. Er sieht das Schlimme, sieht aber auch das kleinste Goldkörnchen, das uns oft entgeht u. das doch nirgends ganz fehlt. Glaube an dieses Körnchen in jedem Menschen u. suche dafür scharfe Augen zu bekommen.

Ich glaube auch, daß Du eine einfache Seele bist. Aber Dein Verstand bewegt sich in sehr verschlungenen Linien. Darum kannst Du nicht einfach reden u. schreiben, u. die Menschen, die sich an diese greifbaren Äußerungen halten – das sind wohl die meisten –, werden dadurch irregeführt. Von diesem unruhigen Gesellen rühren auch die häufigen Verwirrungen her; Du hörst auf ihn u. auf das, was er hier u. dort aufschnappt, u. das macht Dich unsicher, obgleich Du im Grunde Deines Herzens Deinen Weg ganz genau weißt. Ich glaube, es wäre gut, wenn Du ihn auf schmale Kost setzen würdest, mehr beten u. weniger lesen, auch mit andern Menschen möglichst wenig diskutieren. Ich meine, man soll sich im Verkehr mit Mitmenschen darauf einstellen, was ihnen nottut oder auch, was einem selbst nottut, wenn es jemand ist, von dem man Hilfe erwarten kann.

Du mußt Dich nicht zu sehr an die gelesenen Gedankenzusammenhänge halten. Was Du früh ohne Anstrengung u. langes Besinnen im Gedächtnis hast, darein vertiefe Dich (nicht es wie ein Pensum wiederholen); überlege, was es für Dich persönlich sagt: dann ergibt sich der Vorsatz von selbst. Ein allgemeines Schema kann man nicht aufstellen, man muß ausprobieren, wann u. wie es am fruchtbarsten ist.

[1] Elly Dursy, als Seminaristin in St. Magdalena und als Junglehrerin sehr mit Edith Stein verbunden, geb. am 21. 1. 1910 in Lambrecht/Pfalz, trat am 17. 9. 1938 in den Karmel Kordel ein, der später nach Waldfrieden bei Auderath übersiedelte. Elly Dursy hatte vor dem Eintritt in den Orden die meisten der Briefe Edith Steins vernichtet, sich jedoch Abschriften wichtiger Stellen gemacht. Sie stellte die Fragmente für diese Briefausgabe zur Verfügung, wofür ihr herzlicher Dank gesagt sei. Elly Dursy, im Orden Sr. Elisabeth von der Göttlichen Vorsehung, starb im Karmel Waldfrieden bei Auderath am 16. 5. 2003.

128

Edith Stein an Ludwig Husse[1]

Beuron, 2. I. 31

Pax!
Hochwürdiger Herr Pfarrer,

das Gewissen hat sich in meinen Beuroner Weihnachtstagen manchmal gerührt und mir vorgehalten, daß mir für den 13. I. ein Vortrag bevorsteht. Sie werden aber begreifen, daß mir hier kein anderes Thema einfallen wollte als das Weihnachtsgeheimnis selbst. Glauben Sie, daß es geht, einfach zu sagen: „Das Weihnachtsgeheimnis“[2]? Bitte, geben Sie mir nach Speyer Bescheid; ich bin am 5. wieder dort, reise morgen hier ab und noch über Freiburg[3].

Nun wünsche ich Ihnen noch nachträglich, daß die Hl. Zeit Ihnen reiche Gnaden gebracht haben möge, einen guten Vorrat für das neue Jahr.

Mit ehrfürchtigem Gruß Ihre ergebene
Edith Stein

[1] Ludwig Husse, Pfarrer an St. Ludwig in Ludwigshafen, geb. am 20. 12. 1890 in Speyer, gest. 15. 4. 1976 in Ludwigshafen. Husse war Träger des Bundesverdienstkreuzes, Ehrenbürger der Stadt Ludwigshafen; Papst Johannes XXIII. verlieh ihm den Titel eines Päpstlichen Hausprälaten. Er engagierte sich in starkem Ausmaß in der Caritas- und Sozialarbeit.
[2] Edith Stein hielt am 13. 1. 1931 in Ludwigshafen, in der Ortsgruppe des Katholischen Akademikerverbandes, den Vortrag „Das Weihnachtsgeheimnis. Menschwerdung und Menschheit.“ Er wurde publiziert in der Zeitschrift „Die katholische Schweizerin“, hg. vom Schweizerischen katholischen Frauenbund, 23. Jg. Nr. 3, 5. Dezember 1935 und Nr. 4, 15. Januar 1936 (Einsiedeln), später auch in: ESW XII, 196–207. In Ludwigshafen traf Edith

Stein im Haus des Chirurgen Dr. Max Hirschler, dessen Frau Dr. med. Helene Hirschler aus Breslau stammte und mit Edith Stein befreundet war, den Philosophen Ernst Bloch (1885 Ludwigshafen – 1977 Tübingen). Nach der Aussage von Hirschlers Sohn Eric E. Hirshler (USA) hatten Edith Stein und Ernst Bloch eine lange und ernste Unterredung miteinander, in der Wohnung seiner Eltern in Ludwigshafen (am „Rheinblock"). Nach seiner Erinnerung fand diese Begegnung nach dem Ludwigshafener Vortrag statt. (Aus: Waltraud Herbstrith [Hg.], Erinnere dich – vergiß es nicht, Annweiler/Essen 1990, S. 265 f.)

[3] Edith Stein besuchte in Freiburg Husserl und die Benediktinerinnen von St. Lioba.

129

Petrus Jans[1] an Edith Stein

Ansichtskarte: Abtei Neuburg am Neckar

Poststempel: Ziegelhausen (Neckar), 4. 1. 31
Neuburg, 3. I. 31

Frl. Dr. Edith Stein
Speyer a. Rh./ St. Magdalena

Grüß Gott!

Ihnen, sehr verehrtes Frl. Dr., herzlichen Dank für Ihr Grüßen aus der Heimat[2]. Im November war ich ja auch dort, ganz überraschend war es gekommen. Und denken Sie sich – ich war fremd in der alten Heimat, quasi hospes pertransiens[3]. Bei den l⟨ie⟩b⟨en⟩ Toten in der Gruft fand ich Anschluß. Dagegen tauchte das kleine Neuburg umso mehr als Heimat auf, weil das ganze Streben ihm gilt.- Die gute Nachricht über Sr. Irmgard K[4]. freut mich *sehr.* Wenn man mitgeraten hat, ist man auch mitinteressiert. – Ihnen Gottes reichsten Segen für 1931.

Es grüßt Sie herzlich
Ihr erg⟨ebener⟩ P. P⟨etrus⟩ OSB

[1] Petrus (Anton) Jans, Mönch der Abtei Neuburg bei Heidelberg, geb. am 2. 4. 1887 in Kreßbach/Tübingen, gest. am 15. 3. 1970 in der Neersdommer Mühle bei Kempen, beigesetzt in der Totengruft der Abtei Neuburg. P. Petrus war Malermönch, ausgebildet an der Düsseldorfer Akademie. Eingetreten war er in die Abtei Beuron, kam aber 1927 in die Neugründung Neuburg. Diese Niederlassung besaß damals noch zwei Höfe am Niederrhein, zu deren Verwalter er bestimmt wurde. Dort bestand eine kleine Kapellengemeinde, die P. Petrus bis zu seinem Tod seelsorglich betreute.

[2] Aus Beuron.

[3] Wie ein Gast auf Durchreise.

[4] Irmgard Koch (vgl. Br. 67 Anm. 1).

130

Edith Stein an Heinrich Finke[1]

St. Magdalena, 6. I. 31

Hochverehrter Herr Geheimrat,

Frau Geheimrat Husserl[2] hat Ihnen wohl am Sonntag schon angedeutet, warum ich Sie zu sprechen wünschte. Als ich Ostern 29[3] bei Ihnen war, haben Sie mir ernstlich ins Gewissen geredet, mein Pfund nicht zu vergraben. Das ist seitdem noch von mancher andern Seite geschehen. Und ich habe jetzt Schritte getan, mir die Hände frei zu machen. Von Ostern ab werde ich nur noch die Hälfte des Unterrichts hier geben und Ostern 32 ganz fortgehen. Im Vertrauen: es besteht Aussicht auf einen Ruf an eine preußische pädagogische Akademie.[4] Aber seit ich das weiß, beschäftigt mich der Gedanke, daß ich dann Psychologie dozieren müßte und wieder nicht für das frei wäre, was doch meine eigentliche Aufgabe zu sein scheint: die Auseinandersetzung zwischen scholastischer und moderner Philosophie. Wenn also die Universitätslaufbahn möglich wäre, dann würde ich sie entschieden vorziehen, und wenn eine Aussicht in Freiburg wäre, so wäre mir dies aus verschiedenen Gründen das Liebste. Das ist die Sachlage, und nun wäre ich Ihnen für einen Rat außerordentlich dankbar. Wenn Sie mir die Zeit zu einer persönlichen Unterredung schenken wollten, könnte ich einmal Samstag-Sonntag kommen. Wollen Sie die Güte haben, mir mitzuteilen, ob Ihnen das recht wäre und ob der 24./25. I. in Betracht käme, vielleicht auch schon, welche Stunde?

Mit verehrungsvollem Gruß
Ihre dankbare
Edith Stein

Alle Schreiben an und von Heinrich Finke befinden sich im Universitätsarchiv München, Archiv der Görres-Gesellschaft 210. – Gedankt sei Herrn Professor Dr. Rudolf Morsey für die Übersendung der Kopien und für die Abdruckerlaubnis.

[1] Heinrich Finke, geb. am 13. 6. 1855 in Borken, gest. am 19. 12. 1938 in Freiburg, war ein bedeutender Quellenentdecker und Kenner der Geschichte des späten Mittelalters. 1891 wurde er Professor in Münster, von 1899 bis 1928 lehrte er in Freiburg; 1924–1937 war Finke Vorsitzender der Görres-Gesellschaft zur Pflege der Wissenschaft. Die Görres-Gesellschaft machte sich u. a. die Förderung katholischer Wissenschaftler zur Aufgabe. Finke hat das Original von Edith Steins Doktorurkunde mitunterzeichnet: „Henricus Finke pro decano".

[2] Malvine Husserl (vgl. Br. 83 Anm. 4).

[3] Edith Stein hatte die Karwoche und die Ostertage (Ostern war 1931 am 5./6.4.) in Beuron verbracht. An einem der folgenden Tage wird sie Finke aufgesucht haben; am 8. April nahm sie an Husserls Geburtstagsfeier teil.
[4] In Aussicht genommen war die Akademie in Spandau bei Berlin (vgl. ESGA 4, Nr. 150), wo ihr die Professur für Psychologie zugedacht war.

131

Edith Stein an Anneliese Lichtenberger[1]

St. Magdalena, 6. I. 31

Pax!
Liebe Anneliese,

Deine Neujahrswünsche erwidere ich herzlich. Ich habe in Beuron[2] viel an Dich und Dein großes Anliegen gedacht. In St. Lioba[3] habe ich mir noch einmal bestätigen lassen, daß Du vor 21 J⟨ahren⟩ auf die soziale Frauenschule nicht gehen kannst und bis dahin eine praktische Ausbildung durchgemacht haben mußt: Krankenpflege, Säuglingspflege, Kindergarten oder Hauswirtschaft. Tüchtigkeit im Haushalt ist unter allen Umständen erforderlich, denn eine Fürsorgerin kann jederzeit in die Lage kommen, einen fremden Haushalt führen zu müssen. Ich hoffe, Du hast schon angefangen, Deiner Mutter etwas zur Hand zu gehen.

Deinen Mitschülerinnen werde ich gern Deine Abschiedsgrüße bestellen. Du darfst gewiß auch einmal als Gast zu uns kommen.

Mit den besten Grüßen und Wünschen
Deine Edith Stein

[1] Anneliese Lichtenberger, Seminaristin an St. Magdalena, geb. am 4.12.1912 in Schwarzenacker/Saarbrücken, gest. am 29.6.1935 in Ludwigshafen. Anneliese hatte Schwierigkeiten, den Anforderungen des Lehrerinnenseminars nachzukommen.
[2] Edith Stein weilte, laut Gästebuch der Pension Mayer, in Beuron vom 20.12.1930 bis 3.1.1931.
[3] Von Beuron aus nahm Edith Stein die Heimreise über Freiburg und war vom 3.–5.1. im Benediktinerinnenkloster St. Lioba (vgl. Br. 128 Anm. 3).

132

Edith Stein an Anneliese Lichtenberger[1]

St. Magdalena, 8. I. 31[2]

Pax!
Liebe Anneliese,

Dein neuer Entschluß überrascht mich freilich noch mehr als der frühere. Daß Du Dich den Vorstellungen von sachverständiger Seite und den Wünschen Deiner Eltern nicht verschließen willst, ist ja gut. Aber ob der Wechsel der Anstalt vernünftig ist, daran habe ich schwere Zweifel. Wenn Du jetzt in Wettenhausen[3] in die V. Kl⟨asse⟩ eintreten und Ostern die Prüfung mitmachen wolltest, muß man mit großer Wahrscheinlichkeit annehmen, daß das Ergebnis schlechter ausfallen würde als hier. Du müßtest Dich in der kurzen Zeit an neue Lehrkräfte und Schulverhältnisse gewöhnen. Ob Dir das wohl gelingen würde? Frl. Bechtold hat mir öfters geschrieben, wie schwer ihr die Umstellung sei. Handelt es sich um Repetieren der V. Klasse, dann könnte ich es freilich verstehen, daß Dir das anderswo weniger schwer fiele als hier.

Nun überleg Dir die Sache nochmal gründlich; prüfe Dich auch, ob nicht ein gewisser Stolz bei dem Entschluß mitgewirkt hat und ob der es wohl wert ist, über die Vernunft gestellt zu werden. Wie Deine Entscheidung auch fallen mag: ich wünsche von Herzen, daß sie für Dich zum Guten ausschlagen möchte.

Mit den besten Wünschen und Grüßen Deine
Edith Stein

[1] Vgl. Br. 131 Anm. 1.
[2] Hs.: 30; vom Kontext her wohl ein Schreibfehler.
[3] Auch in Wettenhausen (Kammeltal) gab es ein von Dominikanerinnen geführtes Lehrerinnenseminar.

133

Edith Stein an Anneliese Lichtenberger[1]

St. Magdalena, 15. I. 31

Pax!
Liebe Anneliese,

als Dein Brief heute kam, hatte ich sofort den Gedanken: wenn Du doch die Seminarausbildung abschließen willst, warum dann freiwillig ein Jahr drangeben? Warum kommst Du dann nicht zu uns zurück und versuchst Ostern die Prüfung? Natürlich müßtest Du das allgemeine Erstaunen über Dich ergehen lassen. Aber das wäre schnell vorbei. Ich sage vorläufig niemandem etwas. Aber wenn Du Dich entschließen kannst, dann rate ich Dir, sofort einfach zu kommen. Man wird Dich nicht wieder wegschicken. Wenn Du mir noch vorher schreibst, will ich Frau Präfektin[2] u. Direktorin[3] vorbereiten.

Herzlichst
Deine Edith Stein

[1] Vgl. Br. 131 Anm. 1.
[2] Gemeint ist die Präfektin des Internates in St. Magdalena, Amata Schäfer OP (vgl. Br. 119 Anm. 5).
[3] Direktorin des Lehrerinnenseminars war Scholastica Eiswirth OP, geb. am 1.7.1886 in Eschbach, gest. am 21.2.1966 in Speyer.

134

Edith Stein an Callista Brenzing[1]

St. Magdalena, 18.I.31

Pax!
Liebe Frau Callista,

eben habe ich einen kleinen Aufmunterungsgruß an Ihre Namensschwester in Würzburg[2] geschrieben. Nun kommen Sie an die Reihe. Ihren lieben Brief habe ich noch im geliebten Beuron bekommen. Mein Herz ist noch dort und kommt nur her, wenn ich es nötig brauche; im übrigen wartet es, bis ich wieder hinkomme, d.h. voraussichtlich zur Karwoche. In der Osterwoche soll ich in München sein. Dann sind Sie nicht mehr dort.

Sr. Agnellas[3] Los dürfen Sie sich nicht zu traurig denken. Das lange Leiden ihres Vaters war freilich schwer, der Tod war eine Erlösung. Das Direktorat hat sie wohl noch für einige Zeit nicht zu fürchten. Sie wurde schon in Gemünd[4] im Frühjahr darüber beruhigt (von der Würdigen Mutter[5]), daß sie das natürlich nicht sofort aufgebürdet bekäme. Wenn es kommt, wird sie sich darein finden, und es wird auch ein gesünderer Zustand – für die ganze Anstalt – sein als der gegenwärtige eines seit langer Zeit dauernden Provisoriums. Leicht ist ihre Situation nicht, aber sie hat die innere Kraft dafür und als starke Stütze die Gewißheit, daß die Würdige Mutter eines Geistes mit uns ist und daß in Sr. Callista und ⟨Sr.⟩ Reinhildis[6] die künftigen Bundesgenossen nahe sind.

Sr. Reinhildis war durch ihre zarte Gesundheit immer das Sorgenkind ihres Vaters und wird auch für das Kloster immer eins sein. Ich hoffe aber, daß ihr ungewöhnlich rasch und leicht arbeitender Verstand viel von den mangelnden Körperkräften ausgleichen wird. Ich freue mich, daß Sie sie noch für ein paar Monate in München haben konnten. Vielleicht darf sie Sie auch später mal besuchen.

Wenn Newman[7] offiziell anerkannt ist, dann ist er natürlich viel besser als Hume[8]. Also war es ein glückliches Mißverständnis. Viele gute Wünsche zum Abschluß und herzliche Grüße,

Ihre E. St.

Wenn Sie Sr. R⟨einhildis⟩ oder P. P⟨rzywara⟩[9] in den nächsten Tagen sehen, bitte, viele Grüße und an den Pater die Botschaft, daß für ihn in St. M⟨agdalena⟩ bereits Quartier gemacht ist.

[1] Vgl. Br. 70 Anm. 1.
[2] An Callista Kopf OP (vgl. Br. 59 Anm. 1), die damals in Würzburg studierte.
[3] Vgl. Br. 48 Anm. 1.
[4] In Gemünd hatten die Dominikanerinnen von St. Magdalena eine Filiale, St. Catharina. Gegründet 1926, enthielt sie eine Haushaltungsschule mit Internat. Die Anstalt wurde 1944 von der deutschen Wehrmacht beschlagnahmt, im Dezember desselben Jahres durch Bomben zerstört und später nicht wieder errichtet.
[5] Ambrosia Heßler OP (vgl. Br. 119 Anm. 6).
[6] Reinhildis Ferber (vgl. Br. 88 Anm. 5).
[7] John Henry Newman, geb. am 21.2.1801 in London, gest. am 11.8.1890 in Birmingham, war zuerst Anglikaner und eine führende Gestalt in der Oxfordbewegung. Er konvertierte 1845 zur röm.-kath. Kirche, empfing die Priesterweihe, wurde Rektor der Katholischen Universität in Dublin, 1879 zum Kardinal kreiert. Er führte das Oratorium des hl. Philipp Neri in England ein, dem er selbst angehörte.
[8] David Hume (vgl. Br. 49 Anm. 3). Callista Brenzing hatte (vielleicht bei Edith Stein selbst?) um Rat gefragt, welchen Philosophen sie für ihr Staatsexamen als Spezialgebiet angeben solle. Man hatte ihr Hume genannt, sie hatte aber Newman verstanden.
[9] Vgl. Br. 69 Anm. 2.

135

Edith Stein an Adelgundis Jaegerschmid[1]

St. Magdalena, 19. I. 31

Pax!
Liebe Sr. Adelgundis,

gewiß wundern Sie sich, daß ich noch gar nichts von mir hören ließ. Es liegt daran, daß ich selbst noch nichts gehört habe. Ich schrieb sofort nach meiner Rückkehr an Finke[2], ob ich den 24./25. I. kommen dürfe. Darauf kam noch keine Antwort. Vielleicht wäre es Ihnen jetzt doch mal möglich, zu ihm zu gehen[3]? Nicht in meinem Auftrag; aber es würde ja wohl dann zwanglos zur Sprache kommen und Sie würden hören, ob er mich sprechen will. (Ohne Bescheid von ihm komme ich natürlich nicht.) Wenn die Sache ganz aussichtslos ist – und von sachverständiger Seite wird mir das versichert –, so ist es ihm ja sicher lieber, mir das nicht persönlich zu sagen. Sie können ihm auch begreiflich machen, daß mich die ganze Sache nicht innerlich berührt und daß ich weder enttäuscht noch betrübt bin, wenn nichts daraus wird. Wenn ich bis spätestens Freitag einen Bescheid haben könnte, wäre ich aus praktischen Gründen recht dankbar. Ich könnte mich ja sonst gar nicht mehr bei Ihnen anmelden; außerdem möchte ich, wenn ich nicht zu fahren brauche, anders über meinen Sonntag verfügen, d.h. die Darmstädter Konvertitin[4] herkommen lassen. Sie würde sich mir übrigens gern auf der Fahrt nach Freiburg anschließen, aber ich glaube, daß ich das diesmal besser nicht in die Wege leite, weil ich mich ja doch nicht um sie kümmern könnte. Meinen Weihnachtsvortrag[5] habe ich tippen lassen. Wenn ich käme, würde ich ihn mitbringen; zum Verschicken reichen mir vorläufig die Exemplare nicht. Von dem Salzburger Vortrag[6] bekam ich heute Druckbogen. Grüßen Sie, bitte, Sr. Placida[7] und die Bewohner von St. Placidus. Einen ehrfürchtigen Gruß an Wohlehrwürden Mutter Priorin[8].

Herzlichst Ihre Edith

[1] Vgl. Br. 80 Anm. 1. [2] Vgl. Br. 130 Anm. 1.
[3] Die Historikerin Adelgundis Jaegerschmid hatte bei Heinrich Finke promoviert.
[4] Alice Reis (vgl. Br. 121 Anm. 10).
[5] Vgl. Br. 128 Anm. 2. [6] Vgl. Br. 98 Anm. 3.
[7] Vgl. Br. 38 Anm. 1. St. Placidus ist ein kleines Gästehaus von St. Lioba.
[8] Maria Benedicta Föhrenbach (vgl. Br. 90 Anm. 12).

136

Heinrich Finke[1] an Maria Schlüter-Hermkes[2]

Maschinendurchschlag

20. Januar 31

Sehr verehrte Frau Doktor!

Vielleicht kennen Sie die Schülerin von Husserl[3] Dr. Edith Stein, die ja katholisch wurde und von Husserl außerordentlich geschätzt wird. Sie ist jetzt bei den Schwestern in Speyer und unterrichtet dort. Sie fragt mich, ob sie am Samstage oder Sonntage mich besuchen könne. Ich vermute, daß sie wegen einer Habilitation mit mir sprechen will. Eine Anstellung an einer pädagogischen Akademie scheint ihr in Aussicht zu stehen, doch hat ⟨sie⟩ wegen ihrer Studien keine besondere Lust dazu. Von Ihnen möchte ich gern wissen, ob Sie vom Kathol⟨ischen⟩ Frauenbund aus und mit wieviel jährlich Sie wohl diese begabte katholische Dame als Privatdozentin unterstützen können. Vielleicht haben Sie die große Güte, mir bis Samstag eine Andeutung zu geben. Am 10. März soll ich zur Reichskommission nach Berlin und werde dann vielleicht versuchen, Ihnen meine Aufwartung zu machen.

Mit vielen guten Wünschen für Sie und Ihren Herrn Gemahl
Ihr ganz ergebenster ⟨Heinrich Finke⟩

[1] Vgl. Br. 130 Anm. 1.
[2] Maria Schlüter-Hermkes, eine der führenden Frauen in der katholischen Frauenbewegung, geb. am 14.11.1889 in Düsseldorf, gest. am 11.7.1971 in Erpel/Neuwied, bestattet in Rhöndorf; zeitweise in Berlin wohnhaft und stark von Carl Sonnenschein angeregt, seit 1954 Mitglied des Exekutivrates der UNESCO, auch schriftstellerisch tätig.
[3] Vgl. Br. 1 Anm. 1.

137

Edith Stein an Erna Herrmann[1]

St. Magdalena, 21. I. 31

L. E.,

es tut mir sehr leid, daß auf den guten Anlauf im neuen Jahr so schnell wieder ein Rückfall gefolgt ist. Wenn ich dächte, Ihnen damit etwas Gutes zu tun, hätte ich wohl heute oder schon Sonntag alles andere bei Seite geschoben, um nach Ihrem Befinden zu sehen. Aber ich bin nach wie vor fest davon überzeugt, daß ich Ihnen damit nur schaden würde. Wenn es Ihnen wirklich um Förderung im inneren Leben zu tun ist, werden Sie es lernen – wie alle andern Menschen, die zu diesem Zweck zu mir kommen –, auf meine Lebensverhältnisse Rücksicht zu nehmen. Nächsten Samstag-Sonntag muß ich leider verreisen.[2]

Gute Besserung!

Ihre E. Stein

[1] Vgl. Br. 84 Anm. 1.
[2] Nach Freiburg (vgl. Br. 135 und Br. 136).

138

Maria Schlüter-Hermkes[1] an Heinrich Finke[2]

Berlin- Charlottenburg, 22. 1. 31
Lietzenseeufer 8, C 3 Westend 5967

Hochverehrter Herr Geheimer Rat,

der Frauenbund hat gar kein Geld. Trotzdem würde ich es nicht für ausgeschlossen halten, daß aus kath⟨olischen⟩ Frauenkreisen etwas Geld für ein Stipendium für E⟨dith⟩ Stein zu bekommen wäre. Wir haben am 8. Februar in Köln[3] Vorstandssitzung. Ich will dann versuchen, für 5 Jahre je 600 M loszueisen. Die Aussicht ist aber nicht groß. Ich will mein Bestes tun.

Es wäre uns eine große Freude, Sie um den 10. III. herum bei uns begrüßen zu dürfen.

Ich bitte, mich Ihrer lieben Frau Gemahlin angelegentlichst zu empfehlen.

Mit herzlichen Grüßen von Haus zu Haus bin ich, hochverehrter Herr Geheimer Rat,
Ihre ergebenste Maria Schlüter-Hermkes

[1] Vgl. Br. 136 Anm. 2.
[2] Vgl. Br. 130 Anm. 1.
[3] In der Kaesenstraße 18; dieses Haus wurde 1929 vom Katholischen Deutschen Frauenbund als Zentrale erworben.

139

Edith Stein an Heinrich Finke[1]

St. Magdalena, 26. I. 31

Sehr verehrter Herr Geheimrat,

so schnell, wie es mir möglich ist, den Bericht über meine Besuche bei den Philosophen: Heidegger[2] erschien durchaus nicht dämonisch, sondern freundlich und wohlwollend. Er erklärte, er habe weder sachlich noch persönlich etwas einzuwenden. Nur müßte er sich, ehe er mir eine Zusage gäbe, mit der Regierung in Verbindung setzen, ob noch ein Privatdozenten-Stipendium zu haben sei. Anders ginge er an keine Habilitation heran. Daran merkte ich, daß er glaubte, ich wolle mich bei ihm habilitieren. Aber ehe ich noch zu Ende überlegt hatte, wie ich ihn darüber aufklären sollte, sagte er selbst: wenn ich für die Zukunft an eine katholische Berufung dächte, sei es für mich besser, es *nicht* bei ihm, sondern bei Honecker[3] zu machen; und auch für die Gegenwart sei es vorteilhafter, denn für einen katholischen Dozenten könnte die Regierung schon der Parität halber kein Stipendium abschlagen. Ich solle Honecker darauf gleich aufmerksam machen. Herr Prof. Honecker schien mir erst reservierter. Er wies zunächst auf seine eigenen Kandidaten[4] hin, von denen er einen bestimmt in Freiburg haben möchte. Schließlich gab er doch die Versicherung, er werde die Arbeit selbstverständlich ganz objektiv beurteilen, und darüber hinaus freue er sich persönlich, mit mir zusammen zu arbeiten. Beide haben geraten, den Versuch zu wagen. So bin ich mit allen verblieben wie mit Ihnen: daß ich jedenfalls jetzt eine Arbeit[5] in Angriff nehmen werde; und wenn sie mir glückt und keine sonstigen Schwierigkeiten auftauchen, werde ich sie einreichen.

Ihnen möchte ich zur Orientierung über meine Lage noch sagen: es kommen jetzt im Februar – März bei uns die Prüfungen, bei denen ich stark beteiligt bin. Außerdem wird der Druck des Thomas-Werks[6] mir immer noch zu schaffen machen. Auch für die Zeit nach Ostern habe ich bereits eine Reihe von Verpflichtungen außer der Schularbeit, die ich behalte, übernommen: Vorträge und einige pädagogische Aufsätze, um die ich von dem Düsseldorfer Institut[7] gebeten wurde. Ich habe das alles angenommen, weil ich schon von Ostern ab, infolge der stark verminderten Schultätigkeit, etwas Nebenverdienst brauchen werde. Aber Sie werden verstehen, daß ich unter diesen Umständen nicht daran denken kann, bis Juni eine große und gründliche Arbeit fertig zu bekommen. Die großen Ferien werde ich sicher noch hinzunehmen müssen; sie sind seit Jahren meine Hauptarbeitszeit.

Ich möchte Ihnen noch besonders danken, sehr verehrter Herr Geheimrat, daß Sie mir für finanzielle Beihilfe sorgen wollen. Es wäre mir gar nicht eingefallen, Sie darum zu bitten. Ich habe niemals jemand anders in Anspruch nehmen müssen als früher meine Mutter. Und seit ich in Speyer bin, habe ich eher für andere sorgen können als umgekehrt. Aber ich sehe natürlich ein, daß es nötig ist umzulernen, und bin herzlich dankbar für Ihre Fürsorge. Wenn die Görresgesellschaft[8] mir schon für den Winter etwas bewilligen könnte, so wäre das eine sehr wertvolle Entlastung für die Vorbereitungszeit; ich wäre dann nicht mehr gezwungen, so viel Nebenarbeit anzunehmen.

Nochmals herzlichen Dank für Ihre große Güte und Hilfsbereitschaft und ergebenste Grüße,
Ihre Edith Stein

[1] Vgl. Br. 130 Anm. 1.
[2] Martin Heidegger (vgl. Br. 73 Anm. 9).

[3] Martin Honecker, katholischer Philosoph, geb. am 3.6.1888 in Bonn, gest. am 20.10.1941 in Freiburg. Seit 1924 hatte Honecker in Freiburg einen Lehrstuhl inne.

[4] Die beiden Kandidaten waren Gustav Siewerth und Max Müller. Gustav Siewerth, geb. am 28.5.1903 in Hofgeismar, gest. am 5.10.1963 in Freiburg, lehrte nach dem Krieg in Aachen als Philosoph neothomistischer Richtung, allerdings stark von Heidegger beeinflußt. Max Müller, geb. am 6.9.1906 in Offenburg, gest. am 18.10.1994 in Freiburg, war – auch er von Heidegger sehr beeinflußt – damals Assistent bei Honecker. Er führte in Zusammenhang mit Edith Steins Habilitationsversuch im Auftrag Honeckers einige Gespräche mit ihr. Er charakterisiert sie aus diesen Begegnungen folgendermaßen: „Edith Stein war sehr hübsch gekleidet. Sie wirkte auf mich lebensfroh, weiblich, charmant, von Hoffnung erfüllt auf eine Universitätskarriere." (Zit. nach: W. Herbstrith, Erinnere dich – vergiß es nicht, Annweiler 1990, S. 205.)

[5] Diese Arbeit ist die Studie „Potenz und Akt", ESGA 10.

[6] Ihre Übertragung „Des hl. Thomas von Aquino Untersuchungen über die Wahrheit", Breslau, 2 Bde. 1931 u. 1932, Wörterverzeichnis 1934; ESGA 23 und 24.

[7] Auf Anregung des Zentralkomitees der deutschen Katholiken war bereits 1911 die „Katholische Schulorganisation" gegründet worden, deren Zentrale sich in Düsseldorf befand (Reichsstr. 20).

[8] Die Görresgesellschaft hat Edith Stein mehrmals mit einem Stipendium unterstützt. Bei einer Vorstandssitzung im Rektoratszimmer der Philos.-Theol. Fakultät zu Regensburg am 4.9.1931, bei der Heinrich Finke die Leitung, Martin Honecker die Protokollführung übernommen hatte, wurden unter dem Besprechungspunkt „Ausgaben" die Stipendiengesuche erörtert und dabei die Kandidaten in 3 Klassen rubriziert. Edith Steins Name erscheint in der 2. Kl. unter den Habilitanden, „die kurz vor der Habilitation stehen". Im Folgenden wurde für Edith Stein dreimal eine Summe bewilligt: 500,–, 600,- und 450,– Rm. (aus dem Archiv der Görresgesellschaft, Universität München).

140

Edith Stein an Adelgundis Jaegerschmid[1] und Placida Laubhardt[2]

St. Magdalena, 26.I.31

Pax!
Liebe Schwestern,

bis zum Rötebuckweg 47[3] wird wohl Sr. Adelgundis berichtet haben. Auf mein Klingeln sprang etwas innen die Stufen zur Tür herunter, was offenbar schon gewartet hatte. Das war der ältere Bub[4], der offenbar instruiert war, mich zu empfangen, und das tadellos besorgte. Das war ein freundlicher Anfang. Heidegger[5] war gar nicht erstaunt über meine Frage, sagte, er sei weder sachlich noch persönlich im mindesten dagegen. Eine Zusicherung könne er allerdings erst geben, wenn er bei der Regierung ermittelt hätte, ob er ein Stipendium für mich bekäme. Daraus sah ich, daß er meinte, ich wollte es bei ihm machen. Ich überlegte, wie ich es anfangen könnte, ihn davon abzubringen. Aber er kam mir zu Hilfe: wenn ich an eine katholische

Berufung dächte, wäre es bei ihm für mich sehr unpraktisch. Und auch ein Stipendium wäre anders viel leichter zu haben; Honecker[6] könnte es die Regierung schon der Parität halber nicht abschlagen, weil er bisher noch niemanden hätte. Ich war sehr erstaunt, als ich auf der Straße stand. Honecker war anfangs zurückhaltender. Schließlich hat aber auch er erklärt, daß er die Sache vor der Fakultät vertreten wolle und sich nur ausbedungen, daß sein eigener Kandidat dadurch nicht ausgeschlossen würde. Bei der nächsten Fahrt nach Karlsruhe[7] wolle er auch wegen des Stipendiums dort sprechen. Bei Husserls[8] war große Überraschung und Freude über das Ergebnis. Ich bin übrigens erst um ½6 gefahren. Ich hätte zur Not noch den früheren Zug erreichen können, aber ich hätte dann unmittelbar beim Aufstehen vom Mittagessen fortstürzen müssen, und das habe ich den alten Herrschaften doch nicht zumuten dürfen. So konnten sie ihre Mittagsruhe halten – ich wurde auch zwangsweise auf ein Sofa gelegt – und dann noch in Ruhe etwas mit mir sprechen. Frau Husserl brachte mich zur Bahn.

Nun danke ich Euch noch für Euer Gebet und Sr. Placida dafür, daß sie die Enttäuschung über mein Schlafburschen-Benehmen heruntergeschluckt hat. Es hat mir doch sehr gut getan, daß ich in St. Lioba über Nacht sein und das Alma redemptoris mater[9] hören durfte. Die andere Welt wäre sonst doch gar zu schwer zu ertragen.

Bitte, betet weiter. Ich werde es in der kommenden Zeit sehr nötig haben.

Herzlichst
Eure Edith

[1] Vgl. Br. 80 Anm. 1.
[2] Vgl. Br. 38 Anm. 1.
[3] In Freiburg am Rötebuckweg 47 wohnte Heidegger.
[4] Der ältere Sohn war Jörg Heidegger; er wurde Diplomingenieur und führte später als Studienprofessor junge Referendare des Maschinenbaus in ihren Beruf ein (briefliche Mitteilung von Dr. Hermann Heidegger vom 8. 8. 1978 an die Herausgeberin).
[5] Vgl. Br. 73 Anm. 9.
[6] Vgl. Br. 139 Anm. 3.
[7] Hauptstadt des damaligen Freistaates Baden und Sitz des Badischen Kultusministeriums.
[8] Edmund Husserl (vgl. Br. 1 Anm. 1) und seine Frau Malvine Husserl (vgl. Br. 83 Anm. 4).
[9] Marianische Schlußantiphon am Ende der Komplet („Güt'ge Mutter des Erlösers") in der Advents- und Weihnachtszeit (bis zum 2. Februar).

141

Heinrich Finke[1] an Edith Stein

Maschinendurchschlag

⟨Freiburg,⟩ 3. Februar 31

Sehr verehrtes Fräulein Doktor!

Ich freue mich über das Entgegenkommen der beiden hiesigen Dezernenten[2] und hoffe, daß Sie in absehbarer Zeit zur Habilitation kommen, möchte aber nochmals bitten, die andere Angelegenheit[3] nicht ganz beiseite zu schieben. Ihre Bewerbung um ein ev⟨entuelles⟩ Stipendium dürfen wir wohl im Juli oder August dieses Jahres erwarten.

Mit freundlichster Begrüßung
⟨Heinrich Finke⟩

[1] Vgl. Br. 130 Anm. 1.
[2] Die Professoren Martin Heidegger (vgl. Br. 73 Anm. 9) und Martin Honecker (vgl. Br. 139 Anm. 3).
[3] Die Berufung an eine Pädagogische Akademie (vgl. Br. 130 Anm. 4).

142

Heinrich Finke[1] an Maria Schlüter-Hermkes[2]

Maschinendurchschlag

⟨Freiburg,⟩ 3. Februar 31

Hochverehrte gnädige Frau!

Die Habilitierung der Fräulein Dr. Stein wurde von den Professoren Heidegger und Honecker[3] freundlich begrüßt. Da sie unzweifelhaft eine glänzende Habilitationsschrift machen wird, so steht der Habilitation wohl nichts im Wege, es sei denn das Geld. Kommt sie zustande, so muß ja satzungsgemäß die Görres-Gesellschaft für die Habilitandin eintreten. Gut wäre es aber doch, wenn Sie es gütigst bewirken könnten, daß der Frauenbund etwas täte. Ich darf wohl bitten, die Sache diskret zu behandeln, sodaß nichts in die Öffentlichkeit kommt. Wahrscheinlich wird die Habilitation erst nächstes Frühjahr erfolgen. Ich freue mich auf das Wiedersehn im Herbst.

Mit hochachtungsvoller Begrüßung an Sie Beide von uns Beiden
Ihr ⟨Heinrich Finke⟩

[1] Vgl. Br. 130 Anm. 1. [2] Vgl. Br. 136 Anm. 2.
[3] Martin Heidegger (vgl. Br. 73 Anm. 9) und Martin Honecker (vgl. Br. 139 Anm. 3).

143

Edith Stein an Callista Kopf[1]
Postkarte: Ansicht von Maria Laach

Poststempel: unleserlich

Ehrw. Sr. M. Callista O.P.
Würzburg
Petererpfarrgasse 3

St. Magdalena, 8. II. 31

Pax!
Liebe Sr. Callista,

einen kurzen aber herzlichen Gruß als Ausdruck der Freude über den zurückgelegten Weg[2] und Aufmunterung für den noch übrigen von

Ihrer treuen E. St.

[1] Vgl. Br. 59 Anm. 1. [2] Bestandener 1. Teil des Staatsexamens.

144

Albert Schmitt[1] an Edith Stein

Postkarte: Ansicht der Abtei Grüssau (alter Stich)

Poststempel: Grüssau (Kr. Landeshut, Schles.)
12. 3. 31

Frl. Dr. E. Stein
Speyer a. Rh.
St. Magdalena

Verbindl⟨ichen⟩ Dank für Ihre neue Arbeit.[2] Ich beglückwünsche Sie aufrichtig dazu.- Hoffentl⟨ich⟩ geht es Ihnen immer befriedigend. Bei uns will heuer der Winter gar nicht weichen. Schnee, Schnee + immer noch mehr Schnee. Aber das wird auch einmal aufhören. Alles Gute + Gott befohlen

Abt Schmitt
12. III. 1931

[1] Vgl. Br. 95 Anm. 1.
[2] Vermutlich das soeben erschienene Büchlein mit Edith Steins Salzburger Vortrag „Das Ethos der Frauenberufe“.

145

Edith Stein an Erna Herrmann[1]

St. Magdalena, 12. III. 31

L⟨iebe⟩ E⟨rna⟩,

dieses Buch habe ich vor einiger Zeit mit großer Freude gelesen (ich hatte es nur geliehen). Es ist aber vielleicht anders, als Sie erwarten: nicht die Konversionsgeschichte, sondern Darstellung des Lebens im Karmel.

Herzlichen Gruß und gute Wünsche für den Schluß des 1. Schuljahres
Ihre E. St.

[1] Vgl. Br. 84 Anm. 1.

146

Edith Stein an Callista Kopf[1]

Beuron, 28. III. 31

Meine liebe Sr. Callista,

wenn Sie diesen Brief bekommen, ist hoffentlich alle Qual[2] vorbei. Ich schreibe ihn auf Vorrat, weil ich morgen, am Palmsonntag, schon gern mit dem Schweigen beginnen möchte. Ich packe Ihnen aber schon von den ersten beiden Tagen – ich bin seit Donnerstagabend hier – eine ganze Fülle von Frieden und Ruhe und Liebe hinein. Und wenn Sie davon erfüllt sind, dann darf ich Ihnen wohl die Botschaft sagen, mit der ich Sie vor der Prüfung noch verschonen wollte: Ich habe am Donnerstag von St. Magdalena Abschied genommen. Der hl. Thomas[3] ist nicht mehr zufrieden mit den abgesparten Stunden; er will mich ganz. Am Osterdienstag muß ich noch zu einer Tagung nach München[4] (Junglehrerinnen von ganz Bayern, auch etwa 15 Pfälzerinnen werden kommen).Von dort gehe ich vorläufig nach Breslau, um in aller Stille eine große Arbeit[5] zu fördern, die ich angefangen habe. Für später sind verschiedene Aussichten vorhanden. Sr. Agnella[6] ist über alles orientiert und kann Ihnen mündlich berichten. Daß ich auf die Weise noch einmal längere Zeit zu Hause sein kann, ist sicher sehr gut. Meine Schwester[7] scheint es eben besonders nötig zu haben.

Nun wünsche ich Ihnen nach der schlimmen Fastenzeit recht gnadenreiche Kar- und Ostertage, ebenso Sr. Immolata[8]. Ihnen und allen lieben Schwestern in Speyer herzlichste Grüße,

Ihre Edith Stein

[1] Vgl. Br. 59 Anm. 1. [2] Examensnöte.
[3] Edith Stein hatte in den wenigen freien Stunden, die andere Verpflichtungen ihr ließen, des hl. Thomas Untersuchungen über die Wahrheit ins Deutsche übertragen.
[4] Die Ostertagung der Junglehrerinnen des Vereins katholischer bayerischer Lehrerinnen fand in München statt (im Alemannenhaus Kaulbachstr. 20) vom 7. bis 11. April. Der Begrüßungsabend fand am Dienstag um 19h statt, am folgenden Morgen um 8h eine Pontifikalmesse des Kardinals Michael v. Faulhaber in dessen Hauskapelle (Promenadestr. 7) und um 10h der Vortrag Edith Steins „Die Bestimmung der Frau". Dieser Vortrag wurde auszugsweise veröffentlicht in der Jugend-Nummer der Zeitschrift „Zeit und Schule", Nr. 2, 16. Februar 1931, S. 67f. (vollständig in: ESGA 13, 46–55). Die Rückreise nach Breslau unterbrach Edith Stein in Landshut, um die Abtei Seligenthal – und dort besonders Frau Callista Brenzing OCist. (vgl. Br. 70 Anm. 1) – zu besuchen. Sie schenkte ihr das Büchlein „Das Ethos der Frauenberufe" (Augsburg 1931) mit der Widmung: „Zur Erinnerung an den 11./12.IV.31. E. St.", das im Klosterarchiv von Seligenthal aufbewahrt wird. Vermutlich am Montag, den 13.4. nahm Edith Stein den Rückweg „via Hof-Dresden nach Breslau" (vgl. Br. 147). Am 14.IV. schrieb sie wieder aus Breslau.
[5] Die als Habilitationsschrift gedachte Studie „Potenz und Akt" – (so lautet das Manuskript; Edith Stein sagt jedoch selbst oft „Akt und Potenz").
[6] Agnella Stadtmüller (vgl. Br. 48 Anm. 1. [7] Rosa Stein (vgl. Br. 10 Anm. 2).
[8] Immolata Matheis (vgl. Br. 59 Anm. 7).

147

Edith Stein an Erna Herrmann[1]

Ansichtskarte: Erzabtei Beuron vom Knopfmacherfelsen

⟨Beuron⟩ 1.IV.31

L⟨iebe⟩ E⟨rna⟩,

Ihre beiden Briefe habe ich hierher bekommen. Wenn Sie nicht nach Speyer zurückgingen, würde es mir als ein halber Verzicht auf die Konversion erscheinen. Sie würden sich neu an die Familie binden und wohl schwer zum zweitenmal loslösen. Von einer Beschwerde über die Noten würde ich dringend abraten. Sie würden sich dadurch nur in der Schule unmöglich machen und auch bei der Regierung nicht angenehm. 2 heißt immerhin „lobenswert" – das ist kein Prädikat, über das man sich beschweren kann. Die Klage über Einsamkeit erscheint mir etwas undankbar gegen unsere guten Schwestern, bes⟨onders⟩ Sr. Raymunda[2], die sich so liebevoll um Sie annahm. Hoffentlich macht Ihnen Resl[3] wieder etwas Mut. Mein Weg geht weder über Nürnberg noch über Bamberg: von hier Ulm-München. Dann direkt via Hof-Dresden nach Breslau.

Mit allen guten Wünschen
Ihre E. St.

[1] Vgl. Br. 84 Anm. 1.
[2] Raymunda Klein OP, geb. am 14.12.1873 in Thaleischweiler, gest. am 17.6.1938 in Speyer. [3] Therese Neumann (vgl. Br. 87 Anm. 6).

148

Edith Stein an Anneliese Lichtenberger[1]

Ansichtskarte: Erzabtei Beuron – Inneres der Kirche

Frl. Anneliese Lichtenberger
Speyer a. Rh.

14. IV. 31

Liebe Anneliese,

eben kam Dein lieber Willkommengruß. Herzlichen Dank und alles Gute!

Deine Edith Stein

[1] Vgl. Br. 131 Anm. 1.

149

Edith Stein an Erna Herrmann[1]

Ansichtskarte: Kurhotel „Esplanade" Davos

Breslau X, Michaelisstr. 38

Poststempel: Breslau, 17.4.31

Fräulein Erna Herrmann
Speyer a. Rh.
Marthaheim
Guido-Stiftsplatz

17. IV. 31

Viel Glück zum neuen Schuljahr! Es freut mich, daß Sie gute Tage in K⟨onnersreuth⟩ hatten. Ich glaubte, die Tatsache, daß ich Ihnen aus Beuron schrieb, sei genügend Antwort auf die Frage, ob die Verbindung aufrecht erhalten werden sollte. Ich habe noch niemanden ohne Antwort gelassen, der einen Rat von mir wünschte. Nur geht es nicht immer sofort und nicht immer ausführlich.

Alles Gute und viele Grüße, auch an alle Bekannten in Sp⟨eyer⟩,
Ihre E. St.

[1] Vgl. Br. 84 Anm. 1.

150

Edith Stein an Adelgundis Jaegerschmid[1]

Breslau X, 28. IV. 31
Michaelisstr. 38

Liebe Sr. Adelgundis,

Sie fragen, ob ich *schon* mit meiner Arbeit angefangen habe. Das ist Ende Januar[2], 2 Tage nach der Rückkehr aus Freiburg, geschehen, und in den 6 Wochen, die ich in Speyer noch arbeiten konnte, ist ein ziemlich umfangreiches M⟨anu⟩s⟨kript⟩ gewachsen. Zugleich ist aber klar geworden, daß die Kombination mit der Schule und allem Sonstigen nicht lange möglich wäre. Und so habe ich 2½ Wochen vor Schulschluß nochmals eine Beratung mit unserer Würdigen Mutter[3] herbeigeführt, und sie hat mich im vollen Verständnis für meine Situation freigegeben. Bei den andern gab es eine große Bestürzung, als ich am Schulschlußtag[4] plötzlich Abschied nahm. Die Kinder und die meisten Schwestern haben vorher gar nichts erfahren. Die wenigen Eingeweihten halfen mir in rührender schwesterlicher Liebe, daß ich in der kurzen Zeit neben der Schule die ganze Packerei bewältigen und nach Schulschluß sofort nach Beuron entfliehen konnte. Nach Freiburg möchte ich am liebsten erst kommen, wenn die Arbeit fertig ist. Wann das sein wird, weiß ich nicht. Und wenn der Ruf an die P. A.[5] vorher käme, würde ich vielleicht auf die Habilitation ganz verzichten. Nachdem ich die Arbeit angefangen hatte, war sie mir sofort viel wichtiger als alle Zwecke, denen sie ev⟨entuell⟩ dienen könnte. Gott weiß, was er mit mir vorhat. Ich brauche mich darum nicht zu sorgen.

Das Salzburg-Büchlein[6] konnte ich Ihnen noch nicht schicken, weil die 10 Freiexemplare, die ich selbst erst kürzlich bekam, nicht im entferntesten für meinen Bedarf langten. Ich habe jetzt noch mehr bestellt. Ihre Kritik ist mir nicht ganz klar. Daß der III. Teil nicht ausführlich genug ist, stimmt natürlich (es hätte die ganze religiöse Bildung dazu gehört, wie ich sie mal früher in München[7] behandelte). Aber dann scheint es, daß Sie das Übernatürliche überhaupt nicht einbezogen haben wollten? Doch wenn ich darüber nicht sprechen sollte, würde ich wohl überhaupt auf kein Rednerpult hinaufgehen. Es ist im Grunde nur eine kleine, einfache Wahrheit, die ich zu sagen habe: wie man es anfangen kann, an der Hand des Herrn zu leben. Wenn dann die Leute ganz etwas anderes von mir verlangen und mir geistreiche Themen stellen, die mir sehr fernliegen, dann kann ich sie nur als Einleitung nehmen, um schließlich auf mein Ceterum censeo[8] zu kommen. Vielleicht ist das eine sehr anfechtbare Methode. Meine ganze Rednertätigkeit ist so über mich hereingebrochen, daß ich noch gar nicht prinzipiell darüber nachgedacht habe. Wahrscheinlich werde ich das einmal tun müssen.

Daß eine lit⟨urgische⟩ Beratung in Aussicht steht, hörte ich in Beuron. Ich freue mich, daß Ihr Weg nun deutlicher wird.

Mit den herzlichsten Wünschen für Sie und Ihre Arbeit,
Ihre Edith

1 Vgl. Br. 80 Anm. 1.
2 Vgl. Br. 139.
3 Ambrosia Heßler OP (vgl. Br. 119 Anm. 6).
4 Am 26. März, Donnerstag vor Palmsonntag; gegen Abend kam Edith Stein in Beuron an.
5 Pädagogische Akademie; in Aussicht genommen war Spandau oder schon Münster.
6 „Das Ethos der Frauenberufe", Augsburg 1931: ihr am 1.9.1930 auf der Salzburger Akademikertagung gehaltener Vortrag.
7 Den Vortrag, den Edith Stein vermutlich hier meint, fand ich bisher nur in einem ihrer Briefe an Ingarden angedeutet. Am 11.VII.29 (Nr. 127) schreibt sie: „Vom 18.VII. bis etwa 25.VIII. werde ich dort ⟨d.h. in Breslau⟩ sein, dann einige Tage in München (da habe ich einen Vortrag zu halten)." Dazu vgl. Nr. 80 Anm. 2 u. 3. Das dort erwähnte Klerusblatt gab den Vortrag auch als Separatdruck heraus. Ein Exemplar davon hat Edith Stein an Frau Callista Brenzing OCist. in der Weihnachtszeit 1929 (?) geschenkt, denn es trägt in ihrer Handschrift die Worte „Gloria in excelsis!" Diese Kopie und alle zugehörigen Angaben verdanke ich Irene Schneider OCist./Seligenthal.
8 „Im übrigen denke ich": stehende Schlußformel, mit der Cato d.Ä. alle seine Senatsreden beschlossen haben soll: „… Carthaginem esse delendam" – „… daß Karthago beseitigt werden muß." Sprichwörtliche Wendung für etwas, auf das unweigerlich zurückzukommen ist.

151

Edith Stein an Anneliese Lichtenberger[1]

29.IV.31
Breslau X, Michaelisstr. 38

Pax!
Liebe Anneliese,

Du hast die Bilder in der Beuroner Kirche aufmerksamer studiert als ich. Das Deckengemälde soll die Gründungslegende darstellen: wie die Muttergottes dem Herzog Rupertus[2] erscheint und ihm zeigt, wo das Kloster hinkommen soll. Ich weiß nicht, welche Vögel Du auf den Altarbildern meinst. Die hl. Scholastica[3] und die hl. Gertrud[4] haben, soweit ich mich erinnere, Tauben. Was die bedeuten, ist Dir klar, nicht wahr? Auf dem Guten Hirten-Bild ist ein Raubvogel, der auf das Lämmchen herabstoßen will. Das wirst Du auch verstehen. Sonst erinnere ich mich an keine. Ist die Lehrübung gut vorbeigegangen? Natürlich mußte es Rechnen sein, damit Du bald etwas zulernst! Weiter alles Gute!

Deine Edith Stein

[1] Vgl. Br. 131 Anm. 1.
[2] Hier scheint Edith Stein sich geirrt zu haben: der Gründer des Klosters soll ein Graf Peregrin v. Hoßkirch gewesen sein (gemäß Auskunft von Werner Feger OSB/Beuron).
[3] Scholastica, nach der Überlieferung eine Schwester des hl. Benedikt von Nursia, Benediktinerin und Äbtissin, lebte von ca. 480 bis um 550 in der Nähe des Klosters Montecassino.
[4] Gertrud die Große von Helfta, geb. am 6. 1. 1256, gest. Mitte November 1302, Zisterzienserin, herausragende Mystikerin und Schriftstellerin.

152

Edith Stein an Heinrich Finke[1]

Breslau X, 6. V. 31
Michaelisstr. 38

Hochverehrter Herr Geheimrat,

heute darf ich Ihnen endlich den I. Band meiner Thomas-Übertragung[2] überreichen. Zugleich möchte ich Ihnen berichten, daß ich seit Ostern nicht mehr im Schuldienst bin. Ich fing Ende Januar, sofort nach meiner Rückkehr aus Freiburg, eine Arbeit[3] an und kam auch schnell hinein, merkte aber bald, daß sie neben dem Speyerer Betrieb nicht zu Ende gedeihen könnte. Man hat mich freigegeben, und nun bin ich in meiner Heimat, um hier zu arbeiten. Schnell werde ich trotzdem nicht zum Abschluß kommen, denn es müssen nun einmal alle Prinzipienfragen zwischen Thomas und Husserl in mir zur Diskussion kommen.

Wegen des Rufes an eine Pädagogische Akademie habe ich noch keine endgültige Nachricht. Es wird aber mit großer Bestimmtheit für Ostern 1932 darauf gerechnet. Daß ich ihn annehmen müßte, ist mir schon klar. Wenn er schon in den nächsten Monaten käme, schiene mir eigentlich der Habilitationsversuch nicht mehr recht sinnvoll. Darf ich noch einmal um Ihre gütige Meinungsäußerung bitten, was Sie in diesem Fall für ratsam hielten?

Wenn bis zum Juli noch nichts entschieden ist, möchte ich mir erlauben, nach Ihrem freundlichen Rat das Gesuch an die Görresgesellschaft zu richten. Wäre es wohl möglich, daß das Stipendium schon für den Winter bewilligt würde[4], da ich ja der Arbeit wegen meine Stellung aufgegeben habe und ganz ohne festes Einkommen bin.

Nun habe ich noch ein schlimmes Versäumnis nachzuholen: ich bin noch immer nicht Mitglied der Görresgesellschaft. Wollen Sie mich gütigst aufnehmen und mich über meine Pflichten aufklären?

Mit verehrungsvollem Gruß
Ihre dankbare Edith Stein

[1] Vgl. Br. 130 Anm. 1.
[2] Des hl. Thomas von Aquino Untersuchungen über die Wahrheit (Quaestiones disputatae de veritate), in deutscher Übertragung von Edith Stein, mit einem Geleitwort von Martin Grabmann, I. Band (Quaestio 1–13), Verlag Otto Borgmeyer/Buchhandlung/, Breslau 1931 (ESGA 23).
[3] Vgl. Br. 139 Anm. 5.
[4] Vgl. Br. 139 Anm. 9.

153

Edith Stein an Erna Herrmann[1]

Breslau X, 11. V. 31
Michaelisstr. 38

Pax!
Liebes Fräulein Herrmann,

meine Antwort hat wieder länger, als ich wollte, auf sich warten lassen. Indessen ist der 8. Mai vorübergegangen, damit auch Ihre 1. Lehrprobe, hoffentlich recht gut. Sie haben mir den Tag Ihrer Hl. Taufe[2] nicht verraten. Ich würde ihn gern aus der Ferne mitfeiern. Ich freue mich natürlich herzlich, daß er nun so nahegerückt ist. Ich wünsche Ihnen von Herzen, daß es der Tag einer wirklichen neuen Geburt wird. Dann wird Ihnen die Taufgnade und die immer neue Stärkung durch die Hl. Sakramente die Kraft geben, alle Schwierigkeiten zu tragen, die Auseinandersetzung mit Ihren Angehörigen und das Abschlußjahr im Seminar mit seinen kleinen und kleinlichen alltäglichen Plagen.

Ich bleibe vorläufig in Breslau, nur manchmal werde ich vorübergehend zu Vorträgen verreisen müssen, z. B. nächstens nach Wien. Wer die Freundin ist, die eine Tante in Bamberg hat, weiß ich nicht.

Im Kloster hat sich schon manches ereignet, seit ich fortbin. Ich habe treue Berichterstatter. Von Sr. Raymunda[3] hörte ich noch nichts. Grüßen Sie sie, bitte, herzlich, falls Sie sie sprechen.

Mit den besten Wünschen und herzlichen Grüßen
Ihre Edith Stein

[1] Vgl. Br. 84 Anm. 1.

[2] Erna Herrmann wurde am 13.9.1931 durch Bischof Dr. Ludwig Sebastian (vgl. Br. 49 Anm. 1) in dessen Hauskapelle in Speyer getauft; sie wählte als Taufnamen Maria und Theresia (v. Lisieux). Als Taufpatin war Therese Neumann aus Konnersreuth zugegen (mit mehreren Begleitern). Am selben Tage empfing Erna die 1. Hl. Kommunion; am folgenden Tag, 14.9., wurde sie gefirmt. (Auch Edith Stein war von Bischof Sebastian in seiner Hauskapelle gefirmt worden, am 2.2.1922.) Firmpatin für Erna Herrmann war Uta Freiin v. Bodman (vgl. Br. 77 Anm. 5). Das Bistumsblatt von Speyer „Der christliche Pilger" brachte in der folgenden Woche einen sehr ausführlichen Bericht über den Besuch Therese Neumanns im Speyerer Dom und im Bischofshaus.

[3] Raymunda Klein OP (vgl. Br. 147 Anm. 2).

154

Heinrich Finke[1] an Edith Stein

Maschinendurchschlag

⟨Freiburg⟩ 19. Mai 31

Sehr verehrtes Fräulein Doktor!

Herzlichen Dank für Ihre Sendung. Ich habe darin zu lesen begonnen und finde, daß Thomas[2] Gebiete berührt, die mich gerade augenblicklich bewegen. Leider kann ich mit den Lösungen noch nicht allzu viel anfangen. Das wird aber wohl an mir liegen, nicht an Thomas und noch weniger an Ihnen.

Ich bitte Sie auf jeden Fall, Ihr Gesuch im nächsten Monat bei Allgeier, Kartäuserstraße 41 hier einzureichen, und ich habe keinen Zweifel, daß das Stipendium schon für den Winter bewilligt werden kann.

Mitglied der Görresgesellschaft wird man, indem man sich bei der Geschäftsstelle Köln, Marzellenstraße 35 anmeldet.

Mit freundlichsten Grüßen
⟨Heinrich Finke⟩

[1] Vgl. Br. 130 Anm. 1. [2] Thomas v. Aquin (vgl. Br. 152 Anm. 2).

155

Franz Pelster[1] an Edith Stein

Rom 9, Via Ripetta 246, den 19.5.31

Sehr geehrtes Fräulein Dr.,

in den letzten Tagen erhielt ich Ihre so freundliche Gabe, für die ich Ihnen herzlich danke. Es ist nicht die Findigkeit der Post, sondern die Ehrlichkeit des falschen Empfängers, der ich es verdanke, daß die Gabe an die richtige Adresse gelangte. Ich kann Ihnen zu der Übersetzung[2] nur aufrichtig Glück wünschen. Trotz einer alteingewurzelten Abneigung gegen alle Übersetzungen gestehe ich gern, daß Sie das Rechte getroffen haben. Übersetzungen sind heute leider absolut notwendig und die Ihrige gefällt, was man nicht gerade von allen derartigen Übersetzungen sagen kann. Es will mir sogar scheinen, daß Sie ein wenig den Beruf verfehlt haben. Ihre Textkorrekturen und Konjekturen von damals und die Art der Übertragung verrät ausgesprochene philologische Begabung. Ich erlaube mir, noch eines beizuzufügen. Mir will scheinen, daß Sie durch die resolute Auswahl einen guten Weg beschritten haben. Bei den Scholastikern, auch bei Thomas[3], muß man sich durch unendlich viel mehr oder minder wertlosen Ballast hindurcharbeiten. Den Wissenschaftlern fehlt nun aus lauter Genauigkeit u. Gewissenhaftigkeit der Mut, sich davon zu befreien. Da ist es gut, daß einmal eine Frau kommt und resolut sagt: Lassen wir dies wertlose Zeug beiseite. Ich würde es sehr begrüßen, wenn Sie nach der gleichen Methode auch andere Werke von Thomas und nicht nur von Thomas – es ist ein fundamentaler Irrtum, wenn man alles Heil in der scholastischen Philosophie von Thomas erwartet u. andere, wie Heinrich von Gent[4], Scotus[5], Aureoli[6], Ockham[7] unberücksichtigt läßt – übersetzen wollten. Wir gewännen so allmählich auch eine deutsche Terminologie der Scholastik, welche das M⟨i⟩t⟨telalter⟩ besaß, die uns aber stark abhanden gekommen ist. Sehr gut scheint mir, daß Sie oft den lateinischen Ausdruck angeben.

Recht gern bin ich bereit, irgendwo eine Besprechung zu schreiben. Mit nochmaligem Dank u. Glückwunsch verbleibe ich

Ihr ganz ergebener F. Pelster S. J.

[1] Vgl. Br. 69 Anm. 1. [2] Vgl. Br. 152 Anm. 2. [3] Vgl. Br. 45 Anm. 6.

[4] Heinrich v. Gent, bedeutender Scholastiker, geb. um 1217 in Gent, gest. am 29. 6. 1292, Lehrer an der Universität Paris, wissenschaftlicher Gegner des Thomas v. Aquin.

[5] Johannes Duns Scotus, scholastischer Philosoph und Theologe, geb. 1266 in Schottland, gest. am 8. 11. 1308 in Köln, hervorragender Vertreter der franziskanischen Schule; sein Grab ist in der Minoritenkirche in Köln.

[6] Petrus Aureoli († 1322), Franziskaner und Scotist, Vorläufer von Ockham.

[7] Wilhelm von Ockham (um 1290/1300–1350), Franziskaner und bedeutender Nominalist.

156

Edith Stein an Anna Boßlet[1]

Mödling b. Wien, 23. V. 31
Pfingstvigil

Pax!
Liebes Annchen,

Deinen lieben Brief bekam ich kurz vor meiner Abreise von Breslau, sonst hätte ich noch eher geantwortet. Ich hatte schon oft an Dich gedacht und freute mich sehr, etwas zu hören. Ich hoffe auch bestimmt, daß wir uns noch wieder mal sehen, und ich finde, daß Du keinen Grund hast, Dich dann zu schämen. Wenn man so oft zusammen beim Heiland gewesen ist wie wir beide, dann darf man ruhig auch einmal davon miteinander sprechen. Gäbe es nur recht viele Menschen, mit denen man das könnte, ohne fürchten zu müssen, daß etwas Heiliges entweiht wird! Laß Dir ruhig soviel Zeit in der Kirche, wie Du nötig hast, um Ruhe und Frieden zu finden. Das kommt dann nicht bloß Dir zugute, sondern auch der Arbeit und allen Menschen, mit denen Du zu tun hast.

Ich habe mich auch für die Pfingsttage in die Einsamkeit geflüchtet. Wie Du siehst, in fremdem Lande. Am 30. muß ich in Wien eine Rede zu Ehren der hl. Elisabeth halten[2] (gelt, da hilfst Du mir mit einem Memento!). Ich bin früher gefahren, weil es zu Hause an Festen besonders schwer für mich ist (Du weißt ja sicher, daß meine Angehörigen nicht unsern Glauben haben). Ich bin aber auch nicht…t ich bin. Denn …… in Wien ge…… ich gern in …… Hier ist ein …… Steyler Missionäre …… werde mit den Gästen des Klosters verköstigt, ein Zimmer habe ich bei einigen Kreuzschwestern in der Nähe[3].

Montag fahre ich nach Wien zurück, dann werde ich mit sehr viel Menschen zusammen sein müssen[4]. Ich bekomme überall immer sehr schwierige Dinge in die Hände und bin immer froh, wenn ich denke, daß noch viele von Euch an mich denken und mir helfen.

… und viele herz⟨liche Grüße⟩
Deine Edith Stein

[1] Schülerin Edith Steins an St. Magdalena in Speyer (Lehrerinnenseminar).

[2] Die Katholische Reichsfrauenorganisation, unter Führung ihrer Präsidentin Fürstin Fanny Starhemberg, hatte zum Dritten katholischen Frauentag aus Anlaß der 7. Zentenarfeier des Todestages der hl. Elisabeth v. Thüringen nach Wien eingeladen. Die Tagung fand statt vom 26.–31. Mai und versammelte nicht nur Vertreterinnen der Frauenverbände aus Österreich und dem umliegenden Ausland, sondern auch führende Persönlichkeiten des öffentlichen Lebens und der Aristokratie, prominente Geistliche, Künstler und Wissenschaftler. In Vorträgen, Aussprachen und Beratungen kamen fast alle Gebiete des Frauen-

lebens zur Sprache. Edith Stein hielt ihren Vortrag „Elisabeth v. Thüringen – Natur und Übernatur in der Formung einer Heiligengestalt“ im großen Sitzungssaal des Wiener Landhauses (= Sitz des niederösterreichischen Landtages), Herrengasse 13, am Samstag, den 30. Mai 1931, um 19.30 Uhr. Über die Tagung wurde in der Presse mehrere Tage hindurch spaltenlang berichtet. Der Vortrag Edith Steins wurde veröffentlicht in: „Das neue Reich“, Wochenzeitschrift für Kultur, Politik und Volkswirtschaft (Innsbruck, München) 13. Jg. Nr. 37 vom 13. Juni und Nr. 38 vom 20. Juni 1931, später in ESW XII, 126–138, ESGA 19. – In Wien wohnte Edith Stein bei der Familie von Prof. Dr. Rudolf Allers, Dittesgasse 32 (vgl. Br. 159 Anm. 3).

3 An dem vierfach zusammengefalteten Brief wurde eine Ecke so herausgerissen, daß einige Sätze der Handschrift nicht mehr vollständig zu lesen sind. Es ist aber zu erkennen, daß Edith Stein über Pfingsten Gast war im Missionshaus St. Gabriel in Mödling bei Wien, wo die Steyler Patres (Gesellschaft des Göttlichen Wortes) noch heute ein großes Studienzentrum unterhalten. Edith Stein nahm an den Gottesdiensten in der Klosterkirche und an den Mahlzeiten des Gästehauses teil, mußte jedoch wegen des Andrangs von Besuchern im nahegelegenen Schwesternheim in der Weyprechtgasse nächtigen. Das Haus bewohnten Barmherzige Schwestern vom Hl. Kreuz (Mutterhaus Laxenburg bei Wien), die in der Umgebung in der Hauskrankenpflege eingesetzt waren.

4 Edith Stein blieb bis zum 13. 6. in Wien.

157

Edith Stein an Anneliese Lichtenberger[1]

Ansichtskarte: Jerusalem, Blick zum Ölberg

Fräulein Anneliese Lichtenberger
Speyer
St. Magdalena

⟨Breslau⟩ 9. VI. 31

Liebe Anneliese,

nur einen kurzen Gruß. Die Schwestern im 4. St⟨ock⟩[2] werden Deine Hilfe gewiß gern annehmen. „Allgemein-menschliche Züge“ sind solche, die allen Menschen gemeinsam sind, im Gegensatz zu den individuellen und denen eines besonderen Typus (z. B. des weiblichen).
Den Mut nicht verlieren, auch wenn äußerlich alles schief geht!

Herzlichst Deine E. Stein

1 Vgl. Br. 131 Anm. 1.

2 Anneliese Lichtenberger wohnte im Internat der Dominikanerinnen von St. Magdalena in Speyer.

158

Edith Stein an Fritz Kaufmann[1]

Breslau X, Michaelisstr. 38, 14. VI. 31

Lieber Herr Kaufmann,

endlich komme ich dazu, eine lange angehäufte Dankesschuld bei Ihnen zu tilgen. Ich habe Ihnen nie für Ihre Arbeiten gedankt, nie etwas dazu geschrieben (weil ich keine Zeit fand, sie zu lesen, obwohl sie viele Monate wartend auf meinem Schreibtisch in Speyer lagen). Die Unmöglichkeit, allen drängenden Verpflichtungen nachzukommen, hat mich schließlich genötigt, von St. Magdalena fortzugehen. (N⟨ota⟩ b⟨ene⟩ die finanzielle Katastrophe traf nicht St. M⟨agdalena⟩, sondern ein anderes Speyerer Kloster. Die guten Schwestern haben mich sehr ungern gehen lassen und nur, weil sie die vis maior[2] einsahen.) Ich dachte, Sie seien unterrichtet; Husserl[3] versprach mir, als ich Ende Januar für einen Sonntag in Freiburg war und sehr bedauerte, Sie nicht sprechen zu können, Ihnen alles zu erzählen. Damals habe ich mit Honecker und Heidegger über die Möglichkeit der Habilitation gesprochen und bei beiden freundliches Entgegenkommen gefunden[4]. Seit Ostern bin ich zu Hause, mit einer großen Arbeit[5] beschäftigt, die mir unter den Händen unübersehbar anschwillt, weil ich doch so viele Jahre zu verarbeiten habe. Vielleicht werde ich im Herbst nach Freiburg kommen; sicher ist es noch nicht, weil noch andere Möglichkeiten schweben.

Daß es mit dem Thomas[6] *so* lange dauerte, war nicht meine Schuld. Erst war es schwierig, für das große Werk einen Verlag zu finden. Dann zog sich der Druck des I. B⟨an⟩des von Juni vorigen Jahres bis Anfang Mai hin. Das Rezensionsexemplar habe ich Ihnen schicken lassen, weil ich zu wenig Freiexemplare bekam, um meine alten Freunde zu versorgen. Es würde mir (des Verlages wegen) genügen, wenn Sie eine kurze Notiz in den Logos[7] brächten. Wenn Sie es ausführlich machen wollten, so würde ich das als ein freies Geschenk von Ihnen dankbar annehmen. Der Verleger wollte die Zeitschriften verständigen. Ich weiß aber nicht, ob es geschehen ist. Darum wäre es mir lieb, wenn Sie selbst mit Kroner sprechen wollten.

Sollte ich wirklich nach Freiburg kommen, so würden wir ja Gelegenheit haben, alles nachzuholen, was seit Jahren an persönlichem und brieflichem Verkehr gemangelt hat. Auf meiner Seite ändert dieser Mangel nicht viel an der Aktualität der Beziehungen. Der Kreis der Menschen, die ich als zu mir gehörig betrachte, ist im Lauf der Jahre so angewachsen, daß es ganz unmöglich ist, den Verkehr in den üblichen Formen zu pflegen. Ich habe aber andere Mittel und Wege, die Verbindung lebendig zu erhalten.

Ihnen und den Ihren herzliche Grüße,
Ihre Edith Stein

[1] Vgl. Br. 2 Anm. 1. [2] Höhere Gewalt.
[3] Vgl. Br. 1 Anm. 1. [4] Vgl. Br. 139 Abschn. 1.
[5] Vgl. Br. 139 Anm. 5. [6] Vgl. Br. 152 Anm. 2.
[7] „Logos“ nannte sich eine von Richard Kroner herausgegebene Zeitschrift für Kulturphilosophie. Nach Kroners Emigration 1933 wurde sie unter dem Titel „Zeitschrift für deutsche Kulturphilosophie. Neue Folge Logos“ von einem weitgehend neuen Mitarbeiterstab fortgesetzt. – Eine Besprechung des Thomas-Bandes befindet sich nicht im „Logos“.

159

Edith Stein an Rosa Magold[1]

Breslau X, Michaelisstr. 38, 16. VI. 31

Pax!
Liebe Rosa,

daß Du alles schreiben darfst, hast Du Dir schon selbst gesagt. Daß ich nicht antworte, wenn die Zeit dazu sich durchaus nicht finden will, habe ich Dir durch die lange Pause bewiesen.

Du wolltest Bücher für Eure Arbeitsgemeinschaft wissen. Wenn ich noch 1 Jahr bei Euch geblieben wäre, hätte ich an Siegfried *Behn*: Philosophie der Werte[2] oder Rudolf *Allers*[3]: Das Werden der sittlichen Persönlichkeit gedacht. Jetzt kämen ja auch Werke von Euerm neuen Jahresplan in Betracht.

Daß in manchen Fragen die Verständigung zwischen der älteren und der jüngeren Generation Schwierigkeiten macht, haben wir ja in München gesehen[4]. Trotzdem soll man sich bemühen, den Zusammenhang zu erhalten. Man wird doch immer lernen, wenn man die Auffassungen der Älteren vorurteilslos anhört und durchdenkt, und erst recht von ihrer Erfahrung. Die Konfessionsschule auf ihre Notwendigkeit zu prüfen und nicht einfach blind zu verteidigen, ist natürlich durchaus erlaubt. Anders wird man nie dahin gelangen, Leute von anderm Standpunkt überzeugen zu können. Vielleicht könnt Ihr bis zum Herbst Fragen sammeln, um sie mir in einer Arbeitsgemeinschaft vorzulegen, am liebsten wohl in Speyer.

Die Frage des Verkehrs mit den jungen Lehrern ist nicht so ganz einfach. Es ist sehr natürlich, daß es einem jungen Menschen Freude macht, mit andern jungen Menschen zusammenzusein. Und es ist auch sehr natürlich, daß es eine besondere Freude macht, mit Menschen des andern Geschlechts zusammenzusein. Ich glaube, daß dies beides der Fall war bei Dir, und Du hättest es Dir ruhig eingestehen sollen – es ist ja auch an sich gar nichts Böses – und nicht meinen, Du dürftest es nur der andern wegen. Wenn man das ganze Leben nur aus Opfern bestehen lassen will, ist die Gefahr des Pharisäertums nahe. Freilich, wenn man merkt, daß an sich unschuldige Dinge einem persönlich gefährlich werden können, dann muß man sich davor hüten. Wenn man einen klaren Klosterberuf hat und ihm folgen will, ist es sicher ratsam, nicht zu nahe mit einem Mann zu verkehren und nicht bei beiden Beteiligten eine Neigung zu nähren, die doch nicht ihre natürliche Erfüllung finden kann. Es wird in den meisten Fällen eine Gefährdung des Klosterberufs sein. Und es kam mir schon oft das Bedenken, daß Du dem Deinen wohl mancherlei zugemutet hast, was ihm nicht dienlich war.

Kulturschichten des Nibelungenliedes[5]: 1.) Germanisch-Heidnisches (Völkerwanderung) für die Entstehungszeit der Sage; 2.) Ritterliche Kultur des 13. Jh. – Entstehungszeit der Dichtung. 3.) Christliches (Ev. Nachlesen in „Mimirs Quell"[6]).

Viele herzliche Grüße Dir und allen Bekannten, die Du siehst,
Deine Edith Stein

[1] Schülerin Edith Steins an St. Magdalena in Speyer, geb. am 6.6.1908 in Spiesen/Saar.
[2] Siegfried Behn, Psychologe und Pädagoge, geb. am 25.5.1908 in Monsfeld/Westpriegnitz, gest. am 7.7.1956 in Berlin, veröffentlichte 1930 sein Werk „Die Philosophie der Werte".
[3] Rudolf Allers, Philosoph und Psychiater, geb. am 13.1.1883 in Wien, gest. um 1960 in Washington, emigrierte 1938 in die USA, war dort Professor für Psychologie und Philosophie. Sein Werk „Das Werden der sittlichen Person" erschien 1929 in Freiburg/Br.
[4] Vermutlich bei der Tagung der Junglehrerinnen am 7./11. April (vgl. Br. 143 Anm. 4).
[5] Bedeutendstes mittelhochdeutsches Heldenepos, in dem Sagen und Lieder verschiedener Herkunft und unterschiedlicher Überlieferungsstränge zu dem heute vorliegenden Lied zusammenwuchsen.
[6] Mimirs Quell findet sich in der sog. Liederedda, und zwar Völuspa (Einführungsgedicht) 28. Durch das Wasser dieser Quelle wird Weisheit gewonnen. (Ich danke Dr. Elisabeth Killy für diese Mitteilung.) – Hier meint Edith Stein ein offenbar von ihr im Unterricht benutztes Schulbuch, nämlich „Mimirs Quell", Lesebuch zur Einführung in die Geschichte der deutschen Nationalliteratur, hg. von Alfons Bock (3 Bde.), Verlag F. Korn, Nürnberg ca. 1910. – Ich danke Herrn Direktor Dr. Schweighöfer herzlich für seine Fahndungen nach diesem Werk.

160

Erich Przywara[1] an Edith Stein

Ansichtskarte: Blick auf Göttingen

Poststempel: Göttingen, 17.6.31

Frl. Dr. Edith Stein
Breslau X/Michaelisstr. 38

Das alte Göttingen grüßt seine alte Philosophin zur Phönixjugend ihrer jungen Professur. (Lipps[2] hat alles erzählt. Deo gratias.)

Der „Zigeuner“[3]

[1] Vgl. Br. 69 Anm. 2.
[2] Vgl. Br. 4 Anm. 7. Lipps wohnte damals in Göttingen, wo Przywara zu Besuch weilte, Am Steinsgraben 28. Leider hatte er eine Falschmeldung verbreitet: Man gewährte Edith Stein keine Professur.
[3] „Seine Musikalität und sein autodidaktisches Spiel ... führt Przywara, wie er gelegentlich lächelnd bemerkte, auf einen ‚Zigeuner‘ unter seinen Vorfahren zurück.“ (Aus: Erich Przywara 1889–1969. Eine Festgabe, Düsseldorf o.J. ⟨1969⟩, Vita – ein Überblick von Gustav Wilhelmy ⟨eigentlich Sigrid Müller⟩ S. 7).

161

Edith Stein an Emil Vierneisel[1]
Pax!

Breslau X, 18.VI.31
Michaelisstr. 38

Sehr geehrter Herr Professor,

da bin ich seit dem 14.IV. und werde voraussichtlich bis zum Oktober seßhaft bleiben. Dann kommt eine Tournée durchs Rheinland u. Süddeutschland. Am 30.V. habe ich tatsächlich in Wien über St. Elisabeth gesprochen[2]. Sie können den Vortrag in „Neues Reich“, 13. u. 20.VI., lesen und dann selbst entscheiden, ob Sie mir die Festrede auferlegen dürfen. Sie sind ja Historiker und können beurteilen, was herauskommt, wenn Ihnen jemand Unberufener ins Handwerk pfuscht. Mir ist von meiner historischen Zeit gerade noch soviel geblieben, um meinen Versuch als sehr dilettantisch zu empfinden. *Diesen* Vortrag würde ich natürlich nicht halten. Einen weiteren Elisabeth-Vortrag habe ich für Köln[3] zugesagt. Was das wird, weiß ich noch nicht, und wo ein 3. für Heidelberg herkommen soll, erst recht nicht. Aber wenn es sein muß, wird es ja möglich sein. Über meinen künftigen Wirkungskreis ist noch nichts entschieden; darum ist es eigentlich etwas gewagt, für November eine Zusage zu geben. Vielleicht können wir wenigstens noch offen lassen, ob 15. oder 22.

Der Vortrag vom 2. XII. ist im Hl. Feuer erschienen, d. h. vorläufig die 1. Hälfte im Mai-Juni-Heft.[4]

Ihnen und den Ihren herzliche Grüße,
Ihre Edith Stein

1 Vgl. Br. 107 Anm. 1. 2 Näheres hierzu vgl. Br. 156 Anm. 2.
3 Der Vortrag „Lebensgestaltung im Geist der hl. Elisabeth" fand am 14. 10. 1931 in Kölner „Großen Saal der Bürgergesellschaft" statt und wurde in der Kölnischen Volkszeitung am 16. 10. 1931 besprochen (vgl. ESW XI, 27–39; ESGA 19).
4 Edith Steins Vortrag in Heidelberg „Der Intellekt und die Intellektuellen" vom 2. 12. 1931 ist publiziert in: „Das Heilige Feuer", religiös-kulturelle Monatsschrift, gegründet 1913, Verlag Jungfermann, Paderborn, 18. Jg., 1. Teil: Heft Nr. 8–9, S. 193–198, 2. Teil: Heft Nr. 10–11, S. 267–272; ESGA 16, 143–156.

162

Sigmund Waitz[1] an Edith Stein
Maschinenschrift

Wappen mit Inschrift: Deus caritas est[2]
Dr. Sigmund Waitz
Bischof u. Apostol⟨ischer⟩ Administrator.
Feldkirch (Vorarlberg), 27. Juni 1931

Verehrtes Frl. Dr.

Von einer Firmungsreise zurückgekehrt, finde ich Ihr Buch de veritate[3] vor und danke nun vielmals für die freundliche Zuwendung. – Ich habe mit Interesse darin gelesen und werde es ausgiebig durchnehmen. – Ich staune über die Vertrautheit mit diesem Stoff. Ich habe noch keine Frau gefunden, die sich mit solchen Studien abgegeben hat. – Ich beglückwünsche Sie zu dem Werke. – Das Neue Reich hat Ihre Wiener Rede[4] bereits veröffentlicht. – Das wird weitere Kreise auf Ihre Arbeiten aufmerksam machen. – Ich wünsche weitere Erfolge auf diesen Gebieten. –

Vielmals grüßend mit meinem bisch⟨öflichen⟩ Segen
in Hochschätzung erg⟨ebener⟩ † S. Waitz, Ep⟨isco⟩p⟨u⟩s

1 Sigmund Waitz, geb. am 29. 5. 1864 in Brixen, gest. am 30. 11. 1941 in Salzburg, dort in der Kathedrale bestattet. Waitz, anfangs Generalvikar und Weihbischof in Feldkirch, dann Apost. Administrator in Innsbruck-Feldkirch, wurde 1934 Erzbischof von Salzburg. Er war ein ungemein tatkräftiger Mann, und zwar auf pastoralem wie auf karitativem, sozialem

und politischem Gebiet. Nach einer fulminanten Predigt im Dom zu Salzburg am Christ-Königs-Fest 1941 gegen das nationalsozialistische Propagandasystem erlitt er einen Herzanfall und starb wenige Tage später.

2 1 Joh 3,9: Gott ist die Liebe.

3 Vgl. Br. 152 Anm. 2.

4 Die Rede über Elisabeth von Thüringen (vgl. Br. 156 Anm. 2).

163

Edith Stein an Adelgundis Jaegerschmid[1]

Breslau X, 28. VI. 31

Pax!
Liebe Sr. Adelgundis,

weil heute bei uns das Fest Johannes des Täufers[2] gefeiert wird (Patron des Domes, der Stadt und der Diözese, dessen Haupt im Stadtwappen geführt und im Dom mit einem Finger als kostbare Reliquie verehrt wird) und weil Sie ihn als Jahresheiligen[3] haben, sollen Sie einen Festgruß haben. Gestern habe ich versucht, etwas Festliturgie zu erhaschen; aber in der Pontificalvesper[4] wurden die Psalmen ⟨mehr⟩stimmig gesungen und mit Orchesterbegleitung. So ist es mir nicht gar so schwer gefallen, heute wieder zu der stummen Liturgie zurückzukehren, die hier mein Anteil ist. Man kann auch so reichlich bekommen, was einem nottut. Das erfahre ich täglich. Aber wenn ich dann mal wieder in der Fülle leben kann, dann merke ich erst, wie ich danach gedürstet habe. Ich wußte, als ich beschloß, von Speyer fortzugehen, daß es sehr schwer sein würde, nicht im Kloster[5] zu leben. Aber daß es so schwer sein würde, wie es die ersten Monate war, habe ich mir doch nicht vorstellen können. Reue habe ich trotzdem noch keinen Augenblick gehabt, denn ich kann nicht daran zweifeln, daß es so ist, wie es sein muß. Als ich von Wien zurückkam, freute ich mich sehr, als Gruß von Sr. Placida Eure Klosterpforte[6] vorzufinden. Es war mir tröstlich, sie anzuschauen und zu denken, daß sich mir da in einigen Monaten ein Asyl auftun werde. Indessen ist aber wieder eine ganz neue Möglichkeit aufgetaucht. Das Folgende vorläufig ganz im Vertrauen für Sie und Sr. Placida. Mein Schwager[7] trifft an einem Dozenten-Stammtisch mit einigen katholischen Theologen zusammen. Einer von ihnen – Koch[8] – hat ihn schon öfters nach seiner Schwägerin gefragt (bes⟨onders⟩ nach Salzburg[9]). Kürzlich erzählte er, daß er in Rom sehr rühmliche Urteile über mich (d.h. über meinen Thomas[10]) gehört habe und mich sehr gern kennenlernen würde, und fragte, ob ich nicht Lust hätte, mich hier zu habilitieren. Ich habe dann zunächst meine Mutter gefragt, ob es ihr recht wäre, wenn ich hier am Ort in aller Öffentlichkeit eine katholische Wirksamkeit ausübte, und zu meiner Überraschung zeigte es sich, daß sie alles in Kauf nehmen will, wenn ich nur hier bleibe. Am Dienstag war Prof⟨essor⟩ Koch zusammen mit mir bei meinen Geschwistern[11] eingeladen. Er wünscht dringend, daß ich hier Phänomenologie (in meiner Modifikation) dozieren könnte, und hat seitdem schon begonnen, den kath⟨olischen⟩ Ordinarius für Philosophie, Prof. Baur[12], in dieser Richtung zu bearbeiten. Morgen soll ich mit Baur zusammen zu ihm zum Kaffee kommen. Ich lasse die Sache ruhig laufen und warte ab, was dabei herauskommt. Meiner Arbeit ist es gleich, wo sie Verwendung findet[13]. Sie hat sich schon zu einem Monstrum ausgewachsen und macht noch gar keine Miene, zu Ende zu gehen. Bis zum Herbst will ich möglichst ununterbrochen dabei bleiben. Für Oktober hat der Akademikerverband mir eine Vortragsreise durch das rheinisch-westfälische Industriegebiet eingefädelt, für die sich bisher 14 Ortsgruppen gemeldet haben.[14] Am 22. XI. soll ich für die Heidelberger Katholiken in der großen Stadthalle die Elisabeth-Jubiläumsrede halten. (Sahen Sie den Vortrag im Neuen Reich vom 13. und 20. VI.?[15]) Und für die 2. Januarhälfte bin ich nach Zürich engagiert für 2 x 4 Vorträge, die ich den katholischen Frauen halten soll. Wo ich die Zwischenzeit verbringen werde, weiß ich noch nicht. Es wird sich nach dem Stand der Habilitationsangelegenheit richten.

Sr. Placida schrieb von der Sorge um Ihren Vater. Natürlich teile ich sie mit Ihnen. Empfehlen Sie mich der Wohlehrwürdigen Mutter Priorin[16] und seien Sie und Sr. Placida herzlichst gegrüßt von Ihrer E. St.

[1] Vgl. Br. 80 Anm. 1.
[2] Das Fest des hl. Johannes des Täufers ist am 24. Juni. In der Diözese wurde die Feier, um die Teilnahme der Gläubigen zu erleichtern, auf den folgenden Sonntag verlegt.
[3] In manchen Orden war es Brauch, an Neujahr einen Heiligen als Jahrespatron auszulosen.
[4] Vesper unter dem Vorsitz des Bischofs.
[5] Edith Stein lebte bei den Dominikanerinnen von St. Magdalena „im Kloster“ als Laienlehrkraft im Pfortengebäude (polizeilich gemeldet vom 15.4.1923 bis 26.3.1931 in der Hasenpfuhlstr. 32).
[6] Das Kloster der Benediktinerinnen St. Lioba in Freiburg-Günterstal hatte ein Foto der Klosterpforte als Postkarte herausgegeben (Sr. Placida: vgl. Br. 38 Anm. 1). Edith Stein plante, in St. Lioba für längere Zeit Wohnung zu nehmen, um die Habilitationsschrift in Ruhe beenden zu können.
[7] Hans Biberstein (vgl. Br. 11 Anm. 2).
[8] Joseph Koch, katholischer Theologe, geb. am 2.5.1885 in Münstereifel, gest. am 10.3.1967 in Köln, war Prof. für systematische Theologie in Breslau (1933–1945); 1948–1954 Ordinarius für Philosophie in Köln.
[9] Dort hielt Edith Stein am 1.9.1930 ihren Vortrag „Das Ethos der Frauenberufe“ bei der Herbstversammlung des kath. Akademikerverbandes.
[10] Vgl. Br. 152 Anm. 2.
[11] Bei Erna und Hans Biberstein, die im Stein'schen Familienhaus Michaelisstr. 38 mit ihren Kindern einen eigenen Haushalt führten.
[12] Ludwig Baur, geb. am 9.4.1871 in Oberdettingen/Württ., gest. 1943. Baur war Professor in Breslau seit 1925.

[13] Hier möchte ich die Gelegenheit ergreifen, um auf die Hypothese einzugehen, die sich in der „Einleitung der Herausgeber“ von ESW XIII „Einführung in die Philosophie“ im Abschn. 3, S. 12f. findet. Es ist mit Sicherheit zu sagen, daß Edith Stein auf das Angebot von Professor Koch hin keine neue Habilitationsschrift begonnen hat, wie dort behauptet wird. Vielmehr hatte sie die Absicht, falls die Möglichkeit sich geboten hätte, die begonnene Arbeit auch in Breslau als Habilitationsschrift einzureichen, nämlich „Potenz und Akt“.

[14] Nach Edith Steins Brief an Roman Ingarden vom 29.11.31 (ESGA 4, Nr. 151) erhöhte sich die Zahl auf 15 Ortsgruppen. Es ist noch nicht gelungen, die Vortragsreise vollständig zu rekonstruieren. Sicherlich hat sie gesprochen in Aachen (vgl. Br. 174, Anm. 3), Bonn (vgl. Br. 178, Anm. 3), Essen (12.10.1931), Gerleve (Coesfeld) in der damaligen Mädchenaufbauschule über die Philosophie des hl. Thomas von Aquin und vor dem Lehrkollegium über Sexalpädagogik; Köln (vgl. Br. 161, Anm. 3), Ludwigshafen, von Speyer aus, Anfang November (vgl. Br. 183), über Elisabeth von Thüringen, Mülheim/Ruhr (im Kammermusiksaal der Stadthalle, über die hl. Elisabeth, angekündigt in der Kölnischen Volkszeitung vom 3.10.1931), Münster (am 23.10.1931, im Festsaal des Cimbernhauses, angekündigt in der Münsterischen Zeitung desselben Tages), Speyer, vermutlich in St. Magdalena, über die hl. Elisabeth (vgl. Br. 174 u. 183), Waltrop/Westf. im Okt. 1931. Edith Stein übernachtete im Herz-Jesus-Haus der Heiligenstädter Schulschwestern in Waltrop. Im Archiv des Akademikerverbandes gibt es darüber keine Unterlagen mehr. Erich Przywara sagt in seinem Buch „In und Gegen“ (Nürnberg 1955, S. 64), ihm sei es gelungen, „Vortragsreisen für sie einzurichten“.

[15] Wiener Vortrag vom 30.5.31 „Elisabeth von Thüringen. Natur und Übernatur in der Formung einer Heiligengestalt“ (ESGA 19/20).

[16] Maria Benedicta Föhrenbach OSB (vgl. Br. 90 Anm. 10).

164

Edith Stein an Erna Herrmann[1]

Breslau X, 1.VII.31
Michaelisstr. 38

Pax!
Liebes Fräulein Herrmann,

diesmal hat die Antwort nicht so schnell kommen können. Trotzdem die Schule jetzt fortfällt, ist meine Zeit nicht weniger ausgefüllt als in Speyer, und keine Uhr (n.b. ich zweifelte nicht daran, wer der Nikolaus war) kann die Tage verlängern. – Es freute mich sehr, aus Ihrem Himmelfahrtsbrief zu sehen, wie sich alles für Sie aufgehellt hat. Die schönen Feste der letzten Zeit und die nahe Aussicht auf Erfüllung Ihrer Wünsche hat hoffentlich Ihre Stimmung indessen noch erhöht. Ob Sie auf mich als Firmpatin rechnen können, scheint mir sehr zweifelhaft. Ich habe allerdings die Absicht, bei Gelegenheit einer großen Vortragsreise auch nach Speyer zu kommen. Aber vor Anfang November wird das kaum sein. Und so lange werden Sie nicht warten wollen. Frl. v. Bodman[2] würde Ihnen gewiß recht gern diesen Liebesdienst tun. Ich denke, daß der Verkehr mit ihr Ihnen viel Freude und Gewinn bringt. Grüßen Sie sie, bitte, herzlich von mir und ebenso alle andern mir Bekannten, die Sie im Kloster[3] zu sehen bekommen. Sollte Ihr Herr Vetter[4] indessen ausgeweiht sein, dann darf ich Sie wohl bitten, ihm meine Glückwünsche zu bestellen.

Mit den besten Wünschen für Sie und in treuem Gedenken
Ihre Edith Stein

[1] Vgl. Br. 84 Anm. 1. [2] Vgl. Br. 77 Anm. 5.
[3] Im Kloster der Dominikanerinnen St. Magdalena in Speyer, wo Erna Herrmann das Seminar besuchte.
[4] Bruno Rothschild (vgl. Br. 87 Anm. 5). – Ausgeweiht sein: mundartlich = die ⟨Priester⟩Weihe empfangen haben. Die Priesterweihe war am 1.7.1932 in Eichstätt, dort auch am folgenden Tag die Primizmesse in der Benediktinerinnenabtei St. Walburga (Aus: Erika Becker, Durch Resl bekehrt, Würzburg 1985, S. 87).

165

Edith Stein an Anneliese Lichtenberger[1]

Breslau X, 4. VII. 31

Pax!
Meine liebe Anneliese,

Du mußt ja bald eine Antwort auf Deine Frage haben. Es wäre schon gut, Deinen Eltern jetzt noch brieflich ein klares Bild der Situation zu geben. Noch klüger wäre es gewesen, sie fortlaufend von allem zu unterrichten. Willst Du nicht gleich auch Deine Eltern bitten zu überlegen, ob Du weiter bleiben sollst oder ob sie Dich jetzt aufhören lassen wollen? Vielleicht kommt dann Dein Vater noch vor Schulschluß nach Speyer, um mit Frau Direktorin[2] zu beraten. Deine Eltern werden ev⟨entuell⟩ auf den Gedanken kommen, Du solltest in die V. Klasse zurückgehen. Ich glaube aber, Frau Direktorin wird ihnen sagen, daß die Wiederholung der V. Kl⟨asse⟩ an den Mißerfolgen in der VI. vermutlich wenig ändern würde. Glaubst Du selbst das nicht auch?

Wenn Deine Eltern zu dem Entschluß kämen, Dich abgehen zu lassen, so sprich den Wunsch aus, daß Du wieder eine geregelte Arbeit bekommst und möglichst eine, die zu beruflicher Tätigkeit und Selbständigkeit führt. Mit der Soz⟨ialen⟩ Frauenschule wirst Du ja nicht so bald wieder kommen dürfen. Am besten wäre es, Deine Eltern raten zu lassen, was Du anfangen sollst. So ziemlich alles, was in Frage käme: Hauswirtschaft, Handelsfächer, Krankenpflege, Kindergarten, wäre ein Schritt näher zum Ziel. Aber wenn auch das nicht: ich glaube, Du brauchst notwendig Arbeit. Und daß Du eine Versorgung brauchst, werden Deine Eltern wohl auch einsehen.

Wenn ich von Deinen Mißerfolgen höre, muß ich immer an einen Vers aus dem 118. Psalm[3] denken: Bonum mihi quia humiliasti me – Es ist gut für mich, daß Du mich gedemütigt hast. Der Herr muß etwas Besonderes mit Dir vorhaben, weil er Dich in eine so harte Schule nimmt. Willst Du Dich nicht dem besondern Schutz der hl. Elisabeth, Deiner Patronin, anvertrauen? Im „Neuen Reich" vom 13. und 20. VI. ist der Vortrag abgedruckt, den ich in Wien über sie gehalten habe. Sr. Agnella[4] kann ihn Dir wahrscheinlich verschaffen. Das Zettelchen gib, bitte, Sr. Agnella ab.

In herzlichem Gedenken
Deine Edith Stein

1 Vgl. Br. 131 Anm. 1.
2 Direktorin des Lehrerinnenseminars: Scholastica Eiswirth OP (vgl. Br. 133 Anm. 3).
3 Nach neuer Zählung Ps 119, 71.
4 Vgl. Br. 48 Anm. 1.

166

Edith Stein an Erna Herrmann[1]

Postkarte

Poststempel: Breslau, 6. 7. 31

Abs.: Dr. E. Stein
Breslau X
Michaelisstr. 38

Fräulein Erna Herrmann
Speyer a. Rh.
St. Guido-Stiftsplatz
St. Marthaheim

6. VII. 31

Liebes Fräulein Herrmann,
Sie bekommen als Drucksache – aber nur leihweise, weil es mein letztes Exemplar ist – den Vortrag, den ich im letzten Jahr in Speyer hielt[2]. Falls Sie etwas daraus verwenden, werden Sie gut tun, es als Zitat zu geben (Herr F[3]. hat meinen Vortrag damals gehört). Wenn Sie Literaturangaben wünschen, könnten Sie sich von Ehrw. Sr. Bonaventura[4] oder von einer Junglehrerin das Fortbildungsprogramm des vergangenen Jahres verschaffen; darin sind die vom Ministerium empfohlenen Bücher zusammengestellt.

Gute Ferien und viele Grüße,
Ihre E. St.

[1] Vgl. Br. 84 Anm. 1. [2] Vgl. Br. 110 Anm. 4. [3] Nicht ermittelt.
[4] Bonaventura Walter OP, geb. am 31.10.1876 in Oggersheim/Ludwigshafen, gest. am 27.12.1951 in Speyer.

167

Edith Stein an Callista Brenzing[1]

Ansichtskarte: Jerusalem, Kreuzerfindungsstätte in der Grabeskirche
Ehrw. Frau M. Callista
O. Cist. Landshut-Seligenthal
Bayern

Breslau X, Michaelisstr. 38, 9. VII. 31

Liebe Frau Callista,

auf Ihre liebe Karte vom 10. V. endlich einen herzlichen Gruß mit guten Wünschen für Ihre Ferien. Daß Sie meinen Thomas[2] verstehen könnten, glaube ich wohl. Aber eine Erholungslektüre wäre es nicht. – Kürzlich lernte ich E. Promnitz,[3] die Hedwigbiographin, kennen. Die könnte Ihnen ev. manche Auskunft geben.[4]

Herzlichst Ihre Edith Stein

[1] Vgl. Br. 70 Anm. 1. [2] Vgl. Br. 152 Anm. 2.
[3] Else Promnitz, Schriftstellerin, geb. am 5.12.1879 in Eintrachthütte bei Beuthen/Oberschlesien (das Todesdatum war nicht zu ermitteln), gab 1926 (Breslau, Verlag Fr. Goerlich) heraus: „Hedwig die Heilige, Gräfin von Andechs-Dießen, Herzogin in Schlesien und Polen. Ein Zeit- und Lebensbild im Anschluß an die Bilderlegende des Schlackenwerther Kodex". Das von Edith Stein Frau Callista OCist. geschenkte Exemplar befindet sich im Klosterarchiv der Abtei Seligenthal, desgleichen „Das mittelalterliche Reimoffizium der hl. Hedwig. Historia rhythmica sive Officium Sanctae Hedwigis, aus dem Lateinischen übertragen von Else Promnitz, Breslau 1926". Dieses Buch trägt von Edith Steins Handschrift den Eintrag: E. Stein, 1926.
[4] Callista Brenzing forschte damals in den schlesischen Zisterzienserinnen-Abteien nach den Ursprüngen der Abtei Seligenthal.

168

Edmund Husserl[1] an Edith Stein

St. Märgen bei Freiburg (bis 31.7.), 17. Juli 1931

Liebes Fräulein Dr. Stein!

Ich habe mich, wie selbstverständlich, über Ihren sehr lieben Brief herzlich gefreut. Ich glaube nicht mehr, daß Sie das „große Hindernis" des sogenannten „transzendentalen Idealismus" überwinden werden oder, was dasselbe, den wirklichen Sinn der transzendental-phänomenologischen Reduktion und die durch diese allein eröffneten unendlichen Arbeitshorizonte erfassen können (Horizonte, in denen alle erdenklichen philosophischen Probleme und alle erdenklichen Wissenschaften überhaupt beschlossen sind). Der ganze Freundes- und Schülerkreis Reinachs[2] ist in dieser selben Situation, derselbe zugleich, auf den Scheler[3] allzustark gewirkt hat. Aber so merkwürdig sind die Sachen, daß auch, wer zwischen transzendentaler Phänomenologie und phänomenologischer Psychologie nicht scheidet und die Wege einer universalen Ontologie (Universum der apriorischen Wissenschaften, als Totalität) geht (dieser eine eidetische Psychologie einordnend), wertvollste Arbeit leisten kann, die ich meiner transzendentalen Phänomenologie einzuordnen vermag.

Vor allem aber, an meinen alten Freunden halte ich fest und habe wärmstes Interesse für ihr Werden und ihre Geschichte.

Was Ihre Frage anlangt, so wußte ich nicht, daß überhaupt eine Vorschrift über den nachfolgenden D r u c k der Habilitationsschrift bestände. Alle Habilitationen, die ich geleitet habe, erfolgten mit Habilitationsschriften, die nachher im Druck sehr wesentlich verbessert wurden. Meine Philosophie der Arithmetik[4] hatte den 3- bis 4-fachen Umfang meiner Habilitationsschrift, deren Ausarbeitung sie war. Auch Beckers[5] und Kaufmanns[6] Veröffentlichungen sind starke Umarbeitungen. Ich denke nicht, daß es in dieser Hinsicht einer Anfrage bei H⟨eidegger⟩[7] & H⟨onecker⟩[8] bedarf, natürlich kann es *gerade in Ihrem Fall* darauf ankommen, daß Sie bei der Publikation genau angeben, in welchen Theorien Sie jetzt Ihre Anschauung geändert hätten. Doch bin ich in keiner Weise maßgebend, da ich nicht Mitglied der Fakultät bin[9] und es auch nicht zu erwarten ist, daß die Fakultät es (für) nötig erachten wird, von mir ein besonderes Gutachten anzufordern. –

Meine Vorträge in Frankfurt (an zwei Tagen), in Berlin und Halle[10] wirkten (was an sich wenig behaglich ist für einen Mann meiner Art) als „Sensation". Aber ich lernte viele sehr ernste Menschen kennen und hatte wirklich Gelegenheit, für die Phänomenologie zu *wirken*. Es wurde sehr viel disputiert und ich kam arg übermüdet heim, aber doch befriedigt. Jetzt arbeite ich an der (erheblichen) Erweiterung meiner Cartesianischen Meditation für das nächste Jahrbuch.[11]

Wir grüßen Sie herzlichst und in alter Freundschaft
E. Husserl

Alle guten Wünsche für einen schönen Abschluß Ihrer Arbeit und schöne Grüße an Ihre gütige Mutter.

Die französische Übersetzung enthält doch, wie sich zeigte, manche arg sinnstörende Übersetzungsfehler.

Stenogramm-Brief, übertragen von Prof. Karl Schuhmann.

[1] Vgl. Br. 1 Anm. 1.

[2] Adolf Reinach (vgl. Br. 4 Anm. 2). [3] Max Scheler (vgl. Br. 7 Anm. 1).

[4] Edmund Husserl, Philosophie der Arithmetik, Halle 1891. Ein Exemplar dieses Werkes befindet sich im Nachlaß Edith Steins.

[5] Oskar Becker, geb. am 5. 9. 1889 in Leipzig, gest. am 13. 11. 1964 in Bonn, habilitierte sich bei Husserl mit einer Arbeit „Beiträge zur phänomenologischen Begründung der Geometrie und ihrer physikalischen Anwendungen" (veröffentlicht in JPPF Bd. 5, Halle 1922, S. 385–560). Becker wurde 1923 Privatassistent Husserls und folgte 1931 einem Ruf nach Bonn.

[6] Fritz Kaufmann (vgl. Br. 2 Anm. 1) habilitierte sich mit einer Arbeit über „Die Philosophie des Grafen Paul Yorck von Wartenburg"; sie erschien in Bd. 9 des JPPF, Halle 1928.

[7] Martin Heidegger (vgl. Br. 73 Anm. 9).

[8] Martin Honecker (vgl. Br. 139 Anm. 3). Edith Stein versuchte, sich bei ihm, dem Inhaber des weltanschaulich gebundenen (katholischen) Lehrstuhls, zu habilitieren.

[9] Husserl war seit 1928 emeritiert.

[10] Husserl reiste am 31. Mai von Freiburg nach Frankfurt/M., hielt dort am 1. Juni in der Kant-Gesellschaft den Vortrag „Phänomenologie und Anthropologie" und nahm am folgenden Tag an der Diskussion zum Vortrag teil. Am 3. Juni reiste Husserl nach Berlin (zu seiner Tochter) und hielt dort am 10. Juni in der Kant-Gesellschaft den gleichen Vortrag (vor ca. 1600 Hörern). Husserl reiste am 14. Juni weiter nach Halle, um auch dort in der Kant-Gesellchaft den genannten Vortrag zu wiederholen (am 16. 6.). Er reiste am 17. Juni zu mehrtägigem Aufenthalt nach Göttingen und kehrte am 21. Juni nach Freiburg zurück. (Aus: Karl Schuhmann, HChr., Den Haag 1977, S. 380 ff.) – Der Vortrag ist veröffentlicht in „Husserliana" Bd. XXVII, 164 ff.

[11] Diese Cartesianischen Meditationen Husserls erschienen nicht in seinem Jahrbuch. Die französische Übersetzung, von der Husserl weiter unten spricht, erschien im Mai 1931 (in der Bibliothèque de la Société Française de Philosophie unter dem Titel: „Méditations Cartésiennes. Introduction à la phénoménologie par Edmund Husserl", Paris). Das Exemplar Edith Steins befindet sich in ihrem Nachlaß und trägt die handschriftliche Widmung „Edith Stein zugeeignet mit herzlichen Grüßen in treuer Gesinnung von EHusserl, Freiburg, 13. V. 31".

169

Edith Stein an Callista Kopf[1]

Breslau X, 8. VIII. 31

Pax!
Liebe Sr. Callista,

die Frauenfrage werden wir mal mündlich genauer besprechen müssen. Haben Sie meinen Salzburger Vortrag und den Aufsatz in den Stimmen der Zeit[2] gelesen? (Beides ist ev. in Speyer aufzutreiben.) Da ist ja manches enthalten. Ich glaube aber, daß ich indessen manches zugelernt habe und noch viel zulernen muß. Als Gymnasiastin und junge Studentin bin ich radikale Frauenrechtlerin[3] gewesen. Dann verlor ich das Interesse an der ganzen Frage. Jetzt suche ich, weil ich muß, nach rein sachlichen Lösungen. Der Pater ist vielleicht etwas zu einseitig auf Bekämpfung von Auswüchsen eingestellt, die da sind und in der kath⟨olischen⟩ Frauenbewegung heute vielleicht stärker als bei den übrigen, weil sie jetzt noch mit den Kinderkrankheiten zu tun hat, die außerhalb vor 20–30 J⟨ahren⟩ durchgemacht wurden. Es ist viel mehr vom *echt* katholischen, d. h. freien und weiten Standpunkt möglich, als man durchschnittlich meint. Vérène Borsingers Diss⟨ertation⟩[4] halte ich als Feststellung verschütteter Tatsachen für wertvoll und würde es begrüßen, wenn sie weiter in dieser Richtung arbeiten könnte. Ihr selbst habe ich gesagt, daß es wirksamer wäre, wenn sie die Tatsachen für sich selbst sprechen ließe und auf den unsachlichen Kampfton verzichten wollte. – Daß die geschlechtliche Differenzierung „nur durch den Körper bedingt“ sei, ist eine mehrfach bedenkliche Behauptung. 1.) Wenn anima = forma corporis, so ist die körperliche Index seelischer Verschiedenheit. 2.) Die Materie ist der Form wegen da, nicht umgekehrt. Das legt sogar nahe, daß die seelische Verschiedenheit die primäre ist. Wie weit das Hineinwachsen in die Übernatur Hinauswachsen über die naturgegebenen Differenzen sein kann und soll, ist natürlich gründlich zu erwägen.[5]

Herzliche Grüße an alle Schwestern oben[6], bes. Sr. Canisia, Chrysost⟨oma⟩, Domitilla.[7]
Herzlichst Ihre E. St.

[1] Vgl. Br. 59 Anm. 1.

[2] Der Salzburger Vortrag (vgl. Br. 97 Anm. 2) „Das Ethos der Frauenberufe“ erschien als Büchlein in Augsburg 1931. In den „Stimmen der Zeit“, Monatschrift für das Geistesleben der Gegenwart, 61. Jg. 6. Heft, Freiburg März 1931, S. 414–424, war Edith Steins Bendorfer Vortrag vom 8. 11. 1930 veröffentlicht: „Grundlagen der Frauenbildung“ (vgl. Br. 116 und Br. 120). ESGA 13, 30–45.

[3] Edith Stein macht eine Andeutung darüber in ihren Aufzeichnungen (ESGA 1, 146): „Der preußische Verein für Frauenstimmrecht, dem ich mit meinen Freundinnen beitrat,

weil er die volle politische Gleichberechtigung für die Frauen anstrebte, umfaßte überwiegend Sozialistinnen."

4 Hilde Vérène Borsinger, geb. am 6.6.1897 in Aargau, gest. am 21.1.1986 in Luzern, Juristin, Jugendanwältin, Gründerin und Leiterin von Sozialwerken für schwererziehbare und haftentlassene Jugendliche, außerdem Schriftleiterin der „Katholischen Schweizerin", Organ des Schweizerischen katholischen Frauenbundes, schrieb ihre Doktorarbeit über „Die Rechtsstellung der Frau in der katholischen Kirche" und wurde an der Rechts- und Staatswissenschaftlichen Fakultät der Universität Zürich zum Doktor beider Rechte promoviert. Die Studie wurde veröffentlicht im Universitätsverlag Noske, Borna-Leipzig 1930. H. V. Borsinger hat sich 1942 für Edith und Rosa Steins Rettung engagiert, leider vergeblich. – Kennengelernt hatten sich Edith Stein und H. V. Borsinger durch Vermittlung Przywaras in Beuron, Osterwoche 1931. Damals hatte sich Edith Stein positiv geäußert über eine etwaige Wiedereinführung des Frauendiakonates.

5 Angedeutet ist diese Frage z. B. in Edith Steins Vortrag „Beruf des Mannes und der Frau nach Natur- und Gnadenordnung" (ESGA 13, 56–78).

6 „Oben" meint das Kinderkurheim der „Villa Donnersberg" bei Dannenfels/Nordpfalz. Das Haus wurde von Dominikanerinnen aus St. Magdalena geleitet, und in dieser waldreichen Gegend verbrachten immer wieder Schwestern aus Speyer ihre Ferien. Zur Zeit des Briefes weilte offenbar auch die Adressatin dort.

7 Canisia Meyer OP, geb. am 30.10.1899 in Peppenkum/Gersheim, gest. am 18.2.1956 in Speyer. Chrysostoma Riester OP, geb. am 3.2.1890 in Freimersheim/Rheinhessen, gest. am 28.4.1947 in Speyer. Domitilla Burckhard OP, geb. am 9.6.1904 in Schmalenberg/Pfalz, lebt in St. Magdalena in Speyer. Sr. Domitilla reiste nach 1933 nach Peru aus und arbeite dort mehr als 50 Jahre an den Schulen der Dominikanerinnen, lange Zeit in leitenden Stellungen.

170

Alice Reis[1] an Edith Stein

Ansichtskarte: St. Lioba/Freiburg-Günterstal

Abs.: A⟨lice⟩ M⟨aria⟩ Reis
Darmstadt
Blumenthalstr. 7a.
a.O.K.K.

Frl. Dr. Edith Stein
Breslau X
Michaelisstr. 35⟨!⟩

Poststempel: (unleserlich, evtl. Darmstadt, 13.8.31)

Liebes Fräulein Dr. Stein,

jetzt bin ich doch Ihrem guten Rat gefolgt u. für einige Tage nach St. Lioba gefahren. Es war recht gut so, denn es *muß* für mich jetzt der Weg sein, da meine Verlobung aus den gleichen Gründen wie damals gelöst ist.[2]

Zu meinem Bedauern durfte ich ja lange nichts von Ihnen hören, hoffe aber, daß es Ihnen trotzdem gut geht. In St. L⟨ioba⟩ sprachen wir von Ihnen.

Mit gutem Gruß sehr herzlich Alice Maria R⟨eis⟩.

[1] Vgl. Br. 121 Anm. 10. [2] Wegen ihrer Konversion.

171

Edith Stein an Erna Herrmann[1]

Breslau X, 15. VIII. 31
Michaelisstr. 38

Pax!
Liebes Fräulein Herrmann,

nun werden Sie wohl wieder in Speyer sein und vielleicht etwas einsam bis zum Trimesterbeginn. Da sollen Sie endlich den Dank für alle Ferien- und Vorferiengrüße, auch noch für die hübsche Handarbeit haben. Weil es wohl keine so sehr große Arbeit war und Ihre Zeit auch nicht so arg überfüllt wie im letzten Jahr, hat sie mich nicht so arg bedrückt. Aber während der Schulzeit machen Sie nichts wieder, bitte. – Nun ist ja der ersehnte Tag der Taufe nicht mehr fern. Ich werde mit Ihnen herzlich froh sein, wenn Sie das Ziel endlich erreicht haben. Es ist doch schwer, wenn man so lange vor den Toren stehen muß. Darf ich Sie bitten, an diesem Gnadentage meiner Schwester[2] zu gedenken, die sich schon seit Jahren in die Kirche hineinsehnt und durch die Ungunst der Lebensverhältnisse immer noch zurückgehalten wird?

Wenn es für mich nicht möglich sein sollte, zur Firmung zu kommen, dürfen Sie Frl. v⟨on⟩ B⟨odman⟩[3] ohne Scheu bitten. Ich bin überzeugt, daß sie es sehr gern täte. Im übrigen könnte ich, wenn Ihnen das lieber wäre, auch die Patenschaft übernehmen und Frl. v. B. mich bei dem Akt vertreten. Das ist zulässig. So wie meine Pläne aussehen, ginge es am ehesten zwischen 1. und 10. Nov⟨ember⟩. Für diese Zeit habe ich bisher keine Verpflichtung. Sollte ich noch genötigt sein, dort etwas einzuschieben, so würde ich es Sie wissen lassen.

Nun noch die herzlichsten Wünsche für die nächsten Wochen und viele Grüße.
Ihre Edith Stein

[1] Vgl. Br. 84 Anm. 1. [2] Rosa Stein (vgl. Br. 10 Anm. 2). [3] Vgl. Br. 77 Anm. 5.

172

Johanna Merz[1] an Edith Stein

Ansichtskarte: Beuron, Inneres der Gnaden-Kapelle

Frl. Dr. Edith Stein
Breslau X, Michaelisstr. 38

Poststempel: Beuron (Hohenzollern), 17.8.31
Mariae Himmelfahrt ⟨15.08.⟩ 31

Sehr geehrtes Frl. Dr.!

Von einer Fahrt nach dem wunderschönen Beuron recht herz⟨liche⟩ Feriengrüße! Wenn auch auf sehr großen Umwegen, bin ich doch glücklich hier angekommen. Ich bin nämlich schon einige Wochen im Neckartal bei Verwandten, und da wollte ich doch diesen schönen Tag hier in Beuron verbringen, von dem Sie uns schon so viel erzählt haben. Leider konnte ich Sie hier aber nicht antreffen.

Dankbare Grüße!
Johanna Merz

[1] Schülerin von Edith Stein in St. Magdalena in Speyer.

173

Edith Stein an Anneliese Lichtenberger[1]

Breslau X, 17. VIII. 31
Michaelisstr. 38

Pax!
Liebe Anneliese,

Gott führt jeden seine eigenen Wege, und einer kommt leichter und schneller zum Ziel als der andere. Was wir tun können, ist im Verhältnis zu dem, was an uns getan wird, in der Tat wenig. Aber das Wenige müssen wir tun. Das ist vor allem: beharrlich beten um den rechten Weg und dem Zug der Gnade, wenn er spürbar wird, ohne Widerstand folgen. Wer so vorgeht und geduldig ausharrt, der wird nicht sagen dürfen, daß seine Bemühungen umsonst seien. Nur darf man dem Herrn keine Frist setzen.

Gibt es weder bei Euch zu Hause noch sonst in erreichbarer Nähe ein Altes Testament oder wenigstens eine Psalmenübersetzung? In der Sammlung „Ecclesia orans"[2] sind die Psalmen lateinisch u. deutsch erschienen. Aber ich glaube, in jeder katholischen Buchhandlung (in Homburg z.B.)

wirst Du die Psalmen bekommen können. Sonst würde Dir Sr. Agnella[3] in Speyer sicher gern mal von einer der Schwestern ein deutsches Brevier besorgen. Der 118. Psalm wird jeden Sonntag im Stundengebet (Prim bis Non) gebetet[4]. Er ist der allerlängste, aber sehr reich und schön.

Natürlich ist es keine Kleinigkeit für Dich, nach Speyer zurückzugehen. Aber es ist nun so für Dich entschieden, und Du hast keine Verantwortung dafür. Tu, soviel Du kannst, und gib Deinen Eltern regelmäßig Nachricht, wie Du stehst, damit es nicht überraschend kommt, wenn es Ostern ganz schlecht gehen sollte. Dann wollen wir weitersehen. Hast Du unter Deinen Kinderbüchern die Märchen von Andersen?[5] Dann lies mal wieder die Geschichte vom häßlichen jungen Entlein. Ich glaube an Deine Schwanenzukunft. Nimm's nur den andern nicht übel, wenn sie vorläufig nichts davon entdecken können, und laß Dich dadurch nicht verbittern. Du machst nicht allein Tag für Tag vieles verkehrt – das tun wir alle. Aber der Herr ist geduldig und von großer Erbarmung. In seinem Gnadenhaushalt kann er auch unsere Fehler nützen, wenn wir sie ihm auf den Altar legen. „Cor contritum et humiliatum Deus non despicies – Ein zerknirschtes und gedemütigtes Herz wirst Du, Gott, nicht verachten" (Ps. 50[6]). Das gehört auch zu meinen Lieblingsversen.

Mit herzlichen Grüßen und in treuem Gedenken
Deine Edith Stein

[1] Vgl. Br. 131 Anm. 1.
[2] „Die betende Kirche", hg. von der Benediktinerabtei Maria Laach, enthält den Band: Psalmen, übersetzt u. erläutert von Athanasius Miller OSB, Freiburg 1923.
[3] Vgl. Br. 48 Anm. 1.
[4] Dies trifft für die heute geltende Liturgieordnung nicht mehr zu.
[5] Hans Christian Andersen, Schriftsteller, geb. am 2.4.1805 in Odense/Dän., gest. am 4.8.1875 in Kopenhagen, weltberühmter Märchensammler und -erzähler. Die Geschichte vom häßlichen Entlein: Eine Ente hat ein Schwanenjunges ausgebrütet. Es ist plump und ungeschickt, und die hübschen Entenküken verachten es. Aber eines Tages wird aus ihm ein schöner Schwan.
[6] Nach neuer Zählweise Ps 51, 19.

174

Edith Stein an Rosa Magold[1]

Breslau X, 20. VIII. 31
Michaelisstr. 38

Pax!
Liebe Rosa,

wenn ich nicht bald schreibe, türmt sich zu viel anderes auf Deinen Brief, und es wird doch gut sein, wenn Du bald eine Antwort bekommst. Wenn alles so ist, wie Du es schilderst, so ist darin gewiß nichts Bedenkliches zu sehen. Um Menschenseelen zu ringen und sie im Herrn zu lieben, ist Christenpflicht und sogar ganz spezielles dominikanisches Ordensziel. Aber wenn das Dein Ziel ist und Du nicht im entferntesten an eine Ehe denkst, dann ist es gut, wenn Du recht bald das entsprechende Gewand anziehst, das den Menschen deutlich macht, wen sie vor sich haben. Sonst besteht die Gefahr, daß Du andere irreführst, daß auch Dir Dein Verhalten übel mißdeutet wird (es sollte mich wundern, wenn das nicht ohne Dein Wissen schon manchmal geschehen wäre) und daß Du gerade das Gegenteil von dem erreichst, was Du willst. Ob man den Menschen sagen soll, was man für sie tut, das läßt sich nicht allgemein entscheiden. Manchmal ist es angebracht, manchmal aber durchaus nicht. Ich glaube also, daß Du bald nach der Prüfung zur Entscheidung kommen müßtest. Wenn Du dann noch lange mit dem Eintritt zögern würdest, dann wäre mir um Deinen Beruf ernstlich bange. Sigrid Undset[2] wird Dir noch allerlei Binden rücksichtslos von den Augen nehmen. Schaden wird es Dir nicht, vielleicht in mancher Hinsicht nützen. Aber was Gott von Dir will, das mußt Du schon Auge in Auge mit ihm zu erfahren suchen.

Voraussichtlich werde ich Anfang November in Speyer sein. Bis 30. Okt⟨ober⟩ bin ich im Rheinland (zuletzt in Aachen[3]). Wenn sich daran nicht noch unmittelbar etwas anschließt, könnte ich wohl schon zu Allerheiligen kommen und für einige Tage. Wenn sich in dem Plan noch etwas ändert, lasse ich es Dich wissen.

Grüß alle, die Du siehst, von mir.
In treuem Gedenken
Deine Edith Stein

[1] Vgl. Br. 159 Anm. 1.

[2] Sigrid Undset, norwegische Schriftstellerin, geb. am 20.5.1882 in Kalundborg, gest. am 10.6.1949 in Lillehammer, 1925 Konversion zur katholischen Kirche; 1928 erhielt sie den Nobelpreis für Literatur für ihre Romantrilogie „Kristin Lavranstochter"; sie floh 1940 in die USA, Rückkehr 1945. Edith Stein hat gelegentlich ihre Romanfiguren in Vorträgen ausgedeutet.

[3] Edith Stein sprach in Aachen, in der Aula der Ursulinenschule am Bergdriesch, am 30. Oktober 1931. Die Kath. Akademikervereinigung kündigte den Vortrag im „Echo der Zeit" (Nr. 253 S. 4) an: „Heute spricht Frau Dr. Edith Stein, Breslau, über ‚Beruf des Mannes und der Frau nach Natur- und Gnadenordnung', 20 Uhr in St. Ursula, Eintritt für Nichtmitglieder 1,– Mk." In einer der folgenden Nummern besprach dasselbe Blatt den Vortrag ausführlich. – Am Tage vor dem Vortrag traf sich die Bildungs-Kommission des Kath. Deutschen Frauenbundes im Haus der Vorsitzenden (Gerta Krabbel), Monheimsallee 61, wozu auch Edith Stein eingeladen war. Am folgenden Morgen soll Edith Stein der Hl. Messe im Aachener Dom beigewohnt haben.

175

Maria Bienias[1] an Edith Stein

Breslau, Adalbertstr. 70, 27. 8. 31

Liebes Fräulein Dr. Stein,

es ist Ihnen vielleicht doch lieber, die Zeitschriften eher zurückzuhaben. Ich danke Ihnen vielmals dafür. Ihre Artikel haben mich nicht nur sehr interessiert, sondern mir persönlich auch gerade sehr geholfen und mich sehr angeregt. Der Aufsatz über die hl. Elisabeth[2] erscheint mir auch als ein reizendes Kabinettstück in der Darstellung. An dem andern liebe ich wieder die Klarheit des Aufbaus und der Gedankenführung und die bewunderungswürdige Schlichtheit und Einprägsamkeit der Sprache.

Darum nochmals Dank und viele gute Wünsche für alle Ihre Arbeit und Ihr Wohlergehn! Es grüßt Sie herzlich, liebes Fräulein Dr. Stein, in Eile

Ihre M. Bienias

[1] Maria Bienias, nahe Bekannte Edith Steins, geb. am 3. 8. 1897 in Schwerin, gest. am 16. 12. 1971 in Straelen, absolvierte in Breslau die Ursulinenschule am Ritterplatz und ein Universitätsstudium (Mathematik und Naturwissenschaften), war später Dozentin an der Pädagogischen Hochschule in Beuthen/Oberschl. (ab 1930), dann Oberstudienrätin und Schulleiterin an mehreren Lehranstalten, nach dem Krieg in Bonn. Die von Edith Stein (s. ESGA 1, 9) erwähnte Dozentin war Maria Bienias.- Zur Zeit des Seligsprechungsprozesses verfaßte Maria Bienias mehrere sehr gut fundierte Schriften über Edith Stein.

[2] Es handelt sich um den Vortrag aus Wien (vgl. Br. 156 Anm. 2).

176

Edith Stein an Rosa Magold[1]

Breslau X, 30. VIII. 31
Michaelisstr. 38

Pax!
Liebe Rosa,

der Organisationsplan ist gut; hoffentlich bleibt er nicht bloß auf dem Papier stehen. – Deine persönlichen Fragen zu beantworten, ist nicht ganz leicht. Was den Verkehr mit Menschen angeht, so scheint mir, daß Du (für die Vergangenheit) jetzt zu ängstlich geworden bist. Ich glaube nicht, daß Du jemandem geschadet hast. Ich glaube nur, daß Du in vielen Fällen nicht den gewünschten Erfolg hattest, weil Du – bei bestem Willen – aus großer Naivität und wohl auch aus Selbstüberschätzung einen verkehrten Weg eingeschagen hast. In manchen Fällen wirst Du Dir selbst in den Augen der Menschen geschadet haben. Das mußt Du nun als eine kleine Strafe hinnehmen. Alle Leute, bei denen so etwas in Betracht kommt, jetzt durch Reden aufklären zu wollen, halte ich nicht für zweckmäßig. Es wäre wohl am besten, wenn Du Dich jetzt möglichst zurückhalten würdest (ich meine speziell mit Aussprache über Dich selbst bei Leuten, von denen Du keine Hilfe zu erwarten hast). Nur wenn Aufklärung von Dir verlangt wird, dann gib sie, so gut Du kannst. Du fragst, ob Du „so erbärmlich seist, daß Du nur durch das Gewand die Leute von Deiner Gesinnung überzeugen könntest". Das meine ich natürlich nicht. Aber wenn man dieses Gewand nicht trägt, so hat jeder zunächst das Recht zu glauben, daß er es mit einem Mädchen, wie andere auch sind, zu tun habe (was ja durchaus nichts Böses zu sein braucht), daß man z.B. um sie werben könne. Das ist natürlich noch kein Grund, das Ordenskleid anzulegen, wenn man keinen Beruf dazu hat. Das ist nun die große Frage. Wenn ich Dein Verhalten in den letzten 1 ½ Jahren betrachte, so sehe ich nur 2 Möglichkeiten: entweder Du *hast* den Beruf für den Orden, für St. Dominicus[2] und St. Magdalena, machst aber alle Anstrengungen, um davon loszukommen (noch in diesem Brief mit den vielen Fragen nach einer Garantie, daß es das Richtige für Dich sei) – oder Du hast ihn nicht, kannst Dich aber nicht entschließen, den Schlußstrich unter einen lange gehegten Plan zu setzen. Ich wage nicht, mit absoluter Sicherheit die Entscheidung zu fällen, habe aber den Eindruck, daß mehr für die erste Deutung spricht. Die Frage, ob Orden oder freier Verband oder auch ganz einsames Leben im Dienst Gottes, läßt sich nicht allgemein lösen, sondern nur für jeden persönlich. Die Mannigfaltigkeit der Orden, Kongregationen und freien Verbände ist kein Zufall und keine Verirrung, sondern entspricht der Mannigfaltigkeit der Zwecke und der Menschen. Es ist nicht jeder für alles tauglich, es kann auch nicht ein Verband oder eine Organisationsform alles leisten. *Ein* Leib – aber viele Glieder. *Ein* Geist – aber viele Gaben. Wo der einzelne hingehört, das ist seine Berufsfrage und *Deine* wichtigste Frage jetzt nach der Prüfung. Die Berufsfrage wird nicht allein durch Selbstprüfung und Prüfung der möglichen Wege gelöst. Die Lösung muß erbetet werden – das weißt Du – und in vielen Fällen auf dem Wege des Gehorsams gesucht werden. Diesen Rat habe ich schon einigemal gegeben, und die Betreffenden sind so zur Ruhe und Klarheit gekommen. Ich würde es für sehr gut halten, wenn Du Dich unter eine feste Leitung begeben würdest. Ich weiß nicht, ob Du jetzt einen Beichtvater hast, dem Du Dich ganz anvertrauen könntest. Wenn nicht, so wüßte ich in erreichbarer Nähe 2 Herren, zu denen ich das volle Vertrauen hätte, daß sie Dir helfen könnten: Herrn Subregens Dr. Lutz[3] und P. Petrus[4] in Neuburg. Der eine hat den Vorzug, daß er St. Magdalena genau kennt, der andere, daß er Ordensmann ist. Natürlich rate ich nicht, zu beiden zu gehen, sondern Dich für einen zu entscheiden. – Schließlich empfehle ich Dir noch dringend, die Zeit auszunützen, die Sr. Reinhildis[5] in Speyer ist, und Dich gründlich auszusprechen. Sie kann Dir am besten sagen, was Du in St. Magdalena findest und was nicht.

Herzlichst Deine E. St.

[1] Vgl. Br. 159 Anm. 1.
[2] Filiale der Dominikanerinnen von Speyer/St. Magdalena in Ludwigshafen.
[3] Otto Lutz, Dr. theol. geb. am 9. 3. 1882 in Linden/Pfalz, gest. am 31. 1. 1952 in Speyer, war lange Jahre Beichtvater an St. Magdalena.
[4] Petrus Jans OSB (vgl. Br. 129 Anm. 1). [5] Vgl. Br. 88 Anm. 5.

177

Schülerinnen an Edith Stein

Ansichtskarte: Annweiler/Pfalz, Trifels

Poststempel: Annweiler, ⟨Herbst ?⟩ 1931

Fräulein Dr. E. Stein
Breslau X
Michaelisstr. 38

Von unserm Klassentreffen auf dem Trifels[1] Ihnen herzliche Grüße!
Elly ⟨Dursy⟩, Hilde, Martha ⟨Kaufmann⟩, Lisa ⟨Lorenz⟩, Lisbeth, Cilli ⟨Schandel⟩, Pauline ⟨Vatter⟩, Brigitta ⟨Hürther⟩

[1] Pfälzische Burg in ca. 500 m Höhe, südlich der kleinen Stadt Annweiler; zur Zeit der Hohenstaufen wurden auf Trifels die Reichsinsignien aufbewahrt.

178

Edith Stein an Emil Vierneisel[1]

Postkarte: Kirche in Neuramersdorf/München

⟨Speyer⟩ 1. XI. 31

Pax!
Sehr geehrter Herr Professor,

Sie staunen, woher meine Antwort kommt? Gestern fand ich Ihren Brief hier vor, als ich von meiner Vortragsreise kam. Ich bleibe etwa 10 Tage. Auf die

Rede in H⟨eidelberg⟩[2] verzichte ich herzlich gern, nachdem ich jetzt schon 11 x geholfen habe, die hl. Elisabeth zu feiern[3]. Am 12. muß ich noch einmal nach Bonn, dann will ich sofort nach Freiburg[4] (ev. für den Winter) und bin froh, wenn ich dann wieder ruhig arbeiten kann und nicht gleich wieder unterbrechen muß.

Herzlichste Grüße
Ihre Edith Stein

[1] Vgl. Br. 107 Anm. 1.
[2] Vgl. Br. 161; die Festrede in Heidelberg hielt der Abt von Neuburg, Adalbert Graf von Neipperg, geb. am 31.3.1890 in Meran, Eintritt in die Abtei Beuron, 1929 Abt in der Neugründung Neuburg, gest. am 23.12.1948 in Werschetz/Jugoslawien (ermordet). – Die Elisabethfeier fand nicht, wie zuerst geplant, in der Heidelberger Stadthalle statt, sondern in einer Kirche. Vermutlich war dies der Grund, weshalb man auf Edith Stein als Rednerin verzichtete.
[3] Einen Elisabeth-Vortrag hat Edith Stein auch in Köln gehalten, wie aus ihrem Brief an Emil Vierneisel vom 18.VI.31 zu entnehmen ist (Br. Nr. 161). Hedwig Spiegel, eine Katechumena Edith Steins aus Köln, entsinnt sich, sowohl den Kölner als auch den Bonner Vortrag ihrer Freundin gehört zu haben. Nach dem Vortrag in Bonn seien beide zu Hermann Platz und seiner Familie eingeladen worden.
[4] Wahrscheinlich ist Edith Stein am 13.11. von Bonn nach Freiburg gereist, denn für den 14.11.1931 ist ein Besuch Edith Steins bei Husserl verzeichnet (vgl. HChr. S. 394).

179

Edith Stein an Erna Herrmann[1]

Pax! Breslau, 8.IX.31
Michaelisstr. 38

Liebes Fräulein Hermann ⟨!⟩,

heute schrieb mir Frl. v. Bodman[2], daß Sie in einiger Unruhe sind und gern noch manches von mir über die Taufzeremonie hören möchten. Natürlich habe ich das Wasser über den Kopf gegossen bekommen (das ist doch nicht schlimm und wird gleich wieder mit einem Tuch getrocknet), habe auch nie gehört, daß es anders gemacht worden wäre. Sicherlich haben Sie nicht zu fürchten, daß etwas nicht korrekt gemacht werden könnte. Es ist doch im Rituale alles ganz genau vorgeschrieben. Ich habe damals den Pfarrer, der mich taufte, vorher um das Buch gebeten und mir den Ritus ganz genau angesehen. Ich trug ein schwarzes Kleid und ließ mir dann einen weißen Mantel umlegen. Bei der Taufe, der ich Weihnachten in Beuron beiwohnte, wurde ein weißer Schleier verwendet. – Es tut mir leid, daß Sie gerade in diesen Tagen so viel mit andern Dingen überlastet sind. Man sollte sich doch da ruhig sammeln können. Darin hatte ich es damals gut. Daß sich vor dem entscheidenden Schritt noch einmal alles vor einen hinstellt, was man preisgibt und wagt, liegt nur in der Natur der Sache. Es muß ja so sein, daß man sich ohne jede menschliche Sicherung ganz in Gottes Hände legt, um so tiefer und schöner ist dann die Geborgenheit. Daß Sie den vollen Gottesfrieden finden möchten, das ist mein Wunsch für Ihren Tauftag und für Ihr ganzes künftiges Leben. Ich wollte Ihnen gern eine kleine Freude machen an diesem Tage. Da Sie mit allem, was zum Leben eines katholischen Christen gehört, schon so reichlich versehen sind, ist mir nichts Besseres eingefallen als mein kleines Büchlein[3]. Ich bin ja überzeugt, daß Sie es längst kennen und besitzen, aber vielleicht ist es Ihnen doch lieb, es noch einmal von meiner Hand zu bekommen. – Wenn Sie Resl[4] um Ihr Gebet für meine Schwester Rosa[5] bitten wollen, werden wir Ihnen natürlich sehr dankbar sein. Bitte, grüßen Sie Resl und Ihren Vetter[6] herzlich von mir. – Ihr Vortrag wird wohl indessen gut vorbeigegangen sein. Nach Ihrem vorletzten Brief schien es mir, daß die Zeit nicht mehr langen würde, ihn hin- und herzuschicken. Darum habe ich mich nicht mehr erboten, ihn zu lesen.

Mit den herzlichsten Wünschen in treuem Gedenken
Ihre Edith Stein

1 Vgl. Br. 84 Anm. 1. 2 Vgl. Br. 77 Anm. 5.
3 „Das Ethos der Frauenberufe", Augsburg 1931 (ESGA 13, 16–29).
4 Therese Neumann (vgl. Br. 87 Anm. 6).
5 Rosa Stein (vgl. Br. 9 Anm. 2).
6 Bruno Rothschild (vgl. Br. 87 Anm. 5)

180

Edith Stein an Familie Mayer[1]

Eintragung im Gästebuch

17./19. XI. 31
und gnadenreiche Weihnachten 22./28. XII. 31

E. Stein

1 Pension Mayer, Beuron, Haus an der Holzbrücke.

181

Edith Stein an Anneliese Lichtenberger[1]

Ansichtskarte: Beuron, Holzbrücke mit Blick auf die Abteikirche

Poststempel: Beuron (Hohenzollern), 18. 11. 31

Fräulein Anneliese Lichtenberger
Speyer a. Rh.
St. Magdalena

Pax!

18. XI. 31

Liebe Anneliese,

herzliche Wünsche zum Namenstag. Bitte, auch an Sr. Elisabeth[2] welche ausrichten! Es tut mir so leid, daß ich Dich nicht mehr sprechen konnte. Hier bin ich nur für 2 Tage, von morgen ab in Freiburg i. Br.- Günterstal, St. Placidus[3]. Allen Kindern viele Grüße,
Deine E. St.

[1] Vgl. Br. 131 Anm. 1.
[2] Elisabeth Raffler OP, St. Magdalena, geb. 31. 12. 1891 in Babenhausen, gest. am 7. 6. 1964 in Speyer.
[3] Gästehaus der Benediktinerinnen von St. Lioba.

182

Alexandre Koyré[1] an Edith Stein

Ansichtskarte: The Virgin and the Child. Victoria and Albert Museum.

⟨Paris, 2. Dezemberhälfte 1931 [?]⟩

Carissima Anonyma,[2]

dies, um Ihnen zu sagen, daß ich wieder – und zwar endgültig – in Paris bin, worüber ich mich – bis jetzt wenigstens – freue.

Groethuysen[3], der Bescheid weiß (Rockefeller[4]), ist leider nicht da. Ich werde aber um die Bestimm⟨ungen⟩ bitten. Man muß sociologisch oder politisch-historisch arbeiten und nach dem Auslande gehen. Das ist alles, was ich weiß. Aber Leute haben das Stipendium bekommen für: Parteiwesen in Frankreich, aber auch für Hobbes oder Sociales Recht. Summe: 1500 $ = 6000 M pro Jahr.

Mir wurde es vorgeschlagen, doch hatte ich damals kein Inter⟨esse⟩ für Sociologie.

Bis dahin wünsche ich Ihnen alles Schöne und Gute, was es in der Welt und auch außerhalb der Welt gibt (aber es gibt nichts außerhalb Gottes Welt) und freue mich, daß Sie ⟨für⟩ die Weihnachtsfeiern da sind, wo Sie am liebsten sein möchten.[5]

Do⟨rothée⟩[6] grüßt herzlichst. Ihr ist es in diesen paar Mo⟨naten⟩ ziemlich schwer gewesen. Jetzt aber – Stabilität und Ruhe – geht es ihr besser.

Ihr A⟨lexandre⟩ K⟨oyré⟩

[1] Alexandre Koyré, Wissenschaftshistoriker und gleich Edith Stein Göttinger Husserlschüler, geb. am 29. 8. 1892 in Odessa, gest. am 28. 4. 1964 in Paris. Koyré hatte Lehraufträge an den Universitäten in Montpellier, Paris, Kairo und wieder in Paris.

[2] Anonyma war der im Kreis der Phänomenologen gebrauchte Scherzname für Edith Stein (vgl. Br. 9 Anm. 4), hier: Liebste Anonyma.

[3] Bernhard Groethuysen (1880 Berlin – 1946 Luxemburg), Schüler Diltheys und Simmels, lebte meistenteils in Paris.

[4] John David Rockefeller (1839–1937) war ein amerikanischer Großindustrieller, der mit seinem sehr reichen Vermögen die Universität in Chicago begründete und 1910 die Rokkefeller Foundation ins Leben rief zur Unterstützung humanitärer Arbeiten und sozialwissenschaftlicher Forschungen. Ihr europäischer Sitz war in Paris.

[5] Koyré pflegte ohne Datumsangabe zu schreiben. Edith Stein schrieb am 25. XII. 1931 aus Beuron an Roman Ingarden: „Koyré hat indessen den Ruf nach Paris bekommen und wohnt dort 2, rue Navarre." Man kann annehmen, daß Koyré die Abtei Beuron für den Ort gehalten hat, wo Edith Stein Weihnachten am liebsten sein möchte. Weihnachten 1932 feierte Edith Stein das Fest im Ursulinenkloster in Dorsten, 1933 war sie bereits im Karmel. – Ich danke Prof. Dr. Paolo Zambelli/Florenz für seine Hilfe bei der Datierung des Dokumentes. Es ist allerdings zu bedenken, daß Koyré im Nov./Dez. 1931 noch Kolleg in Montpellier gab, um den 20. Dez. 1931 nach Paris (wohin er am 7. 12. einen Ruf erhalten hatte) nur ging, um verschiedene Angelegenheiten zu regeln, während er und seine Frau damals noch nicht dort ihren Wohnsitz hatten. Eine Datierung der Karte auf 1932 ist also nicht auszuschließen. Für diesen Hinweis sei Herrn Prof. Dr. Schuhmann herzlich gedankt.

[6] Dorothée geb. Reybermann, die Frau Koyrés, wurde allgemein Do genannt.

183

Edith Stein an Callista Brenzing[1]

Pax!

Beuron, 23. XII. 31

Liebe Frau Callista,

wie gut, daß Sie sich auf den unsichtbaren Briefverkehr eingestellt haben! So werden Sie es einem Gyrovagen[2] wider Willen nicht übelnehmen, wenn er Ihre Namenstagswünsche erst mit herzlichen Weihnachtsgrüßen aus der geliebten Heimat erwidert. Das ist das größte Plus an dem Gyrovagenleben, daß es mich für den Advent nach St. Lioba-Freiburg und zur plenitudo[3] hierher geführt hat. Daß ich in Speyer erst Anfang November war, anschließend in L⟨udwigs⟩hafen, und in München überhaupt nicht, wird man Ihnen berichtet haben. Sr. Agnella[4] fand ich recht gut im Stande und mit der Versetzung durchaus nicht unzufrieden. Sr. Reinhildis[5] habe ich in Speyer ausführlich sprechen können. – Von den Aussichten auf eine feste Anstellung, die ich Ostern hatte und die seitdem noch aufgetaucht waren, hat sich infolge der Wirtschaftskrisis noch keine erfüllt. Mitte Jan⟨uar⟩ muß ich von Freiburg für 2 Wochen nach Zürich zu Vorträgen[6]. Darüber hinaus ist noch alles in Dunkel gehüllt. Wollen Sie das Christkind noch etwas bitten helfen, daß es mich wissen läßt, was es mit mir vorhat? Einen ehrfürchtigen Gruß an Frau Äbtissin[7] und Ihnen die allerherzlichsten Segenswünsche zum Fest,

Ihre treue E. St.

[1] Vgl. Br. 70 Anm. 1.
[2] Wandermönch; in der Regel Benedikts (Kap. I, 6–11): ohne Regel und Abt lebender, „umherschweifender", fremde Gastfreundschaft beanspruchender Mönch.
[3] Fülle: hier die Weihnachtszeit gemeint.
[4] Agnella Stadtmüller (vgl. Br. 48 Anm. 1) war von Speyer nach Ludwigshafen versetzt worden. [5] Reinhildis Ferber (vgl. Br. 88 Anm. 5).
[6] Näheres vgl. Br. 187 Anm. 2. [7] Luitgardis B. Aigner OCist. (vgl. Br. 74 Anm. 3).

184

Rechnungsblätter/ a

REGENSBERGsche BUCHHANDLUNG
Abt. Sortiment gegr. 1591

MÜNSTER I. W. BOGENSTRASSE 18

RECHNUNG

Münster i. W., *10. XI. 1931*

Fräulein Dr. Edith Stein, Freiburg Br.-Günterstal, St. Lioba

1 Die christl⟨iche⟩ Frau[1] 1931 Okt. – Dez. *Mk. 2.25*

Rechnungsblätter/ b

Verlag Josef Kösel & Friedrich Pustet K.G. a. A. München 2 SW.
Gesamt-Auslieferung
der Verlage Jos. Kösel & Friedr. Pustet K.G. a. A./Abtlg. Schulwissenschaftlicher Verlag des Verlages Jos. Kösel & Friedr. Pustet K.G. a. A.
sämtliche München 2 SW., Kaiser Ludwigsplatz 6 / Fernruf 51043 bis 51046

Hochw. Herrn[2] München, den 28. XII. 31
Frl. Dr. Edith Stein
Speyer, St. Magdalena

Zur Fortsetzung
Handbuch der Erziehungswissenschaft
von Eggersdorfer[3] – Ettlinger[4] – Raederscheidt[5] – Schröteler[6]
ca. 28 Bände umfassend
14. Teil 2. Band: Die deutschkundliche Jugendbildung in Lehrgut und Methode

von Jos. Antz, Dr. Adolf Bach, Dr. Weißgerber, Dr. Josef Prestel und Karl Herwagen	11.60
Porto für 1 Päckchen	--,40
Preisfestsetzung gemäß Notverordnung vom 8. Dezember 1931	12.--

[1] Das Impressum der Zeitschrift lautete damals: Zeitschrift im Dienste kath. Frauenstrebens, herausgegeben vom Kath. Deutschen Frauenbund.
[2] Vordruck des Rechnungsblattes!
[3] Franz Xaver Eggersdorfer (vgl. Br. 124 Anm. 5).
[4] Max Ettlinger, kath. Pädagoge, geb. 1877 in Frankfurt/M., gest. 1929 in Ebenhausen.
[5] Georg Raederscheidt, Pädagoge, geb. am 21. 8. 1883 in Köln, gest. am 6. 1. 1974 in Brühl, war Professor an der Pädagogischen Akademie Bonn und Leiter der Bauernhochschule in Fredeburg/Sauerland.
[6] Josef Schröteler SJ, geb. am 17. 10. 1886 in Düren, gest. am 12. 12. 1955 in Frankfurt/M.

185

Anneliese Lichtenberger[1] an Edith Stein

1. Hartung[2] 1932

Liebes Fräulein Dr. Stein,

ein gesegnetes neues Jahr wünscht Ihre Anneliese.

Herzlichen Dank für Ihre Namenstagswünsche aus Beuron. Ihre Wünsche an Ehrw⟨ürden⟩ Sr. Elisabeth[3] u. Ihre Grüße an alle Kinder haben Freude hervorgerufen.

[1] Vgl. Br. 131 Anm. 1.
[2] Aus dem Althochdeutschen: Januar. [3] Vgl. Br. 181 Anm. 3.

186

Edith Stein an Emilie Bechtold[1]

Weihnachtskarte aus Klosterneuburg. Aufdruck: Gnadenvolle Weihnachten!

Poststempel: Freiburg (Breisgau)

Fräulein Emilie Bechtold
Institut d. Dominikanerinnen
Wettenhausen
Schwaben

Freiburg i. Br.-Günterstal, St. Lioba, 3. I. 32

Pax!

Ihnen und Liesel Nuber[2] nun endlich herzlichen Dank für die lieben Namenstagswünsche, die in Breslau gut eingetroffen und mir von da nach Westfalen nachgereist sind. Zugleich für das neue Jahr, bes⟨onders⟩ den schwierigen Anfang, die besten Wünsche,

Ihre E. Stein

[1] Vgl. Br. 104 Anm. 1. [2] Vgl. Br. 113 Anm. 2.

187

Edith Stein an Callista Kopf[1]

St. Lioba, 14. I. 32

Pax!
Liebe Sr. Callista,

noch einen Gruß, ehe ich in die Schweiz gehe. (Erst am Sonntag. Die Vorträge sind 18./28. I. An Septuagesima noch mal große Kantons-Elisabethfeier[2].) – Als ich neulich Ihren Brief bekam, hatte ich schon von außen die Idee, daß er eine Todesnachricht enthielte. Die letzte Nachricht von Schw. Edeltraud[3] bekam ich noch nach Breslau. Auf meine Antwort erfolgte nichts mehr. So habe ich ihr leider auch zu Weihnachten nicht geschrieben. Ich glaube, sie war lange gut vorbereitet durch ihr Leiden und das ihrer Mutter.

Machen Sie sich keine unnützen Sorgen, daß das Ergebnis Ihrer Studienjahre verlorengehen werde. Das ist ein Habitus, und d.h. ein fester Besitz, der nicht leicht verlorengeht. Man hat viel mehr in sich, als man weiß. Und das ist sehr weise so eingerichtet. Wenn man es braucht, wird es aktuell.

Von Rosl[4] habe ich seit Speyer nichts mehr gehört. Es war höchste Zeit für sie, daß eine Entscheidung kam, und ist auch höchste Zeit, daß sie Anschluß an eine Gemeinschaft bekommt.

Grüßen Sie Ihre lieben Mitschwestern herzlich. Ich bitte alle um ihr Gebet.
Herzlichst
Ihre E. St.

[1] Vgl. Br. 59 Anm. 1.

[2] Die Schweizer Vorträge waren in Zürich. Sie waren eine Veranstaltung der dortigen Katholischen Frauenorganisation. Auf dem Programm standen vier Vorträge unter dem Thema „Christliches Frauenleben" und zwar „Frauenseele", „Frauenbildung", „Frauenwirken" und „Frauenleben im Lichte der Ewigkeit". Edith Stein hielt jeden der Vorträge zweimal: am 18., 20., 25. und 27. 1. 1931 im Kasino Aussersihl, dem Pfarrsaal von St. Peter und Paul, und am 19., 21., 26. und 28. 1. im katholischen Gesellenhaus am Wolfbach. Der Sonntag, 24. 1. (Septuagesima = 1. Sonntag der sog. Vorfastenzeit), war einer großen Elisabethfeier vorbehalten, bei der Edith Stein den Vortrag hielt: „Lebensgestaltung im Geist der hl. Elisabeth" (vgl. ESW XI, 27–39; ESGA 19). Die Feier war im großen Saal der Tonhalle in Zürich. Edith Stein wohnte während ihres Aufenthaltes in Zürich in der Dreikönigsstr. 34. – Die vier Frauenvorträge und der Elisabethvortrag wurden von den „Neuen Zürcher Nachrichten" am 22 u. 23. 1. und am 27., 28. u. 30. 1. ausführlich kommentiert (von Hildegard Schilling). Auch die Frauenzeitschrift „Die katholische Schweizerin" (Einsiedeln) berichtete in Nr. 9 vom 28. Januar 1932 (19. Jg.) eingehend darüber. Vollständig wiedergegeben sind die Vorträge „Christliches Frauenleben" in der Zeitschrift „Mädchenbildung auf christlicher Grundlage", Organ der Abteilung für höhere Mädchenbildung des Vereins katholischer deutscher Lehrerinnen und des Verbandes kath. deutscher Philologinnen, 28. Jg., 6. Heft v. 20. 3. und 7. Heft v. 5. 4. 1932 (ESGA 13, 79–114). – Alle diese Züricher Vorträge wurden von guten musikalischen Darbietungen umrahmt. Der Jahresbericht der kath. Frauenorganisation 1931/32 verschweigt nicht, daß die „ausgezeichneten, von reichem Wissen und tiefen Gedanken" geprägten Vorträge „leider das Gros unserer Frauen und Töchter nicht zu fesseln" vermochten. „Unsere diesjährige Vortragsserie schloß mit einem materiellen Defizit von ca. Fr. 250,–".

[3] Im Archiv der Dominikanerinnen von Speyer ist Sr. Edeltraud nicht verzeichnet. Vermutlich handelt es sich um eine Ordensfrau aus einer anderen Gemeinschaft, die Sr. Callista OP während des Studiums kennenlernte 9nd mit der dann auch Edith Stein in Verbindung kam.

[4] Rosa Magold (vgl. Br. 159 Anm. 1).

188

Edith Stein an Erna Herrmann[1]

Zürich, 27. I. 32
Dreikönigstr. 34

Pax!
Liebes Fräulein Herrmann,

es ist sehr lieb von Ihnen, daß Sie etwas für meine Schwester[2] tun wollen; ich danke Ihnen herzlich dafür. Die Bittstellerin ist wohl zweifellos Sr. Raymunda[3] gewesen. Nun werden Sie wohl gerade nach dem, was Sie in den letzten Wochen erleben mußten, verstehen, daß ich meiner Mutter[4] und Schwester etwas Ähnliches ersparen möchte. Meine Mutter weiß von den Absichten meiner Schwester vorläufig nichts. Darum bitte ich Sie sehr, die Angelegenheit streng vertraulich zu behandeln. Ich werde meiner Schwester Ihre Adresse geben, damit sie sich selbst mit Ihnen in Verbindung setzen kann. Wenn Sie schon vorher etwas tun wollen, dann vorerst, bitte, ohne den Namen zu nennen. Ich dächte auch zunächst nur an eine Anfrage in Nürnberg. Es kommt für Rosa nichts anderes in Frage als eine häusliche Stellung. Sie ist schon 48 J⟨ahre⟩ alt und leitet seit Jahrzehnten den Haushalt meiner Mutter. Auch auf Pflege und Erziehung jüngerer Kinder versteht sie sich gut.

Wollen Sie wohl auch Sr. Raymunda sagen, ich sei ihr sehr dankbar für ihren guten Willen zu helfen, bäte sie aber dringend, dabei sehr vorsichtig zu sein – aus dem angegebenen Grunde.

Hier werde ich wohl noch bis Samstag sein, 31. I./3. II. in Beuron, dann noch etwas in St. Lioba-Freiburg[5], aber wahrscheinlich nicht mehr lange. Der viele Wechsel ermüdet natürlich etwas, aber es geht mir doch nicht schlecht gesundheitlich. Hier werde ich sehr sorgfältig gehütet.

Ihnen alles Gute für die Prüfungszeit und alle andern Anliegen.

Herzliche Grüße, bitte auch an Frl. v. Bodman[6],
Ihre Edith Stein

[1] Vgl. Br. 84 Anm. 1. [2] Rosa Stein (vgl. Br. 10 Anm. 2).
[3] Raymunda Klein OP (vgl. Br. 147 Anm. 2). [4] Auguste Stein (vgl. Br. 12 Anm. 11).
[5] Edith Stein verließ Zürich am 30. 1. und kam vermutlich am selben Tag in Beuron an (vgl. das folgende Schreiben). Über ihren Aufenthalt dort ist Näheres nicht bekannt (kein Eintrag im Gästebuch Mayer). In den ersten Februartagen kehrte sie nach St. Lioba/Freiburg-Günterstal zurück und reiste am 29. 2. nach Münster, um die Dozentenstelle am Deutschen Institut für Wissenschaftliche Pädagogik anzutreten.
[6] Vgl. Br. 75 Anm. 5.

189

Edith Stein an Adelgundis Jaegerschmid[1]

Ansichtskarte: Zürich, Uetliberg

Poststempel: Zürich, 29. I. 1932

Ehrw. Sr. M. Adelgundis Jägerschmid O. S.B.
Freiburg i. Br.
Günterstal
St. Lioba

Liebe Sr. Adelgundis,

Zürich, 29. I.

laut Direktorium[2] ist morgen Ihr Namenstag – mein herzliches Gedenken dazu. Heute gibt es noch viel Menschen von morgens bis abends[3]. Aber morgen Mittag hoffe ich schon in B⟨euron⟩ zu sein. Deo Gratias! Viele Grüße auch an Sr. Placida[4] und alle in St. Lioba u. Placidus,

Ihre Edith

[1] Vgl. Br. 80 Anm. 1.
[2] Hier: Liturgischer Kalender für das Chor- oder Breviergebet. Am 30. Januar ist das Gedenken an die hl. Äbtissin Adelgundis des Klosters Maubeuge in Nordfrankreich verzeichnet (7. Jh.).
[3] Zu Edith Steins Aufenthalt in Zürich vgl. Br. 187 Anm. 2.
[4] Placida Laubhardt OSB (vgl. Br. 38 Anm. 1). St. Placidus hieß das Gästehaus des Klosters St. Lioba in Freiburg.

190

Maria Beermann[1] an Edith Stein

Bonn, den 16. März 1932

Sehr geehrte Frau Dr. Stein!

Mein Schweigen hat Ihnen sicher bewiesen, daß ich trotz aller Bemühungen die Arbeit von Heinrich Klein S. J.[2]: „Das Katholische im Faust" nicht bekommen konnte. Ich war fünfmal bei den Jesuiten, traf P. Klein nicht an. Darauf schrieb er mir, teilte mir eine längere Reise mit und versprach, nachher bei mir vorbeizukommen. Bisher habe ich ihn noch nicht gesprochen. Es ist mir wirklich leid, daß Sie die These nicht lesen konnten. Ich hätte sehr gerne auch Ihr Urteil, das der „Thomistin", gehört. Aber auch ohne diese Schrift bedeutet Ihr Vortrag[3] sicher ein Ereignis für alle, die ihn hören dürfen. Ich wäre gerne unter den Versammelten, doch kann ich die Reise nicht machen. Die Semesterarbeit mit ihrer Last, den vielen Examinas, bedingt bei mir eine Ausspannung, die eine Fahrt nach Münster nicht bietet.

Ich hoffe, daß ich Ihnen ein anderes Mal besser zu Diensten sein kann, und würde mich freuen, wenn es bald in meine Macht gestellt würde.

Mit den besten Wünschen
Ihre Maria Beermann

[1] Maria Beermann, Oberstudienrätin an der Clara-Schumann-Schule in Bonn, geb. am 13.2.1890, gest. am 10.7.1978 in Bonn, war nach dem Kriege Oberstudiendirektorin an der Hildegardis-Schule in Köln.
[2] Heinrich Klein, geb. am 18.7.1901 in Trier, gest. am 13.2.1985 in Wiesbaden, studierte in Valkenburg, Rom und Bonn. Zur wissenschaftlichen Prüfung für das Lehramt an Höheren Schulen schrieb er eine Arbeit „Katholisches in Goethes Faust". Im Nekrolog, für dessen Zusendung ich P. Wolfgang Hoffmann SJ herzlich danke, wird Klein als umfassend gebildeter Mann und berufener Erzieher geschildert.
[3] Im Goethe-Jubiläumsjahr 1932 (100. Todestag) hielt Edith Stein mehrfach einen Vortrag: „Natur und Übernatur in Goethes Faust", u.a. auch in Münster. Da Goethe am 22.3. starb, ist zu vermuten, daß der Vortrag im Frühjahr (Osterferien?) gehalten wurde. Veröffentlicht ist der Text in „Zeit und Schule", Organ des Vereins katholischer Bayrischer Lehrerinnen, 29. Jg. Nr. 19, 1.10. und Nr. 20, 16.10.1932; ESGA 16, 157–168.

191

Edith Stein an Elly Dursy[1]

Beuron, Palmsonntag ⟨20.03.⟩ 32

Pax!
Liebe Elly,

Deinen Brief bekam ich nach Münster[2]; da ich aber nicht sofort antworten sollte, ist mir die Reise dazwischengekommen (Vorträge, die ich in München zu halten habe, 1. und 3.IV. im Bayrischen Rundfunk, ermöglichten mir doch noch einmal Karwoche und Ostern in Beuron)[3]. Nun habe ich leider den Brief nicht zur Hand – ich schickte ihn in einem Päckchen „voraus" –, und das ist noch nicht da – so kann ich nur beantworten, was ich im Kopf habe: zunächst, daß Du natürlich am Karfreitag nach Neuburg[4] darfst. Natürlich habe ich mir auch schon oft überlegt, ob es zu verantworten ist, daß ich so häufig hierher gehe. Aber schließlich muß man dem inneren Leben auch die Nahrung gönnen, die es braucht, bes. wenn man zu andern Zeiten viel nach außen hergeben muß. Natürlich kann man darüber nicht mit Menschen diskutieren, die rein auf Materielles eingestellt sind und für geistige und seelische Werte kein Organ haben.

Ließe es sich nicht einrichten, daß Du einmal im Monat nach Speyer zum

Beichten gehen könntest? Ich glaube schon, daß es gut wäre, regelmäßig zu jemandem zu kommen, der Dich und Deine Situation kennt. – Nach München[5] könntest Du vielleicht nochmal ein möglichst getreues Bild der Lage geben: daß an eine Einwilligung Deiner Eltern nach menschlichem Ermessen nicht zu denken sei und welche Rücksichten Dich noch zu Hause halten; und dann fragen, ob man *trotzdem* zum Eintritt rate. – Paulines[6] Schwester mußt Du natürlich zu helfen suchen. Daß sie älter ist, besagt nichts. Die innere Reife richtet sich ja nicht immer nach den Jahren. Natürlich mußt Du Dich bemühen, von *ihrer*, nicht von Deiner Natur aus zu helfen, und wenn sie das Bedürfnis hat, ihre Zuneigung zum Ausdruck zu bringen, nicht abweisen – etwas Verkehrtes wird ja wohl nicht dabei sein? Mit Dir selbst hab Geduld – der Herr hat sie auch. Von mir möchte ich diesmal nichts weiter erzählen, weil ich eigentlich heute schon Silentium[7] habe.

Die besten Wünsche für die Kar- und Ostertage,
Deine E. St.

[1] Vgl. Br. 127 Anm. 1.

[2] Edith Stein zog am 29.2.1932 nach Münster, wo sie als Dozentin am Deutschen Institut für wissenschaftliche Pädagogik arbeitete; Maria Schmitz, Vorsitzende des Vereins katholischer deutscher Lehrerinnen, in dessen Trägerschaft das Institut stand, hatte sie dorthin empfohlen.

[3] Edith Stein sprach am 1.4. in der „Stunde der Frau" beim Bayerischen Rundfunk über „Fragen mütterlicher Erziehungskunst" (ESGA 13, 115–126). Der Bayerische Rundfunk zeigte diesen Vortrag an für Freitag, den 1. April 1932, 15.15h „Für die Frau", unter dem Titel „Mütterliche Erziehungskunst während der Schulzeit. (Dr. Edith Stein)". (Ich danke Dr. K.-J. Hummel von der Münchner Kommission für Zeitgeschichte für diese Ermittlungen.) Es ist wahrscheinlich, daß die Verbindung des Rundfunks zu Edith Stein zustande kam durch Vermittlung von Marie Buczkowska. Sie gehörte bis 1933 und wieder ab 1948 dem Rundfunkrat des Bayerischen Funkhauses an. Ihre Unterschrift erscheint noch 1950 auf einer Eingabe dieses Gremiums an die amerikanische Besatzungsmacht, die dem Bayerischen Rundfunk die bisher verwendete Welle zu entziehen suchte. – Am Nachmittag des Weißen Sonntags, des 3.4., sprach Edith Stein über „Die geistige Lage der Frau in der Jetztzeit" vor einer Gruppe junger Frauen im Bundeshaus des Katholischen Deutschen Frauenbundes. Während dieses Münchner Aufenthaltes wohnte Edith Stein in „Haus Venio", damals Baaderstr. 56 a. In der Chronik dieser Gemeinschaft hat Agnes Johannes OSB den Aufenthalt Edith Steins erwähnt, ebenso ihr Zusammentreffen mit Erich Przywara SJ und Alois Mager OSB. Vielleicht hat Edith Stein bei einer solchen Gelegenheit auch Gertrud von le Fort persönlich kennengelernt. In einem späteren Brief berichtet nämlich Edith Stein, Gertrud von le Fort habe sie 1932 in München aufgesucht.

[4] Benediktiner-Abtei in Heidelberg-Ziegelhausen.

[5] Vermutlich an einen geistlichen Berater; vielleicht P. Przywara SJ. Die Absichten Elly Dursys, in einen Orden einzutreten, trafen auf heftigen Widerstand ihres Vaters.

[6] Schulgefährtin von Elly Dursy.

[7] Edith Stein schrieb am Palmsonntag, dem Beginn der Karwoche, in der sie strenges Schweigen zu halten pflegte.

192

Josef Schröteler[1] an Edith Stein

HANDBUCH DER ERZIEHUNGSWISSENSCHAFT
Im Auftrag des Deutschen Instituts für wissenschaftliche Pädagogik, Münster i.W. herausgegeben von
Dr. F. X. Eggersdorfer – Prof. Dr. G. Raederscheidt – Prof. Dr. J. Schröteler S.J.
Verlag Josef Kösel & Friedrich Pustet München Abt. Schulwissenschaftlicher Verlag

Düsseldorf, 18. April 1932
Reichsstraße 20

Fräulein
Dr. Edith S t e i n
Münster i. W.
Kollegium Marianum

Sehr verehrtes Fräulein Doktor!

Vielen Dank für Ihr freundliches Schreiben vom 15. d⟨iese⟩s M⟨ona⟩ts und die grundsätzliche Bereitwilligkeit, an dem Band „Frauenbildung“[2] mitzuarbeiten. Ihrem Wunsch, die Geschichte der Frauenbildung in diesem Bande mit unterzubringen, können wir wohl schwerlich entsprechen, denn einmal würde dadurch wahrscheinlich der Umfang des Buches gesprengt. Wir müssen, wie Sie begreifen werden, gerade jetzt darauf sehen, daß die Bände im Durchschnitt 15 Bogen nicht viel überschreiten. Sodann aber muß die Entwicklung der weiblichen Bildung in unseren historischen Bänden, die schon stark gefördert sind, einen breiten Raum einnehmen.

Ich möchte Sie daher freundlichst bitten, den von uns vorgeschlagenen Abschnitt des Buches gütigst zu übernehmen. Fräulein Dr. Bienias[3] hat eben auch zugesagt und freut sich vor allem auch, mit Ihnen zusammenarbeiten zu können. Wir dachten daran, daß das Manuskript etwa bis Ende des Jahres, spätestens aber im Januar nächsten Jahres vorliegen sollte. Ich hoffe, daß Sie bis dahin auch etwas stärker entlastet sind.
Hoffentlich haben wir bald einmal Gelegenheit, uns auch persönlich kennenzulernen. Über manche dieser Dinge läßt sich besser mündlich als schriftlich verhandeln.

Mit bester Begrüßung bin ich
Ihr sehr ergebener
P. Schröteler SJ.

[1] Josef Schröteler SJ, geb. am 17.12.1886 in Düren, gest. am 12.12.1955 in Frankfurt/M., Studien in Köln, Berlin und München, dort Promotion (summa cum laude) bei Aloys

Fischer, wurde 1924 von der Fuldaer Bischofskonferenz in die Düsseldorfer Zentrale der Katholischen Schulorganisation gerufen. Er entfaltete von dort aus eine reiche rednerische und schriftstellerische Tätigkeit in den Bereichen der Pädagogik, der schulpolitischen Grundsatzfragen und der Moraltheologie. Die Katholische Schulorganisation war 1911 auf dem Katholikentreffen in Mainz als „Organisation der Katholiken Deutschlands zur Verteidigung und Förderung der christlichen Schule und Erziehung" gegründet worden. Es läßt sich heute nur schwer ermessen, welch große Bedeutung die genannten Einrichtungen vor dem 1. Weltkrieg und noch bis zum Beginn des nationalsozialistischen Regimes besaßen.

2 Ob Edith Stein diese Mitarbeit tatsächlich übernommen hat, ließ sich nicht ermitteln.

3 Maria Bienias (vgl. Br. 175 Anm. 1).

193

Franz Borgmeyer[1] an Edith Stein

Verlags-Buchhandlung
Franz Borgmeyer/Hildesheim
Sortiments-Buchhandlung, mod. Antiquariat
Werk- und Akzidenz-Druckerei, Buchbinderei

Hildesheim/Kreuzstraße 14
Fernruf Nr. 2148
18. April 1932 Br.

Fräulein
Dr. Edith Stein
Münster i. W.

Sehr geehrtes Fräulein Stein!

Zu meinem größten Bedauern muß ich Ihnen nun doch melden, daß die Korrekturen nicht übergekommen sind. Ich sende Ihnen daher Duplikat von Seite 103–172. Ein größerer Teil Spaltenkorrektur folgt morgen. Für recht baldige Rücksendung der umbrochenen Seiten wäre ich Ihnen dankbar.

Mit Hochachtung
ergebenst
Franz Borgmeyer

1 Franz Borgmeyer in Hildesheim, Bruder des Verlegers Otto Borgmeyer in Breslau, besorgte den Druck der beiden Bände von Edith Steins Übersetzung „Des hl. Thomas von Aquino Untersuchungen über die Wahrheit". Hier handelt es sich um den 2. Band, der 1932 erschien (ESGA 24).

194

Sigmund Waitz[1] an Edith Stein

Wappen mit Inschrift: Deus caritas est
Dr. Sigmund Waitz
Bischof und Apostol⟨ischer⟩ Administrator

Feldkirch, 21. April 1932
(Vorarlberg)

Sehr verehrte Frau Dr.

Ihr Brief hat mir endlich Aufschluß erteilt über Ihren Aufenthalt und Ihre Tätigkeit, damit auch die Möglichkeit, Ihnen den zweiten Band Paulus[2] zuzusenden. – Es freut mich sehr, daß Sie endlich eine zusagende Stellung erlangt haben und habe ich die Ansicht, daß Ihnen diese Aufgabe gut zusagen werde. – Jedenfalls ist es ein guter Anfang für weitere Bestrebungen und Bemühungen. –

Ich bin begreiflicherweise ein wenig gespannt, was für ein Urteil der zweite Band meines Pauluswerkes bei Ihnen hervorrufen wird. – Jedenfalls ist er mit viel Freude am Thema gearbeitet worden. – Manches befriedigt mich selbst schon.

Ihrer weiteren Tätigkeit sehe ich mit großem Interesse entgegen und begleite sie mit meinen Segenswünschen.

Vielmals grüßend mit dem Ausdruck besonderer Hochschätzung
† S. Waitz, Ep⟨isco⟩p⟨u⟩s

[1] Vgl. Br. 162 Anm. 1.
[2] Dieser Band trägt den Titel: „Paulus – seine ersten Sendschreiben. Zeitgemäße Erwägungen über christliches Leben und Seelsorge“ von Dr. Sigmund Waitz, Bischof und Apostolischer Administrator/Innsbruck-Feldkirch, Verlagsanstalt Tyrolia, Innsbruck – Wien – München 1932.

195

Edith Stein an Petrus Wintrath[1]

Münster i. W., 22. IV. 32

Pax!
Hochwürdiger Herr Pater,

besten Dank für Ihre freundlichen Zeilen. Ich werde die Anfrage an meinen Verleger weitergeben; vielleicht kann er etwas bei der Redaktion erreichen. Herzlichen Dank für die Mühe, die Sie sich genommen haben, ebenso für die gütige Übersendung Ihrer Separata. Verzeihen Sie, daß ich den Empfang noch nicht bestätigte. Ich bin eben damit beschäftigt, mich in einen ganz neuen Wirkungskreis (am Deutschen Institut f. wissenschaftliche Pädagogik) einzuarbeiten; dazu wird jetzt in sehr schnellem Tempo der II. Thomas-Band gedruckt.[2]

Mit ehrfürchtigem Gruß
Ihre in Xo. ergebene Edith Stein

[1] Petrus (Johann Baptist) Wintrath OSB, Mönch der Abtei Maria Laach, geb. am 6. 3. 1876 in Bernkastel/Mosel, gest. am 18. 2. 1962 in Maria Laach; Professor für Philosophie an der Hochschule der Benediktiner in Maria Laach. [2] Vgl. Br. 193.

196

Auguste Nick[1] an Edith Stein

Ansichtskarte: Loreley am Rhein

Poststempel: Neustadt/Haardt, 23. Apr. 32

Fräulein Dr. E. Stein
Münster i. Westf.
Collegium Marianum

Neustadt a. d. H., 22. 4. 32

Sehr verehrtes Fräulein Dr. Stein!

Bleiben wir also beim 26. Juni. Das Kloster St. Dominikus[2] ist hoffentlich einverstanden; ich habe von dort noch keinen Bescheid, darf aber wohl auf

Zustimmung rechnen. Der Vortrag wird nachmittags sein. Vielleicht kommen Sie aber schon am Vormittag kurz zu unserer Jugend!

Mit herzlichen Grüßen
Ihre A. Nick

[1] Auguste Nick, Mitglied des Vereins katholischer Bayerischer Lehrerinnen, gest. 1956, hat Edith Stein im Kölner Karmel zur Feier ihrer Einkleidung (am 15.4.1934) und am Profeßtag (am 21.4.1938) besucht.

[2] Das Kloster St. Dominikus in Ludwigshafen war eine Gründung der Dominikanerinnen von St. Magdalena in Speyer aus dem Jahr 1927. Die Ordensfrauen führten dort ein Mädchengymnasium und eine Mittelschule (Realschule). Die Schulen wurden 1937/38 den Schwestern genommen und gingen an die Stadt Ludwigshafen über. Das Gymnasium führt heute den Namen Geschwister-Scholl-Gymnasium. – Am Sonntag, den 26. Juni, hielt Edith Stein in St. Dominikus ihren Goethevortrag: „Natur und Übernatur in Goethes ‚Faust'" (vgl. Br. 190 Anm. 2).

197

Edith Stein an Anneliese Lichtenberger[1]

Münster i.W., 2.V.32

Pax!
Liebe Anneliese,

jetzt finden mich die Briefe schon, wenn nur Münster i.W. daraufsteht. Aber damals war ich noch zu kurz hier. Das Prüfungsergebnis erfuhr ich aus Speyer. Aber ich wartete doch sehr auf eine Nachricht von Dir selbst. Ich freue mich, daß Du die richtige Einstellung dazu hast.

Jetzt wirst Du Deinen Eltern beim Umzug helfen müssen. Und wenn sie in L⟨udwigs⟩hafen dann auch Deine Hilfe brauchen können, etwa im Geschäft, so wird wohl das jetzt das Beste sein, was Du tun kannst. Es ist ja so schwer jetzt, sonst eine Beschäftigung zu finden. Sollte Deine Zeit zu Hause nicht ausgefüllt sein, dann freilich müßte man nach etwas anderm Umschau halten. Wenn es nicht um Verdienst zu tun wäre, sondern nur um gute Zeitausnützung: in Ludwigshafen gibt es sicher reiche Gelegenheit zu caritativ-sozialer Arbeit. Du brauchtest nur mal ins Herz-Jesu-Pfarrhaus zu gehen zu Fräulein Husse[2] (ihr und Herrn Pfarrer H⟨usse⟩ herzliche Grüße zu sagen) und sie zu bitten, daß sie Dich helfen lassen möchte. Weißt Du, daß ich am 26.VI. in L⟨udwigshafen⟩ einen Vortrag für die kath. Lehrerinnen halten soll (in St. Dominicus)?[3] Ich werde nur über Sonntag da sein, aber sehen könnten wir uns vielleicht doch.

Übrigens: Wenn Du in Ludwigshafen keinen Beichtvater weißt, kommt vielleicht auch Herr Pfarrer Husse in Betracht. Du wirst ja gewiß manchmal Sr. Agnella[4] besuchen. Das ist die nächste Nachbarschaft von Herz Jesu.

Laß Dir den Abschied[5] nicht zu schwer werden. Alles Gute und herzliche Grüße, auch an Deine Eltern,

Deine Edith Stein

[1] Vgl. Br. 131 Anm. 1.
[2] Franziska Husse, Schwester des Pfarrers Ludwig Husse (vgl. Br. 125 Anm. 1), führte sein Hauswesen und teilte viele seiner karitativen Aufgaben. [3] Vgl. Br. 196 Anm. 2.
[4] Vgl. Br. 48 Anm. 1. Sr. Agnella war damals im Schuldienst am Gymnasium der Dominikanerinnen von St. Dominikus in Ludwigshafen.
[5] Vom Lehrerinnenseminar in Speyer, dessen Anforderungen Anneliese nicht gewachsen war.

198

Edith Stein an Callista Brenzing[1]

Münster i. W., 5. V. 32
Collegium Marianum

Pax!
Liebe Frau Callista,

Ihr lieber Osterbrief traf mich in Beuron[2]. Der Bayrische Rundfunk hatte es mir ermöglicht, die Reise durch ganz Deutschland zu machen, und so durfte ich noch einmal fast 2 Wochen ein glücklicher Mönch sein. Das bin ich übrigens hier auch, nur mit etwas anderer Verteilung des Ora et labora[3]. Ich bin allen sehr dankbar, die mir die neue Wirksamkeit[4] erbetet haben, aber nun müssen sie mir weiter helfen, um Kraft und Erleuchtung, alle Aufgaben zu erfüllen. Am 18. muß ich in Essen bei der Tagung des Deutschen kath⟨olischen⟩ Lehrerinnenvereins[5] sprechen, am 26. VI. in St. Dominicus – Ludwigshafen[6]. Daß meine 3 großen Kinder[7] nun alle in leitenden Stellungen sind in Speyer (Sr. Immolata Lyceumsdirektorin) – Ludwigshafen (Subpriorin) – Mannheim (?), werden Sie wohl wissen.

Herzlichst Ihre Edith Stein

Ich glaube, Sr. A⟨gnella⟩ schweigt, weil sie nicht ohne Zensur schreiben kann.

[1] Vgl. Br. 70 Anm. 1.
[2] Edith Stein weilte in der Karwoche und den Ostertagen in der Abtei Beuron (vgl. Br. 191 Anm. 3).

[3] Bete und arbeite! Wahlspruch des Benediktinerordens.
[4] Als Dozentin am Deutschen Institut für wissenschaftliche Pädagogik in Münster/W. Edith Stein las im SS 1932 über „Probleme der neueren Mädchenbildung", veröffentlicht in der Benediktinischen Monatsschrift, Jg. XIV, Heft 1–2 und Heft 3–4, 1932 (Teil I der Vorlesung) und Jg. XV, Heft 1–2 und Heft 3–4, 1933 (Teile II und III der Vorlesung). (Vollständig in: ESGA 13, 127–208).
[5] Es handelte sich um die 47. Hauptversammlung des Vereins katholischer deutscher Lehrerinnen in der Pfingstwoche (am 18.–20. Mai) 1932 in Essen, die unter dem Thema stand: „Die katholische Lehrerin und die Not ihres Volkes". Die Versammlung fand im großen Saal des Städtischen Saalbaus statt. Dort sprach Edith Stein am 18. Mai über „Notzeit und Bildung". Einen kurzen Bericht über die Versammlung brachte die Zeitschrift „Mädchenbildung auf christlicher Grundlage" am 5. Juni 1932 (Heft 11, Jg. 28). Große Teile des Vortrags Edith Steins bringt der Berichtsband des VkdL (nach Niederschriften zusammengestellt von der Hauptgeschäftsstelle in Berlin-Steglitz, Breitestr. 7), gedruckt bei Schöningh in Paderborn 1932. – Die aus den Beratungen verabschiedeten Entschließungen bringt die Zeitschrift „Zeit und Schule" im Juni 1932. In ESGA 16, 130–132, sind einige Seiten einer Handschrift Edith Steins publiziert, vielleicht ein Konzeptentwurf für den Vortrag, und der Text aus dem erwähnten Berichtsband, ESGA 16, 132–139. Der vollständige Text des Vortrags scheint nicht erhalten zu sein.
[6] Vgl. Br. 196 und 197.
[7] Edith Stein meint die jungen Dominikanerinnen, die sie auf ihrem Studienweg mit Privatstunden, Ratschlägen und Gebet begleitet hatte: Immolata Matheis (vgl. Br. 59 Anm. 7), Agnella Stadtmüller (vgl. Br. 48 Anm. 1) und Callista Kopf (vgl. Br. 59 Anm. 1). In Speyer handelt es sich um die Schulen des Klosters St. Magdalena, in Ludwigshafen St. Dominikus, in Mannheim um das 1923 gegründete Dominikanerinnenkloster Herz Jesu; die Mädchenschule dort führte den Namen Luiseninstitut.

199

Gretel Kalter[1] an Edith Stein

V.K.D.St.[2]
Winefreda – Mimigardeford[3]
Münster i. Westf.

Münster, den 30. V. 1932
Frauenstr. 4–6

Sehr geehrte Frau Dr. Stein,

zu unserer Freude haben Sie einigen unserer Vereinsschwestern versprochen, an einem Abend zu uns zu kommen. Wir bitten Sie nun, uns mitzuteilen, ob der 6. VI. Ihnen recht ist.[4]

Im voraus herzlichen Dank und freundlichen Gruß
i. A. Gretel Kalter xxx

K.D.St.V. Winefreda – Mimigardeford

[1] Nicht ermittelt, offenbar vertretende Geschäftsführerin.
[2] Verein katholischer deutscher Studentinnen (vorher: Verein katholischer Studentinnen Deutschlands).
[3] Winefreda war der älteste deutsche Verein katholischer Studentinnen, gegründet 1909. Wegen Mitgliederüberhangs wurde 1913 der Verein Mimigardeford gegründet, der sich später wieder mit seinem „Urverein" verband. Unter Winefreda verstand man die weibliche Form des Vornamens Winfrid/Bonifatius, „Apostel der Deutschen"; Mimigardeford war die Liegenschaft, auf der Liudger (der hl. Bischof Ludger) um 800 sein Kloster gründete, aus dem später (nach 1000) die Siedlung Münster entstand. (Aus: Ulrike Hoppe, Katholische Studentinnenvereine 1909–1936, hg. vom Bund kath. deutscher Akademikerinnen.) – Ich danke Dr. Walburga Fischer-Gottlob für diese Auskünfte.
[4] Wahrscheinlich hat Edith Stein den Termin am Montag, den 6. 6. 1932, wahrgenommen; sie schreibt am 9. 6. von einem „neulich" gehaltenen Diskussionsabend (vgl. Br. 204).

200

Petrus Wintrath[1] an Edith Stein

Abtei St. Hildegard, Rüdesheim a. Rh., 4. Juni 1932

Pax!
Sehr verehrtes Fräulein Dr. E. Stein.

Da ich Ihr Buch[2] nun einmal zur Begutachtung hier habe, aber keine Aussicht zu bestehen scheint, in Theologie + Glaube[3] eine Rezension unterzubringen, erlaube ich mir, an Ihre persönliche Adresse einige Zeilen zu richten. Sie haben ein grandioses Werk in Angriff genommen, das es wohl verdient, in deutscher Übersetzung bekanntgemacht zu werden. Und ich bewundere Ihren Mut und Ihre zähe Ausdauer. Nur der Eingeweihte weiß ja, welche gewaltige Arbeit in Ihrem Buch steckt. Und es ist Ihnen gelungen, die Aufgabe zu lösen, die Sie übernommen haben. Ich will nicht wiederholen, was andere schon gesagt haben, weder das Lobenswerte, noch das, was die Gesichtspunkte betrifft, die bei der Übersetzung, der Auswahl + Anordnung maßgebend sein können und bei Ihnen maßgebend gewesen sind. In den Beiblättern habe ich, freilich nur auf Stichproben hin, einige Ausstellungen aufgeschrieben. Sie würden sich wahrscheinlich noch sehr vermehren lassen. Aber, wie Sie sehen, betreffen sie in den meisten Fällen nur Kleinigkeiten. Seltener haben sie eine größere Bedeutung für die richtige Wiedergabe der Lehre des hl. Thomas. Sie mögen Ihnen für Ihr weiteres Arbeiten kleine Winke sein. Wenn es auch, wie Al⟨ois⟩ Dempf[4] mir einmal sagte, eines Sprachgenies bedürfte, um die lateinischen Texte der Scholastiker durchgängig, auch oder gerade bezüglich der Fachausdrücke, in gutem Deutsch wiederzugeben, so hätte es doch wohl auch Ihnen gelingen können, in noch größerem Maße, als es geschehen ist, deutsche Worte statt der lateinischen zu setzen. Es könnte ferner wohl auch die Frage gestellt werden, ob Sie von Erläuterungen, sei es im Text, sei es in Fußnoten, nicht reichlicheren Gebrauch hätten machen sollen. Die Zusammenfassungen, die Sie bisweilen geben, sind gewiß ganz gut. Aber sie genügen nicht. Es sollen doch vor allem moderne Menschen, die weder mit dem lateinischen Text noch auch mit der Lehre des hl. Thomas bekannt sind, in dessen Gedankenwelt erst eingeführt werden. Das kann aber bei der spekulativen Tiefe und der Eigenart der Probleme dieser Gedankenwelt erfolgreich nur durch – freilich nicht langatmige, aber doch sachgemäße, die Gesamtdoktrin des Aquinaten berücksichtigende – Erläuterungen geschehen. Sonst bleibt sie eine indigesta moles[5], und der beabsichtigte Zweck wird nicht erreicht.

Das nur einige Gedanken. Ich beneide Sie, daß Sie diese wunderbare Quaestio des hl. Thomas den Deutschen vorsetzen. Es wäre das eine Arbeit für unsereinen gewesen, nachdem man sich dreißig Jahre lernend und lehrend ausschließlich mit der Philosophie des hl. Thomas bzw. mit der aristotelisch-thomistischen Philosophie beschäftigt hat. Gottes Segen ruhe auf Ihrem Werke.

In Hochachtung grüßt
P. Petrus Wintrath O. S. B.

[1] Vgl. Br. 195 Anm. 1.
[2] Edith Steins Antwortbrief vom 12. 6. 1932 zeigt, daß es sich um den 1. Bd. der Thomas-Übersetzung „Quaestiones disputatae de veritate" handelt (1931).
[3] Im Jahre 1908 von den Professoren der Erzbischöflichen Philosophisch-Theologischen Akademie gegründete Vierteljahresschrift, Schöningh Paderborn. Eine mit B. Bartmann unterzeichnete halbseitige Rezension der beiden Bände erschien 1933, 25. Jg., S. 646.
[4] Alois Dempf, Professor für Philosophie in München, Kulturtheoretiker, „Prophet gegen den Nationalsozialismus" (Titel eines biographischen Werkes von Vincent Berning/Hans Maier, Weißenhorn 1992, Verlag Anton H. Konrad), war geboren am 2. 1. 1891 in Altomünster; er starb am 15. 11. 1982 in Eggstätt (Grab in Wien).
[5] Unverdaute Masse (nach Ovid, Metamorphosen I, 7: chaos, rudis indigestaque moles).

201

Alice Reis[1] an Edith Stein

Ansichtskarte: Beuroner Klosterkirche, Teilansicht des Inneren

Poststempel: Konstanz, 5. 6. 32

Wöchnerinnenstation
Konstanz/Bodensee
Friedrichstr. 21

Frl. Dr. Edith Stein
Münster/West.
Collegium Marianum

Liebe Edith,

gar lang habe ich nichts von Ihnen hören dürfen. Inzwischen werden Sie sich in der fremden Stadt orientieren müssen, wie auch ich.

Sobald ich mal Zeit habe, gibts einen großen Brief. Bis dahin aber nur liebe Grüße u. die Bitte um Ihr Gebetsgedenken.

Ihre Alice Maria

[1] Vgl. Br. 121 Anm. 10. Im vorhergehenden Sommer hatte Alice Reis bei den Benediktinerinnen in Freiburg-Günterstal einen Besuch gemacht; sie trug sich, wie der Brief Nr. 170 nahelegt, mit dem Gedanken, später dieser Gemeinschaft beizutreten. Die Übersiedlung von Darmstadt nach Konstanz in die Wöchnerinnenstation (Alice war Krankenschwester) mag damit zusammenhängen, daß die Frauenklinik unter der Leitung von Benediktinerinnen der hl. Lioba stand; die Oberin dieses Konventes, Michaela von Neipperg OSB, war mit Edith Stein befreundet.

202

Verlag Haas & Grabherr an VkdL[1]

Augsburg, 7. Juni 1932

Sehr geehrte Schriftleitung!

Wir gestatten uns, Ihnen anbei

1 Hildebr⟨and⟩, Metaphysik ⟨der Gemeinschaft⟩[2]
Preis: geb⟨un⟩d⟨en⟩ 10,80, brosch⟨iert⟩ 9,- -

mit der Bitte um gütige Besprechung in

Verein Kath. Lehrerinnen

ergebenst zu überreichen.

Wir ersuchen, die Übersendung von 2 Belegen veranlassen zu wollen.

Mit vorzüglicher Hochachtung
Literarisches Institut von Haas & Grabherr, Augsburg
Abteilung Buchverlag
Unterschrift (unleserlich)

[1] Dieses Verlagsblatt wurde zweifellos vom Verein katholischer deutscher Lehrerinnen an Edith Stein in Münster gesandt; denn es befindet sich in ihrem Nachlaß, samt dem Besprechungsexemplar des Buches.
[2] Dietrich von Hildebrand (vgl. Br. 7, Anm. 4): Metaphysik der Gemeinschaft. Literarisches Institut Haas und Grabherr, Augsburg 1930. Die Besprechung Edith Steins erschien in: „Mädchenbildung auf christlicher Grundlage“, Organ des VkdL, 20. Dezember 1932, 24. Heft, 28. Jg., 20. Dez. 1932, S. 689–695.

203

Otto Borgmeyer an Edith Stein

OTTO BORGMEYER BUCHHANDLUNG
VERLAG / ANTIQUARIA / MUSIKALIEN
LEHRMITTEL FÜR KINDERGÄRTEN U. HORTE
Breslau

An der Sandkirche 3
(an der Dombrücke)
Fernsprech-Anschluß 40792
Postscheckk.: Breslau 17821

den 7.6.1932

Fräulein
Dr. Edith S t e i n
Münster i. W.
Collegium Marianum

Sehr geehrtes Fräulein Doktor!

Wir erhielten Ihr wertes Schreiben vom 3. d. M⟨onats⟩. Von dem 2. Band[1] werden wie von dem ersten Band gebundene Exemplare hergestellt. Da zuerst 20 broschierte Exemplare von Habelschwerdt[2] uns zugestellt wurden, sandten wir davon 5 Stück; die Herstellung der gebundenen nimmt längere Zeit in Anspruch. Wir sind gern bereit zum Versand der Freistücke von hier aus und bitten um Angabe der Adressen. Den Versand der Besprechungsstücke werden wir nach unserm Besprechungsbuch vornehmen und vor allem diejenigen Zeitschriften und Schriftsteller berücksichtigen, die eingehend Band I besprochen haben.

Von Band I wurden verkauft: fest 183, broschiert 26 Exemplare. Das Sortimentskonto ist nur mit 64.40 M belastet und wird durch das Honorar ausgeglichen. Die Honorarüberweisung selbst wird Herr Borgmeyer vornehmen. An Prälat Grabmann[3] werden wir bald nach Eingang der geb⟨undenen⟩ Exemplare seine Freistücke schicken.

Mit vorzüglicher Hochachtung
Frankes Verlag u. Druckerei
Unterschrift: L. Wolf

[1] Thomas-Übertragung Edith Steins „Untersuchungen über die Wahrheit"; der 1. Bd. war 1931 erschienen.
[2] Otto Borgmeyer ließ dieses Werk binden von der Buchbinderei Francke in Habelschwerdt.
[3] Martin Grabmann, bedeutender Forscher auf dem Gebiet der mittelalterlichen Philosophiegeschichte, geb. am 5. 1. 1875 in München, gest. am 9. 1. 1949 in Eichstätt, war Professor in Eichstätt, Wien und München. Er hatte zu Edith Steins Übersetzung das Geleitwort geschrieben, 1. Bd. S. V–XI.

204

Edith Stein an Adelgundis Jaegerschmid[1]

Collegium Marianum, 9. VI. 32

Pax!
Liebe Sr. Adelgundis,

vor Schluß der Herz-Jesu-Oktav[2] sollen Sie noch einen herzlichen Gruß haben. Gewiß konnten Sie das Fest dieses Jahr ganz neu feiern. Über Ihre Gefangenen-Mission[3] freue ich mich sehr, wenn ich auch voraussehe, daß Sie viele schwere Erfahrungen vor sich haben. Ihren Aufsatz, den ich vor gar nicht langer Zeit erhielt, schickte ich gestern an meine Schwester[4], weil ich glaube, daß er ihr sehr wertvoll sein wird. Wenn Sie ihn zurückhaben wollen oder wenn ich ihn an die Dame in Dortmund zurückschicken soll, lassen Sie es mich, bitte, wissen. Meiner Schwester scheint es jetzt wieder weniger gut zu gehen. Sie klagt sehr über die Schwierigkeiten des Zusammenlebens mit den so ganz anders denkenden Angehörigen (das können Sie gewiß gut nachfühlen)[5]. Und ich kann natürlich für absehbare Zeit gar nicht daran denken, sie zu mir zu nehmen. Bei der gegenwärtigen Lage muß man ja froh sein, wenn das Institut[6] überhaupt erhalten bleibt. Ich habe einen ziemlich harten Kampf um die Begründung meiner wissenschaftlichen Existenz zu führen: nicht etwa mit irgendwelchen Menschen – alle tun mir alles zulieb, was sie können –, sondern mit der Situation, die durch meine 10jährige Ausgeschlossenheit aus der Kontinuität der Arbeit und dem tief innerlich begründeten Mangel an Fühlung mit dem modernen Leben gegeben ist. Sehr erfreulich ist, daß ich allmählich Fühlung mit den Dozenten bekomme (daß es so allmählich geht, liegt nur an mir, weil ich noch so wenig Zeit dafür aufbringen konnte) und auch mit den Studentinnen. 2 kath⟨olische⟩ St⟨udentinnen⟩-Vereine und die ak⟨ademischen⟩ Elisabeth-Konferenzen[7] haben ihre Chargierten bei mir Besuch machen lassen und um meinen Besuch gebeten. In dem ersten habe ich neulich schon einen Diskussionsabend[8] über Frauenfragen gehalten, der sehr lebhaft verlief. Ich glaube, es wird auf diese Weise gelingen, auch Studentinnen der Universität als Gasthörerinnen in das Institut zu ziehen, was für beide Teile ein Gewinn wäre. – Mein II. Thomasband ist erschienen. Sobald die gebundenen Exemplare fertig sind, bekommen Sie das Ihre.[9] Am Fronleichnamstag war Koyré[10] bei mir. Er war vorher 3 Tage in Köln zu einer Beratung über Schelers[11] Nachlaß. Ein Band soll ziemlich bald herauskommen. Sehr schöne Aufzeichnungen über den Tod und das Leiden seien vorhanden.

In caritate Sacr⟨atissimi⟩ Cordis[12]
Ihre Edith

[1] Vgl. Br. 80 Anm. 1.
[2] Das Herz-Jesu-Fest war 1932 am 3. Juni; die Oktav, die damals nach diesem Hochfest begangen wurde, endete am 10. Juni.
[3] Adelgundis Jaegerschmid OSB war mit der Betreuung weiblicher Strafgefangener beauftragt worden.
[4] An Rosa Stein (vgl. Br. 10 Anm. 2).
[5] Sr. Adelgundis war Konvertitin aus dem Protestantismus und hatte deswegen viele familiäre Schwierigkeiten in Kauf nehmen müssen. Ebenso erging es Rosa Stein, die sich innerlich der katholischen Kirche zugehörig fühlte, die Taufe jedoch viele Jahre aufschieben mußte mit Rücksicht auf ihre Mutter.
[6] Das Deutsche Institut für wissenschaftliche Pädagogik in Münster, an dem Edith Stein eine Dozentenstelle hatte.
[7] Nach Elisabeth von Thüringen benannte Zusammenschlüsse ehrenamtlich tätiger Frauen, die in den Pfarreien karitativ arbeiteten, vor allem in der Familien- und Altenpflege.
[8] Es handelt sich vermutlich um den Studentinnen-Verein Winefreda-Mimigardeford (vgl. Br. 199).
[9] Vgl. Br. 203.
[10] Alexandre Koyré (vgl. Br. 182 Anm. 1). Der Fronleichnamstag, an dem Edith Stein und Koyré sich in Münster trafen, war der 26. Mai.
[11] Max Scheler (vgl. Br. 7, Anm. 4). Den ersten Band aus seinem Nachlaß gab seine Witwe Maria Scheler geb. Scheu 1933 heraus beim Verlag Francke in Bern. Dieser erste Nachlaßband ist der zehnte in der Reihe der Gesammelten Werke und trägt den Titel: „Zur Ethik und Erkenntnislehre"; er enthält Aufzeichnungen Schelers über „Tod und Fortleben" aus den Jahren 1914–1916. Ab 1913 war Scheler Mitherausgeber von Husserls Jahrbuch.
[12] In der Liebe des Heiligsten Herzens ⟨Jesu⟩.

205

Alice Zacharias[1] an Edith Stein

Hildegardisverein
Verein zur Unterstützung
stud. kath. Frauen e. V.
Vereinsleitung

Postscheckkonto Köln Nr. 38080

Aachen, den 11. Juni 1932

Sehr verehrtes Fräulein Doktor,

Nehmen Sie herzlichen Dank für Ihre Bereitwilligkeit, uns einen Beitrag zu unserer Festschrift[2] zu senden.

Wenn ich auf Ihren Wunsch einen ungefähren Umfang angebe, so möchte ich ausdrücklich bemerken, daß wir niemanden daran fest binden möchten. Wir hatten etwa an 25–30 Zeilen gedacht (Format der Mädchenbildung[3]); es darf aber auch weniger oder mehr sein. Wesentlich schien dem Vorstand „prägnante Kürze" zu sein, damit jeder die Zeit findet, unsere Schrift zu lesen.

Dankbar wäre ich Ihnen, wenn Ihr Beitrag am 1. Juli hier wäre, damit die Schrift noch im Juli versandt werden kann.

Mit ergebenem Hildegardisgruß
Alice Zacharias
Oberstudienrätin, 1. Vorsitzende

[1] Alice Zacharias, Mitglied im Verein katholischer deutscher Lehrerinnen, war seit 1921 als Nachfolgerin von Maria Schmitz Vorsitzende des Hildegardisvereins. Sie war Oberstudienrätin in Aachen und starb am 27. 12. 1941. Das Geburtsdatum war nicht zu ermitteln, und es gibt auch keinen Nachruf über sie, da 1941 schon alle Unterlagen der Katholischen Vereinigungen von der Gestapo beschlagnahmt waren und bis jetzt nicht aufgefunden wurden.

[2] Der Hildegardisverein, benannt nach Hildegard von Bingen, am 17. Mai 1907 gegründet zur Unterstützung katholischer Studierender, beging 1932 in aller Stille das silberne Jubiläum seines Bestehens. Es entstand eine kleine, sehr bescheidene Festschrift „Gedanken zum 25j. Bestehen des Vereins – 1907–1932". Auf der Seite 17 f. findet sich der Beitrag Edith Steins. Der Entwurf, der sich im Nachlaß fand, trägt die Überschrift: „Sendung der katholischen Akademikerin" (ESGA 13, 223–224). In ESW V „Die Frau" liest man im Vorwort der Herausgeber, diese Skizze stehe in Zusammenhang mit einem Vortrag „Aufgaben der katholischen Akademikerinnen der Schweiz", der in Zürich um 1932 gehalten wurde und der in Bd. V gleichfalls abgedruckt ist (219–226). Dieser Vortrag ist jedoch nicht von Edith Stein, sondern stammt aus der Feder von Dr. Hilde Vérène Borsinger, die damals Vorsitzende des Schweizerischen Verbandes kath. Akademikerinnen war. Das Maschinenmanu-

skript dieses Vortrags „Aufgaben der katholischen Akademikerinnen in der Schweiz" trägt weder Datum noch Unterschrift; es wurde von der Verfasserin Edith Stein zugeschickt, die mit ihr befreundet war. Der Beitrag zur Festschrift des Hildegardisvereins steht mit dem Züricher Vortrag in keinem Zusammenhang.

[3] „Mädchenbildung auf christlicher Grundlage", Organ der Abteilung für höhere Mädchenbildung des Vereins katholischer deutscher Lehrerinnen und des Verbandes katholischer deutscher Philologinnen. Die Zeitschrift, eine Monatsschrift, erschien 1932 im 28. Jahrgang. Ihr Format war ungefähr DIN A 5; die Festschrift des Hildegardisvereins wurde etwas größer.

206

Edith Stein an Petrus Wintrath[1]

Münster i. W., 12. VI. 32
Collegium Marianum

Pax!
Hochwürdiger Herr Pater,

von Herzen danke ich Ihnen für Ihre eingehende Beschäfigung mit meiner Thomas-Übertragung und für Ihre Berichtigungen, von denen einige – besonders zu den ersten Seiten – doch sehr wesentlich sind.[2]

Ich schickte Ihre Karte damals an den Verleger, und er glaubte Ihre Besprechung leicht anbringen zu können, weil er zu dem Verlag von „Theologie u. Glaube"[3] gute Beziehungen habe. Erst aus Ihrem Brief entnahm ich, daß es noch nicht geschehen sei. Ich habe Herrn Borgmeyer noch einmal darauf hingewiesen, schon damit er Ihnen den II. Band schickt, der indessen fertig geworden ist. Er ist nämlich gar nicht freigebig mit Rezensionsexemplaren. Sollten Sie es nicht von ihm bekommen, dann geben Sie mir, bitte, Nachricht, damit ich es für Sie bestellen kann.

Daß andere zu dieser Arbeit berufener gewesen wären als ich, davon kann niemand mehr überzeugt sein als ich. Vielleicht hätte ich den Mut nicht aufgebracht, wenn ich mir vorher über alle Schwierigkeiten klar gewesen wäre. Ich bin ja als ein Neuling in der Scholastik (wenn auch nicht in der Philosophie) daran gegangen, *um* mit Thomas vertraut zu werden. Daß das Werk fertig wurde und immerhin – trotz aller Mängel – so wurde, wie es ist, betrachte ich fast als ein Wunder. Denn es ist in abgesparten Stunden neben einer vollgemessenen Schultätigkeit und manchen anderen Verpflichtungen entstanden, ohne Anleitung und ohne Hilfsmittel. Für weitergehende Erläuterungen, als ich sie gab, hätte mir die Kompetenz gefehlt. Vielleicht hat so ein ahnungsloser kleiner David dem Goliath zu Leibe rücken müssen[4], um den schwergerüsteten Kriegern einen Ansporn zu geben. Wenn ich 15 oder

20 Jahre jünger wäre und frei zu tun, was mir das Beste schiene, dann würde ich noch einmal von unten herauf mit dem Studium der Philosophie u. Theologie anfangen. Aber ich bin in dem Alter, wo das, was man hat, Früchte tragen muß und nur nebenher, so gut es eben noch geht, nachgeholt werden muß, was fehlt. Vielleicht darf ich gelegentlich um einen Rat bitten. Und außerdem bitte ich sehr um Ihr Memento für meine Arbeiten.

Nochmals herzlichen Dank und ehrfürchtige Grüße.
Ihre in Xo. ergebene Edith Stein

[1] Vgl. Br. 195 Anm. 1.
[2] Vgl. Br. 200; die von Wintrath für Berichtigungen benutzten „Beiblätter" sind nicht erhalten.
[3] Vgl. Br. 200 Anm. 3.
[4] Anspielung auf die Bibelstelle 1 Sam 17: Der junge David aus Bethlehem, der unter König Saul auf der Seite Israels gegen die Philister kämpft, streckt deren riesenhaften, gepanzerten Vorkämpfer Goliath mit der Hirtenschleuder nieder.

207

Edith Stein an Martin Honecker[1]

Münster i. W., 19. VI. 32

Sehr geehrter Herr Professor,

als ich Freiburg verließ[2], tat ich es in der Absicht, meinen Abschiedsbesuch bei Ihnen schriftlich nachzuholen. Aber Sie werden verstehen, daß man, wenn man plötzlich und unvorbereitet in die Lage versetzt wird, Vorlesungen über Mädchenbildung[3] zu halten, und noch manches andere zu tun hat, zu vielem nicht kommt. Dürfte ich Sie wohl bitten, das Ms.,[4] das ich bei Ihnen zurückließ, Ende Juli nach Breslau zu schicken (X, Michaelisstr. 38)? Schon jetzt herzlichen Dank! – In den letzten Tagen wird wohl mein II. Thomas-Band[5] zu Ihnen gelangt sein.

Mit ergebenen Grüßen
Ihre Edith Stein

[1] Vgl. Br. 139 Anm. 3.
[2] Ende Februar verließ Edith Stein Freiburg, wo sie in St. Lioba in Günterstal eine Zeitlang gewohnt hatte, um nach Münster überzusiedeln. Dort nahm sie für etwa 14 Tage Wohnung bei der Familie von Dr. Gottfried Hasenkamp; dann erhielt sie eine Unterkunft im Collegium Marianum, einem Wohnheim zunächst für studierende Ordensfrauen, dann aber auch für andere katholische Studentinnen. Das Marianum lag in der Frauenstraße 3–5, nahe der Ecke Krummer Timpen, und wurde von Schwestern Unserer Lieben Frau betreut.
[3] Im Sommersemester 1932 las Edith Stein über „Probleme der neueren Mädchenbil-

dung". Im April hatte Edith Stein an Roman Ingarden geschrieben, sie müsse sich jetzt „durch eine endlose Flut von psychologischer, pädagogischer u. Frauenliteratur durcharbeiten" und sie fügt hinzu, dabei sei sie „sehr schnell zu philosophischen Fragen gelangt" (ESGA 4, Nr. 154). – Edith Stein hat 1932/33 und zwar am 26.10., 23.11., 11.1. und 22.2. im Verein der katholischen Lehrerinnen, Zweigverein Beckum, in Neubeckum vier Vorträge über das Thema „Probleme der Mädchenbildung" gehalten. (Ich danke Frau Marilone Emmerich für die Übersendung der Protokollkopien dieser Veranstaltungen.)

[4] Sie meint die zum Zweck der Habilitation bei Martin Honecker hinterlegte Studie „Potenz und Akt", die sie in den Sommerferien in Breslau für ihre Vorlesungen im Wintersemester „Aufbau der menschlichen Person" durchsehen wollte.

[5] Vgl. Br. 152 Anm. 2.

208

Edith Stein an Erna Herrmann[1]

Fräulein Erna Herrmann
Marthaheim
Speyer a. Rh.
St. Guido-Stiftsplatz

Collegium Marianum, 19. VI. 32

Pax!

Für viele freundliche Grüße endlich mal einen Gegengruß. Sie müssen es mit den Anforderungen des neuen Wirkungskreises entschuldigen, daß es bisher nie dazu kam, daß ich nicht einmal meine Glückwünsche zum Examen ausgesprochen habe.

Immer mit den besten Wünschen
Ihre E. Stein

[1] Vgl. Br. 84 Anm. 1.

209

Sigmund Waitz[1] an Edith Stein

Wappen mit Inschrift: Deus Caritas est.
Dr. Sigmund Waitz
Bischof und Apostol⟨ischer⟩ Administrator

Feldkirch (Vorarlberg), 21. Juni 1932

Wohlgeboren,
Sehr verehrte Frau Doktor!

Wärmstens danke ich für die Zusendung Ihres neuesten Werkes, des zweiten Bandes über die Wahrheit.[2]- Ich staune über die Arbeit, die darin aufgeboten wurde, um so schwierige und wichtige Fragen zu erörtern, und mit welcher Sicherheit Sie hierin vorgehen. – Ich hoffe trotz vieler Arbeit, doch wenigstens manches darin durchstudieren zu können. – Manches liegt mir insofern nahe, als ich in der Zeit meiner Professur in der Moraltheologie die Partien über das Gewissen eingehend behandelt habe und es damals bedauert habe, nicht manche Behelfe zur Verfügung zu haben, wie dieses Werk sie zur Verfügung stellt. – Ich wünsche von Herzen Ihren weiteren Arbeiten den gewünschten Erfolg und hoffe, daß die jetzige Stellung einigermaßen wenigstens Ihren Hoffnungen gerecht wird. –

Ich sende viele Grüße, mit denen ich ein warmes Memento verbinde.
Mit dem Ausdruck besonderer Hochschätzung und Verehrung
† S. Waitz, Ep⟨isco⟩p⟨u⟩s.

[1] Vgl. Br. 162 Anm. 1. [2] Vgl. Br. 152 Anm. 2.

210

Heinrich Scholz[1] an Edith Stein

Philosophisches Seminar B
der Universität Münster i. W.

Münster i. W., d⟨en⟩ 30. Juni 1932

Mein liebes Fräulein Doktor Stein!

In den letzten Tagen hat sich bei mir soviel aufgehäuft, daß ich Ihnen für die herrliche Zuwendung des hlg. Thomas[2] erst heute danken kann. Ich danke

Ihnen *herzlich*, und es ist ein sehr schönes Gefühl für mich, daß unsere Weltlinien[3] sich nach einer solchen Divergenz noch einmal wieder so haben kreuzen dürfen.

Herzlich leid ist es mir gewesen, daß Sie neulich vergeblich bei mir gewesen sind. Ich wurde so lange festgehalten, daß ich erst wieder oben war, als Sie gerade fortgegangen waren. Auch in der nächsten Zeit bin ich durch einen Vortrag in Bonn über die Ableitbarkeit der Mathematik aus der Logik und andere Dinge noch so stark in Anspruch genommen, daß ich nichts Festes planen kann. Aber sobald dies vorüber ist, und jedenfalls ganz bestimmt noch im Juli, müssen Sie einmal zu mir kommen, damit wir uns menschlich und philosophisch nun endlich einmal ‚wiedersehen'.

Der Ihrige herzlich
Heinrich Scholz

[1] Heinrich Scholz, Ordinarius für Philosophie der Mathematik, geb. am 17.12.1884 in Berlin, gest. am 30.12.1956 in Münster, hatte Professuren in Breslau, Kiel und Münster. Edith Stein kannte Scholz schon von Breslau her; es ist möglich, daß er dort ihre private Vorlesung gelegentlich besuchte; später traf sie ihn in Kiel bei ihrem ersten Habilitationsversuch 1919. In Münster war Scholz seit 1928 Ordinarius für Logik.
[2] Vgl. Br. 152 Anm. 2.
[3] Philosophischer Fachterminus aus: Rudolf Carnap, Der logische Aufbau der Welt, 1928.

211

Edith Stein an Martin Honecker[1]

Münster i. W., 8. VII. 32
Collegium Marianum

Sehr geehrter Herr Professor,

herzlichen Dank für Ihren freundlichen Brief vom 20. VI. Über die günstige Beurteilung meiner Thomasübertragung freute ich mich wie auch sonst über jede Bestätigung, daß ich die ungezählten Stunden, die ich darauf verwendete, doch nicht als verloren ansehen muß. Ich habe ja dafür so vieles andere nicht tun können, was mir jetzt fehlt und allmählich nachgeholt werden muß. An der Stelle 921 a 1 scheint es mir, daß Ihre Version den Vorzug verdient. Wenn man noch so oft durcharbeitet, findet man doch immer wieder zu ändern.

Zu den Philosophen (Scholz[2], Wust[3], Rosenmöller[4]) habe ich freundschaftliche Beziehungen, habe aber die Frage der Habilitation vorläufig gar nicht angeschnitten. Ich glaube, daß es doch auch hier Schwierigkeiten machen würde – gerade jetzt –, und außerdem habe ich soviel zu tun, um am Institut richtig Fuß zu fassen, daß ich nicht sofort daneben mit etwas anderm beginnen möchte. Die kath⟨olischen⟩ Studentinnen haben aber schon privat den Weg zu mir gefunden[5], und ich hoffe, daß ich auf diese Weise mir die geeignete Hörerschaft in das Institut ziehen kann. Sie können sich denken, daß der „Führerkursus"[6] auf ein Minimum zusammengeschmolzen ist. Es sind überwiegend Lehrer und Lehrerinnen in den Vorlesungen, und aus denen würde man sich ja schwer einen richtigen Schülerkreis heranziehen können. So halte ich eine nähere Verbindung zur Universität für sehr wünschenswert. Prof. Steffes[7] versprach, sein Möglichstes in dieser Richtung zu tun.

Für September-Oktober habe ich in Aachen einen Kursus über die Anthropologie des hl. Thomas von Aquino zugesagt. Ich habe aber noch die Hoffnung, daß er nicht zustandekommt[8], weil doch kaum viele Leute heute die Kosten für so etwas aufbringen können. Ich wäre froh, wenn ich die Ferien für ruhige Arbeit verwenden könnte. Für den 12. IX. habe ich noch eine Einladung der Société Thomiste nach Juvisy b. Paris zu einer Arbeitstagung über Phänomenologie und ihre Beziehungen zum Thomismus[9]. Davon verspreche ich mir manche Anregung für meine Arbeit.

In Münster ist es vorläufig noch ganz friedlich[10]. Was die nächsten Wochen bringen, muß man abwarten.

Mit den besten Grüßen
Ihre dankbare Edith Stein

1 Vgl. Br. 139 Anm. 3. 2 Vgl. Br. 210 Anm. 1. 3 Vgl. Br. 112 Anm. 1.

4 Bernhard Rosenmöller, Philosoph, geb. am 17. 4. 1883 in Hamburg, gest. am 19. 3. 1974 in Münster, war seit 1931 a.o. Professor in Münster, ab 1934 Professor in Braunsberg/Ostpreußen, ab 1937 in Breslau. Dort war er den beiden Schwestern Edith Steins, Rosa Stein und Frieda Tworoger, freundschaftlich verbunden. Später war Rosenmöller wieder Ordinarius in Münster. Zur Zeit Edith Steins hielt Rosenmöller auch Vorlesungen am Deutschen Institut für wissenschaftliche Pädagogik und zwar im SS 1932 über „Die Synthese der philosophischen Disziplinen im Rahmen der Bildungs- und Erziehungslehre" und im WS 1932/33 „Das katholische Bildungs- und Erziehungsideal und seine weltanschaulichen und metaphysischen Voraussetzungen".

5 Vgl. Briefe 199 u. 205.

6 Die „Führerkurse" zielten die Auswahl und Förderung von Führungskräften für das katholische Schulwesen an. Vorschläge für die Berufung in solche Kurse machten die beiden Trägerverbände (der katholische Lehrerverband und der Verein katholischer Lehrerinnen), um für Führungspositionen geeignete Kräfte bereitstellen zu können. Die Kurse umfaßten sechs Semester. Als Edith Stein in Münster ihre Vorlesungen begann, lief das IV. Semester des 5. Führerkurses an. Im SS 1933 hätte der 6. Führerkurs anfangen müssen; es ist durch die innenpolitische Lage sehr verständlich, daß sich dem größte Schwierigkeiten entgegenstellten. (Ich danke Hergard Schwarte/Münster herzlich für ihre Erkundungen bez. der „Führerkurse".)

7 Johann Peter Steffes, geb. am 27. 8. 1883 in Outscheid-Neuerburg, gest. am 11. 3. 1955 in

Münster, war von 1929 bis Ende 1933 Leiter des Deutschen Instituts für wissenschaftliche Pädagogik in Münster. Seit 1927 war er Professor für Religionswissenschaft an der dortigen Universität. Am Institut las er im SS 1932 über „Die Kirche und ihre Ausstrahlung auf Kultur und Geschichte", im WS 1932/33 über „Die rationalen Grundlagen katholischer Weltanschauung und Religiosität mit besonderer Betonung des psychologisch-pädagogischen Gesichtspunktes".

8 Tatsächlich kam dieser Kurs nicht zustande.

9 Edith Stein erhielt zu dieser Arbeitstagung eine persönliche Einladung, neben fünf anderen deutschen Philosophen. Sie war zu dem Kongreß als einzige Frau eingeladen und beteiligte sich rege an den den Vorträgen folgenden Diskussionen. Im „Bulletin Thomiste" erschien eine ausführliche Wiedergabe der Tagung. Die Referate und Diskussionen erschienen in Buchform unter dem Titel „La phénoménologie" 1933 in Paris bei Éd. du Cerf; jetzt ESGA 9.

10 In den letzten Monaten war es – im Vorfeld der (6.) Reichstagswahl (31.7.) – mancherorts zu schweren Unruhen, zu Saal- und Straßenkämpfen gekommen.

212

Margarete Günther[1] an Edith Stein

Münster, am16.7.1932

Sehr verehrte Frau Doktor!

In der Anlage erhalten Sie eine Aufstellung der Besprechungen der Herrigelschen Werke[2]: „Urstoff und Urform" und „Die metaphysische Form", soweit sie sich bibliographisch ermitteln lassen. Ich schicke sie Ihnen zu, da ich am Montag nachmittag wahrscheinlich nicht im Institut bin.

Dürfte ich Sie um eine Auskunft bitten: Wissen Sie etwas Näheres über den „Ausspracheabend" am Dienstag im Fürstenhof[3]? Ist er öffentlich oder nur geladenen Gästen zugänglich? Ich interessiere mich sehr dafür und würde gern hingehen, falls es sich nicht um einen geschlossenen Kreis handelt. Könnten Sie vielleicht bei meinen Kolleginnen eine kurze Mitteilung darüber für mich zurücklassen, falls ich Sie bis dahin nicht sehe.

Mit herzlichstem Dank und ergebensten Grüßen
Ihre Grete Günther

1 Margarete Günther (später Dr. Schweitzer), Bibliothekarin am Deutschen Institut für wissenschaftliche Pägagogik in Münster, geb. am 29.8.1904 in Hamm/Westf., gest. am 19.2.1988 in Brombachtal/Odenwald, war mit Edith Stein viele Jahre hindurch befreundet.

2 Eugen Herrigel, Philosoph, geb. am 20.3.1885 in Lichtenau/Kehl, gest. am 18.4.1955 in Garmisch-Partenkirchen, war von 1924 bis 1928 Professor in Sendai/Japan, ab 1929 in Erlangen. Herrigel arbeitete u.a. über Fragen der Mystik, zumal des Zen-Buddhismus. Sein Werk „Urstoff und Urform. Ein Beitrag zur philosophischen Strukturlehre" erschien 1926,

„Die metaphysische Form. Eine Auseinandersetzung mit Kant" 1929, beide bei Mohr in Tübingen.

[3] Der „Kurfürstenhof" in Münster war zur Zeit Edith Steins ein Hotel der gehobenen Klasse mit Restaurant und Konferenzräumen. Heute befindet sich dort ein Kino. Über den „Ausspracheabend" war Näheres nicht zu ermitteln.

213

Thomas Deman[1] an Edith Stein

SOCIÉTÉ THOMISTE
Fondateur P. Mandonnet[2]
SECRÉTARIAT
Le Saulchoir – Kain – Belgique

Le Saulchoir, le 2 August 1932

Sehr geehrtes, gnädiges Fräulein!

Für Ihre zusagende Antwort unseren herzlichen Dank![3] Andere deutsche Philosophen nehmen an unserer Tagung teil; außerdem sprechen deutsch unsere zwei Referenten: die Diskussion kann also teilweise deutsch geführt werden.

Beiliegend finden Sie den Tagungsplan. Rechtzeitig erhalten Sie ein Blatt mit Punkten und Anregungen zur Vorbereitung der Diskussion[4]; inzwischen vielleicht gibt Ihnen der Titel der Vorträge einige Bemerkungen ein.

Mit verehrungsvollem Gruß
i. A. fr. Th. Deman o. p.
Sekretär der Société Thomiste

Mlle Stein, Münster

[1] Thomas (Albert) Deman OP, geb. 1895 in Roubaix, gest. 1954 in Fribourg, war Professor für Moraltheologie an der Dominikanerhochschule in Le Saulchoir, ab 1945 in Fribourg. Das folgende Schreiben wurde im Original auf deutsch verfaßt.

[2] Pierre Mandonnet OP, geb. am 26. 2. 1858 in Beaumont bei Clermont, gest. am 14. 1. 1936 in Le Saulchoir, war ab 1891 Professor für Kirchengeschichte in Fribourg, arbeitete seit 1927 in Le Saulchoir. Pierre Mandonnet gründete 1924 die Société Thomiste.

[3] Edith Stein hatte ihre Teilnahme am Phänomenologie-Kongreß im Dominikanerkloster Juvisy bei Paris zugesagt, der dort am 12. 9. 1932 tagte, veranstaltet durch die Société Thomiste. Außer Edith Stein waren folgende deutsche Philosophen geladen: Daniel Feuling OSB, Alois Mager OSB, Fritz-Joachim v. Rintelen, Bernhard Rosenmöller und Gottlieb

Söhngen. Die beiden deutschsprechenden Referenten waren Daniel Feuling und Msgr. L. Noel (Louvain). Sie trugen ihre Referate in französischer Sprache vor.
4 Leider ging dies Tagungsprogramm verloren.

214

Edith Stein an Sigmund Waitz[1]

Breslau X, 6. VIII. 32
Michaelisstr. 38

Pax!
Excellenz,
Hochwürdigster Herr Bischof,

Schon lange bin ich Ihnen wieder den Dank für Ihre letzten gütigen Zeilen schuldig und noch länger die gewünschte Äußerung über den II. Paulusband[2]. Ich habe den Eindruck, daß sich hier – bei der Behandlung der apostolischen Tätigkeit – die pastoralen Nutzanwendungen sehr viel organischer anschließen lassen als bei der Darstellung des Lebens. Etwas schmerzlich berührten mich hier wie schon im I. Band gelegentliche Bemerkungen über das Judentum. Wenn man im Judentum geboren und aufgewachsen ist, kennt man seine hohen menschlichen und sittlichen Erbwerte, die dem Außenstehenden meist verborgen bleiben, und empfindet die Urteile, die sich nur an die nach außen stark hervortretenden Verfallserscheinungen halten, als hart und ungerecht.

Mit ehrfürchtigen Grüßen
Ihre dankbar ergebene Edith Stein

1 Vgl. Br. 162 Anm. 1.
2 Sigmund Waitz, Paulus – seine ersten Sendschreiben. Zeitgemäße Erwägungen über christliches Leben und Seelsorge, Verlagsanstalt Tyrolia, Innsbruck – Wien – München 1932.

215

Edith Stein an Werner Gordon[1]

Breslau X, 28. VIII. 32
Michaelisstr. 38

Lieber Werner,

heute habe ich Deinen lieben Brief bekommen. Ich bin für einige Wochen (die aber jetzt zu Ende gehen) zu Besuch da. Gewiß hast Du Dich gewundert, daß ich Dir noch nicht zur Verheiratung[2] gratulierte. Ich wartete nur auf eine direkte Nachricht von Dir, weil ich dachte, daß ich Dir dann besser schreiben könnte. Daß ich Dir und Deiner jungen Frau von Herzen eine recht glückliche Ehe wünsche, wirst Du mir glauben. Ich verstehe es – aus den Gründen, die Du angibst – recht gut, daß Du gern bald heiraten wolltest, und ich bin froh darüber. Aus Deinem Brief an mich glaube ich entnehmen zu können, daß Du zum Zweck der Heirat übergetreten[3] bist. Wir haben ja schon vor Jahren einmal über diese Frage unsere Gedanken ausgetauscht. Mir wäre es auch heute lieber, Du hättest diesen Schritt nicht aus äußeren Gründen getan. Hier gibt es bischöfliche Dispens zur Eheschließung mit Juden. Aber vielleicht konntest Du das drüben[4] nicht erreichen. Nun, wo Du dem Namen nach zur Kirche gehörst, müßtest Du doch schon rein aus Ehrlichkeit wünschen, auch innerlich dazuzugehören. Du bist ja, wie mir Deine Bemerkungen in den letzten Briefen zeigten, noch recht mangelhaft unterrichtet. (Die Predigt gehört doch nicht zur Messe; wenn sie dumm ist, so geschieht dem Wert der Opferhandlung damit kein Abbruch.) Außerdem sagen Geistliche oft etwas, was durchaus nicht im Sinn der Kirche ist. Um all das zu verstehen, muß man gründlich in der Glaubenslehre und speziell in den Lehren der Kirche Bescheid wissen. Deine Frau ist gewiß gläubig, aber vielleicht ist sie nicht genügend unterrichtet, um Dir den Glauben ⟨erklären⟩ zu können. Ich weiß, nicht nur aus Deinen Briefen, sondern von verschiedenen Seiten, daß die kirchlichen Verhältnisse in Südamerika ⟨eigenartig⟩ und mit deutschen nicht zu vergleichen sind. Daher ist es für Außenstehende sehr schwierig, einen richtigen Einblick zu bekommen. Was sind das für Schwestern, bei denen Tulia Deutsch lernt? (Das könntest Du von den Schwestern sicher erfahren.) – Über die Hiltruper[5] Werke werde ich mich erkundigen, wenn ich wieder in Münster bin. Das wird wohl Mitte September sein. Nun muß ich noch nach Paris[6] fahren.

Grüße mir Deine Tulia recht herzlich von mir. Es tut mir leid, daß ich ihr nicht spanisch schreiben kann. Sie soll mir schreiben. Ich werde es sicher verstehen.

Mit herzlichen Grüßen
Deine Tante Edith

In der Kopie der Handschrift sind zwei Worte unleserlich. Sie wurden, sinngemäß ergänzt, in eckige Klammern gesetzt. Ich danke der Familie Gordon herzlich für die Überlassung der Kopien.

[1] Vgl. Br. 92 Anm. 1.

[2] Werner Gordon heiratete 1932 die Kolumbianerin Tulia Duque (*1915, †1981). Aus dieser Ehe gingen vier Söhne hervor: Hans (*1933), Max (*1934), Hernando (*1939)

und Ernesto (* 1940). In späteren Jahren schloß Werner Gordon eine 2. Ehe mit Maria Torres (* 1930); aus dieser Ehe stammen die Söhne Heinz (* 1960), Paul (* 1961) und die Tochter Edith (* 1963).

3 Da seine Braut katholisch war und auf die kirchliche Trauung Wert legte, ließ sich Werner durch die Taufe in die Kirche aufnehmen.

4 In Kolumbien.

5 „Hiltruper Werke“: die „Glasurit Farben- und Lackwerke Max Winkelmann AG.“, 1903 in Hiltrup gegründet, einem damals politisch selbständigen Ort, 1975 nach Münster eingemeindet. Sie entwickelten sich sehr schnell. In Brasilien gab es eine große Verkaufsniederlassung, die vielleicht in Kolumbien eine Zweigstelle besaß. Werner Gordon wollte wohl geschäftliche Beziehungen aufbauen. Eine Missionsstation der Hiltruper Herz-Jesu Missionarinnen gab es in Kolumbien nicht.

6 Zur Tagung der Société Thomiste in Juvisy bei Paris am 12.9.1932.

216

Edith Stein an Adelgundis Jaegerschmid[1]

Breslau X, 28. VIII. 32
Michaelisstr. 38

Pax!
Liebe Sr. Adelgundis,

seit über 2 Monaten bin ich Ihnen den Dank für Ihren letzten lieben Brief schuldig. Seitdem haben Sie viel herumreisen müssen, hoffentlich ist alles gut überstanden. Bei mir waren die letzten Semesterwochen noch recht fruchtbar. Vor allem habe ich schon erstaunlich gute Fühlung mit den Studentinnen gewonnen (nicht mit meinen Hörerinnen, sondern mit denen von der Universität), auch mit studierenden Klosterfrauen im Marianum. Für den Winter rechne ich damit, daß meine Hörerschaft zum guten Teil aus diesen beiden Gruppen kommen und nicht mehr hauptsächlich aus Lehrerinnen und Schulamtsbewerberinnen bestehen wird. 24./25. Juli nahm ich an einer sehr schönen Jungmädchentagung in Augsburg teil; ich hatte in der Führerversammlung[2] über „Die Aufgabe der Frau als Führerin der Jugend zur Kirche“ zu sprechen. Von dort kam ich nach Breslau, anfangs noch in der Meinung, daß ich Sept.-Okt. in Aachen den Kursus hätte[3]. Er kommt aber zum Glück für mich nicht zustande. Ferien-Beschäftigung: 1.) Thomas-Index[4], 2.) Studium der psychologischen Quaestionen der Summa und einige Thomasliteratur, 3.) verschiedene neue philosophische Sachen, die ich zu besprechen oder zu beurteilen habe, 4.) Familie und sonstiges Menschliche. Am nächsten Samstag reise ich, wahrscheinlich mit einigen Aufenthalten[5], nach Paris zur Arbeitstagung der Société Thomiste über Phänomenologie u. Thomismus. Diese Tagung ist am 12. IX. Vorher möchte ich etwa eine Woche bei Koyrés[6] sein, ein bißchen von Paris kennenlernen und viel für mein Scholastikstudium profitieren. Mitte Sept. gedenke ich nach Münster zu gehen, um meine Wintervorlesung[7] vorzubereiten und möglichst viel von den ∞[8] vielen anderen Dingen zu tun, die zu meinem Aufgabenkreis gehören.

Wie mag es Ihnen gehen? Von Sr. Placida[9] habe ich seit undenklichen Zeiten nichts gehört. Ob die kleine Gräfin noch in St. Placidus[10] ist? Haben Sie von Marianne[11] nochmal etwas gehört? Alice[12] schreibt öfters von Konstanz, scheint sich auch trotz aller Schwierigkeiten tapfer zu halten.

Meine Mutter[13] ist meist sehr munter, aber Spuren des Alters lassen sich nicht mehr verleugnen. Die wirtschaftliche Lage ist sehr bedrängt. Meine Schwester würde ich gern schon jetzt mitnehmen, aber es läßt sich nicht übers Knie brechen. Meine andern Geschwister rechnen schon damit, daß sie einmal zu mir kommen wird. Aber meiner Mutter möchten wir gern alle Erschütterungen ersparen. – Ich bitte besonders um Ihr Gebet für einen Schützling in einer bedenklichen seelischen Verfassung.

Mit den herzlichsten Grüßen Ihre Edith

Die Karten sind für den Lichtbildpfarrer[14].

1 Vgl. Br. 80 Anm. 1.

2 Am 24. u. 25.7.1932 fand in Augsburg der 14. Verbandstag des Süddeutschen Verbandes der katholischen Jungmädchenvereine statt. Das Katholische Sonntagsblatt für die Diözese Augsburg vom Sonntag, dem 31. Juli 1932 (6. Jg. Nr. 31, S. 501–503) schilderte dieses Ereignis in einem enthusiastischen, mit 8 Fotos bebilderten Bericht. 7000 junge Mädchen aus Süddeutschland hatten sich, gekennzeichnet durch Abzeichen, Wimpel und Banner, zum Treffen der „Weißen Rose" eingefunden. Viele kirchliche Oberhirten nahmen selbst teil oder sandten Grußtelegramme. Selbst die öffentlichen Gebäude Augsburgs waren geschmückt (der Hauptbahnhof mit einem umkränzten Schild „Treu Heil! Weiße Rose"), und Vertreter der Zivilbehörden hielten Ansprachen. Die ganze Veranstaltung, mit öffentlichen Umzügen und Kundgebungen, trug den deutlichen Charakter des Bekenntnisses gegen das heraufziehende „Dritte Reich". Die „Weiße Rose" wurde später berühmt durch den Tod der Geschwister Scholl. – Der Montag (25.7.) war der Tag der „Führer(innen?)versammlung", eine Zusammenkunft von ca. 1000 Teilnehmern. Edith Stein sprach über das Thema „Die Aufgabe der Frau als Führerin der Jugend zur Kirche" und zwar am Vormittag – nach dem Gemeinschaftsgottesdienst in St. Stephan – im Festsaal dieser Gemeinde. Das erwähnte „Sonntagsblatt" bringt einen mit „Dr. Edith Stein" unterzeichneten Abschnitt mit der Überschrift „Die Frau als Führerin zur Kirche". Ein Bericht mit dem Wortlaut des Vortrags befindet sich in: „Blätter der weißen Rose. Werkblätter des Süddeutschen Verbandes der katholischen Jungmädchenvereine", 3. Jg., Juli-August-September 1932, S. 114–124. (Kopien und Fotos von der Tagung verdanke ich Herrn Hans Schotte, Pressereferent des Bistums Augsburg.) Der Vortrag ist auch gedruckt in „Benediktinische Monatsschrift", XV. Jg., Heft 11–12, 1933, S. 412–425, hier unter dem Titel „Eingliederung der Frau in das Corpus Christi mysticum" (ESGA 13, 209–222). Der Text ist wahrscheinlich zunächst als 6. und letztes Kapitel der Vorlesung aus dem SS 1932 gedacht gewesen: „Probleme der neueren Mädchenbildung" (ESGA 13, 127–201).

[3] Gemeint ist ein Kursus über die Anthropologie des hl. Thomas v. Aquin (vgl. Br. 211).
[4] Lateinisch-deutsches Sachwortverzeichnis zu ihrer Thomas-Übertragung (vgl. Br. 152 Anm. 2), das erst 1934 im Druck erscheinen konnte.
[5] Edith Stein legte auf der Reise nach Paris Zwischenaufenthalte in Würzburg, Heidelberg und Straßburg ein (vgl. Postkarte von Jean Hering, Br. 217).
[6] Vgl. Br. 182 Anm. 1.
[7] Die Vorlesung ist in der „Mädchenbildung", Organ des VkdL, Heft 17, Jg. 28, 1932 folgendermaßen angekündigt: „Dozentin Dr. Edith Stein: Aufbau der menschlichen Person. Vorlesung. Alle 8 Tage. Sa⟨mstag⟩ 3 1/2–5 Uhr. Beginn 5. Nov." Der Text der Vorlesung ist veröffentlicht in ESGA 14.
[8] ∞ = unendlich.
[9] Vgl. Br. 38 Anm. 1.
[10] Gemeint ist Maria Theresia Gräfin v. Bissingen (gen. Tes), die öfter im Gästehaus St. Placidus, das zum Kloster St. Lioba in Freiburg-Günterstal gehörte, einkehrte.
[11] Marianne war eine Kandidatin für das Kloster St. Lioba, die aber nicht dem Orden beitrat. Sie lernte Edith Stein in St. Lioba kennen und besuchte sie später im Kölner Karmel.
[12] Alice Reis, eine Katechumena von Edith Stein, die nach ihrer Konversion von Darmstadt nach Konstanz zog (vgl. Br. 121 Anm. 10).
[13] Vgl. Br. 12 Anm. 11. Zum Folgenden: Die Weltwirtschaftskrise, von der das Deutsche Reich besonders betroffen war, brachte das Geschäftsleben in große Schwierigkeiten. Edith Stein hätte gern ihre Schwester Rosa, die der katholischen Kirche zuneigte, mit nach Münster genommen. Die beiden andern im Elternhaus lebenden Schwestern waren Frieda Tworoger und Erna Biberstein.
[14] Gemeint sind Ansichtskarten. Zum Glück sammelte Edith Stein sie für Sr. Adelgundis; auf diese Weise blieben etliche an sie gerichtete Kartengrüße bei ihrem Nachlaß erhalten.

217

Jean Hering[1] an Edith Stein

Ansichtskarte: La Cité de Carcasonne – Tour de Justice

Fräulein Dr. E. Stein
p. Adr. Frau Dr. H. Conrad[2]
Heidelberg (Allemagne)
Chirurg. Univ. Klinik
Pav. 1711

Poststempel: Strasbourg, Pl. Gare, Bas Rhin
4. IX. 1932

Treffpunkt Bahnhofsperre[3]
Dienstag, 6., 16.45
Schönen Gruß an Sukanya
L⟨omascha⟩[4]

[1] Vgl. Br. 9 Anm. 1. [2] Vgl. Br. 8 Anm. 7.

[3] Jean Hering wollte Edith Stein, die auf der Reise nach Paris in Straßburg Aufenthalt nahm, an der Sperre, die es damals an allen größeren Bahnhöfen gab, abholen.

[4] Vgl. Br. 9 Anm. 4 u. 5. Diese Karte bietet Gelegenheit, die Reise, auf der sich Edith Stein hier befindet, an Hand zweier im Nachlaß aufgefundener Notizblätter zu rekonstruieren: Edith Stein verließ am Samstag, den 3.9.1932 Breslau mit dem Nachtzug um 18.22h und erreichte am Morgen des Sonntags (4.9.) Würzburg. Dort besuchte sie das Juliusspital, um das Ehepaar Ruben zu treffen (Konvertiten aus dem Judentum; Käthe Ruben geb. Kleemann, war eine Klassenkameradin Ediths in der Breslauer Viktoriaschule; vgl. ESGA 1, 108), und das Missionsärztliche Institut, wo sie P. Becker sprach. Für Montag, den 5.9. notiert Edith Stein Marianhill ⟨Missionsärztliches Institut⟩. Um 9.14h nahm sie den Zug nach Heidelberg, wo sie Hedwig Conrad-Martius in der Chirurgischen Klinik besuchte. Anschließend traf sie in der Abtei Neuburg Daniel Feuling OSB (von diesem Treffen berichtet er in seinem Erinnerungsblatt, das sich im Kölner Edith-Stein-Archv befindet [G I / Fe]) und Petrus Jans OSB. Am Morgen des Dienstag, 6.9., wohnte sie der Matutin, den Laudes und der Prim und später dem Konventamt bei, sah noch einmal Daniel Feuling, Petrus Jans und Hedwig Conrad-Martius. Sie machte sich dort Notizen zu Diskussionsfragen für Juvisy und nahm dann den Zug nach Straßburg, wo sie – siehe oben – um 16.45h eintraf. Sie besuchte mit Hering das Münster, dessen Turm am Mittwoch, den 7.9., anscheinend bestiegen wurde. Es folgt eine Notiz über ein Hochamt und die Thomaskirche. Für Donnerstag und Freitag sind eine größere Zahl von Besichtigungen in Paris notiert. Am Samstag, den 10.9., fuhr sie nach Juvisy hinaus, um P. Daniel ein versprochenes Manuskript zu überbringen. Für Sonntag sind Notre Dame, Sainte Chapelle, eine Fahrt auf der Seine und der Bois de Bologne vermerkt. Während der Tage in Paris wohnte Edith Stein bei Alexandre Koyré und seiner Frau Dorothée. Der Montag, 12.9., war ausgefüllt mit der Tagung in Juvisy. Am Dienstag wurde der Louvre besucht, am Mittwoch, 14.9., Ste. Madeleine, St. Augustin, Sacre Coeur; sie traf, zusammen mit Koyré, wiederum Daniel Feuling und den auch mit Husserl befreundeten Philosophen Émile Meyerson. Am Donnerstag, den 15.9., traf sie Bernhard Rosenmöller und Jacques Maritain (die beide auch in Juvisy mitgearbeitet hatten). Der Freitag war, wie auch die freien Zeiten an den Tagen zuvor, mit Besichtigungen ausgefüllt. Am Samstag, den 17.9., trat Edith Stein mit Rosenmöller die Rückreise an, zunächst bis Köln. Sie machte dort mehrere Besuche, u.a. bei Hedwig und Dr. Siegfried Spiegel. Am Sonntag, den 18.9., besuchte sie die Hl. Messe in St. Georg und fuhr dann zurück nach Münster. Die nähere Ausarbeitung der Notizen über Edith Steins Pariser Reise muß einer gesonderten Arbeit vorbehalten werden.

218

Erich Przywara[1] an Edith Stein

München, 13.9. ⟨1932⟩

Pax Xi

Dank für die Stellungnahme[2]. Ich möchte Folgendes sagen:

(1) Ihre Zettel sind richtig „Übertragung“, aber eben hierin aus dem „Schlüssel“ des „in-über“[3] in Ihren anderen „Schlüssel“.

(2) Ein Anfangen mit dem Thomas-Teil wäre gegen die Grundmethode (cf. S. 30 unten).

(3) Der intell^s quidditatem im Gegensatz zum intell^s divid-comp[4] ist in der Entgegensetzung des Denkens von den principia her und des Denkens von den sensibilia her enthalten.

(4) Die synderesis-Frage entfiel, weil sie in das Formale des bonum einkomponiert ist: obere libertas (vom adhaerere bono increato her) verhält sich zu unterer libertas (von der ratio indifferentiae her) wie principia zu inductio (im Intellektuellen).

(5) Aufgang vom princ⟨ipium⟩ contrad⟨ictionis⟩ zur analogia (und nicht umgekehrt[5]) ist erfordert, weil das princ⟨ipium⟩ contrad⟨ictionis⟩ der elementarste Denkbestand ist, „in" dem die Kreatürlichkeit aufleuchtet.

Mithin reduziert sich alles auf die zwei Divergenzpunkte zwischen uns:

a) Spannungscharakter des Kreatürlichen gegen eine Harmonie-von-oben,

b) Philosophie (und darum auch Metaphysik) als methodisch „von unten her" gegen eine religiöse Metaphysik.

(Es dürfte praktisch der gleiche Gegensatz sein wie zwischen Hildebrand[6] u. mir.)

Gestern habe ich versucht, Frau Reinach[7] zu treffen. Sie war aber grad nicht da, so gab ich alles Peterson[8] ab. Er hat in Salzburg über „Juden und Heiden im N.T." gesprochen und ist recht zufrieden über die verschiedenen Aussprache-Gelegenheiten dort. Er wird die Vorlesungen publizieren[9].

Den 2. Thomas-Band[10] habe ich erhalten. Ich denke bald einen Sammel-Artikel über „Kath. Metaphysik"[11] zu schreiben (Rosenmöller, Söhngen[12] usw.), in dem ich dann auch darüber noch etwas sagen kann. Eben habe ich drei Artikel über die Literatur des neuen deutschen National⟨ismu⟩s für die „Stimmen"[13] fertig gemacht.

Am nächsten Samstag gebe ich in der Nähe von Wasserburg 5tg. Exerzitien[14]. Am 5. Okt. muß ich zu einem von den tschech⟨ischen⟩ Dominikanern veranstalteten Philos⟨ophen⟩-Kongreß nach Prag. Am 8. Okt. fahre ich dann nach Hoheneichen (Post Pillnitz b. Dresden, Dresdenerstr. 34 c), um dort meine eigenen Exerzitien zu machen. Am 18. Okt. geht es dann nach Fulda, wo ich im Priesterseminar 6tg. Exerzitien gebe.

Heiligenbronn war sehr anstrengend, aber doch schön.

Benedictio Dei super nos[15]

†

Ich habe Kösel etwa 2/3 der „Verse" übergeben unter dem Titel „Homo"[16] (erscheint ⟨im⟩ Frühj⟨ahr⟩.) Es ist doch (in den obj⟨ektiven⟩ Teilen) die notw⟨endige⟩ Ergänzung zum „Karmel"[17].

Das Original dieses Briefes befindet sich beim Nachlaß Edith Steins im Archiv des Kölner Karmels. Der Brief wird hier veröffentlicht mit freundlicher Erlaubnis der oberdeutschen Provinz des Jesuitenordens.

[1] Vgl. Br. 69 Anm. 2 Przywara schrieb öfter ohne Anrede und Unterschrift; seine Handschrift ist jedoch unverwechselbar. Diesem Brief Erich Przywaras sei ein Passus aus dem Vorwort seiner Analogia entis (S. VI) vorausgeschickt: „Die philosophische Ausgestaltung geschah vor allem durch die lebendigen Beziehungen zur Phämomenologie, die sich entscheidend dadurch ergaben, daß ich weitgehend in die Arbeiten Edith S t e i n s, Husserl und Thomas Aug in Aug zu setzen, hineingenommen wurde. Es waren zuerst die durch Edith Stein angebahnten fruchtbaren Beziehungen zu H u s s e r l, die auf die Gestaltung des Methodischen Einfluß übten."

[2] Diese Stellungnahme enthielt offensichtlich eine Kritik an Przywaras soeben erschienenem Hauptwerk „Analogia entis", München 1932.

[3] „Gott *in* uns" gegenüber „Gott *über* uns" (E. Przywara, Analogia entis, S. VII und 20–61).

[4] intellectus quidditatis oder intellectus qui quidditatem apprehendit (Intellekt als Wesenseinsicht, der die Wesenheit ergreift) und: intellectus dividens et componens (teilender und zusammenfügender Intellekt). – Ich danke Herrn Prof. Dr. Gerd Haeffner SJ/München für seine Erläuterungen.

[5] Vgl. Analogia entis, S. 69–99.

[6] Dietrich von Hildebrand (vgl. Br. 7 Anm. 3).

[7] Anne Reinach (vgl. Br. 6 Anm. 12).

[8] Erik Peterson (vgl. Br. 39 Anm. 3) hielt sich zur Zeit des Briefes in Göttingen auf und wohnte zur Untermiete bei Anne Reinach, Am Steinsgraben 28.

[9] Peterson hielt bei den Salzburger Hochschulwochen drei Vorträge zu dem Thema: „Die Kirche aus Juden und Heiden". Publiziert wurden die Vorträge als Buch bei Pustet/Salzburg o. J. (1933).

[10] Vgl. Br. 152 Anm. 2.

[11] Die Abhandlung Przywaras „Katholische Metaphysik" erschien in den „Stimmen der Zeit" Juli 1933, später aufgenommen in den Band „Humanitas", Glock u. Lutz, Nürnberg 1952.

[12] Bernhard Rosenmöller (vgl. Br. 211 Anm. 4); Gottlieb Söhngen, Philosoph und Theologe (Prälat), geb. am 21.5.1892 in Köln, gest. am 14.11.1971 in München, bestattet in Köln, hatte Professuren in Bonn, Greifswald und München; sein Forschungsgebiet: Grenzfragen zwischen Philosophie und Theologie, Begegnung zwischen scholastischer und moderner Philosophie.

[13] „Stimmen der Zeit", Monatschrift für das Geistesleben der Gegenwart, hg. von den deutschen Jesuiten, anfangs unter dem Titel „Stimmen aus Maria Laach". Die erwähnten Rezensionen sind erschienen im Jg. 124 (1933) unter folgenden Titeln: „Deutscher Aufbruch" (S. 82–93), „Deutsche Front" (S. 153–167) und „Deutsches Schicksal" (S. 217–226).

[14] Im Kloster Altenhohenau fanden diese Exerzitien vom 17.–23.9.1932 statt.

[15] Segen Gottes über uns.

[16] Erich Przywara SJ, Homo. Verse. Kösel & Pustet. München 1933.

[17] Erich Przywara SJ, Karmel. Geistliche Lieder. Kösel & Pustet, München 1932.

219

Thomas Deman[1] an Edith Stein

SOCIÉTÉ THOMISTE
Fondateur P. Mandonnet[2]
SECRÉTARIAT
Le Saulchoir – Kain – Belgique

20 septembre 1932

Mademoiselle,

Vous êtes tout à fait aimable d'avoir rédigé avec tant de promptitude le texte de vos interventions, qui ont donné un si grand prix à notre journée de Juvisy. Aussitôt traduit votre texte, je vous le retournerai ainsi que la traduction, afin que vous puissiez contrôler et approuver celle-ci.

J' enregistre avec plaisir votre désir de devenir une abonnée du *Bulletin Thomiste.* Nous serions plus heureux encore si vous vouliez bien devenir membre de notre Société: le Conseil d'Administration vous accueillerait à titre gracieux avec le plus grand empressement; et cette qualité de membre de la Société vous assurerait la réception régulière du Bulletin, organe de la Société. Ainsi serait mieux réalisée encore cette union dans le travail que vous souhaitez, et dont la journée de Juvisy a été une expression.

En vous exprimant de nouveau mes remerciements pour votre précieuse collaboration, je vous prie d'agréer, Mademoiselle, l'hommage de ma considération distinguée.

fr. Thomas Deman o.p.
à Mlle Stein, Münster

Übersetzung:

20. September 1932

Mademoiselle,

es war überaus liebenswürdig von Ihnen, daß Sie so schnell den Text Ihrer Wortmeldungen abfaßten, die unseren Tag in Juvisy so wertvoll machten. Sobald der Text übersetzt ist, werde ich ihn mit der Übersetzung an Sie zurückschicken, damit Sie ihn überprüfen und gutheißen können.

Ich habe mit Freuden festgestellt, daß Sie Abonnentin des *Bulletin Thomiste* werden möchten; noch mehr würden wir uns freuen, wenn Sie Mitglied unserer Gesellschaft würden. Der Verwaltungsrat würde Sie bereitwilligst als Ehrenmitglied aufnehmen, und als solches würden Sie regelmäßig das Bulletin, Organ der Gesellschaft, erhalten. So wäre die Zusammenarbeit, die Sie wünschen und für welche die Tagung in Juvisy ein Ausdruck war, noch besser gewährleistet.

Ich spreche Ihnen nochmals meinen Dank aus für Ihre wertvolle Mitarbeit und bin mit ausgezeichneter Hochachtung
fr. Thomas Deman O.P.

1 Vgl. Br. 213 Anm. 1.
2 Vgl. Br. 213 Anm. 2.

220

Josef de Vries[1] an Edith Stein

Poststempel: Köln, 21.9.32

de Vries, Aachen, Kurbrunnenstr. 42

Frl. Dr. Edith Stein
Münster i. W.
Deutsches Institut f. wiss. Pädagogik
Engelstr.

IGNATIUSKOLLEG, VALKENBURG
Limburg, Holland

Drahtanschrift
Jesuiten Valkenburg
Fernsprecher 35

Valkenburg, den 20. Sept. 32

Sehr geehrtes Frl. Stein!

Vor kurzem bekam ich den zweiten Band Ihrer ausgezeichneten Übersetzung der Quaestiones disputatae de veritate[2] zur Besprechung. Ich habe mich gleich mit großem Interesse in einige Artikel vertieft, die mich bei meinen erkenntnistheoretischen Studien schon mehr beschäftigt haben. Die Übersetzung befriedigt mich sehr.

Einige Kleinigkeiten, die mir aufgefallen sind, will ich Ihnen lieber gleich schreiben. Dann können sie vielleicht noch in dem Indexbändchen als zu verbessern angegeben werden. S. 48, Z. 13 von unten ist der zitierte lateinische Text durch den Setzer verstümmelt[3]. S. 480, im Anfang von Art⟨ikel⟩ 9, bei dem interessanten Text über die mutatio instantanea ist das Sätzchen „sed intelligitur, quod transitus de uno termino in alium est in instanti"[4] in der Übersetzung ausgefallen, wahrscheinlich auch ein Versehen des Setzers. Zu S. 182, q. 21 a. 3 ad 6: Den Text hat P. Pelster für mich im Ms. nachgesehen. Es heißt da (fol. 134 rα) : sicut dicitur homo bonus *et inquantum est* et inquantum est justus et castus usw.[5] Dadurch wird der Text erst verständlich.

Im ersten Band – ich habe ihn gerade nicht zur Hand, da er beim Buchbinder ist – erinnere ich mich noch, in der Übersetzung von q. 11 a. 1 einen Irrtum entdeckt zu haben. In dem Text „praeexsistunt in nobis quaedam scientiarum semina etc." ist da „dignitates" mit „Wertbegriffe" oder ähnlich wiedergegeben. „Dignitates" ist aber Übersetzung der griechischen „Axiomata" und bedeutet also „Grundsätze", „Prinzipien". Entsprechend sind die „complexa" Urteile, die „incomplexa" Begriffe.[6] Vgl. S.th. 1,2 q.94 a.2.

Der Wert der Übersetzung wird natürlich durch solche kleine Versehen, die fast unvermeidlich sind, nicht beeinträchtigt.

Mit vorzüglicher Hochachtung
Ihr erg⟨ebener⟩ Jos. de Vries S. J.

[1] Josef de Vries SJ, Philosoph, geb. am 3. 1. 1898 in Ochtrup/Westf., gest. am 26. 12. 1989 in München, trat in Valkenburg/NL in den Orden ein; dort machte er seine philosophischen und theologischen Studien und wurde zuerst dort, dann in Pullach bei München Professor der Philosophie. „Neben Erkenntnistheorie, Logik und Ethik hat P. de Vries im Laufe seines Lebens fast alle philosophischen Fächer doziert" (aus: „An unsere Freunde", München 1990, 2. Heft [März]).

[2] Vgl. Br. 152 Anm. 4.

[3] Im lateinischen Text (q 15 a 1) fehlte (kursiv): „ut sic intellectus inveniatur rationis principium quantum ad viam *inveniendi, terminus vero quantum ad viam* iudicandi". Die Übersetzung wurde vollständig wiedergegeben: „so erweist sich die Einsicht als Ausgangspunkt des Vernunftverfahrens im Hinblick auf den Weg des Forschens, als Ziel im Hinblick auf den Weg des Urteilens". Dieser Fehler wurde im „Lateinisch-deutschen Wörterverzeichnis" Edith Steins zu ihrer Thomas-Übertragung berichtigt (Breslau 1934, S. 59); ebenso in der 2. Auflage von ESW IV, S. 42.

[4] Es betrifft eine Stelle in q 28 a 9. Der Text „sed intelligitur ..." wurde von Edith Stein in ihrem „Lateinisch-deutschen Wörterverzeichnis" nicht in der Übersetzung ergänzt; ebenso nicht in der 2. Auflage der „Untersuchungen über die Wahrheit" in ESW IV, S. 419.

[5] P. Pelster (vgl. Br. 69 Anm. 1), der ein bedeutender Quellenforscher war, hatte in Rom,wo er lange Jahre arbeitete, Zugang zu Handschriften der Scholastiker, die P. de Vries in Valkenburg nicht zugänglich waren. „q. 21 a. 3" wird später korrigiert: „q. 21 a. 2"; s. Br. 229.

Edith Stein schrieb (q 21 a 2 ad 6 – S. 182): „sowie ein Mensch auch gut heißt, sofern er gerecht und keusch oder sofern er auf die Seligkeit hingeordnet ist." In der 2. Auflage von ESW IV, S. 156, heißt es versehentlich: „sowie ein Mensch auch gut heißt, sofern er gerecht und keusch oder sofern er ist und sofern er auf die Seligkeit hingeordnet ist." Anm. 17 (a. a. O.) besagt: „Der Zusatz: *sofern er ist* steht nicht im gedruckten Text, aber in der vatikanischen Hs. f. 134 rα. Er ist notwendig als Parallele zu dem Vorausgehenden: ... sowohl auf Grund seines *Seins* ...'" Im „Lateinisch-deutschen Wörterverzeichnis", S. 59, Anm. 21, berichtigt Edith Stein: „q 21 a 2 ad 6, II, Z. 6 (dieses Absatzes) ist – nach ‚sofern er' – einzufügen ‚*ist* und sofern er' ..."

[6] Die Stelle q 11 a 1 (S. 312 f.) lautet: „So muß man auch vom Erwerb des Wissens sagen, daß gewisse Samen des Wissens im voraus in uns existieren, nämlich die ersten Verstandesinhalte … , mögen sie nun zusammengesetzt sein, wie die Wertideen (dignitates), oder unzusammengesetzt …"

Im Anhang zu Steins „Wörterverzeichnis" (S. 59) heißt es: „⟨mögen⟩ sie nun *zusammengesetzte Ideen* (complexa – ‚Urteile') sein, wie die *Prinzipien* (dignitates) oder *einfache Ideen* (incomplexa – ‚Begriffe') …"

221

Thomas Deman[1] an Edith Stein

SOCIÉTÉ THOMISTE
Fondateur P. Mandonnet[2]
Secrétariat
Le Saulchoir – Kain – Belgique

29 septembre 1932

Mademoiselle,

J'ai le plaisir de vous envoyer ci-inclus, avec le texte de votre communication, la traduction française faite par le P. de Menasce, O.P. Je vous serait fort obligé de me faire part de vos observations sur la traduction, et de me retourner ces documents (texte et traduction) aussitôt qu'il vous sera possible.

Avec mes remerciements, je vous prie d'agréer, Mademoiselle, l'assurance de mes respectueux hommages.

fr. Th. Deman o.p.
Mlle Stein, Münster

Übersetzung:

Mademoiselle,

mit Freuden schicke ich Ihnen mit dem Text Ihrer Wortmeldungen[3] die von P. de Menasce OP erstellte Übersetzung zu. Ich wäre Ihnen sehr verbunden, wenn Sie mir Ihre Bemerkungen zu der Übersetzung mitsamt den Papieren (Text und Übersetzung) so bald wie möglich zurücksenden könnten.

Mit Dank und vorzüglicher Hochachtung
fr. Thomas Deman OP.

[1] Vgl. Br. 213 Anm. 1. [2] Vgl. Br. 213 Anm. 2.
[3] Es handelt sich um Edith Steins Beiträge zu den Diskussionen, die nach den beiden Referaten stattfanden (vgl. Br. 242 Anm. 6).

222

Aloys Henn[1] an Edith Stein

KATHOLISCHE SCHULORGANISATION DEUTSCHLANDS
Die Zentralstelle

Ordnungs-Nr.
Es wird gebeten, Anfragen und Mitteilungen
nicht an eine persönliche Adresse zu richten.

Düsseldorf, 4. Oktober 1932
Reichsstraße 20

Frau Dr. Edith Stein,
Münster i. W.
Engelstraße 25

Sehr verehrte Frau Doktor!

Darf ich mich heute in einer Angelegenheit, in der Sie sicherlich recht gut Bescheid wissen, einmal an Sie wenden.

Ein Bekannter geht augenblicklich der Frage nach, ob unbewußte Beziehungen bestehen zwischen der Kunsttheorie von Britsch[2], die ja eine Erkenntnistheorie der Kunst ist, und Thomas von Aquin. Die Frage interessiert mich persönlich auch, aber ich weiß nicht, an welcher Stelle Thomas über die Kunst gesprochen hat. Ich vermute, in der „Summa", in den Quaestiones 47/46, wo Thomas über die Prudentia spricht und auch etwas über die Kunst. Ich kann jedoch eine Stelle, wo er über die bildende Kunst spricht, nicht feststellen. Ich wäre darum sehr dankbar, wenn Sie mir vielleicht einen Hinweis geben könnten, falls es Ihnen nicht allzuviel Mühe macht.

Mit bestem Dank im voraus und freundlicher Begrüßung
Ihr ergebener
Dr. Aloys Henn

[1] Aloys Henn, Begründer des gleichnamigen Verlages, vorwiegend für Pädagogik, in Ratingen. Es ist nicht bekannt, ob oder was Edith Stein ihm geantwortet hat. – Näheres über die Katholische Schulorganisation unter Leitung von Josef Schröteler SJ vgl. Br. 433 Anm. 11.

[2] Gustaf Brtitsch (1879–1923), bedeutender Kunsttheoretiker; Hauptwerk: Theorie der bildenden Kunst, hg. v. Eugen Kornmann, 1926.

223

Edith Stein an Callista Kopf[1]
Pax!

Münster i. W., 11. X. 32
Collegium Marianum

Liebe Sr. Callista,

als ich eben meinen Bücherschrank durchstöberte, um etwas für Ihren Namenstag[2] zu finden, kam mir diese Abschrift eines Briefes in die Hände, den ich in St. Lioba auf die Bitte von Marie Buczkowska schrieb[3]. Die Soc⟨ietas⟩ Rel⟨igiosa⟩ ist eine Vereinigung berufstätiger Frauen, die nach einer Regel leben[4]. Die „Monatsbriefe" sollen eine Anregung sein, in bestimmter Richtung an sich zu arbeiten. Das Thema hatte M⟨arie⟩ B⟨uczkowska⟩ im Anschluß an meinen Bendorfer Vortrag vom Nov⟨ember⟩ 30 gestellt[5].

Ich denke, diese innere Stille ist das Beste, was ich Ihnen wünschen kann. – Gewiß haben Sie viele Fragen auf dem Herzen, die ich Ihnen nicht beantworten kann, weil sie erst in meinem Namenstagsbrief stehen oder auch nicht stehen werden. – Ich denke, Sie werden meinen ausführlichen Brief an Sr. Agnella[6] gelesen haben. So brauche ich von mir kaum noch etwas zu erzählen. Von äußeren Begebenheiten wäre nur noch zu erwähnen, daß ich am letzten Samstag-Sonntag[7] in Aachen war. Im Bildungsausschuß des Kath. Frauenbundes war eine Aussprache über „Die geistige Haltung der jungen Generation", als Grundlage dafür am Samstagabend ein Vortrag von Prof. Dempf[8] – Bonn. Er ist ein prächtiger Mensch, Oberbayer, urwüchsig und grundehrlich. Er hat die 1. Welle der Jugendbewegung vor dem Krieg selbst mitgemacht, gehörte mit Prof. Platz[9] – Bonn u. Brüning[10] zu dem ersten liturgischen Kreis in Deutschland. Das machte alles sehr lebendig. Von den führenden Frauen des Rheinlands, die dawaren, sind mir viele ja nun schon von früheren Veranstaltungen bekannt und einige ohne nähere persönliche Beziehungen, rein durch die Gemeinsamkeit der Einstellung, stark innerlich verbunden. Dazu gehört vor allem Annie Bender[11], die Sr. Agnella[12] aus Belgien kennt. Zu manchen andern, bei denen ich damals in Bendorf auf eine starke Opposition stieß, hat sich nun auch ein freundliches Verhältnis hergestellt, obwohl die Gegensätze in solchen Aussprachen immer wieder hervortreten. Es sind doch alles Menschen von einem sehr ernsten Wollen, die ihre ganze Persönlichkeit an ihrem Posten einsetzen, und davor muß man Achtung haben. Außerdem verstehe ich jetzt so gut, daß ich auf Menschen, die mitten im Leben stehen, damals sehr befremdend wirken mußte. Denn ich merke erst jetzt, wo ich selbst draußen stehe, wie völlig fremd mir die Welt geworden ist und welche Mühe es mich kostet, den

Anschluß wieder zu finden. Ich glaube nicht, daß es je wieder ganz gelingen kann. Bitte grüßen Sie Wohlehrwürdige Mutter Priorin[13] und Sr. Agnella.

Ihnen die herzlichsten Wünsche und Grüße
Ihre E. St.

[1] Vgl. Br. 59 Anm. 1.
[2] Am Gedächtnis des hl. Papstes Callistus I., am 14. Oktober.
[3] Marie Buczkowska, geb. am 18.4.1884 in Wien-Mödling, gest. am 16.10.1968 in München, war die Leiterin der „Societas Religiosa" (vgl. folgende Anm.). Sie galt im Katholischen Deutschen Frauenbund als eine prominente Gestalt, zumal für den süddeutschen Raum. Auf ihre Anregung hin wurde 1912 der Jugendbund des Frauenbundes gegründet. Marie Buczkowska trat 1931 in die Rundfunkarbeit ein, aus der sie 1933 entfernt wurde; 1948 kam sie als Vertreterin der christlichen Frauenverbände in den Rundfunkrat des Bayerischen Funkhauses. – Es ist sehr wahrscheinlich, daß Edith Steins Vortrag im Bayerischen Rundfunk am 1.4.1932 durch Marie Buczkowska veranlaßt wurde (vgl. Br. 191).
[4] Die „Societas Religiosa" ist ein von Michael Kardinal Faulhaber (1869–1952) 1918 gegründetes Säkularinstitut; die Mitglieder leben nach den Evangelischen Räten, tragen jedoch kein Ordenskleid und bleiben in ihrer Familie und ihrem Beruf.
[5] Der Bendorfer Vortrag Edith Steins zum Thema „Grundlagen der Frauenbildung" (ESGA 13, 30–45) war am 8./9.11.1930 (vgl. Briefe 116 und 120). Der „Monatsbrief" handelte über „Wege zur inneren Stille"; Edith Stein schrieb ihn in St. Lioba/Freiburg im Januar 1932 vor ihrer Übersiedlung nach Münster.
[6] Dieser Brief ist nicht erhalten.
[7] Am 8./9.10.1932. Der Bildungsausschuß traf sich vermutlich im Hause der Vorsitzenden des Katholischen Deutschen Frauenbundes, Dr. Gerta Krabbel, Aachen, Monheimsallee 61 (Mitteilung von Emmy van Wersch geb. Schweitzer, damals Sekretärin im KDFB, vom 15.10.1975). [8] Alois Dempf (vgl. Br. 200 Anm. 4).
[9] Hermann Platz, Kulturphilosoph, geb. am 19.10.1880 in Offenbach, gest. am 4.12.1945 in Düsseldorf, galt als bedeutende Persönlichkeit in der Erneuerungsbewegung des deutschen Katholizismus vor und nach dem 1. Weltkrieg; in Bonn war er Professor für Romanistik.
[10] Heinrich Brüning, Politiker der Zentrumspartei, geb. am 26.11.1885 in Münster, gest. am 30.3.1970 in Norwich/Vt., wurde 1930 Reichskanzler, 1932 von Hindenburg entlassen. Brüning emigrierte 1934 in die USA und wurde Professor an der Harvard-Universität, 1951–54 lehrte er in Köln.
[11] Annie Bender, Oberstudienrätin (später -direktorin), geb. am 21.5.1890 in Winterberg, gest. am 9.12.1973 in Köln, hatte dem Bendorfer Vortrag Edith Steins beigewohnt.
[12] Agnella Stadtmüller OP (vgl. Br. 48 Anm. 1).
[13] Edith Stein gebraucht die Titel für die Vorgesetzten in den Klöstern der Dominikanerinnen uneinheitlich. Hier ist vermutlich die Priorin des Mannheimer Klosters gemeint, an dessen Realschule Sr. Callista damals unterrichtete, nämlich Adelheid Schneller OP, geb. am 21.2.1880 in Deidesfeld, gest. am 29.7.1968 in Speyer. – Sr. Agnella war zu dieser Zeit in Ludwigshafen, also in der Nähe.

224

Theresia Gräfin Bissingen[1] an Edith Stein

Hohenstein, 14. Oktober 1932
bei Rottweil. Württemberg

Liebes Frln. Dr. Stein.

Der Tag der hl. Theresia[2] erinnert mich daran, daß Sie doch eigentlich eine Namensschwester von mir sind und, wenn ich mich nicht sehr irre, die hl. Theresia als Patronin feiern. Da möchte ich Ihnen doch sagen, daß ich morgen in ganz besonders herzlicher Weise an Sie denken werde und sehr hoffe, daß Sie es doch auch ein bissl für mich tun. Übrigens denke ich sehr oft an Sie, denn so oft ich die Schriften der hl. Theresia oder einer ihrer Töchter zur Hand nehme, denke ich unwillkürlich an Sie und danke es Ihnen, daß Sie mir diese lieben Heiligen so viel vertrauter gemacht haben. Ich lese augenblicklich ein Buch über die kleine Theresia[3], das ich noch nicht kannte, „Esprit de Sainte Thérèse de l'Enfant Jésus"[4]. Man lernt sie hier von einer sehr viel herberen und strengeren Seite kennen als gewöhnlich; es gefällt mir ausgezeichnet, und wenn Sie es noch nicht kennen sollten, dann würde ich es Ihnen gern einmal schicken. Mein Bruder schenkte es mir, und es war mir eine besondere Freude, daß es auch ihm so gut gefiel. In etwa vierzehn Tagen will ich wieder in unser liebes Häuschen nach St. Lioba[5] zurückkehren und bedaure nur, daß Sie dieses Jahr nicht mehr dort sind. Wir waren letzten Winter eine so nette kleine Familie dort! Momentan haben wir P. Streicher[6] S. J. hier im Hause und bin ich froh um die tägliche Hl. Messe; aber im übrigen freue ich mich wieder auf den Chor von St. Lioba. Hoffentlich haben Sie gute Nachrichten von Frl. Reis[7]. Ich höre von niemandem mehr.

Und hoffentlich kommen Sie bald wieder einmal nach Süddeutschland, und zwar nicht nur nach Beuron! Empfehlen Sie mich bitte recht fest dem Schutze Ihrer lieben Karmel-Heiligen; ich fürchte, ich habe es wirklich sehr nötig, und ich habe sehr viel Vertrauen auf Ihre Empfehlung!

Stets herzlichst
Ihre Tes Bissingen

1 Vgl. Br. 98 Anm. 5.

2 Liturgisches Gedenken der hl. Teresa v. Avila am 15. Oktober. Edith Stein hatte bei ihrer Taufe den Namen Teresa neben dem der hl. Hedwig hinzugenommen und feierte ihren Namenstag am 15. 10.

3 Therese v. Lisieux (Theresia Martin), mit Ordensnamen Theresia vom Kinde Jesus, geb. am 2. 1. 1873 in Alençon/Normandie, gest. am 30. 9. 1897 im Karmel zu Lisieux, in den sie

als Fünfzehnjährige (mit Dispens) aufgenommen wurde. Durch ihre autobiographischen Schriften („Geschichte einer Seele") wurde sie weltberühmt. Sie wurde zur 2. Patronin Frankreichs (neben Jeanne d'Arc) und der Missionen (neben Franz Xaver) ernannt. Therese v. Lisieux wurde 1925 heiliggesprochen und 1997 zur Kirchenlehrerin ernannt.

4 „L'esprit de la Sainte Thérèse de l'Enfant Jésus, d'après ses écrits et les témoins oculaires de sa vie", Lisieux, Office central, 1928.

5 Im Gästehaus der Benediktinerinnen von St. Lioba hatte Edith Stein vor ihrer Übersiedlung nach Münster den Winter verbracht und dabei Gräfin Bissingen kennengelernt.

6 Friedrich Streicher, Theologe und Philologe, geb. am 18.11.1881 in Meersburg, gest. am 16.2.1965 in Basel, war Professor an den Studienanstalten der Jesuiten in Feldkirch und St. Blasien, arbeitete auch als Schriftsteller (Hg. der Opera S. Petri Canisii, des Lateinischen Katechismus 1933 und der „Geschichte der führenden Völker", Herder 1927).

7 Alice Reis (vgl. Br. 121 Anm. 10).

225

Edith Stein an Callista Brenzing[1]

Collegium Marianum, 18.X.32

Pax!
Liebe Frau Callista,

in den letzten Tagen habe ich viel an Sie gedacht, zu meiner großen Beschämung aber nicht früh genug, um Ihnen rechtzeitig zum Namenstag[2] zu schreiben. Nun ist es mir eine kleine Beruhigung, daß Ihr lieber Brief auch etwas verspätet kam und daß ich nun mit den nachträglichen Wünschen die für Ihr Jubiläum[3] verbinden kann (die ich auch Ihrer Hochw⟨ürdigen⟩ Frau Äbtissin[4] zu übermitteln bitte) und die Beantwortung Ihrer Fragen.

Ich würde weder Handel-Mazzetti[5] noch Stockhausen[6] raten (es ist da eine Mischung von Katholizität und Erotik, die ich besonders peinlich empfinde), und den großen Krieg[7] finde ich für junge Menschen auch nicht geeignet. Sie werden staunen, was ich vorschlagen möchte: als historischen Roman den Papst aus dem Ghetto und als Erziehungsroman Das Schweißtuch der Veronika[8]. Allerdings können Sie wohl nur eins von beiden nehmen; also werden Sie erwägen müssen, bei welchem Sie sich eher trauen, es den Kindern zugänglich zu machen. Unmöglich scheint es mir keineswegs (hier macht man solche Versuche unbedenklich und mit Erfolg – allerdings ist das Schulwesen in Rheinland-Westfalen dem bayrischen, soviel ich urteilen kann, um Jahrzehnte voraus, und die Kinder bringen wohl von Hause durchschnittlich mehr mit), aber ein großes Stück Arbeit für Sie. Als Erziehungsroman käme wohl außerdem etwas von Hermann Hesse[9] in Betracht, der von der jungen Generation immer noch stark als Erwecker, mindestens als sie verstehend, anerkannt wird. Von *den* 3 großen Entwicklungsromanen – Wilhelm Meister, d. grüne Heinrich, Maler Nolten[10] – habe ich in der 5.

und 6. Klasse immer ausgewählte Stichproben gegeben. Ganz in der Klasse zu lesen, ist wohl bei keinem möglich. Außerdem finde ich es doch jetzt recht gut, lebendige Gegenwartsdichtung zu nehmen. Aber es muß wirklich hochwertige Dichtung sein. Den sexuellen Fragen würde ich nicht ausweichen – im Gegenteil, man muß froh sein, wenn sich ungezwungen Gelegenheit bietet, klar und ehrlich über die Dinge zu sprechen, weil es eigentlich wirklich nicht mehr angeht, die Mädchen ohne Sexualerziehung in die Welt hinauszuschicken. Nur muß man sehr sorgfältig auswählen und alle schwüle Erotik vermeiden; Sachen, die die elementarsten Tatsachen des Lebens ihrer Bedeutung entsprechend ehrlich und realistisch behandeln, halte ich für viel weniger gefährlich. Allerdings, wenn Sie ganz ahnungslose Kinder dabeihaben, kann auch so etwas eine Krisis hervorrufen. Man muß dazu eben in der Klasse Bescheid wissen. – Sr. Agnella und Sr. Callista[11] haben es beide sehr schwer. Es handelt sich um Dinge, über die sie nichts schreiben können. Sie werden gehört haben, daß ich Ende Juni in L⟨udwigs⟩hafen[12] war und mit beiden Schwestern sprechen konnte, mit Sr. Agnella sehr ausführlich. Sie nimmt ihr Kreuz immer wieder mutig auf sich. Da sie nahe beieinander sind und sich manchmal treffen, können sie sich gegenseitig etwas stützen. Von Sr. Reinhildis[13] weiß ich kaum mehr als Sie auch, d. h. von ihrer Gesundheit. Das verschleiert sie auch mir gegenüber etwas.

Mit den herzlichsten Wünschen und Grüßen
Ihre Edith Stein

1 Vgl. Br. 70 Anm. 1.

2 Zum 14. Oktober, Fest des hl. Papstes Callistus.

3 Die Zisterzienserinnen-Abtei Seligenthal feierte im Oktober 1932 ihr 700jähriges Bestehen.

4 Seit 1925 war Frau M. Luitgardis Benedicta Aigner Äbtissin in Seligenthal.

5 Enrica Freiin v. Handel-Mazzetti, Schriftstellerin, geb. am 10. 1. 1871 in Wien, gest. 1955 in Linz/Donau. Ihre Romane sind vom Geist der Gegenreformation bestimmt und von barocker Tradition getragen. Sie galt als Mitbegründerin neuer katholischer Literatur in Deutschland.

6 Juliane v. Stockhausen, verh. Gräfin v. Gatterburg, Schriftstellerin, geb. am 21. 12. 1899 in Lahr/Baden, gest. am 28. 4. 1998 in Ingelheim, schrieb kulturhistorische und biographische Romane, besonders aus der Welt des katholischen Adels.

7 Ricarda Huch, Schriftstellerin und Dichterin, geb. am 18. 7. 1864 in Braunschweig, gest. am 17. 11. 1947 in Schönberg/Taunus, gab 1912–1914 ein dreibändiges Werk heraus „Der große Krieg in Deutschland"; es erschien 1937 als „Der dreißigjährige Krieg".

8 Gertrud von le Fort, Erzählerin und Lyrikerin, geb. am 11. 10. 1876 in Minden/Westf., gest. am 1. 11. 1971 in Oberstdorf, begründete ihren Ruf mit den „Hymnen an die Kirche" (Theatiner Verlag, München 1924); sie konvertierte 1926 in Rom von der evangelischen zur katholischen Kirche. 1928 erschien ihr Roman „Das Schweißtuch der Veronika" (Kösel & Pustet, München), 1929 „Der Papst aus dem Ghetto". – Edith Stein und Gertrud von le Fort waren seit 1932 befreundet. Edith Stein verschenkte und empfahl häufig ihre Werke. Gertrud von le Fort schrieb später an den Promotor des Seligsprechungsprozesses für Edith

Stein, es sei ihr nur zweimal ein menschliches Antlitz als das eines Heiligen erschienen: bei Pius X. und bei Edith Stein.

9 Hermann Hesse, Dichter und Schriftsteller, geb. am 2.7.1877 in Calw/Württemberg, gest. am 9.8.1962 in Montagnola bei Lugano. Hesse erhielt 1946 den Nobelpreis für Literatur.

10 Johann Wolfgang v. Goethe: Wilhelm Meisters Lehrjahre (1795/96), Wilhelm Meisters Wanderjahre (1821). Gottfried Keller: Der grüne Heinrich (1854, neubearb. 1880). Eduard Mörike: Maler Nolten (1872).

11 Agnella Stadtmüller und Callista Kopf (vgl. Br. 48 Anm. 1 und Br. 59 Anm. 1).

12 Am 26.6.1932 hielt Edith Stein im Kloster St. Dominikus in Ludwigshafen den Vortrag „Natur und Übernatur in Goethes ‚Faust'" (vgl. Br. 196).

13 Reinhildis Ferber (vgl. Br. 88 Anm. 5).

226

Edith Stein an Callista Kopf[1]

Collegium Marianum
20.X.32

Pax!
Liebe Sr. Callista,

es ist ein unheimlicher Stoß Briefe, die sich in der letzten Woche bei mir angehäuft haben – unheimlich, wenn man ans Antworten denkt. Man möchte so gern allen gleich ein Wort des Dankes sagen, und es geht doch nur ganz, ganz allmählich. Nun habe ich das Auswahlprinzip, daß die zuerst drankommen, die dringende Fragen haben. Und darum erhalten Sie so schnell wieder ein paar Zeilen. – Gewiß sollen die Kinder aus den klösterlichen Erziehungsanstalten die Kraft mitbekommen, das Leben im Geist Xi zu gestalten. Und das Wichtigste ist sicher, daß die Lehrerinnen diesen Geist wirklich in sich haben und lebendig verkörpern. Aber daneben ist es auch eine Aufgabe, das Leben zu kennen, in das die Kinder hineingehen müssen. Sonst ist die Gefahr groß, daß die Mädchen sich sagen: die Schwestern haben keine Ahnung von der Welt, sie haben uns auf die Fragen, die wir jetzt zu lösen haben, nicht vorbereiten können. Und daß dann alles als unbrauchbar über Bord geworfen wird. Ich habe den Eindruck, daß die rheinisch-westfälischen Klöster darin viel weiter sind (überhaupt ist ja das Schulwesen hier dem bayrischen um Jahrzehnte voraus). Sie persönlich haben ja noch den Vorteil, daß Sie nicht zu früh eingetreten sind und daß Sie in der Jugendbewegung gestanden haben. Dadurch haben Sie manche Zugänge, die anderen fehlen. Aber man muß doch weiter Fühlung behalten. Die heute junge Generation ist durch soviel Krisen hindurchgegangen – sie kann uns nicht mehr verstehen, aber wir müssen versuchen, sie zu verstehen; dann können wir ihr vielleicht noch ein bißchen helfen. Ihnen Bücher zu empfehlen, hat wenig Sinn, da Sie ja doch keine Zeit haben. Aber ich könnte mir denken, daß Sie durch Ihre Schwester manchen Einblick bekommen können. Auch sonst kommt wohl manchmal jemand ins Sprechzimmer, der mehr vom Leben sieht als Sie. Und die Kinder selbst tragen ja schon allerhand herein. Das muß man alles auswerten. – Was die Lehrkräfte angeht: ich bin der Überzeugung, daß es überwiegend weibliche sein sollen. Aber *nur* weibliche, das würde ich nicht für den Idealzustand halten. In der Familie ist es ja auch am besten, wenn Vater und Mutter da sind und gemeinsam erziehen. Es gibt auch väterliche Aufgaben des Lehrers den Schülerinnen gegenüber. Natürlich ist es besser, *keine* männlichen Lehrkräfte zu haben als ungeeignete. Und dasselbe gilt von der Leitung. Ich halte eine weibliche durchaus für möglich, würde aber eine männliche nicht prinzipiell ablehnen. Und wenn es ein rechter Mädchenerzieher ist – d.h. zugleich einer, der sich der Grenzen seiner Einflußmöglichkeiten bewußt ist – vielleicht ist es in einem *gemischten* Lehrkörper das Vollkommenere. – Für Fachsystem bin ich freilich auch. Ich glaube, die Schwäche in erziehlicher Hinsicht könnte dadurch ausgeglichen werden, daß man wirklich verantwortliche Klassenleiterinnen hätte, die möglichst viele Stunden in ihrer Klasse hätten. Wenn Sie in einer Klasse Deutsch, Geschichte und Englisch geben, besteht genügend Möglichkeit zu erziehlichem Einfluß.

Ich war von Ende Juli bis An⟨fang⟩ Sept. in Breslau. Meine Mutter hatte vorgestern 83. Geburtstag[2], es geht ihr weiter gut. Meine Schwester[3] will und muß weiter Geduld haben. Irmgards[4] Brief, bitte, gelegentlich zurück. Von einer Einladung nach Mannheim ist mir nichts bekannt geworden.

Herzlichen Dank und Gruß an Ihre M. Priorin[5]. Ihnen alles Gute,
Ihre E. St.

[1] Vgl. Br. 59 Anm. 1.

[2] Auguste Stein geb. Courant, war am 4.10.1847 geboren. Ediths Angabe vom 83. Geburtstag gibt Fragen auf, denn „vorgestern" war der 18.10. Selbst wenn man annimmt, daß Edith Stein zwei Tage an ihrem Brief schrieb oder gar mehrere Tage, so kommt man nicht auf den 4.10. Die Lösung liegt vielleicht in Folgendem: Edith Stein sagt in ihren Aufzeichnungen von ihrer Mutter: „Sie … feierte ihren Geburtstag nach dem jüdischen Kalender – am Laubhüttenfest …" (ESGA 1, 46). Herrn Prof. Dr. Peter Maser/Münster danke ich sehr für folgenden Hinweis: „Sukkot = Laubhüttenfest fiel 1932 mit dem Haupttag auf den 15. Oktober (= 15. Tischri). Es dauert insgesamt neun Tage bis Schemini Azaret; davon zählen der 1. u. 2. und 8. u. 9. Tag als Vollfeste, die andern Tage sind Halbfeiertage. An einem Vollfest Geburtstag zu feiern, ist … kaum möglich. … Der 18. Oktober war ein Halbfeiertag, an dem gut ein Geburtstag gefeiert werden konnte."

[3] Rosa Stein (vgl. Br. 10 Anm. 2) wollte zur katholischen Kirche übertreten, mußte jedoch warten mit Rücksicht auf ihre Mutter.

[4] Irmgard Koch (vgl. Br. 68 Anm. 1).

[5] Adelheid Schneller OP (vgl. Br. 223 Anm. 13).

227

Edith Stein an Anneliese Lichtenberger[1]

Poststempel: 31. 10. 1932
Abtei St. Josef
Gerleve b. Coesfeld i. W.

Pax!
Liebe Anneliese,

herzlichen Dank für Deine lieben Namenstagswünsche. Es würde mich freuen, etwas Näheres darüber zu hören, wie Du in den Freiwilligen Arbeitsdienst gekommen bist und was Du dort zu tun hast. In den letzten beiden Heften der Christlichen Frau (Sept./Okt.) standen Aufsätze über den F.A.D.[2], die mich sehr interessierten. Die Organisation steckt noch sehr in den Anfängen, und ich glaube gern, daß da vieles noch sehr unvollkommen ist. Ich denke immer im Gebet an Dich und bin Dir dankbar, wenn Du es auch für mich tust, denn auch bei mir fehlen natürlich die Schwierigkeiten nicht. Jetzt konnte ich es ermöglichen, Christ-Königs-Fest u. Allerheiligen[3] bei den Benediktinern zu feiern. Das tut wieder mal sehr gut.

Mit den herzlichsten Grüßen und Wünschen
Deine Edith Stein

[1] Vgl. Br. 131 Anm. 1.
[2] In der Zeitschrift „Die christliche Frau" (Organ des Katholischen Deutschen Frauenbundes) brachten die Hefte 9 (September) und 10 (Oktober) 1932 Beiträge zum Thema Freiwilliger Arbeitsdienst. Im Septemberheft (S 293 f.) gibt Antonie Hopmann einen Bericht über die Tagung in Altenberg, bei der die Bildung einer „Arbeitsgemeinschaft katholischer Frauenverbände für den freiwilligen Arbeitsdienst" beschlossen wurde. Antonie Hopmann, geb. am 3. 6. 1882 in Essen, gest. am 1./2. 3. 1941 in Köln im Luftschutzkeller, war Generalsekretärin des KDFB; sie wurde von der Regierung Brüning 1931 als einzige Frau in die Sachverständigen-Kommission für die Bekämpfung der Arbeitslosigkeit berufen. – Das Oktoberheft bringt einen „Einblick in praktische Versuche" des FAD von Dr. Gertrud Ehrle (S. 304–308). Gertrud Ehrle, geb. am 29. 4. 1897 in Ravensburg, gest. am 11. 6. 1985 in Köln, war 1959–1970 Vorsitzende des Deutschen Frauenrates, 1965 Präsidentin des KDFB; sie war Laienauditorin beim II. Vatikanischen Konzil in Rom, Trägerin des Päpstlichen Ordens Pro Ecclesia et Pontifice und des Großen Bundesverdienstkreuzes.
[3] Das Christkönigsfest wurde damals am jeweils letzten Oktobersonntag gefeiert; im Jahr 1932 fiel dieser Sonntag auf den 30. 10. Das Fest Allerheiligen wird am 1. November begangen.

228

Edith Stein an Jacques Maritain[1]

Poststempel: Münster/Westfalen 5.11.32

Abs. Dr. E. Stein
Münster i.W.
Collegium Marianum

M. le Professeur Jacques Maritain
10 rue du Parc
Meudon (S.&O.)⟨= Département Seine et Oise⟩ p⟨rès⟩ d⟨e⟩ Paris

Münster i.W., 6.XI.32
Collegium Marianum

Pax!
Sehr verehrter Herr Professor,

meinen herzlichsten Dank für die gütige Übersendung Ihres großen neuen Werkes[2]. Es wird ein großer Gewinn für mich sein, es zu studieren. Leider ist nur meine Zeit durch die nächsten Pflichten am Pädagogischen Institut[3] so in Anspruch genommen, daß ich allzu wenig zu den prinzipiellen philosophischen Fragen und zum Studium der scholastischen Philosophie komme, das mir so notwendig wäre. Ich denke mit großer Freude an den schönen Tag in Juvisy[4] und die Stunden in Ihrem Hause zurück. Ihnen und Ihrer verehrten Frau Gemahlin[5] und Schwägerin[6] sendet dankbare und herzliche Grüße

Ihre ergebene
Edith Stein

[1] Jacques Maritain, Philosoph, geb. am 18.11.1882 in Paris, gest. am 28.4.1973 in Toulouse, gilt als bedeutender Vertreter des Neuthomismus und der katholischen Erneuerungsbewegung in Frankreich. Er konvertierte 1906 vom Protestantismus zur katholischen Kirche, wurde 1914 Professor am Institut catholique in Paris, emigrierte 1940–1944 nach Kanada. – Maritain war 1945–1948 französischer Botschafter beim Hl. Stuhl. Nach 1948 nahm er eine Professur in Princeton wahr. Nach dem Tod seiner Frau trat er in die Gemeinschaft der Kleinen Brüder Jesu ein. Sein Grab ist in Kolbsheim.

[2] Maritain übersandte Edith Stein sein Werk „Distinguer pour unir ou Les degrés du savoir", Desclée de Brouwer, Paris 1932. Dieses Exemplar mit der persönlichen Widmung „à Mademoiselle Edith Stein hommage de respectueuse sympathie" befindet sich im Nachlaß in Köln.

[3] Deutsches Institut für wissenschaftliche Pädagogik in Münster.

[4] Vgl. Br. 211 Anm. 8 und Br. 217 Anm. 4.

[5] Raïssa Maritain geb. Oumancoff, geb. am 12.9.1883 in Rostow a. Don, heiratete Jacques Maritain 1904 und trat 1906 vom Judentum zur katholischen Kirche über, gest. am 4.11.1960 in Paris; ihr Grab ist in Kolbsheim. (Dort hat der „Cercle d'études Jacques et Raïssa Maritain" – der auch die Cahiers herausgibt – seinen Sitz.).
[6] Vera Oumancoff, jüngere Schwester von Raïssa, geb. am 2.7.1886 in Marioupol; floh 1893 mit ihren Eltern und ihrer Schwester vor den Pogromen in Rußland nach Paris. Sie wurde 1906 getauft und lebte fortan im Haushalt der Maritains. Sie starb am 31.12.1959 in Princeton (dort ist auch ihr Grab).

229

Josef de Vries[1] an Edith Stein

IGNATIUSKOLLEG, VALKENBURG
Limburg, Holland

Drahtanschrift
Jesuiten Valkenburg
Fernsprecher 35

Valkenburg, den 12. Nov. 32

Sehr geehrtes Fräulein Stein!

Das war freilich ein Versehen von mir, wenn ich geschrieben habe q.21. a.3; es handelt sich in Wirklichkeit um a.2. Der Text ad 6, soweit ich ihn mit P. Pelsters[2] nach dem Vatikanischen Manuskript beigefügten Verbesserungen vor mir habe, lautet so:

Ad VI dicendum, quod aliquid potest dici bonum et ex suo esse et ex aliqua proprietate vel habitudine superaddita; sicut dicitur homo bonus et inquantum est et inquantum est iustus et castus vel ordinatus ad beatitudinem[3].

Soweit nach Vat. lat. 781 f. 134rα. Die Parallele zwischen den beiden Teilen des Satzes ist so klar: ex suo esse = homo, inquantum est; ex aliqua proprietate = inqu. est iustus et castus; ex habitudine = inqu. est ordinatus ad beatitudinem. Das letzte Sätzchen der Antwort ad 6 (Ratione igitur etc.) hatte ich nicht mehr zum Nachsehen im Manuskript abgeschrieben. Es bietet ja auch keine Schwierigkeit mehr; unter der „secunda bonitas" wird offenbar die ex proprietate vel habitudine superaddita zusammengefaßt.

Auf Ihren Thomas-Index[4] bin ich sehr gespannt. Ich glaube, daß er ein sehr gutes Hilfsmittel für das Thomas-Studium wird. Sicher wird die Übersetzung so noch viel besser ausgenutzt werden können.

Mit vorzüglicher Hochachtung
Ihr erg⟨ebener⟩ Jos. de Vries S. J.

[1] Vgl. Br. 220 Anm. 1.
[2] Vgl. Br. 69 Anm. 1.
[3] Vgl. Br. 220 Anm. 5.
[4] Lateinisch-deutsches Wörterverzeichnis zu Edith Steins Thomas-Übertragung (vgl. Br. 152 Anm. 2).

230

Edith Stein an Hedwig Conrad-Martius[1]

Pax! ⟨Collegium⟩ Marianum, 13. XI. 32
⟨Münster⟩

Meine liebe Hatti[2],

nun warte ich schon wieder lange auf die Entscheidung aus England[3]. Als ich Ihren Metaphysik-Aufsatz[4] las, meinte ich, sie müßte positiv ausfallen. Denn da sieht man doch, wie eine ganze Philosophie – das, was ich lieber ein Organon nenne als ein System – reif ist und nur darauf wartet, in Ruhe gestaltet zu werden. Andererseits würde ich es Ihnen und dem ganzen Eisbrünnelhaus[5] natürlich von Herzen gönnen, daß Sie nicht fortmüßten. Deus providebit![6]

Ich bin sehr dankbar für Ihren Aufsatz: nicht nur, weil er mir sachlich sehr erleuchtend war, sondern weil ich daran wieder einmal klar gesehen habe, was echtes Philosophieren ist und wo meine Grenzen sind. Diese Erkenntnis der eigenen Grenzen hat in den letzten Monaten bei mir rapide Fortschritte gemacht. Ich weiß nicht, ob Sie sich erinnern, daß Sie mir vor Jahren einmal etwas darüber gesagt haben – d. h. über den Mangel dieser Erkenntnis und ein allzu naives Selbstvertrauen. Damals habe ich nicht viel davon verstanden. Man versteht ja solche Kritik gewöhnlich erst, wenn einem von innen her das Licht dafür aufgeht. Jetzt, wo ich immer wieder mit Menschen zusammentreffe, die ganz mit ihrer Lebensarbeit verwachsen sind, richtig fachlich dafür gebildet und darin groß geworden, merke ich, daß ich eigentlich überall den Anschluß verloren habe und für diese Welt allseitig untüchtig bin. Diese Erkenntnis deprimiert mich an sich nicht. Es ist nur nicht ganz leicht, an einem verantwortlichen Posten zu stehen, für den einem so vieles

Notwendige fehlt, und wenig Aussicht zu haben, das alles nachholen zu können. Aber solange die Indizien dafür sprechen, daß der Herr mich an dieser Stelle haben will, darf ich nicht desertieren. Ich schicke Ihnen eine kleine Probe, wie ich mich im letzten Semester aus der Affäre gezogen habe[7]. Diesmal scheint es mir noch schwerer, trotzdem oder vielleicht gerade, weil ich auf Fragen zurückgegriffen habe, an denen ich schon immer arbeite.- Haben Sie die kleine Heideggereinleitung von Koyré[8] indessen bekommen? Ich bin sehr gespannt, was Sie über die Quaest⟨iones⟩ de Veritate[9] sagen werden. Und auf die positive Bestimmung der Metaphysik. In der Abgrenzung gegen die Ontologie gehe ich natürlich ganz mit Ihnen. Ich glaube, auch das über die Erfahrung Hinausgehen kann ich noch mitmachen. Ich habe aber noch eine andere Idee von Metaphysik: als Erfassung der ganzen Realität unter Einbeziehung der offenbarten Wahrheit, also auf Philosophie *und* Theologie begründet. Wenn Sie sich mit Thomas[10] beschäftigen, werden Sie ja auch damit sich auseinandersetzen. Wissen Sie schon die Termine Ihrer Radiovorträge?[11]

Fräulein Käthi[12] gratuliere ich sehr herzlich zu ihrem Geburtstag, der ja jetzt bald kommt. Wenn Sie etwas wüßten, was für Αὐτός[13] eine ähnliche Bedeutung haben könnte wie die Tasche für Sie, wäre es mir eine sehr große Freude, den 50. dieses Jahr nachzuholen.

Herzlichst Ihre Edith

1 Vgl. Br. 7 Anm. 4.
2 So wurde Hedwig Conrad-Martius in der Familie und von Freunden genannt.
3 Dort bewarb sich Hedwig Conrad-Martius um ein Fellowship, das sie schließlich nicht erhielt.
4 Es handelt sich um den in Br. 245 Anm. 5 genannten Aufsatz: „Was ist Metaphysik?" (1932), wieder abgedruckt in: Hedwig Conrad-Martius, Schriften zur Philosophie, Erster Band, hg. von Eberhard Avé-Lallemant, München 1963, S. 38–48.
5 Das Ehepaar Conrad wohnte in Bergzabern am Eisbrünnelweg.
6 Gott wird sorgen.
7 Im Sommersemester 1932 las Edith Stein über „Probleme der Frauenbildung", im folgenden Wintersemester 1932/33 über philosophische Anthropologie: „Der Aufbau der menschlichen Person" (ESGA 14). An diesem Thema hatte Edith Stein „schon immer" gearbeitet, seit den frühen Jahren ihres Philosophierens.
8 Die „kleine Heidegger-Einleitung von Koyré" bietet Schwierigkeiten der Identifizierung. S. Guérout, Bibliothekar an der „Bibliothèque Interuniversitaire Scientifique Jussieu" in Paris hat freundlicherweise mehrere Institute angerufen, um bei der Klärung der Frage zu helfen. Der Nachlaß Koyrés (vgl. Br. 182 Anm. 1) liegt in Paris im „Centre Alexandre Koyré". Es könnte sich um eine Koyré'sche Einführung der franz. Übersetzung von Martin Heidegger handeln: „Was ist Metaphysik?" (erschienen bei Cohen in Bonn 1929). Diese kleine Abhandlung von Koyré ist publiziert in „La nouvelle Revue Française", 1. April 1931, 19. Jg., Vol. 211, S. 750–753. 9 Vgl. Br. 152 Anm. 2. 10 Br. 45 Anm. 6.
11 Fünf Rundfunkvorträge, die unter dem Gesamttitel „Aus der Welt der Pflanze" in den Monaten März und April 1933 im Westdeutschen Rundfunk gesendet wurden; weiter ausgearbeitet u. d. T. „Die ‚Seele' der Pflanze", Breslau 1934 (vgl. Br. 246, Anm. 3; Br. 353

Anm. 9; Br. 392), wieder abgedruckt in: „Schriften zur Philosophie", hg. von Eberhard Avé-Lallemant, München 1963, I. Bd. Anhang.

[12] Katharina von Graffen, geb. am 15. 11. 1894 in Kaulbach/Rheinpfalz, gest. am 24. 8. 1938 in München, lebte seit 1915 im Conrad'schen Haushalt.

[13] So wurde im Kreis der Husserlschüler Theodor Conrad (vgl. Br. 8 Anm. 7) genannt.

231

Edith Stein an Callista Brenzing[1]

Briefkarte, Vorderseite: Krippe von Beuron

Münster i. W.
Am Sonntag Gaudete[2] ⟨11. 12.⟩ 1932

Pax!
Liebe Frau Callista,

zum Weihnachtsfest meine herzlichsten Wünsche. Zugleich vielen Dank für Ihre schöne Festschrift[3]. Ich würde Ihnen herzlich gern ausführlich von mir erzählen. Aber ich kann mir wirklich die Zeit dazu nicht nehmen. So will ich Ihnen nur sagen, daß ich glaube, der Abstand zwischen Vermögen und Aufgabe sei bei mir noch viel größer als bei Ihnen und nur im Vertrauen auf Gottes Beistand zu ertragen. Darum bitte ich Sie weiter um Ihr treues Gebet, wie ich auch Sie niemals vergesse. An der Krippe werden wir uns alle zusammenfinden. Prope est iam Dominus – Deo Gratias![4]

Herzlichst Ihre Edith Stein

Das Original dieses Schreibens befindet sich seit 1978 in der Autographensammlung der Vatikanischen Bibliothek.

[1] Vgl. Br. 70 Anm. 1. [2] Dritter Adventssonntag.

[3] Zum 700j. Bestehen der „Cistercienserinnenabtei Seligenthal in Landshut, gegründet 1232, herausgegeben und verlegt von der Abtei Seligenthal".

[4] Nahe ist schon der Herr – Dank sei Gott! (aus der Liturgie der Adventszeit).

232

Edith Stein an Adelgundis Jaegerschmid und Placida Laubhardt[1]

Münster i. W., 12. XII. 32

Pax!
Liebe Schwestern,

nur einen kurzen herzlichen Weihnachtsgruß. Ich wünsche Euch beiden den tiefsten Frieden. Die Festtage dürfen sicher auch Sie, liebe Sr. Adelgundis, daheim sein, und das wird Ihnen gut tun. Und bei Sr. Placida muß das Christkind wieder alles gut machen, was in der letzten Zeit in Verwirrung geraten ist. Ich schicke Euch beiden nur etwas sehr Prosaisches. Bitte, teilt es unter Eure Schützlinge. Etwas für den Geist geht an M⟨utter⟩ Priorin und kommt Euch dann wohl mit zugute. Ich werde wohl bis zum 23. hier arbeiten (für einen Kursus, den wir 2.–5.I. in Berlin geben müssen[2]) und nach dem Fest wieder bis Neujahr. Für die Festtage will ich in klösterliche Abgeschiedenheit mit schöner Liturgie fliehen: nicht nach Gerleve[3], weil ich die Überfülle in der Kirche und noch mehr im Klosterhof fürchte; aber ganz in die Nähe zu den Ursulinen nach Dorsten[4], die mich schon lange eingeladen haben.

Denkt an mich! Herzlichst
Eure Edith

[1] Vgl Briefe 80 Anm. 1 und 38 Anm. 1.
[2] Das Deutsche Institut für wissenschaftliche Pädagogik in Münster, in Verbindung mit dem Katholischen Lehrerverband des Deutschen Reiches und dem Verein katholischer deutscher Lehrerinnen, lud zu einer Arbeitstagung ein: „Die katholische Pädagogik in ihren Grundlagen und in ihrer Bedeutung für die deutsche Gegenwartsschule“. Die Tagung fand statt im Frauenbundhaus in Berlin-Charlottenburg, Königsweg 17. Edith Stein – einzige Frau unter den Referenten – hielt ihren Vortrag am Donnerstag, den 5.1.1933 um 15–17½ Uhr zu dem Thema „Jugendbildung im Lichte des katholischen Glaubens“. Der Vortrag ist veröffentlicht mit einer Kurzfassung in ESGA 16, 71–90 und 172f.
[3] Benediktinerabtei St. Joseph in Coesfeld.
[4] Einige junge Ordensfrauen des Dorstener Ursulinenklosters studierten in Münster und wohnten dort im Marianum, wo auch Edith Stein ihre Unterkunft hatte.

233

Edith Stein an Leni und Balduin Schwarz[1]

Collegium Marianum
21.XII.32

Liebe Frau Dr. Schwarz,
lieber Herr Doktor,

wenigstens im Brief will ich zu Weihnachten mich bei Ihnen einstellen und Ihnen ein recht gnadenreiches Fest und ein glückliches neues Jahr wünschen. Es ist ganz schlimm, daß ich den kleinen Stefan Dietrich[2] noch gar nicht begrüßt habe. Und es wird auch im alten Jahr nicht mehr möglich sein, da unser Institut Anfang Januar einen Ferienkursus in Berlin[3] gibt. Hoffentlich gelingt es mir danach etwas besser, meinen menschlichen Pflichten nachzukommen.

Mit den herzlichsten Grüßen
Ihre Edith Stein

[1] Balduin Schwarz, Philosoph, geb. am 23.3.1902 in Hannover, gest. am 25.11.1993 in Ainring/Bayern, studierte in Heidelberg, Köln und München, dort Promotion bei Dietrich v. Hildebrand mit einer Arbeit über „Die Psychologie des Weinens", Habilitation in Münster mit dem Werk „Der Irrtum in der Philosophie". Zur Zeit des obigen Briefes war Schwarz Privatdozent in Münster. 1933 ging Schwarz nach Wien; er lehrte in der Schweiz, in Frankreich und in den USA, ab 1964 an der neugegründeten staatlichen Universität von Salzburg. Eng verbunden blieb er bis zuletzt der Internationalen Akademie für Philosophie im Fürstentum Liechtenstein. Balduin Schwarz war bis zum Tod geistig tätig; seine letzte, nicht mehr vollendete Arbeit galt dem Phänomen der Dankbarkeit. Schwarz heiratete im Jahre 1931 Helene Katzenstein (geb. 1897, Konversion zur katholischen Kirche 1929), sein 1932 geborener Sohn Stefan Dietrich ist Professor für Philosophie in Kingston RI/ USA. – Ich danke Herrn Prof. Dr. Josef Seifert für die Übersendung von Dokumenten.
[2] Edith Stein schenkte bei ihrem Besuch dem kleinen Stefan ein – von ihm jahrelang in Ehren gehaltenes – Gummipferdchen. [3] Vgl. Br. 232 Anm. 2 und Br. 234.

234

Edith Stein an Anneliese Lichtenberger[1]

Dorsten i. W.
Am 2. Weihnachtstage ⟨26. 12. 32⟩

Pax!
Liebe Anneliese,

aus klösterlicher Einsamkeit (bei westfälischen Ursulinen[2], bei denen ich Weihnachten feiern durfte) erwidere ich Deine guten Wünsche herzlich. Vor allem möchte ich Deine Frage beantworten. Es gibt eine Berufung zum Leiden mit Christus und dadurch zum Mitwirken mit seinem Erlösungswerk. Wenn wir mit dem Herrn verbunden sind, so sind wir Glieder am mystischen Leib Christi; Christus lebt in seinen Gliedern fort und leidet in ihnen fort; und das in Vereinigung mit dem Herrn ertragene Leiden ist Sein Leiden, eingestellt in das große Erlösungswerk und darin fruchtbar. Es ist ein Grundgedanke allen Ordenslebens, vor allem aber des Karmellebens, durch freiwilliges und freudiges Leiden für die Sünder einzutreten und an der Erlösung mitzuarbeiten.

Mit herzlichen Wünschen und Grüßen
Deine Edith Stein

Morgen muß ich nach Münster zurück, 2.–5. I. in Berlin an einem Ferienkurs mitwirken. Bete für das Gelingen, bitte!

[1] Vgl. Br. 131 Anm. 1. [2] Im Ursulinenkloster St. Ursula in Dorsten.

235

Edith Stein an Gertrud Hermann[1]

Postkarte mit winterlichem Landschaftsbild und Aufdruck: Ein frohes neues Jahr

Poststempel: Dorsten, 26. 12. 32

Fräulein Gertrud Hermann
Brambauer
Westfalen

Dorsten i. W., St. Ursula, 26. XII. 32

Liebes Fräulein Hermann,

Ihren lieben Weihnachtsgruß erwidere ich herzlich. Ich freute mich sehr, daß Sie an uns dachten. Morgen gehe ich nach Münster zurück (am 1. nach Berlin[2]), werde aber Ihre Grüße den andern erst nach den Ferien ausrichten können. Jetzt ist alles heimgeflogen. Mit den herzlichsten Wünschen

Ihre Edith Stein

[1] Gertrud Vahle geb. Hermann, Gymnasiallehrerin, geb. am 25. 5. 1909 in Brambauer/Westf., Studien in Bonn, Freiburg und Münster, Heirat Februar 1947, weilte anläßlich eines Examens in Münster einige Wochen im Collegium Marianum, wo sie – mit Edith Stein allein – die Mahlzeiten einnahm. Edith Stein gab ihr, vielleicht zum Abschied, eine Madonnenkarte aus Neuburg/Heidelberg mit der Aufschrift: 22. XI. 32, Edith Stein, Collegium Marianum.- Die Originale der beiden Karten schenkte Gertrud Vahle dem Edith-Stein-Archiv, Köln. [2] Vgl. Br. 232 Anm. 2.

236

Edith Stein an Hans Brunnengräber[1]

Neujahrskarte; Aufdruck: Die besten Wünsche zum Neuen Jahre

Poststempel: Münster/Westf. 30. 12. 32

Herrn und Frau Dr. Brunnengräber
Münster i./W.
Kellermannstr. 21

Collegium Marianum, 29. XII. 32

Herzlichen Dank für Ihren freundlichen Gruß zu Weihnachten u. das Buch (das Ihnen Herr Gerlach[2] wiedergeben will). Ich vermute, daß Sie selbst da waren, und bedaure sehr, daß ich Sie verpaßte. Noch mehr tut es mir leid, daß es Ihnen gesundheitlich nicht ganz gut geht. Ich wünsche Ihnen recht baldige Besserung und einen guten Anfang des neuen Jahres. Viele Grüße

Ihre Edith Stein

[1] Vgl. Br. Nr. 246 Anm. 1.
[2] Bernhard Gerlach (1891–1957 Münster), Volksschullehrer, seit 1932 nebenamtlich Geschäftsführer des Deutschen Instituts für wissenschaftliche Pädagogik.

237

Michaela Gräfin Neipperg[1] an Edith Stein

Ansichtskarte: Oratorium von St. Lioba in Freiburg-Günterstal

Poststempel: Konstanz 31. 12. 32

Frl. Dr. Edith Stein
Marianum
Münster
Westphalen⟨!⟩

korrigiert in:
Berlin Charlottenburg 5
Königsweg 17
Frauenbundhaus

Pax !
Vielen, aufrichtigen Dank für die Wünsche, die ich von Herzen erwidere. Möge das kommende Jahr Ihnen viel, viel Segen, Gnade, Licht u. Hilfe bringen u. auch warmen Sonnenschein für innen u. außen. – Wir hatten hier in unserer kl⟨einen⟩ Capelle eine sehr schöne H⟨ei⟩l⟨i⟩ge Nacht mit Matutin u. Amt, nur 20 Schwestern, Celebrans u. Ministranten. – Hoffentlich bringt 1933 Sie wieder einmal nach Süddeutschland!

Mit nochmaligen Wünschen und l⟨ie⟩b⟨en⟩ Grüßen
Ihre Sr. Michaela O. S. B.

[1] Michaela (Maria) Gräfin von Neipperg, Benediktinerin von St. Lioba/Freiburg-Günterstal, geb. am 9. 9. 1885 in Schwaigern, gest. am 7. 4. 1957 in Konstanz, war die Schwester des Abtes Adalbert Graf von Neipperg (Abtei Neuburg bei Heidelberg), durch den Edith Stein vermutlich Sr. Michaela kennenlernte. Diese war viele Jahre Oberin des Konventes der Benediktinerinnen in der Frauenklinik Konstanz.

238

Edith Stein an Erna Herrmann[1]

Visitenkarte mit Aufdruck:

Dr. phil. Edith Stein
Dozentin am Deutschen Institut
für wissenschaftliche Pädagogik
Münster i. W.

Münster i. W., 10. I. 33.

Liebes Fräulein Herrmann,

als ich gestern abend nach Münster zurückkehrte, fand ich auf meinem Schreibtisch einige Zeilen von Herrn Wilcke[2] mit der ganz überraschenden Nachricht von Herrn Rothschilds[3] Tod, die mich sehr bewegt hat. Es ist wohl fast der härteste Verlust, der Sie jetzt treffen konnte. Ich denke herzlich an Sie und an den Toten.

Mit vielen Grüßen Ihre E. St.

[1] Vgl. Br. 84 Anm. 1.
[2] Nicht ermittelt.
[3] Erna Herrmanns Vetter (vgl. Br. 87 Anm. 5).

239

Edith Stein an Petra Brüning[1]

Münster i. W., 15. I. 33
Collegium Marianum

Pax!
Hochverehrte, liebe Würdige Mutter,

schon lange habe ich diesen Sonntag in Aussicht genommen, um Ihnen zu schreiben. Vorher durfte ich mir nicht die Zeit dafür gönnen.

Ich möchte Ihnen noch einmal herzlich für die wohltuend stillen Weihnachtstage danken und für die Stunden, die Sie mir gewidmet haben. Ich will Ihnen gestehen, daß nicht nur das Verlangen nach klösterlicher Einsamkeit in den Festtagen mich bestimmt hat, mich für Dorsten zu entscheiden, sondern auch eine Ahnung davon, daß eine innere Verbindung von Ihnen zu mir bereits bestünde und daß die persönliche Begegnung von Bedeutung sein würde. Vielleicht wissen Sie noch etwas mehr davon als ich.

Die Berliner Tage[2] sind nun vorbei. Rein äußerlich betrachtet, waren sie für mich ein Erfolg, und ich bin allen, die durch ihr Gebet dazu geholfen haben, herzlich dankbar. Was an fruchtbarer Wirkung bleiben mag, das entzieht sich ja unserer Kenntnis. Es waren sehr aufreibende Tage, und sie haben mir wieder deutlich gezeigt, wie groß und verantwortlich die Aufgabe ist, die wir vor uns haben.- Dann war ich noch zwei Tage in Breslau und habe meine liebe Mutter[3] sehr frisch und munter gefunden. Seit Montagabend bin ich wieder im Marianum und in meiner normalen Arbeit, soweit von „normaler Arbeit“ in unserer Situation überhaupt die Rede sein kann. Ich bin sehr dankbar, daß ich den größten Berg dieses Winters hinter mir habe.

Indessen haben auch Sie Ihre Last neu auf sich genommen. Ich wünsche Ihnen dazu Gottes Segen. Darf ich Ihnen einen herzlichen Gruß an Mater M. Regina[4] auftragen? Gestern hat Mater Johanna[5] aus Erfurt ihre Prüfung beendet.

Mit ehrfürchtigen Grüßen
Ihre dankbare Edith Stein

[1] Petra (Agnes) Brüning OSU, Oberin des Ursulinenklosters in Dorsten, geb. am 15. 8. 1879 in Osterwick bei Coesfeld, gest. am 15. 12. 1955 in Dorsten, hatte Edith Stein für die Weihnachtstage in ihr Kloster eingeladen. Sie blieb mit ihr in freundschaftlicher Verbindung bis zuletzt. [2] Vgl. Br. 232 Anm. 2. [3] Vgl. Br. 12 Anm. 11.

[4] M. Regina Brungs OSU hatte während ihres letzten Studienjahres in Münster im Marianum gewohnt und dort Edith Stein kennengelernt. Durch ihre Vermittlung war die Einladung nach Dorsten zustandegekommen. – Die Ursulinen mit Ewigen Gelübden wurden damals mit Mater angesprochen.

[5] Johanna (Anna) Pauly, Ursuline, geb. am 6.6.1899 in Niederjeutz/Elsaß-Lothringen, gest. am 16.5.1996 in Erfurt, studierte in Münster und absolvierte am 14.1.1933 die letzte der mündlichen Prüfungen zum Staatsexamen in Deutsch und Französisch.

240

Edith Stein an Petrus Wintrath[1]

Postkarte

Poststempel: Münster (Westf) 30.1.33

Abs.: Dr. E. Stein
Münster i. W.
Collegium Marianum

Hochw. Herrn P. Petrus Wintrath O.S.B.
Rüdesheim a. Rh.
Abtei St. Hildegard

29.I.33

Pax!
Hochwürdiger Herr Pater,

bitte, behalten Sie den II. Bd.[2] auf alle Fälle. Wenn H⟨och⟩w⟨ürdiger⟩ Herr P. Thomas Graf[3] (oder die Schriftleitung des Divus Thomas[4]) Belegexemplare der Besprechung von I an den Verleger schickt und den II. Bd. anfordert, wird er ihn wohl bekommen. Sollte es Schwierigkeiten geben, dann werde ich dafür sorgen, daß die Sache dort geregelt wird. Es tut mir natürlich leid, wenn von Ihnen nirgends eine Besprechung erscheint. Ich habe aber bei dieser Publikation gelernt und weiß, daß man die Redaktionen nicht umgehen kann, wenn die Sache klappen soll.

Mit ehrfürchtigem Gruß
Ihre in Xo ergebene
Edith Stein

[1] Vgl. Br. 195 Anm. 1. [2] Ihres Thomas-Werkes (vgl. Br. 152 Anm. 2).
[3] Thomas Graf OSB, Mönch der Abtei Schweiklberg, geb. am 22.11.1902 in Holzkirchen, gest. am 29.4.1941 in München. Zur Zeit des Briefes weilte Graf in Rom, wo er den philosophischen und theologischen Doktorgrad erwarb und einen Lehrauftrag an der Hochschule S. Anselmo wahrnahm. 1935 wurde er zum Abt der Abtei Schweiklberg gewählt.
[4] „Divus Thomas" – später umbenannt in „Zeitschrift für Philosophie und Theologie" – war eine in Fribourg von Dominikanern herausgegebene Zeitschrift. Die Rezension von P. Graf erschien im 11. Jg. 1933, S. 100–103.

241

Edith Stein an Emmy Lüke[1]

Münster i. W., 6. II. 33
Collegium Marianum

Pax!
Sehr verehrtes Fräulein Lüke,

herzlichen Dank für Ihre freundliche Einladung, die erst heute mittag in meine Hände gelangte (Das Deutsche Inst⟨itut⟩ f. wiss⟨enschaftliche⟩ Pädagogik ist jetzt Engelstr. 25).[2] Leider kann ich morgen nicht kommen, so wichtig mir die Teilnahme gerade an der 1. Besprechung wäre: 1.) müßte ich eine Arbeitsgemeinschaft mit unsern Dozenten versäumen und 2.) fast 8 Stunden auf der Bahn sein, um knapp 2 St⟨unden⟩ in D⟨üsseldorf⟩ sein zu können. Beides ist mit meinen beruflichen Pflichten schlecht zu vereinen.

Wenn ich, um Ihrer Bitte entgegenzukommen, einige Anregungen hinzufüge, so möchte ich dadurch keineswegs Ihren eigenen Vorschlägen zuvorkommen. Ich bin über das Ganze ja auch vorläufig nur sehr flüchtig unterrichtet.

Vielleicht käme als Thema in Frage: Der Wert der Persönlichkeit auf Grund der katholischen Auffassung des Menschen. Ich würde es für wichtig halten, wenn aus der Schulpraxis heraus die Schwierigkeiten dargestellt würden, die sich heute der Persönlichkeitsbildung in den Weg stellen. Ferner müßte wohl eine kritische Auseinandersetzung mit den kollektivistischen Auffassungen der Gegenwart erfolgen. Als das Wichtigste aber zur Grundlegung für Kritik und praktische Arbeit erscheint mir eine klare Herausarbeitung des individuellen Persönlichkeitswertes aus Dogma und Schrift.

Als Lektüre würde ich zunächst einmal empfehlen: Rudolf *Allers*[3], Das Werden der sittlichen Person; Rudolf *Peil*[4]: Konkrete Mädchenpädagogik; Ernst *Krieck*[5], Menschenformung (dies zu kritischer Behandlung). Von mir kommt eine ältere Arbeit über „Individuum u. Gemeinschaft" (im V. Bd. von Husserls Jahrbuch für Philosophie und phänomenologische Forschung[6]) auch in Betracht. Leider ist das, was ich in den letzten Jahren neu erarbeitet habe, noch nicht gedruckt. Dies alles ist nun freilich schweres Kaliber. Ich fürchte, daß sich kurze und leicht faßliche Darstellungen, wie sie Fräulein Schmitz[7] für die späteren Teilnehmerinnen wünschte, schwer finden werden – jedenfalls solche, die zugleich genügend in die Tiefe gehen.

Ich wäre Ihnen sehr dankbar, wenn ich ein Protokoll über Ihre Sitzung bekommen könnte.

Mit herzlichen Grüßen
Ihre Edith Stein

[1] Emmy Lüke, Schulrektorin in Düsseldorf, geb. am 4.9.1891 in Iserlohn, gest. am 1.5.1960 in Bochum, gehörte dem Verein katholischer deutscher Lehrerinnen an und trug sich vermutlich mit der Absicht, einen Arbeitskreis oder Ähnliches zu gründen.
[2] Zuvor befand es sich im Borromäum am Domplatz.
[3] Rudolf Allers, Philosoph und Mediziner, geb. am 13.1.1883 in Wien, gest. am 14.12.1963 in Hyattsville/MD (USA). Sein von Edith Stein empfohlenes Buch erschien 1929 in Freiburg.
[4] Rudolf Peil, Konkrete Mädchenpädagogik – Versuch der wissenschaftlichen Erfassung des pädagogischen Aktes. Bonner Phil. Diss. 1932, als Buch: Honnef a.Rh. (Siebengebirgsbuchhandlung) 1932.
[5] Ernst Krieck, Menschenformung – Grundzüge der vergleichenden Erziehungswissenschaft, Leipzig (Quelle und Meyer) 1925. Daß Edith Stein zu kritischer Behandlung rät, ist verständlich: Krieck wurde 1933 Rektor der Universität Frankfurt/M. und veröffentlichte in der Folge zahlreiche Aufsätze zur nationalsozialistischen Erziehungsauffassung.
[6] Diese Arbeit ist die zweite der beiden unter dem gemeinsamen Titel „Beiträge zur philosophischen Begründung der Psychologie und der Geisteswissenschaften" in JPPF Bd. 5 veröffentlichten Abhandlungen, Halle 1922, S. 116–283 (erste Abhandlung „Psychische Kausalität": S. 1–116).
[7] Maria Schmitz, Vorsitzende des Vereins katholischer deutscher Lehrerinnen, geb. am 5.2.1875 in Aachen, gest. am 9.7.1962 in Essen. Sie hatte entscheidend dazu beigetragen, daß Edith Stein nach Münster berufen wurde.

242

Thomas Deman[1] an Edith Stein

Société Thomiste
Fondateur P. Mandonnet[2]
Secrétariat
Le Saulchoir – Kain – Belgique

Le Saulchoir, le 10 février 1932[3]

Mademoiselle,

Je suis heureux qu'on vous ait envoyé les fascicules de Bulletin thomiste. Vous les avez reçus à titre de *MEMBRE*. Comme je vous l'avais dit, nous aurions été heureux de vous compter parmi les membres de notre Société; vous avez bien voulu y consentir; le Conseil d'Administration, en sa prochaine réunion, vous agréera officiellement. L'envoi qui vous a été fait montre que l'on vous considère dès maintenant comme membre qui vous de la Société thomiste. Je vous serais donc obligé de n'envoyer aucune somme d'argent en paiement de ces fascicules, puisqu'il a été convenu que vous seriez reçue dans la Société à titre gracieux. Nous tenons à reconnaître par là les services que vous avez rendus à notre Journée du 12 septembre 1932, où vous êtes si heureusement intervenue.

La correction que vous proposez („croyance naturelle à la réalité du monde“) est fort bonne. Elle est arrivée assez tôt pour être introduite dans le texte imprimé. Vous aurez donc le plaisir de l'y retrouver.

Informations prises, il n'existe pas un ouvrage spécial consacré à l'anthropologie de S. Thomas d'Aquin, et qui soit digne d'être recommandé. Nous ne pourrions vous citer à ce propos que de vieilles choses (v. g. Gardair) sans grand intérêt. Mais vous trouveriez des éléments fort intéressants relatifs à l'anthropologie de S. Th. d'A. dans l'ouvrage capital du P. Sertillanges, *La philosophie de S. Th. d'A.* (maintenant traduit en allemand), livres 5 et 6. Pour des explications qui se tiennent plus près des textes, vous pourriez recourir aux deux petits volumes: *La pensée humaine, L'âme humaine* (traduction française de la *Somme Théologique*, Paris, Éd. Revue des Jeunes) dûs au P. Werbert. – D'une façon générale, vous trouverez tous les renseignements désiderables relatifs à la bibliographie du thomisme dans la *Bibliographie thomiste* de Mandonnet et Destrez, complétée depuis 1924 par le *Bulletin Thomiste,* dont les tables paraissent tous les trois ans.

Agréez, je vous prie, Mademoiselle, l'hommage de mes sentiments respectueux.
fr. Thomas Deman o. p.

Übersetzung:

Mademoiselle,

ich bin sehr froh darüber, daß man Ihnen die Faszikel des Bulletin thomiste[4] geschickt hat. Sie haben sie erhalten als *Mitglied.* Wie ich Ihnen schon sagte, wären wir sehr froh, wenn wir Sie zu den Mitgliedern unserer Gesellschaft rechnen dürften; Sie hatten ja schon die Absicht, dem zuzustimmen; der Verwaltungsrat wird Sie bei seiner nächsten Versammlung offiziell aufnehmen. Die Sendung, die Sie erhielten, zeigt Ihnen an, daß man Sie ab jetzt als Mitglied der Société thomiste betrachtet. Ich bitte Sie also, durchaus kein Geld zur Begleichung jener Hefte zu senden, weil es ja beschlossen ist, Sie als Ehrenmitglied aufzunehmen. Wir sind Ihnen sehr verbunden durch Ihre Dienste bei der Tagung vom 12. September[5], an der Sie sich so glücklich beteiligt haben.

Die Korrektur, die Sie vorschlagen („croyance naturelle à la réalité du monde“) ist sehr gut. Sie kam früh genug an, um noch in den Text eingefügt zu werden. Sie werden also das Vergnügen haben, sie dort wiederzufinden.[6]

Nach unseren Informationen gibt es keine speziell der Anthropologie des hl. Thomas v. Aquin[7] gewidmete Arbeit, die man empfehlen könnte. Wir könnten Ihnen zu diesem Thema nur die alten – nicht sehr interessanten – Sachen (z.B. Gardair[8]) nennen. Jedoch würden Sie sehr interessante Stellen, die sich auf eine Anthropologie des h⟨ei⟩l⟨igen⟩ Th⟨omas⟩ v. A⟨quin⟩ beziehen, finden in dem Hauptwerk von P. Sertillanges[9]: *La philosophie de S. Th. d'A.* (jetzt auch in deutsch erschienen), Buch 5 und 6. Für Erläuterungen, die sich näher an die Texte halten, könnten Sie auf zwei kleine Bände zurückgreifen: *La pensée humaine, L'âme humaine* (französische Übersetzung der *Summa Theologica*, Paris, Éd⟨ition⟩ Revue des Jeunes) herausgegeben von P. Webert[10].- In einer allgemeinen Form würden Sie alle wünschenswerten Auskünfte, die sich auf die thomistische Bibliographie beziehen, finden in der *Bibliographie thomiste* von Mandonnet und Destrez[11], seit 1924 vervollständigt durch das *Bulletin thomiste*, deren Register alle drei Jahre erscheinen.

Mit vorzüglicher Hochachtung
Fr. Thomas Deman OP

1 Vgl. Br. 213 Anm. 1.

2 Vgl. Br. 213 Anm. 2.

3 Im Original des Briefes liest man hier: 1932. Jedoch muß sich der Verfasser verschrieben haben; der Inhalt des Briefes paßt nur auf das Jahr 1933.

4 Organ der Société Thomiste, erstmals erschienen im März 1924 und zwar als Ergänzungsblatt zur Revue thomiste.

5 Es handelt sich um die von der Société Thomiste veranstaltete Studientagung über Phänomenologie und Thomismus am 12. September 1932, die Edith Stein schon in früheren Briefen erwähnte.

6 Nämlich im Bericht über die Tagung in Juvisy, der in Form einer Broschüre unter dem Titel „La Phénoménologie" veröffentlicht wurde (Les Editions du Cerf, Le Saulchoir/Belgien 1933; ESGA 9). Dort (S. 86) wurde die von Edith Stein vorgeschlagene Formulierung in das Protokoll ihres Diskussionsbeitrages aufgenommen, dessen Korrekturbogen man ihr offenbar geschickt hatte. Es war die französische Übersetzung ihres in deutscher Sprache gehaltenen Beitrages. Die Stelle lautet dort so: „… au point de vue de la croyance naturelle à la réalité du monde …"

7 Edith Stein hatte im WS 1932/33 Vorlesungen gehalten über philosophische Anthropologie („Der Aufbau der menschlichen Person", ESGA 14) und wollte im SS 1933 diese Vorlesungen von der Theologie her ergänzen. Dazu wünschte sie vermutlich Lektüre über die Anthropologie des hl. Thomas v. Aquin („Was ist der Mensch? Eine theologische Anthropologie", ESGA 15). Sie hatte nämlich den Wunsch geäußert, durch die Tagung „viel für mein Scholastikstudium ⟨zu⟩ profitieren" (vgl. Br. 216).

8 André Duval OP, Archivar der Bibliothèque du Saulchoir/Paris, konnte mir keine näheren Angaben über den Autor J. Gardair machen. Er fügte jedoch eine Liste der von diesem publizierten Arbeiten an, aus der hervorgeht, daß Gardair zwischen 1884 und 1903 sich mit Thomas v. Aquin und seiner Lehre befaßt hat. – Ich danke P. Duval für seine Bemühungen.

9 Antonin Gilbert Sertillanges OP (1863–1948), französischer Philosoph und Theologe, bedeutender Neuthomist, Professor in Paris und an anderen Hochschulen. Das genannte Werk erschien in deutscher Übersetzung ab 1928.

[10] Jordan (Georg) Webert OP (1887–1951), Philosophieprofessor zuerst in Le Saulchoir, dann am Angelicum in Rom, zuletzt (bis 1950) in Paris.
[11] Jean Destrez (1887–1950), bis 1928 OP, dann Diözesanpriester, war langjähriger Mitarbeiter von P. Mandonnet. Die von P. Deman im Brief erwähnte Bibliographie erschien in Le Saulchoir 1921.

243

Edith Stein an Petra Brüning[1]

Münster i. W., 12. II. 33

Pax!
Hochverehrte, liebe Würdige Mutter,

für Ihren gütigen Brief bin ich Ihnen von Herzen dankbar. Er hat mir sehr wohlgetan. Ich hatte aber durchaus nicht darauf gewartet, weil ich mir denken kann, welche Arbeitslast auf Ihnen liegt, und weil ich selbst seit langem meiner Korrespondenz nicht mehr Herr werde. Hoffentlich haben Sie sich von der Krankheit jetzt ganz erholt.

Es wäre mir natürlich eine große Freude, Sie hier begrüßen zu dürfen. Ich bleibe voraussichtlich den ganzen März in Münster. Es bedeutet soviel für mich, daß Sie die Zugehörigkeit zum „Corpus monasticum"[2] bei mir spüren und das Kleid als unwesentlich ansehen. Das ist schon ein wenig Klosterheimat.

Gottes Gnadenführung ist mir in den letzten Wochen wieder besonders deutlich geworden. Ich glaube meine Aufgabe klarer und bestimmter zu sehen. Das heißt freilich auch, meine völlige Unzulänglichkeit immer tiefer einsehen, aber zugleich die Möglichkeit, trotz dieser Unzulänglichkeit Werkzeug zu sein.

Ich war erst dreimal in Gerleve in diesem ganzen Jahr und habe P. Prior[3] noch nicht viel gesprochen. Aber ich weiß, daß ich jemanden in meiner Nähe habe, dem ich rückhaltlos vertrauen könnte, und das ist etwas, was Ruhe und Kraft gibt.

In caritate Xi.
Ihre dankbare Edith Stein

[1] Vgl. Br. 239 Anm. 1.
[2] Hier: zum mönchischen Leben (Ordensleben).
[3] Prior der Benediktinerabtei Gerleve bei Coesfeld war damals Bonaventura (Aloys) Rebstock OSB, geb. am 13. 10. 1876 in Stuttgart, gest. am 7. 6. 1958 in Gerleve. Er gehörte zunächst der Erzabtei Beuron an und hatte sich bei der Neugründung in Gerleve beteiligt.

244

Edith Stein an Emmy Lüke[1]

Collegium Marianum, 13. II. 33

Pax!
Sehr verehrtes Fräulein Lüke,

mit herzlicher Teilnahme habe ich die Nachricht[2] von diesem harten Schlage gelesen. Gern gedenke ich Ihrer lieben Mutter im Gebet.

Leider kann ich am Samstag wieder nicht kommen: von 5 – ½7 habe ich meine Vorlesung[3] im Institut. Werden die Zusammenkünfte immer in Düsseldorf sein? In den Ferien werde ich es ja hoffentlich einmal einrichten können. Aber im Semester ist es bei der schlechten Verbindung kaum zu machen.

Mit herzlichem Gruß
Ihre Edith Stein

[1] Vgl. Br. 241 Anm. 1. [2] Vom Tod der Mutter von Emmy Lüke.
[3] Edith Stein las im Wintersemester 1932/33 über den „Aufbau der menschlichen Person" (ESGA 14).

245

Edith Stein an Hedwig Conrad-Martius[1]

Münster i. W., 24. II. 33

Pax!
Meine liebe Hatti,

heute meine herzlichsten Wünsche zu Ihrem Geburtstag. Das Büchlein, das ich Ihnen aus Breslau schicken lasse, wird vor Αὐτός wenig Gnade finden. Aber ich dachte, wenn Sie sich mit solchen Leuten wie Klages[2] herumschlagen müssen, dann wird Ihnen zwischendurch die Berührung mit einem verwandten Geist guttun. Die 4 Bände Klages habe ich mir auch schon hergetragen, aber die Lektüre noch auf die Ferien verschoben. Allerdings habe ich dafür auch schon viel anderes und Nötigeres vor. – Vor einigen Wochen war R. Grosche[3] hier zu einem (sehr schönen) Vortrag über christliche Kunst u. Geschichte. Anschließend erzählte er, daß Sie Ihren Beitrag über meinen Thomas noch nicht liefern konnten. Damals dachte ich, ob es Ihnen wohl möglich wäre, meine andern Arbeiten im Zusammenhang damit einmal durchzusehen. Nicht um darüber zu schreiben, sondern weil ich glaube – gerade nach dem, wie Sie über Heidegger[4] u. Hartmann[5] schreiben konnten –, Sie würden die immanente Teleologie in meinen Arbeiten wohl viel besser herausfinden als ich selbst. Und das könnte für mich sehr viel bedeuten. Die älteren Arbeiten kennen Sie ja. Es käme dann noch die kleine Festschrift-Arbeit[6] in Betracht und ev. die Arbeit über „Akt und Potenz"[7], die ich im Sommer 31 schrieb. Sie ist zwar in keineswegs druckfertigem Zustand, und in manchen Punkten glaube ich in diesem Winter weitergekommen zu sein, aber Sie würden doch daraus den Versuch sehen, von der Scholastik zur Phänomenologie zu kommen et vice versa[8]. (Sie würden auch durch die unmögliche Auseinandersetzung mit den „Metaphysischen Gesprächen[9]" vielleicht bewogen werden, mir möglichst bald die Arbeit über Stoff u. Geist und die über Substanz u. Seele[10] zugänglich zu machen.) In diesem Semester habe ich Vorlesungen über philosophische Anthropologie[11] gehalten (soweit das mit 1½ Wochenstunden und vor einem großenteils ungeschulten Publikum möglich war); im Sommer will ich es versuchen, die Probleme von der Theologie her in Angriff zu nehmen[12]. Das sind alles Versuche, in Anknüpfung an meine älteren Arbeiten weiter- und zu einer Grundlegung der Pädagogik zu kommen. Ich bin seit Wochen in intensiven grundsätzlichen Auseinandersetzungen mit den andern Dozenten. Sie haben seit langem einen Verlagsvertrag für einen Grundriß der Pädagogik, der eigentlich schon im Herbst fertig sein sollte. Dann sollte unser Berliner Kursus[13] im Januar eine kleine Generalprobe dafür sein. Aber in den Vorbesprechungen für diesen Kursus habe ich allen so heftig an ihren Grundbegriffen gerüttelt, daß sie nun entschlossen sind, nicht eher zu publizieren, bis wir alle Fragen miteinander geklärt haben. Das ist keine Kleinigkeit. Haben Sie einmal darüber nachgedacht, was Pädagogik ist? Man kann keine Klarheit darüber bekommen, wenn man nicht Klarheit in allen Prinzipienfragen hat. Und wir sind Leute mit ganz verschiedener philosophischer Vergangenheit (der Psychologe sogar ganz ohne eine solche); da können Sie sich denken, wie schwer es ist, sich zu verständigen. Einig sind wir nur in dem Ziel, eine katholische Pädagogik aufzubauen, und in dem ehrlichen Willen, einen gemeinsamen Boden zu finden. Das ist ja etwas sehr Schönes, und ich bin herzlich dankbar dafür. Ich lerne auch viel dabei und leide nur immer an meiner gräßlichen Unwissenheit (bes⟨onders⟩ in Pädagogik und Philosophiegeschichte) und der Unmöglichkeit, das noch je wieder einzubringen. Ich tröste mich nur damit, daß ich gerade in dieser Arbeitsgemeinschaft Anregungen geben kann, die dann von andern fruchtbar gemacht werden, wenn auch meine eigenen Arbeiten immer unzulänglich bleiben mögen.

Da haben Sie so einen kleinen Einblick in die Situation. Was sie innerlich bedeutet, das läßt sich in einem Brief kaum sagen. Ich habe die Wochen seit Weihnachten (vielmehr seit meiner Rückkehr aus Berlin) als eine große Gnadenzeit empfunden. – Ja, also wenn Sie es unternehmen wollen, Ihrem Patenkind die Sinndeutung seiner Lebensaufgabe zu ermitteln, so will ich Ihnen gern dieses monströse opus schicken, natürlich zu strenger Kritik: einer *radikalen* Kritik, denn ich habe mich schon oft gefragt, ob ich mit der philosophischen Arbeit nicht überhaupt über meine eigenen Möglichkeiten hinausgehe. Ich glaube, dieser Zweifel steckt in mir, seit Lipps[14] einmal (ehe ich das erstemal zu Ihnen kam) eine solche radikale Kritik an meiner großen Arbeit im V. Jahrbuchband[15] übte und Frau Reinach[16] mir gleichzeitig klarzumachen suchte, daß die Mängel meiner Arbeit (die sie an sich nicht beurteilen könne) in sehr viel tiefer liegenden persönlichen Mängeln begründet seien. Das hat mich damals alles sehr bedrückt, vielleicht gerade, weil ich es gar nicht verstand. In den Jahren, in denen ich an gar keine wissenschaftliche Arbeit mehr dachte, hat es mich natürlich wenig beunruhigt. Und jetzt kann es mich auch nicht mehr eigentlich beunruhigen. Aber da ich nun vor so große Aufgaben gestellt bin, liegt mir natürlich daran, Klarheit zu bekommen, was ich mir vernünftigerweise zutrauen darf. Aber natürlich sollen Sie es nicht tun, wenn es Ihnen zuviel Zeit nimmt, die Sie für wichtigere Dinge brauchen.

Ihnen allen viele herzliche Grüße
Ihre Edith

[1] Vgl. Br. 8 Anm. 7.

[2] Ludwig Klages, Philosoph und Psychologe, geb. am 10.12.1872 in Hannover, gest. am 29.7.1956 in Kilchberg bei Zürich, lebte als Privatgelehrter in München. Er baute die Graphologie zu einer Wissenschaft aus. – Unter den „vier Bänden Klages" war sicherlich das dreibändige Werk „Der Geist als Widersacher der Seele" (1929).

[3] Robert Grosche, Kontroverstheologe und Kunsthistoriker, geb. am 7.6.1888 in Düren, gest. am 21.5.1967 in Köln, war zur Zeit des Briefes Pfarrer und (noch) Dozent für christliche Kunst an der Staatlichen Kunstakademie in Düsseldorf. Er war Mitbegründer und Schriftleiter der Vierteljahresschrift „Catholica".

[4] Martin Heidegger (vgl. Br. 73 Anm. 9).

[5] Nicolai Hartmann, Philosoph, geb. am 20.2.1882 in Riga, gest. am 9.10.1950 in Göttingen, war Professor in Marburg, Köln, Berlin und Göttingen. – Edith Stein meint hier wahrscheinlich den Aufsatz von Hedwig Conrad-Martius, „Bemerkungen über Metaphysik und ihre methodische Stelle", in: Philosophische Hefte (Hg. Maximilian Beck) Heft 3/4, Berlin 1932, S. 101–124. Mit der Arbeit über Heidegger meint Edith Stein vermutlich: „Heideggers ‚Sein und Zeit'" in: Deutsche Zeitschrift (früher „Kunstwart") Heft 4, München 1933, S. 246–251.

[6] „Husserls Phänomenologie und die Philosophie des hl. Thomas von Aquino. Versuch einer Gegenüberstellung" in: JPPF Ergänzungsband: Edmund Husserl zum 70. Geburtstag gewidmet. Niemeyer Verlag Halle a.d. Saale 1929, S. 315–338.

[7] Edith Steins als Habilitationsschrift gedachte Studie „Potenz und Akt", ESGA 10.

[8] Und umgekehrt.

[9] Hedwig Conrad-Martius, „Metaphysische Gespräche", als Buch erschienen bei Niemeyer in Halle, 1921.

[10] Edith Stein meint hier die nur in französischer Übersetzung erschienene Abhandlung (L'existence, la substantialité et l'âme in: Recherches Philosophiques, II, Paris 1932/33,

S. 148–181) „Dasein, Substanzialität, Seele" und das Anfang 1932 entstandene Manuskript „Grundformen des Seins. Stoff und Geist", das Hedwig Conrad-Martius später in ihr Buch „Das Sein", München 1957, einarbeitete.

[11] Edith Steins Vorlesung „Der Aufbau der menschlichen Person" (ESGA 14).

[12] Diese geplante Vorlesung kam nicht mehr zur Ausführung. Das unvollendete Manuskript erschien unter dem Titel „Was ist der Mensch?" (ESGA 15).

[13] Vgl. Br. 232 Anm. 2. [14] Hans Lipps (vgl. Br. 4 Anm. 7).

[15] Edith Stein, Beiträge zu einer philosophischen Begründung der Psychologie und der Geisteswissenschaften, JPPF Bd. 5, S. 1–283. Diese Studie hatte sie 1919 als Habilitationsschrift einreichen wollen. – Edith Stein kam zum ersten Mal zu Conrads Ende Mai 1921; sie ist im polizeilichen Melderegister in ⟨Bad⟩ Bergzabern als Zugezogene am 30.5. eingetragen; das Conrad'sche Gästebuch nennt den 28.5. als Tag ihrer Ankunft. Edith Stein erwähnt ihr erstes Zusammentreffen mit Hedwig Conrad-Martius in Göttingen in einem Brief an Roman Ingarden vom 30.8.1921 (vgl. ESGA 4, Nr. 76).

[16] Anne Reinach (vgl. Br. 6 Anm. 13).

246

Edith Stein an Hans Brunnengräber[1]

Postkarte

Poststempel: Münster (Westf.) 4.3.33

Absender: Dr. E. Stein
Collegium Marianum

Herrn Dr. Hans Brunnengräber
Münster i.W.
Killermannstr. 21

3.III.33

Sehr geehrter Herr Dr. Brunnengräber,

Frl. Borgmann[2] bat mich heute, am Dienstagnachmittag im Lehrerinnenverein einen Vortrag zu halten. Können wir wohl die Arbeitsgemeinschaft auf Mittwoch verlegen und wollen Sie uns dafür zu sich einladen, damit wir gleich den Vortrag über „Pflanze und Tier"[3] hören können?

Mit herzlichem Gruß Ihre Edith Stein

[1] Hans Brunnengräber, Kollege Edith Steins als Dozent am Deutschen Institut für wissenschaftliche Pädagogik in Münster, geb. am 8.9.1902 in Lorsch/Hessen, gest. am 15.5.1961 in Münster, best. in Goddelau/Hessen, las über Fragen der Erziehungswissenschaft.

[2] Sophia Borgmann, Mitglied des VkdL und Vorsitzende des Zweigvereins Münster, geb. am 3.6.1881, gest. am 13.6.1972, trug keine Bedenken, die „nichtarische" Referentin wei-

terhin einzuladen und war überhaupt von unbeirrbarer Geradlinigkeit gegenüber der weltanschaulichen Propaganda des Nationalsozialismus.

[3] Der Westdeutsche Rundfunk sendete im März und April 1932 fünf Vorträge von Hedwig Conrad-Martius über das Gesamtthema „Aus der Welt der Pflanze". Es handelt sich um den zweiten Vortrag, gesendet am 8.3.1933, 18.20–18.45 Uhr. In sehr überarbeiteter Form gab Hedwig Conrad-Martius später diese Vorträge als Buch heraus: „Die ‚Seele' der Pflanze", Breslau 1934 (bei Otto Borgmeyer).

247

Edith Stein an Elly Dursy[1]

Münster i.W., 15.III.33

Liebe Elly,

Deine Sehnsucht nach dem Frieden St. Benedikts verstehe ich sehr gut. Ich bin auch überzeugt, daß Dir das Leben in einem geschlossenen Kloster sehr liegen würde. Aber ich muß Dich doch auf neue Schwierigkeiten aufmerksam machen, von denen Du nichts zu wissen scheinst: 1.) Diese Klöster verlangen eine größere Mitgift. Für Sr. Irmengard[2], die kein Vermögen hatte, haben sich die Eltern verpflichtet, jahrelang eine Monatszahlung zu leisten. 2.) Die Frauenklöster der Beuroner Kongregation haben – nach allem, was ich von ihnen weiß – nicht den Geist von Beuron. Ich kenne eine ganze Reihe von Menschen, die aus Kellenried und auch aus anderen Häusern fortgeschickt wurden – darunter auch solche mit (nach meinem Urteil) zweifellosem Klosterberuf – und scher daran tragen. Sr. Irmengard ist eingetreten, nachdem sie in alle Schwierigkeiten eingeweiht war. Sie ist glücklich *trotz allem*, was sehr schwer zu tragen ist, weil sie ganz aus dem reinen Ordensideal heraus lebt. Zu wissenschaftlicher Arbeit ist sie noch nicht gekommen. Sie hat Kantorinnen- und Organistendienst, außerdem hatte sie lange Gartenarbeit, jetzt ist sie in der Küche beschäftigt. Etwas Studium schließt ja der Novizenunterricht ein. Ich möchte sehr gern, daß Du, ehe Du irgendwo um Aufnahme nachsuchst, gründlich mit Vater Erzabt[3] sprichst. (Gegenwärtig ist er noch in Japan.) Es steht natürlich nichts im Wege, daß Du jetzt schon einmal als Gast nach Eibingen[4] gehst. Du kannst ruhig dorthin schreiben und Antwort an mich[5] erbitten. Bis zum 7.IV. etwa gedenke ich hier zu bleiben, dann Karwoche u. Ostern in Beuron zu sein. Ich vermute, daß Du in der Abtei wohnen kannst. Und sicherlich wird es Dir ausgezeichnet gefallen. Wie sich die Zukunft gestalten wird, kann man nicht voraussagen. Angriffe auf Kirchen und Klöster fürchte ich vorläufig nicht, weil die Regierung ja auf Millionen ihrer eigenen katholischen Wähler Rücksicht zu nehmen hat. – Herstelle[6] hatte früher ewige Anbetung, hat sie aber jetzt nicht mehr. Ich weiß nicht, ob ein deutsches Kloster sie überhaupt noch hat. Das kannst Du sicher in Eibingen oder Neuburg[7] erfahren.

Romain Rolland[8] kenne ich durch seinen Beethoven und den Jean Christophe, der künstlerisch und menschlich (zur Verständigung von Frankreich und Deutschland) bedeutungsvoll war. Das Gandhi-Buch kenne ich nicht. Natürlich ist es richtig aufzuhören, wenn Dir die Lektüre keinen Gewinn bringt. – Meine Arbeit geht in den Ferien weiter, nur etwas ruhiger, weil die Anspannung der Vorlesungen wegfällt. Aber die Karwoche will ich so vollständig wie möglich halten. Ich freue mich sehr darauf.

Herzlichst Deine E. St.

[1] Vgl. Br. 127 Anm. 1.

[2] Vgl. Br. 68 Anm. 1. Die Vorschrift einer Mitgift zum Eintritt in einen Orden besteht heute nicht mehr.

[3] Erzabt Raphael Walzer von Beuron (vgl. Br. 90 Anm. 3).

[4] Benediktinerinnenabtei St. Hildegard, Eibingen bei Rüdesheim/Rhein.

[5] Die Angehörigen von Elly Dursy sollten vorerst nichts von ihren Klosterabsichten erfahren.

[6] Benediktinerinnenabtei Hl. Kreuz in Herstelle bei Beverungen. Edith Stein beweist hier eine erstaunliche Lücke in der Kenntnis benediktinischer Ordensgeschichte. Die Benediktiner- und Benediktinerinnenabteien hatten nie die „Ewige Anbetung". Diese gehört zur Lebensordnung der im 17. Jahrhundert von Catharina de Bar gegründeten Kongregation der Benediktinerinnen vom Heiligsten Sakrament. Die Klöster dieser Kongregation bilden selbständige Priorate und pflegen die „Ewige Anbetung" noch heute – auch in Deutschland. Das Kloster in Herstelle gehörte ursprünglich der Kongregation vom Heiligsten Sakrament an und trat später in die Beuroner Kongregation der Abteien über.

[7] Benediktinerabtei in Heidelberg-Ziegelhausen.

[8] Romain Rolland, französischer Schriftsteller, geb. am 29. 1. 1866 in Clamecy (Burgund), gest. am 30. 12. 1944 in Vézelay, Professor für Musikgeschichte in Paris, war Pazifist und warb nach dem 1. Weltkrieg mit einem „Aufruf für die Unabhängigkeit des Geistes", den auch Husserl unterschrieben hat (Abb. des Dokumentes in: „Edmund Husserl und die phänomenologische Bewegung. Zeugnisse in Text und Bild", hg. von Hans Rainer Sepp, Freiburg/München 1988. S. 308), unter Intellektuellen und Künstlern für Frieden und Völkerverständigung. Sein zehnbändiges Werk „Jean Christophe" erschien deutsch in drei Bänden 1914–17, seine Biographie über Beethoven 1918, das Buch über Mahatma Gandhi 1924.

248

Edith Stein an Adelgundis Jaegerschmid[1]

⟨Münster⟩ 17. III. 33.

Pax!
Liebe Sr. Adelgundis,

neulich fiel mir ein, daß Sie Verwendung für Ansichtskarten haben. So schicke ich Ihnen eine kleine Sammlung mit. Die „Mädchenbildung[2]" kann ich Ihnen nur leihweise geben, es ist mein letztes Exemplar. Was Sie über die kleine Theresia[3] schrieben, hat mich überrascht. Ich habe daraus erst gesehen, daß man es von dieser Seite sehen *kann*. Mein Eindruck war nur der, daß hier ein Menschenleben einzig allein von der Gottesliebe bis ins Letzte durchgeformt ist. Etwas Größeres kenne ich nicht, und davon möchte ich soviel wie möglich in mein Leben hinein⟨nehmen⟩ und in das aller, die mir nahestehen.

Herzlichst Ihre Edith

[1] Vgl. Br. 80 Anm. 1.
[2] „Mädchenbildung auf christlicher Grundlage", Organ der Abteilung für höhere Mädchenbildung des Vereins katholischer deutscher Lehrerinnen und des Verbandes katholischer deutscher Philologinnen, brachte im März und im April 1932 Edith Steins Züricher Vortrag „Christliches Frauenleben" (vgl. Br. 187 Anm. 2).
[3] Therese vom Kinde Jesu, unbeschuhte Karmelitin aus dem Karmel von Lisieux (vgl. Br. 224 Anm. 3). Adelgundis Jaegerschmid vermeinte in den Schriften der jugendlichen Heiligen „Kitsch" wahrgenommen zu haben.

249

Edith Stein an Hedwig Conrad-Martius[1]

Postkarte

Poststempel: Münster (Westf.) 23. 3. 33

Absender: Dr. E. Stein
Münster i. W./Marianum

Frau Dr. Hedwig Conrad-Martius
Bergzabern
Pfalz

23.III.33

Meine liebe Hatti,

über Ihren lieben Brief habe ich mich sehr gefreut. Ehe ich ein Paket gesammelter Werke schicke, möchte ich doch noch einmal fragen, ob Sie denn nicht alles haben. Außer der Doktorarbeit[2] ist ja alles in den Jahrbüchern erschienen: im V. Bd. die Arbeit über Psychologie und Geisteswissenschaften[3], im VII. die (Αὐτῷ gewidmete!) über den Staat[4] (von beiden haben Sie zweifellos Separata bekommen; die 1. ist ja erschienen, während ich bei Ihnen war), die kleine über Thomas und Husserl in der Festschrift[5]. Übrigens möchte ich Ihnen keineswegs zumuten, dies alles noch einmal durchzulesen. Das Ms.[6] und die Festschriftarbeit sind vielleicht nicht ganz unnütz für Sie, weil sie doch etwas in die scholastische Problematik hineinführen. Auch das aber nur, wenn Sie keine dringende eigene Arbeit vorhaben. 3 Ihrer Vorträge habe ich mit großer Freude gehört; den 4. fand ich bisher nicht angezeigt[7]. Habe ich Ihnen vor 2 J⟨ahren⟩ meinen Salzburger Vortrag geschickt: ein nettes blaues Bändchen „Das Ethos der Frauenberufe"[8]?

Herzlichst Ihre Edith

[1] Vgl. Br. 8 Anm. 7.
[2] Edith Stein, Zum Problem der Einfühlung, Halle 1917 (Buchdruckerei des Waisenhauses). [3] Vgl. Br. 12 Anm. 8.
[4] Edith Stein, Eine Untersuchung über den Staat, Hans Theodor Conrad gewidmet. In: JPPF Bd. 5, S. 1–123.
[5] Zu Husserls 70. Geburtstag. Die Festschrift kam als Ergänzungsband zum Jahrbuch für Philosophie und phänomenologische Forschung 1929 heraus (bei Max Niemeyer in Halle a. d. Saale).
[6] Maschinenabschrift der Studie „Potenz und Akt", die sich heute bei den Phänomenologen-Nachlässen der Bayerischen Staatsbibliothek in München befindet (Signatur: Conrad-Martius F I 2).
[7] Vgl. Br. 246 Anm. 2. [8] Erschienen in Augsburg 1931 (bei Haas & Grabherr).

250

Edith Stein an Hedwig Conrad-Martius[1]

Münster i. W., 5. IV. 33

Pax!

Liebe Hatti,

da ich eben am Packen bin, schicke ich Ihnen doch die Arbeit. Sie sollen sie aber ruhig liegen lassen, bis Sie gut Zeit dazu haben und sich für sich selbst einigen Nutzen davon versprechen können. Der Thomas[2] eilt mir auch nicht. Er ist genug besprochen worden. Und Grosche[3] liegt doch auch nicht an irgendeiner Besprechung, sondern an einer gründlichen sachlichen Auseinandersetzung gerade von Ihnen.

Meine Lieben in Breslau sind natürlich sehr erregt und bedrückt[4]. An unserm Geschäft macht es leider seit langem nicht viel Unterschied, ob es geöffnet ist oder nicht. Aber mein Schwager[5] erwartet täglich seine Entlassung (Oberarzt an der Universitäts-Hautklinik). Kuznitzky[6] hat seine Stellung als Chef der Hautstation eines Städt⟨ischen⟩ Krankenhauses bereits verloren. Jeder Brief enthält neue schlimme Nachrichten. Meinen Angehörigen in Hamburg[7] scheint noch nichts geschehen zu sein. Mir persönlich wird von allen Seiten versichert, daß ich für meine Stellung nichts zu fürchten habe. Und ich habe gerade in dieser letzten Zeit sehr viel Freundliches erfahren, was einem natürlich sehr wohl tut. – Morgen fahre ich nach Beuron[8] und will über Ostern dort bleiben, etwa am 19. wieder hier sein. Den letzten Vortrag[9] werde ich nicht hören können, weil um diese Zeit die Trauermetten sind. Aber wenn er nachher gedruckt kommt, ist es ja nicht so schlimm.- Sie schrieben neulich, mein Gedächtnis müßte mir eine gute Hilfe sein bei der Bewältigung des Tatsachenmaterials. Aber ich habe auch gar keines mehr, um Neues aufzunehmen. Nur persönliche Dinge merke ich mir immer noch, oft besser, als mir lieb ist. Dazu kommt, daß ich Dinge, über die ich noch nicht selbst gearbeitet habe, sehr schwer verstehen kann und darum nicht schnell lesen kann. Ich habe mich längst damit abgefunden, daß ich immer sehr unwissend bleiben werde und daß auch alles, was ich noch arbeiten kann, weit mehr Bruchstück sein wird, als alles Menschenwerk an sich schon sein muß. Ich hoffe nur, daß ich einen Anstoß geben kann in einer Richtung, in der man doch gehen muß, und daß andere es dann besser machen werden. Gerade jetzt, wo ich auf ein Jahr hier am Institut zurücksehen kann und auch noch für die nächste Zeit den Weg zu sehen glaube, habe ich stark den Eindruck, daß es notwendig Schritt für Schritt so gehen mußte und daß ich mich ruhig weiter der Führung überlassen darf.

Hoffentlich sind Sie bald wiederhergestellt. Wenn Αὐτός durch die „große Zeit" in seinen Plänen gefördert wird, soll es mich freuen[10]. Ihnen allen wünsche ich schöne Ostertage.

Ihre Edith

1 Vgl. Br. 8 Anm. 7. 2 Vgl. Br. 152 Anm. 2.

3 Robert Grosche (vgl. Br. 245 Anm. 3).

4 Am 30.1.1933 war Adolf Hitler Reichskanzler geworden. Er ließ sich durch den am 5.3. gewählten Reichstag ermächtigen, Gesetze zu erlassen. Diese Möglichkeit war durch die Weimarer Verfassung von 1919 geschaffen worden, um im Notfall den Kanzler in die Lage zu versetzen, durch besondere Maßnahmen gesetzlich einzugreifen. Im Dritten Reich wurde das zunächst befristet geltende Ermächtigungsgesetz bald zu einer Dauereinrichtung. Mit seiner Hilfe wurden demokratische Grundrechte der Bürger abgeschafft. Bereits am 1.4. wurde zu einem Boykott jüdischer Geschäfte und Einrichtungen aufgerufen; acht Tage später wurden „nichtarische" Beamte – soweit sie nicht Kriegsteilnehmer gewesen waren – in den Zwangsruhestand versetzt. 5 Hans Biberstein (vgl. Br. 11 Anm. 2).

6 Jugendfreund der Geschwister Stein. Er war verheiratet mit Ediths Freundin Gertrud, geb. Elkas.

7 Dort lebte Edith Steins älteste Schwester Else, geb. am 29.6.1876 in Gleiwitz, gest. am 23.11.1956 in Bogota/Columbia, mit ihrem Mann Dr. Max Gordon (1867–1951) und ihren drei Kindern: Ilse (1904–1999), Werner (1906–1990) und Anni (vermählte Mayer, 1908–1997).

8 Am Donnerstag der Passionswoche, 6.4., unterbrach Edith Stein ihre Reise nach Beuron in Köln. Sie übernachtete bei Hedwig Spiegel geb. Heß (geb. am 5.7.1900 in Walldorf/

Baden, gest. am 4. 2. 1981 in Heidelberg) und besuchte an diesem Abend die Andacht in der Kapelle des Karmel, zu dem sie damals noch keine Beziehungen hatte (Näheres vgl. AN2 S. 14). Edith Stein kam am 19. 4. nach Münster zurück, nachdem sie am 18. noch einen Besuch im Speyerer Kloster St. Magdalena gemacht hatte.

[9] Der letzte Radiovortrag „Typen, Arten und Formen im Pflanzenreicht" von Hedwig Conrad-Martius (vgl. Br. 246 Anm. 2) wurde gesendet am 21. 4. 1933, 17.45–18.10 Uhr.

[10] Theodor Conrad wollte die Obstplantage in Bergzabern verkaufen. 1938 siedelte das Ehepaar nach München über.

251

Edith Stein an Papst Pius XI.[1]

⟨Beuron, 9. – 13. 4. 1933 ?⟩

In ihren Aufzeichnungen „Wie ich in den Kölner Karmel kam"[2] schreibt Edith Stein Folgendes:

„Ich hatte in den letzten Wochen immerfort überlegt, ob ich nicht in der Judenfrage etwas tun könnte. Schließlich hatte ich den Plan gefaßt, nach Rom zu fahren und den Heiligen Vater um eine Enzyklika zu bitten. Ich wollte aber einen solchen Schritt nicht eigenmächtig tun. … Seit ich in Beuron eine Art klösterliche Heimat gewonnen hatte, durfte ich in Erzabt Raphael ‚meinen Abt' sehen und ihm alle Fragen von Belang zur Entscheidung vorlegen."

Edith Stein kam, wie die vorhergehenden Briefe zeigen, am 7. April in Beuron an und reiste am 18. 4. wieder ab. Sie fährt in ihren Erinnerungen fort:

„Meine Erkundigungen in Rom ergaben, daß ich wegen des großen Andrangs keine Aussicht auf eine Privataudienz hätte. … So verzichtete ich auf die Reise und trug mein Anliegen schriftlich vor. Ich weiß, daß mein Brief dem Heiligen Vater versiegelt übergeben worden ist; ich habe auch einige Zeit danach seinen Segen für mich und meine Angehörigen erhalten. Etwas anderes ist nicht erfolgt."

Durch viele Jahre hindurch war die allgemeine Ansicht die, der genannte Brief Edith Steins sei verschollen. Ich selbst erhielt durch den damaligen Apostolischen Nuntius in Bad Godesberg die Auskunft, der Brief sei in den Archiven des Vatikans nicht aufzufinden.

Das war vor Beginn des sog. Schriftenprozesses für die Seligsprechung Edith Steins. Danach setzten erneute Bemühungen ein, das gesuchte Schriftstück doch noch aufzufinden. Allmählich sickerte auf verschiedenen Wegen die Behauptung durch, jener Brief sei vorhanden. Unser Generalpostulator P. Simeon Tomás Fernández für die Seligsprechungsprozesse unseres Ordens bestätigte mir, daß er, in Zusammenhang mit dem Schriftenprozeß, Einsicht in den Brief Edith Steins an Papst Pius XI. nehmen durfte. Es wurde ihm nicht erlaubt, Weiteres über den Inhalt mitzuteilen. Da inzwischen der Seligsprechungsprozeß längst abgeschlossen ist, machte er erneut den Versuch, für die vorliegende Neuausgabe der Briefe Edith Steins eine Kopie jenes Briefes zu erhalten. Das Staatssekretariat antwortete am 12.3.1994 erneut abschlägig. – Im Herbst 1994 traf P. Exprovinzial Dr. Ulrich Dobhan in Rom mit Kardinal Meisner zusammen. Kardinal Meisner war gern bereit, seine Bitte um Einsichtnahme in den gesuchten Brief zu unterstützen, und unterschrieb eigenhändig das Gesuch: „Gern unterstütze ich das Anliegen von Pater Dobhan und bitte sehr, Ihrerseits das Nötige zu veranlassen. Roma, 26.10.94". Das Staatssekretariat antwortete durch Substitut G. B. Re am 22.11.1994: „Bezüglich des vorgetragenen Anliegens muß ich darauf hinweisen, daß der in Rede stehende Jahrgang des Archivs, auf den Sie sich beziehen, noch nicht zugänglich ist. So sehe ich mich zu meinem großen Bedauern gezwungen, Ihnen mitteilen zu müssen, daß Ihrer Bitte leider nicht entsprochen werden kann."

Es ist mit hoher Wahrscheinlichkeit anzunehmen, daß Edith Stein den Brief an Papst Pius XI. in Beuron geschrieben und ihn dem Erzabt zur Begutachtung vorgelegt hat. Die Beuroner Chronik verzeichnet für den 25.–28. April 1933 einen kurzen Besuch von Abt Walzer in Rom, um den Papst über den Stand der japanischen Klostergründung zu informieren. Die Chronik berichtet weiter, daß der Erzabt persönliche Grüße von Papst Pius XI. mitheimbrachte. Wiederum ist es im hohen Maß wahrscheinlich, daß Edith Steins Brief bei dieser Gelegenheit „dem Heiligen Vater versiegelt übergeben worden ist". Höchstwahrscheinlich hat Edith Stein das Schreiben zwischen dem 9. und 13.4.1933 abgefaßt: sie traf am Abend des 7.4. in Beuron ein, hat frühestens am 8.4. mit dem Abt sprechen können und hat vermutlich vor Beginn der Karliturgie ihre Aufgabe beendet.

[1] Pius XI. (Achille Ratti), geb. am 31.5.1857 in Desio bei Mailand, gest. am 10.2.1939 in Rom, wurde 1921 Kardinal und Erzbischof von Mailand, 1922 Papst, hat eine ausgedehnte Konkordatspolitik (1924 mit Bayern, 1929 mit Preußen, 1932 mit Baden, 1933 mit dem Deutschen Reich) entfaltet und den durch den 1. Weltkrieg veränderten Verhältnissen Rechnung zu tragen gesucht. Durch die Lateranverträge löste er die sog. Römische Frage. Er rief die Katholische Aktion ins Leben und setzte durch seine Enzyklika Quadragesimo anno die Soziallehre Leos XIII. fort. Er proklamierte das Jahr 1933 als ein Heiliges Jahr zum Gedächtnis an das Todesjahr Christi; daher war er, wie Edith Stein andeutet, in dieser Zeit besonders beansprucht.

[2] Edith Steins Bericht „Wie ich in den Kölner Karmel kam" (ESGA 1, 345–362) ist 1994 als Buch erschienen (Echter Verlag Würzburg), mit vielen Erläuterungen, Bildern und Dokumenten herausgegeben von Maria Amata Neyer OCD/Köln.

252

Edith Stein an Agnella Stadtmüller[1]

Osterkarte aus dem Stift Klosterneuburg bei Wien (Volksliturgisches Apostolat)
Neben dem Bild einer geschmückten Osterkerze liest man: „Es freue sich die Mutter Kirche im Glanz so herrlich schimmernden Lichtes" (aus dem Exsultet der Osternacht).
Auf der Rückseite der Karte ist gedruckt: „Die Osterkerze, am Karsamstag geweiht, ist Sinnbild des auferstandenen Herrn; sie brennt im Gottesdienst bis zum Fest Christi Himmelfahrt.[2]"

Beuron, Ostermontag ⟨17.4.⟩ 33

Pax!
Liebe Sr. Agnella,

Sie wissen, wie die Tage hier ausgefüllt sind. Darum werden Sie den herzlichen Ostergruß auch verspätet annehmen. Ich kam Passionsfreitagabend um 9 hier an; V⟨ater⟩ E⟨rzabt⟩[3] war am Morgen aus Japan heimgekehrt, was ich in Immendingen durch P. Aloys Mager[4] hörte. Ich hätte schon viel zu erzählen. Aber wann wird es möglich sein? Morgen fahre ich via Speyer zurück, um Sr. Reinhildis[5] einen kleinen Profeßbesuch zu machen. Aber ich muß dann Mittwoch bis Münster durchfahren, weil ich Rückfahrkarte habe und nur einmal unterbrechen darf. Sie haben nicht zufällig am Dienstag ein Geschäft im Mutterhaus?

Wohlehrwürden Mutter Priorin[6] und allen lieben Schwestern wünscht eine gnadenreiche Osterzeit
Ihre Edith Stein.

[1] Vgl. Br. 48 Anm. 1.
[2] Seit der erneuerten Liturgieordnung (teils schon durch Papst Pius XII., teils durch das II. Vatikanische Konzil) wird die Osterkerze in der Osternacht geweiht, und sie brennt beim Gottesdienst bis zum Pfingstfest.
[3] Raphael Walzer OSB (vgl. Br. 90 Anm. 3).
[4] Aloys (Augustin) Mager, geb am 21.8.1883 in Zimmern bei Rottweil, gest. am 26.12.1946 in Salzburg, stieg wie Edith Stein in Immendingen um. Er hatte an der Theologischen Fakultät in Salzburg einen Lehrstuhl für mystische Theologie. – Erzabt Raphael Walzer (vgl. Br. 90 Anm. 3) hatte in Japan Vorbereitungen für eine Neugründung getroffen.
[5] Vgl. Br. 88 Anm. 5.
[6] Amica Bruch OP (vgl. Br. 93 Anm. 2).

253

Josef Schröteler[1] an Edith Stein

KATHOLISCHE SCHULORGANISATION DEUTSCHLANDS[2]
Die Zentralstelle

Ordnungs-Nr. Z L 2.

Düsseldorf, 28. April 1933
Reichsstraße 20

Fräulein Dr. Edith Stein
Münster i. W.
Kollegium Marianum

Sehr geehrtes Fräulein Doktor!

Bestens danke ich Ihnen für das liebenswürdige Schreiben vom 26. d⟨e⟩s M⟨ona⟩ts.[3] Die Mitteilungen, die Sie mir darin machen, erregen meine stärkste innere Anteilnahme. Ich glaube aber, daß wir nichts übereilen dürfen. Soweit ich unterrichtet bin, ist man doch an vielen Stellen mit Änderungen etwas allzu schnell bei der Hand. Ich kann mir nicht denken, daß die Dinge so verlaufen, wie sie in einer stürmischen Entwicklung der letzten Tage sich anzubahnen schienen.

Gleichwohl weiß man nicht, wie die Situation sich gestalten wird. Wenn Sie Pläne haben, bei denen ich Ihnen irgendwie behilflich sein kann, so tue ich das von Herzen gerne. Ich brauche Ihnen das nicht zu versichern. Wir wollen aber beten und hoffen, daß die Stürme vorübergehen.

Ich würde mich sehr freuen, wenn wir uns bald einmal über einige Dinge mündlich austauschen könnten.

Mit herzlicher Begrüßung bin ich
Ihr sehr
ergebener J. Schröteler SJ

[1] Josef Schröteler SJ (vgl. Br. 192 Anm. 1).
[2] Vgl. Br. 139 Anm. 7.
[3] Edith Stein hatte ihm offenbar Mitteilung darüber gemacht, daß sie im kommenden Semester keine Vorlesungen zu halten gedenke. Eine Kündigung vom Deutschen Institut für wissenschaftliche Pädagogik in Münster hat sie nicht erhalten „Es war mein freier Entschluß, daß ich fortging", schreibt sie später (Br. 270).

254

Petrus Jans[1] an Edith Stein

Neuburg, 3. Mai 1933

Pax!
Sehr verehrtes Frl. Doctor!

Nehmen Sie gütigst, zwar nach Ostern, aber doch noch mitten im goldenen Osterjubel, mein herzlichstes Grüßen entgegen. Sie wundern sich vielleicht ein wenig über mein nicht gerade jubilierendes Bild[2]. Doch aus zwei Gründen schicke ich Ihnen gerade dieses. Einmal ist es ein Bild von *mir*; der *erste* Versuch an der Akademie, zum *Bild* vorzudringen. Und zweitens ist es der Ausdruck meines Mitempfindens zu dem, was Ihr Herz wohl in letzter Zeit empfunden haben mag. Sie verstehen, was ich meine! Ich dachte da gar manchesmal an Sie[3]. Aber auch das führt näher zu dem, der die Völker rief. Wie geht es Ihnen ?? So gern hätte ich zur Beruhigung ein paar Zeilen von Ihnen. Darum dringend bittend grüßt Sie in Xo resurgente[4]

Ihr ganz ergebener P. Petrus Jans O. S. B

[1] Vgl. Br. 129 Anm. 1.
[2] Die Karte zeigt auf der Vorderseite das Foto eines Gemäldes von Petrus Jans: Jesus mit den schlafenden Aposteln im Ölberggarten.
[3] Anspielung auf die fortschreitende Bedrängnis der jüdischen Mitbürger.
[4] Im auferstehenden Christus.

255

Edith Stein an Elly Dursy[1]

Münster i. W., 7. V. 33
Marianum

Pax!
Liebe Elly,

da ich eben aus der Kapelle heraufkomme, wo heute früh das Sanctissimum ausgesetzt wurde (und coram Sanctissimo Choralamt gesungen – ein horrendum für einen Überliturgiker![2]), so möchte ich Dir gleich einen Gruß des eucharistischen Heilands bringen und zugleich einen liebevollen Vorwurf, daß Du Dich durch ein paar gedruckte Worte irremachen läßt an dem, was Du in so vielen Jahren vor dem Tabernakel erfahren hast. Dogmatisch scheint mir die Sache ganz klar: der Herr ist im Tabernakel gegenwärtig mit Gottheit und Menschheit. Er ist das nicht Seinetwegen, sondern unseretwegen: weil es Seine Freude ist, bei den Menschenkindern zu sein. Und weil Er weiß, daß wir, wie wir nun einmal sind, Seine persönliche Nähe brauchen. Die Konsequenz ist für jeden natürlich Denkenden und Fühlenden, daß er sich hingezogen fühlt und dort ist, so oft und so lange er darf. Ebenso klar ist die Praxis der Kirche, die das Ewige Gebet eingeführt hat. Und um Dir noch einen Kronzeugen zu nennen, dessen liturgische Sachverständigkeit Du nicht anzweifeln wirst: Vater Erzabt[3] sagte vor Jahren einmal zu mir: „Nicht wahr, Sie sind nicht ‚liturgisch', Sie sind katholisch!" (Weil er nämlich die Leute übersatt hat, die zu ihm kommen, um ihm etwas von Liturgie vorzuschwatzen.) ⟨…⟩

Damit komme ich gleich zum 2. Punkt: Sei überzeugt, daß Du ⟨auch im Kloster⟩ *nicht* den Himmel auf Erden hättest.⟨…⟩ Außerdem denke daran, daß wir ja nicht dazu da sind, den Himmel auf Erden zu haben. Ich glaube, wenn Du etwas mehr davon wüßtest, wieviele Tausende jetzt zur Verzweiflung getrieben werden[4], dann würdest Du Dich danach sehnen, ihnen von ihrem Übermaß an Not und Leid etwas abzunehmen.

Damit komme ich zu Deiner ersten Frage: die Tagung in Karlsruhe[5] kann nicht stattfinden wegen der großen Krisis, in der sich die ganze katholische Lehrerschaft jetzt befindet. So werde ich auch nicht hinkommen. Unser Institut[6] ist in die Krisis mit hineingezogen. Ich kann in diesem Semester keine Vorlesungen halten (wegen meiner jüdischen Abstammung). Es wird noch vorläufig für mich gesorgt, weil man hofft, daß meine wissenschaftliche Arbeit doch noch der kath⟨olischen⟩ Sache zugutekommen wird. Ich glaube aber nicht an eine Rückkehr an das Institut und überhaupt nicht mehr an die Möglichkeit einer Lehrtätigkeit in Deutschland. Ich bleibe vorläufig hier, bis die Situation klarer ist[7]. Sorge Dich nicht um mich. Der Herr weiß, was Er mit mir vorhat.[8]

Herzlichst Deine E. St.

[1] Vgl. Br. 127 Anm. 1.

[2] … vor dem ⟨ausgesetzten⟩ Allerheiligsten Choralamt gesungen – ein Schrecken für einen Überliturgiker.

[3] Raphael Walzer OSB (vgl. Br. 90 Anm. 3).

[4] Die jüdischen Mitbürger wurden durch die Maßnahmen der nationalsozialistischen Regierung mehr und mehr ihrer Existenzgrundlage beraubt.

[5] In Karlsruhe war für 6.–8.6.1933 die Hauptversammlung des Vereins kath. deutscher Lehrerinnen geplant mit dem Tagungsthema „Der katholische Erziehungsgedanke im geistigen Ringen der Gegenwart". Zeitgleich setzte Reichserziehungsminister Hans Schemm (1891–1935) eine große Lehrertagung in Magdeburg an mit dem Ziel der Gründung einer deutschen (d. h. nationalsozialistisch ausgerichteten) Gesamtorganisation mit Zwangsmitgliedschaft für alle im Schuldienst Stehenden. Der katholische Lehrerinnenverein berief daraufhin für den 27.4.1933 eine außerplanmäßige Mitgliederversammlung nach Bad

Pyrmont in das vereinseigene Liboriushaus ein. Der VkdL konnte sich bis 1937, als am 23. 8. die Zwangsauflösung erfolgte, im Bestehen und in der Weiterarbeit behaupten.

[6] Das Deutsche Institut für wissenschaftliche Pädagogik in Münster.

[7] Maria Schmitz, die Vorsitzende des VkdL, hatte Edith Stein geraten, vorerst in Münster zu bleiben. Der Verein zahlte weiter den Unterhalt bis zum Eintritt in den Karmel.

[8] Am 30. 4. hatte Edith Stein, nach einer Gebetsstunde in St. Ludgeri, die innere Gewißheit erhalten, daß sie nunmehr in den Karmel eintreten dürfe. Sie hatte am selben Abend an Vater Erzabt geschrieben und um seine Zustimmung gebeten. Bisher hatte er die Gutheißung ihrer Absicht immer verweigert im Hinblick auf die öffentliche Tätigkeit, die sie im katholischen Leben ausübte, und auch mit Rücksicht auf ihre alternde Mutter.

256

Edith Stein an Georg Kifinger[1]

Münster i. W., 17. V. 33
Collegium Marianum

Pax!
Hochwürdiger Herr Studienrat,

vor einigen Monaten noch hätte ich Ihrer Bitte wohl ohne weiteres entsprochen. Heute muß ich – wie nun bei jeder solchen Gelegenheit – die Gegenfrage stellen: Wissen Sie, daß ich Konvertitin vom Judentum bin? Und wagen Sie es, sich der herrschenden Strömung entgegenzustellen, indem Sie einer Jüdin solchen Einfluß auf deutsche Jugend einräumen? Wenn Sie danach Ihre Bitte wiederholen, will ich überlegen, ob ich noch für August eine solche Verpflichtung übernehmen kann. Ich bin als Dozentin „zur Disposition gestellt", rechne aber nicht mehr mit einer Rückkehr an das Institut. Was und wo ich im August sein werde, weiß ich vorläufig noch nicht.

Wenn Sie sich nach diesen Mitteilungen lieber an jemand anders wenden wollen, so könnte ich Ihnen Frl. Dr. Maria Bienias[2] nennen (Waldenburg i. Schlesien, Freiburgerstr. 13). Sie würde sicher ganz in meinem Sinne sprechen und ist geborene Katholikin.

Mit ehrfürchtigem Gruß
Ihre in Xs. ergebene Edith Stein

[1] Georg Kifinger, geistlicher Studienrat, geb. am 10. 11. 1889 in Ehring, gest. am 14. 5. 1976 in München, war der Begründer und Leiter des Bundes Heliand, einer Vereinigung katholischer Gymnasiastinnen. Der Bund wurde offiziell 1926 gegründet und wurde zwar von der Gestapo beobachtet und drangsaliert; es kam aber nicht zu einer Auflösung. Jedoch wurde die in Ettal geplante Versammlung 1933 nicht durchgeführt.

[2] Vgl. Br. 175 Anm. 1.

257

Rosa Magold[1] an Edith Stein

Pirmasens, 30. Mai 1933

Liebes Fräulein Doktor,

der Mai soll nicht vorbeigehen ohne lieben Gruß. Und Pfingsten noch viel weniger. Nur wüßt ich gerne, wo Sie da sind. Aus der Tagung wird wohl nichts werden, ich hab in unsrer Versammlung nur was von einer Tagung der kath⟨olischen⟩ Lehrerinnnen in München und Berlin gehört. Fräulein Doktor, wenn doch was wäre, teilen Sie mir bitte wann und wo auf einer Karte mit.

Wie geht es Ihnen denn, liebes Fräulein Doktor? Ich würd mich herzlich freuen, wenn mir's glücken würde, in Münster ein wenig mit Ihnen zusammenzusein. Ausgemacht hab ich noch gar nichts, ich würd ja gern wieder eine Tagung v. P. Kentenich[2] mitmachen, weiß aber noch nichts, ich bin auch zufrieden, wenn ich überhaupt runter kann.

Es sind 8 Jahre, Fräulein Doktor, da sagten Sie zu mir: „Bist in letzter Zeit gar nicht richtig froh, übermorgen ist Pfingsten, Rosa." Die lieben Pfingsttage in Beuron hab ich auch nicht vergessen. Der Tabernakel und die Hl. Schrift und mein liebes Schönstattkapellchen[3] dazu machen mir das Leben so reich und wert. Es ist so was Liebes und Frohes, daß wir gerade in Gott einander gehören. Ihnen alles Gute, liebes Fräulein Doktor! Ein gesegnetes Pfingstfest! In der Kirche weiß ich mich bei Ihnen!

Herzlichen Gruß!
Ihre Rosl

L⟨illi⟩ Augustin tat es leid, daß sie nicht wußte, daß Sie da waren[4]. Vater ist Gott sei Dank noch daheim, unsre Mutter krank. Nach Pfingsten soll er fort müssen.

[1] Vgl. Br. 159 Anm. 1.

[2] Josef Kentenich, geb. am 18.11.1885 in Gymnich bei Köln, gest. am 15.9.1968 auf Berg Schönstatt, trat in die Kongregation der Pallottiner ein. Von 1919 an gründete er ein vielseitiges, internationales Werk von Priester- und Laiengemeinschaften, u.a. das Säkularinstitut der Marienschwestern von Schönstatt und das Institut der „Frauen von Schönstatt". 1941–1945 wurde er in Gestapo-Gefängnissen und im KZ Dachau gefangen gehalten. Nach dem Krieg wurde er infolge von Mißverständnissen und Verleumdungen durch die kirchlichen Vorgesetzten von seinem Werk getrennt und lebte 14 Jahre in den USA. In seinen letzten Lebensjahren konnte er zurückkehren und an der Vollendung seiner Werke arbeiten. Sein Grab ist in der Anbetungskirche auf Berg Schönstatt in Vallendar a. Rh.

[3] Schönstatt bei Vallendar am Rhein wurde der Mittelpunkt der von P. Kentenich begründeten marianisch-apostolischen Bewegung und der von Kentenich begründeten Institute.

Die Kapelle dort birgt das Gnadenbild der „Dreimal Wunderbaren Mutter" Maria. – Daß Edith Stein Kenntnis von Josef Kentenich hatte, ist deswegen interessant, weil sie wie er – gleichsam als Zielpunkt marianisch-geistlicher Lebensausrichtung – häufig den Terminus Virgo-Mater (Jungfrau-Mutter) benutzt (Mitteilung von Claudia Mariéle Wulf).

[4] In Speyer, wo Edith Stein am 18.4. die Rückreise von Beuron unterbrochen hatte (vgl. Br. 250 Anm. 7). – Lilli Augustin war ehemalige Schülerin Edith Steins im Lehrerinnenseminar von St. Magdalena.

258

Edith Stein an Uta von Bodman[1]

Pfingstsonntag ⟨4.6.⟩, 1933

Pax!
Liebes Fräulein von Bodman,

endlich meinen herzlichsten Dank für die beiden Zeugnisse[2], dazu nun meine wärmsten Pfingstgrüße! Bitte, sagen Sie auch Frau Direktorin (Sr. Scholastica[3]) recht herzlichen Dank für das schöne Zeugnis, das sie mir geschickt hat. Ich habe mit großer Freude diese beiden Blätter und dazu Geburts- und Taufschein, die aus Breslau und Bergzabern kamen[4], in eine neue Mappe geklappt. Es ist doch gut, wenn man amtlich ausweisen kann, daß man geboren und wiedergeboren ist! Den Namenstagswunsch für Sr. Amata[5] zum 9. VI. füge ich gleich bei. Sie sind wohl so lieb, ihn mitzunehmen, wenn Sie selbst gratulieren.

Ich bin zum erstenmal zu einem hohen Fest (außer Fronleichnam) in Münster geblieben. Wenn man alles im Dom mitmacht, ist es doch recht schön. Ich habe mich diesmal besonders auf das Pfingstfest gefreut; schon die Novene hat mir gutgetan. Heute bekam ich auch einen Gruß aus dem Speyerer Dom von der Akademikertagung, Professor Rosenmöllers[6] aus Münster sind dazu hingefahren. Wenn Sie in Speyer gewesen sind, werden Sie wohl auch manches davon mitgemacht haben. Es kommt mir sehr, sehr lange vor, daß wir uns in Karlsruhe[7] trafen. Es ist so viel geschehen seitdem, draußen in der Welt und innen in der Seele. In solchen Zeiten lernt man viel. Aber davon läßt sich schlecht etwas schreiben. Grüßen Sie Fräulein Herrmann[8] und bestellen Sie ihr, bitte, meinen Dank für ihren Brief.

Wenn ich Ihnen jetzt noch einen Gruß an die lieben Pfortenschwestern auftrage mit der Bitte, in den nächsten Wochen und Monaten ganz besonders für mich zu beten, dann haben Sie wieder reichlich für mich zu tun. Meinen herzlichen Dank für alles und immer die treuesten Wünsche

Ihre Edith Stein

Endlich mal ein paar schöne Marken, die Ihnen lange zugedacht waren.

[1] Vgl. Br. 77 Anm. 5.
[2] Uta v. Bodman hatte Edith Stein in Speyer das Firmzeugnis besorgt und das Zeugnis der Dominikanerinnen. Inzwischen war nämlich Edith Stein an den Kölner Karmel mit der Bitte um Aufnahme herangetreten, und zum Eintritt in den Orden benötigte sie die genannten Papiere (vgl. dazu AN2 S. 28 ff.) Das Firmzeugnis ist am 5. Mai, das Zeugnis der Schule am 11. Mai 1933 ausgestellt worden. Das Firmzeugnis enthält einen Fehler: Edith Stein ist nicht, wie das vorgedruckte Formular sagt, „in Ecclesia Cathedrali et Parochiali Spirensi" (im Speyerer Dom, der Pfarrkirche war) gefirmt worden, sondern in der Privatkapelle des Bischofs Dr. Sebastian.
[3] Scholastica Eiswirth OP (vgl. Br. 133 Anm. 3).
[4] Der Geburtsschein Edith Steins ist nicht erhalten. Vermutlich ging er im Verlaufe ihrer Verhaftung oder Haft in den Niederlanden verloren. Wir ließen uns eine neue Bestätigung von der Breslauer Meldebehörde besorgen, datiert vom 6. August 1958. Der Taufschein aus Bergzabern ist eine Abschrift aus dem dortigen Taufbuch der Pfarrei St. Martin.
[5] Amata Schäfer OP (vgl. Br. 119 Anm. 5).
[6] Bernhard Rosenmöller (vgl. Br. 211 Anm. 4) und Hedwig Rosenmöller geb. Lueb, geb. am 8. 11. 1898 in Borken, gest. am 9. 12. 1974 in Münster.
[7] Uta v. Bodman meinte sich zu erinnern (in einem Brief vom 3. 4. 1977 an die Hg.), daß sie sich im April 1933 beim Umsteigen trafen, als Edith Stein auf der Fahrt nach Beuron, sie selbst auf dem Weg nach Oberkirch, ihrer Heimat, war (Osterferien).
[8] Erna Herrmann (vgl. Br. 84 Anm. 1).

259

Edith Stein an Hedwig Conrad-Martius[1]

Münster i. W., Pfingstmontag ⟨5. 6.⟩ 33
Marianum

Pax!
Meine liebe Hatti,

an diesem herrlichen Pfingsttage möchte ich Ihnen einen herzlichen Gruß schicken und endlich den Dank für den Taufschein, über den ich mich sehr gefreut habe. Er kam sofort in eine neue Mappe mit dem Geburts- und Firmschein und einem Zeugnis über die 8 J⟨ahre⟩ in St. Magdalena – lauter Dokumenten, die ich mir erst jetzt beschaffte[2]. Pfarrer Habermehl schickte mir seine Dissertation im März noch als Speyerer Domvikar[3]; ich ahnte nicht, daß meine Bitte gerade an ihn gelangen werde. Seine rührende Dankbarkeit hat mich sehr beschämt, denn die Besprechung hat mir große Nöte verursacht, hoffentlich ist er nicht zu enttäuscht, wenn er sie in die Hände bekommt. Die Arbeit ist sicher mit ungeheuerm Fleiß gemacht, aber offenbar ohne eigentlich philosophische Schulung.

Daß ich keine Vorlesungen mehr halte, ist nicht zu bedauern. Ich glaube, daß eine große und barmherzige Führung dahintersteht. Ich kann Ihnen heute noch nicht sagen, wo ich nun deutlich die Lösung für mich sehe.

Voraussichtlich werde ich nicht mehr sehr lange in Münster sein. In diesem Monat erhoffe ich noch eine letzte Klärung[4], dann will ich noch einmal für längere Zeit zu meiner Mutter gehen. Ich bitte Sie herzlich, in diesen Monaten viel für Ihr Patenkind zu beten. Ich lasse auch Fräulein Käthi[5] bitten mitzuhelfen.

Was Sie von der Scheidung der Menschen am Ende der Zeiten schrieben, ist ganz augustinisch. Meine Mutter ist bewundernswert tapfer, aber natürlich leidet sie viel.

Allen herzliche Grüße!
In Spiritu Caritatis[6]
Ihre Edith.

Wenn Sie etwas zwischen den Zeilen lesen, dann bewahren Sie es, bitte, ganz still bei sich.

1 Vgl. Br. 8 Anm. 7. 2 Vgl. Br. 258.
3 Michael Habermehl, katholischer Geistlicher des Bistums Speyer, geb. am 14. 11. 1896 in Edesheim, gest. am 17. 12. 1964 in Ludwigshafen ⟨?⟩, war zur Zeit des Briefes – seit kurzem, Edith Stein wußte es noch nicht – Pfarrer an St. Martin in Bergzabern. Offenbar hatte sich Hedwig Conrad-Martius an ihn gewandt mit der Bitte um Edith Steins Taufschein. Habermehls Dissertation bearbeitete das Thema: „Die Abstraktionslehre des hl. Thomas von Aquin". Edith Steins kurze Rezension erschien in: „Philosophisches Jahrbuch der Görresgesellschaft", 1933, 46. Bd., S. 502 f.
4 Inzwischen hatte Edith Stein – am 21. Mai – den ersten Besuch im Sprechzimmer des Kölner Karmel gemacht und mit der Priorin Josepha v. Hlst. Sakrament (Wery) und der Novizenmeisterin Teresia Renata v. Hl. Geist (Posselt) gesprochen. Die Verbindung war zustande gekommen durch Dr. Elisabeth Cosack, die mit Marianna v. Gott (geb. Gräfin Praschma, Nonne im Kölner Karmel) befreundet war (vgl. Edith Steins Bericht in: AN2 S. 20 ff.). 5 Katharina v. Graffen (vgl. Br. 230 Anm. 12). 6 Im Geist der Liebe.

260

Edith Stein an Callista Kopf[1]

Münster i. W., 11. VI. 33
Marianum

Pax!
Liebe Sr. Callista,

über Ihren lieben Pfingstgruß habe ich mich sehr gefreut. Sie bekommen nun den Dank der Beata Trinitas dafür[2]. – An eine mündliche Beantwortung Ihrer Frage ist kaum zu denken. Ich habe an Sr. Agnella[3] erst kürzlich über ähnliche Sorgen geschrieben. Ich halte es allerdings für Erzieherpflicht, mit den Kindern diese Zeit durchzuleben. Dazu gehört, daß man selbst versucht, ein Urteil zu gewinnen, die „Bewegung" an unsern Maßstäben zu messen, und in diesem Sinn dann mit den Kindern spricht. Die Pfingstbotschaft der Bischöfe[4] gibt Ihnen ja nun eine gute Richtschnur. Eine Ursuline aus Fritzlar erzählte mir neulich, wie sehr sich bei ihren Schülerinnnen die Teilnahme am Kreuzfahrerbund[5] bewähre. Sie seien ganz vom Christusgedanken gepackt und gingen selbständig daran, von da aus ihr Leben zu gestalten. Da Sr. Agnella jetzt in L⟨udwigs⟩hafen sich mit diesen Fragen auseinanderzusetzen hat, werden Sie ja bald von ihren Erfahrungen hören. Ich glaube, daß den katholischen Jugendbünden jetzt eine größere Aufgabe zukommt als je. Aber ich verspreche mir wenig von einer Organisation von oben. Es muß aus der Jugend selbst kommen. Darum ist es vielleicht gut, zunächst einmal auf die Kinder zu achten, die vielleicht schon für eine Sache begeistert sind, und sie zu ermutigen, daß sie es sich zutrauen, die andern dafür zu gewinnen. Es täte Ihnen vielleicht sehr gut, wenn Sie mal in so eine ganz modern arbeitende Ursulinenschule gucken könnten, wie es in Rheinland und Westfalen doch eine ganze Reihe gibt. Dadurch, daß es hier seit Jahrzehnten voll-akademisch ausgebildete Klosterfrauen gibt, sind die Ordenshäuser doch sehr viel besser daran als in Bayern. Die Würdige Mutter in Dorsten[6] würde Sie gewiß mit Freuden mal als Gast aufnehmen. – Die Z⟨eitschri⟩f⟨t⟩ „Das innere Leben"[7] kenne ich nicht.

Pfingsten habe ich in Münster, teils im Dom, teils im Marianum, sehr schön gefeiert. Vielleicht haben Sie indessen durch Sr. Agnella gehört, daß meine Dozententätigkeit seit Ostern zu Ende ist. Betrüben Sie sich nicht darüber. Es kommt dafür etwas viel Schöneres. Was, das kann ich Ihnen heute noch nicht sagen. Ich bitte Sie aber, die nächsten Wochen und Monate besonders für mich zu beten und auch für meine Angehörigen, vor allem für meine Mutter.[8] Wahrscheinlich werde ich in ein paar Wochen für einige Zeit nach Hause gehen und dann nicht mehr nach Münster zurückkehren. – Rosl[9] habe ich in Speyer gesprochen, sie ist lieber als je, hat mit der Familie sehr Schweres zu tragen und tut es tapfer. Wie es Sr. Irmengard[10] geht, sehen Sie aus dem Brief. Sr. Reinhildis[11] wird Ihnen vielleicht schreiben, daß sie kürzlich in der Staatsbibliothek die lateinische Vorlage ihrer Unglücksdichtung[12] gleich in 2 Hss. gefunden hat. So wird es ja einen glorreichen Abschluß geben. Aus der tiefsten Geborgenheit in tabernaculo Domini[13]
Ihre E. St.
An Sr. Agnella, bitte, vorläufig Dank und Gruß!

[1] Vgl. Br. 58 Anm. 1.

[2] Hl. Dreifaltigkeit; Edith Stein schrieb diesen Brief am Sonntag nach Pfingsten, dem Dreifaltigkeitsfest.

[3] Agnella Stadtmüller OP; dieser Brief muß verlorengegangen sein.

[4] Die Fuldaer Bischofskonferenz hatte am 30. Mai 1933 die Herausgabe eines gemeinsamen Hirtenbriefes beschlossen. Erzbischof Konrad Gröber von Freiburg erhielt den Auf-

trag zur Abfassung des endgültigen Textes. Der Hirtenbrief ist datiert vom 3. Juni 1933, dem Vortage des Pfingstfestes. Im „Anzeiger für die Kölner Geistlichkeit" 15 vom 9. Juni 1933 ist abschließend vermerkt: „Köln, am 7. Juni 1933. Vorstehendes Hirtenschreiben ist in zwei Abschnitten, und zwar am Dreifaltigkeitssonntag ⟨am 11. Juni⟩ und am zweiten Sonntag nach Pfingsten ⟨18. Juni⟩ von der Kanzel zu verlesen. Karl Joseph Kardinal Schulte, Erzbischof von Köln". Im Bistum Münster wird die Veröffentlichung auf ähnliche Weise geschehen sein. – Der Text ist zugänglich in: „Veröffentlichungen der Kommission für Zeitgeschichte, Reihe A: Quellen – Band 5 – Akten deutscher Bischöfe über die Lage der Kirche 1933–1945", bearbeitet von Bernhard Stasiewski, Mainz 1968, S. 239–248.

[5] Die „Kreuzfahrer" waren eine der in der damaligen Zeit recht zahlreichen jugendbewegten Gruppierungen junger Katholiken.

[6] Die mit Edith Stein befreundete Oberin der Dorstener Ursulinen Mater Petra Brüning (vgl. Br. 239 Anm. 1).

[7] Vermutlich hatte die Adressatin gefragt nach der Zeitschrift „Das innere Leben. – Blätter für Seelen, die nach Vollkommenheit streben", Strausberg-Berlin, erschienen von 1920–1939 (soweit es zu ermitteln war). – Ich danke Herrn Dr. Hummel/Bonn für seine Auskunft.

[8] Auguste Stein, geb. Courant (vgl. Br. 12 Anm. 11) und ihre Familie waren schwer betroffen von den Maßnahmen der Regierung gegen die jüdischen Mitbürger.

[9] Rosa Magold (vgl. Br. 159 Anm. 1). [10] Irmengard Koch (vgl. Br. 68 Anm. 1).

[11] Reinhildis Ferber (vgl. Br. 88 Anm. 5) studierte in München und stand vor dem Staatsexamen.

[12] Sr. Reinhildis schrieb ihre Doktorarbeit über „Die Quelle des ‚Creuziger' des Johannes von Frankenstein". Dieser Autor, Johanniter aus Schlesien, hatte um 1300 ein mit theologischen Kommentaren versehenes Passionsgedicht verfaßt. [13] Im Zelt des Herrn.

261

Amata Schäfer[1] an Edith Stein

Ansichtskarte: Speyer am Rhein, Blick zum Dom

Fräulein Dr. Edith Stein
Münster (Westf.)
Collegium Marianum

St. Magd⟨alena⟩, den 15. VI. 33

Lb. Frl. Dr. Stein!

Für Ihr treues Gedenken an meinem Namenstag vielen Dank, habe mich wirklich gefreut. – Ich denke eben so oft an Sie, warum, das wissen Sie, möge der lb. Gott alles zum Besten lenken! Im G⟨ebet⟩ wollen wir uns immer finden. –

In alter Verehrung
Ihre Schw. M. Am⟨ata⟩ O. P.

[1] Vgl. Br. 119 Anm. 5.

262

Edith Stein an Hedwig und Theodor Conrad[1]

Münster i. W.
Collegium Marianum
⟨ca. 20. VI. 1933⟩

Pax!
Meine liebe Hatti,

Gott sei Dank, daß es mit Fräulein Käthi[2] etwas besser ist. Ich wartete schon sehr auf eine Nachricht. – Nun sollen Sie auch hören, was aus Ihrem Patenkind wird. Allerdings bitte ich Sie, es bis auf weiteres noch für sich zu behalten. Nur Αὐτός[3] mögen Sie es anvertrauen. Ich bitte auch ihn zu schweigen. Am 14. VII. siedle ich von hier nach Köln über, zunächst als Gast der Karmelitinnen[4] in Köln-Lindenthal (Dürenerstr. 89). Von Mitte August/Mitte Okt. will ich zu meiner Mutter gehen, um sie allmählich vorzubereiten. Daß ich nach Köln zu Klosterfrauen gehe, weiß sie schon. Daß ich die Absicht habe, selbst dort einzutreten, habe ich noch nicht geschrieben. Am 15. X. darf ich als Postulantin eintreten. Wie sich alles gefügt hat, werde ich Ihnen erzählen, wenn Sie mich mal an meinem Gitter[5] besuchen. Es ist wunderbar genug. Allerdings werde ich vielleicht nicht sehr lange in Köln sein. Denn es wird von dort eine Neugründung in Breslau geplant, und ich habe darum gebeten, daß man meine Versetzung in diese Neugründung von vornherein vorsehen möge[6].- Daß ich an meinem Ms. nun nicht mehr so sehr interessiert bin, können Sie sich denken. Behalten Sie es für sich (ich habe noch 2 Exemplare[7]). Wenn es Ihnen irgendwann ein wenig nützen könnte, würde es mich freuen. – Für die große Gnade dieses außerordentlichen Berufs werden Sie mit mir danken. Und über die schweren Monate in Breslau werden Sie mir mit Ihrem Gebet helfen, nicht wahr?

Mit den herzlichsten Grüßen
Ihre Edith

Lieber Αὐτός,

herzlichen Dank für Ihren lieben Brief. Es freut mich sehr, daß alles besser geht, als die bösen Schwarzseher fürchteten. Ihre Schuld an mich hätte Sie nie drücken sollen. Ich war ja immer gut versorgt. Freilich geht es in Breslau und in Hamburg seit Jahren schlecht, aber ich habe dort noch nicht oft aushelfen dürfen. Sie wissen, daß ich die Summe, die ich Ihnen damals schickte, gar nicht als Darlehen aufgefaßt haben wollte. Wenn ich etwas zögerte, ehe ich sie Ihnen gab, so geschah es mit Rücksicht auf den Zukunftsplan, der jetzt zur Durchführung kommt: ich wußte, daß im Karmel eine Mitgift verlangt werden muß, weil diese Klöster gar keine Tätigkeit haben, die etwas einbringt[8]. Die Schwestern in Köln haben jetzt die kirchliche Behörde um Dispens gebeten, sodaß sie mich ohne diese Mitgift aufnehmen dürfen[9]. Wenn Sie mir ohne Schwierigkeiten diese Monatsraten schicken könnten, so würde ich sie mit Rücksicht auf das Kloster jetzt mit herzlichem Dank annehmen und würde Sie bitten, sie gleich auf das Bankkonto des Karmelitinnenklosters in Köln-Lindenthal (Deutsche Bank No. 36 598, Köln) zu überweisen. Wenn Sie es aber nicht leicht können, so braucht es nicht zu sein. Auch die guten Schwestern wollen nicht, daß ich von jemandem etwas einfordere, der selbst in Not ist. Wir dürfen es dann ruhig so auffassen, daß der Himmel mir mit Zinsen zurückgibt, was ich Ihnen und andern gegeben habe.

Wenn die Zeiten nicht sonst so traurig wären – ich persönlich hätte ihnen nur zu danken, weil sie mir nun endlich diesen Weg geöffnet haben. Meine Angehörigen sind zu meiner großen Freude geduldig und tapfer, meine liebe Mutter ganz besonders; sie hat ja auch einen starken Gottesglauben, der sie durch ihr langes, schweres Leben geführt hat. Wenn ich dann in dieser stillen Klostergemeinde bin, hoffe ich Ihnen auch viel besser als bisher helfen zu können. Karmelitinnen sind nur da, um zu beten, und es wird ihnen nicht leicht etwas versagt. Mit einem Besuch in Bergzabern wird es nun wohl nichts mehr werden. Aber Sie werden schon einmal den Weg zu mir finden.

Immer Ihre treue Edith Stein

[1] Vgl. Br. 8 Anm. 7. [2] Katharina v. Graffen (vgl. Br. 230 Anm. 12).

[3] So wurde Theodor Conrad von seinen Freunden genannt.

[4] Am Wochenende 17./18. Juni hatte Edith wieder einen Besuch im Kölner Karmel gemacht. Dieses Mal wurde sie allen Kapitularinnen vorgestellt, die – gemäß Kirchen- und Ordensrecht – über die Aufnahme einer Postulantin entscheiden. Das Stimmkapitel, zu dem alle Schwestern mit Ewigen Gelübden gehören, fand am Morgen des 19. Juni statt. Am selben Tag erhielt Edith das versprochene Telegramm: „Freudige Zustimmung. Gruß Karmel". „Ich las es und ging in die Kapelle, um zu danken", schreibt Edith Stein in ihren Erinnerungen (vgl. AN2 S. 30).- Edith Stein verließ Münster am 15. Juli und wohnte zunächst in einem Gästezimmer des Karmel, bis sie am 16. August, von Maria Laach aus, nach Breslau fuhr.

[5] In den Sprechzimmern des Karmel trennte damals ein Gitter die Besucher von den Schwestern.

[6] Die Neugründung in Pawelwitz (später Wendelborn genannt) geschah im Dezember 1933. Die geplante Versetzung Edith Steins in diesen Karmel kam nicht zustande.

[7] Nämlich Maschinendurchschläge von „Potenz und Akt".

[8] Heute haben diese Klöster alle eine Tätigkeit, „die etwas einbringt". Abgesehen von der finanziellen Notwendigkeit entspricht dies dem Wunsch der hl. Teresa v. Avila und der Mahnung von Papst Pius XII. (in seinem Motu Proprio „Sponsa Christi" von 1954).

[9] Eine Mitgift wird heute nicht mehr erwartet; es bedarf keiner Dispens mehr, um eine Kandidatin ohne Aussteuer aufzunehmen. Erwünscht ist dagegen eine Berufsausbildung.

263

Edith Stein an Raïssa und Jacques Maritain[1]

Münster i. W., 21. VI. 33
Collegium Marianum

Pax!
Madame, Monsieur le professeur,

vous m'avez fait une grande joie avec votre beau livre; je vous remercie beaucoup de votre bonté et de votre fidèle souvenir. Moi aussi, je garde un souvenir reconnaissant des belles heures de Juvisy et Meudon. Surtout pendant les derniers mois c'était bien consolant de penser, qu'il y avait de bons amis unis avec nous par le lien de la foi. Je n'ai plus ma place à l'Institut de Pédagogique et je quitterai Münster en quelques semaines. Mais n'ayez pas de soucis pour moi: diligentibus Deum omnia cooperantur in bonum. Cependant, je serai très reconnaissante du secours de votre prière.

Avec mes meilleures salutations
votre bien dévouée Edith Stein

Übersetzung:

Pax!
Madame, Monsieur le professeur,

mit Ihrem schönen Buch[2] haben Sie mir eine große Freude gemacht; ich danke Ihnen herzlich für Ihre Güte und Ihr treues Gedenken. Auch ich bewahre eine dankbare Erinnerung an die schönen Stunden von Juvisy und in Meudon[3]. Besonders in den letzten Monaten war es ein überaus tröstender Gedanke, daß es so gute Freunde gibt, mit denen das Band des Glaubens uns eint. Ich habe meine Stelle im Pädagogischen Institut nicht mehr[4] und werde Münster in einigen Wochen verlassen. Aber machen Sie sich keine Sorge um mich: Diligentibus Deum omnia cooperantur in bonum[5]. Dennoch – ich bin sehr dankbar für Hilfe durch Ihr Gebet.

Mit den besten Grüßen
Ihre sehr ergebene Edith Stein

[1] Jacques Maritain (vgl. Br. 228 Anm. 1). – Seine Frau hieß Raïssa Gertrud geb. Oumancoff (vgl. Br. 228 Anm. 5).
[2] Höchstwahrscheinlich handelt es sich hier um ein kleines Buch, das Raïssa und Jacques Maritain im März 1933 gemeinsam herausgaben: „De la vie d'oraison" (aus: Cahiers Jacques Maritain, Nr. 25, Kolbsheim/Frankreich).
[3] Vgl. Br. 217 Anm. 4.
[4] Am 30.1.1933 war die Regierungsgewalt im Deutschen Reich an die NSDAP übergegangen, als deren Führer Hitler zum Reichskanzler ernannt wurde. Dies bedeutete die Errichtung der nationalsozialistischen Diktatur, die Zerstörung der Demokratie und den Beginn der Judenverfolgungen. Juden an irgendwie verantwortlichen Posten wurden nicht mehr geduldet. Obschon auf Edith Stein das Gesetz gegen jüdische Beamte („Gesetz zur Wiederherstellung des Berufsbeamtentums" vom 7.4.33 (RGBl. I, S. 175) nicht zutraf – sie war nicht Beamtin –, legte man ihr nach ihrer Rückkehr aus Beuron am 20.4.33 nahe, vorerst auf Vorlesungen zu verzichten. Daraufhin trat sie von weiterer Tätigkeit am Deutschen Institut für wissenschaftliche Pädagogik in Münster zurück. Eine offizielle Kündigung seitens des Instituts ist nicht erfolgt. (Vgl. ESGA 1, S. 345, und den Brief Edith Steins an Werner Gordon, Nr. 270).
[5] Denen, die Gott lieben, gereicht alles zum Guten (Röm 8, 28).

264

Edith Stein an Petra Brüning[1]

Köln-Lindenthal, 26. VII. 33
St. Josef[2]

Pax!
Hochverehrte, liebe Würdige Mutter,

heute möchte ich Ihnen einen doppelten, ganz herzlichen Dank aussprechen: für das wunderschöne Geschenk, das Sie mir zugedacht haben, die nötigste Ausstattung für eine Chorschwester, und für das liebevolle Entgegenkommen diesem armen Schützling[3] gegenüber, den ich Ihrer Güte anvertraute. Das Brevier ist noch nicht bestellt. Unsere Ehrwürdige Mutter Priorin[4] will noch etwas warten, bis sie mehrere Exemplare auf einmal kommen lassen kann, weil es dann eine größere Ermäßigung gibt. Fürchten Sie nicht, daß ich jetzt in Verlegenheit bin. Ich habe ein altes Brevier mit Proprium und kann gut allem folgen. Ich darf nämlich schon jetzt die ganze geistliche Tagesordnung mitmachen und mir dazu einen Betstuhl ins Presbyterium dicht an das Gitter stellen. Natürlich wird es noch schöner sein, wenn ich erst einmal jenseits des Gitters im Chor stehen darf. Aber schon jetzt ist es überreiche Gnade. Die 1. Hl. Messe, der ich hier beiwohnte, war die Vigilmesse des Karmelfestes[5]. Der Introitus beginnt: Induci te in terram Carmeli, ut comederes fructum eius et optima eius[6]. Und jeder Tag gibt mir reichlich davon. Das optimum aber ist, daß der Geist des Karmel die Liebe ist und daß dieser Geist in diesem Hause ganz lebendig ist.

Es bedürfte nicht des Breviers, um mir Ihre Anliegen täglich zu empfehlen. Aber es wird mich immer daran mahnen, wie viele gern an meiner Stelle stünden, die dessen viel würdiger wären, und wie sehr ich mich bemühen muß, der hohen Berufung entsprechen zu lernen.

Wie sehr Fräulein Dr. K⟨antorowicz⟩ der Hilfe bedarf, hat Ihnen der erste Besuch sicher gezeigt. Ich weiß, daß ich Ihnen eine schwere Last aufgebürdet habe. Sie werden nicht mehr tun können, als Ihr gastliches Haus offen halten, wie Sie es ihr angeboten haben. Und ich will sie ermutigen, der Einladung zu folgen, wenn ihre Zeit es erlaubt.

Meine Mutter beginnt nun zu ahnen und zu fürchten. Ich empfehle dies dringlichste Anliegen erneut Ihrem Gebet.

In herzlicher Dankbarkeit und ehrfürchtiger Liebe
Ihre Edith Stein

[1] Vgl. Br. 239 Anm. 1.
[2] Im Karmel von Köln-Lindenthal war die Klosterkirche dem hl. Josef geweiht, das Kloster selbst aber dem Gnadenreichen Prager Jesuskind. Im übrigen war es in Köln nicht gebräuchlich, das Karmelitinnenkloster „St. Josef" zu nennen. Über dem Haupteingang zur Klosterkirche stand allerdings in einer Mauernische eine Josefstatue, während sich eine Nachbildung des Prager Jesuskindes im Innern der Kirche befand.
[3] Ruth Kantorowicz, geb. am 7.1.1901 in Hamburg, gest. am 9.8.1942 in Auschwitz.
[4] Mutter Josepha v. Hlst. Sakrament (Elisabeth Wery, geb. am 16.1.1876 in Brühl bei Bonn, gest. am 8.10.1959 in Köln), seit 1926 Priorin des Kölner Karmels bis 1936.
[5] Dieser Angabe zufolge muß Edith Stein am 14.7. in Köln angekommen sein; denn die Vigilmesse des Karmelfestes (Hochfest unserer Lieben Frau vom Berge Karmel am 16. Juli) war in der Frühe des 15.7. Vermutlich hat Edith Stein, nach ihrer damaligen Gewohnheit, im Hause ihrer Freundin Hedwig Spiegel übernachtet (in Köln-Lindenthal).
[6] „Ich führte dich in das Land des Karmel, damit du seine Früchte und Güter genießt" (Jer 2, 7).

265

Edith Stein an Anneliese Lichtenberger[1]

Poststempel: Köln-Lindenthal, 26.7.33

Briefumschlag: Abs. Stein
Köln-Lindenthal/Dürenerstr. 89

Fräulein Anneliese Lichtenberger
Ludwigshafen a. Rh.
Städt. Krankenhaus Nord, Bau 21, Parterre

Köln-Lindenthal
Dürenerstr. 89

Pax!
Liebe Anneliese,

leider habe ich gestern erst durch Sr. Agnella[2] erfahren, daß Du schon seit einigen Wochen krank bist. So konnte ich Dir nicht eher schreiben. Noch lieber wäre es mir, wenn ich Dich besuchen könnte. Aber das ist jetzt nicht möglich. So kann ich nur sehr herzlich an Dich denken und Dir die guten Engel[3] schicken, die Dir recht viel von dem tiefen Klosterfrieden schicken, in dem ich hier lebe. Ich bin nämlich schon die zweite Woche als Gast bei sehr lieben Karmelitinnen und darf noch bis über Maria Himmelfahrt hier bleiben. Dann fahre ich für einige Zeit zu meiner Mutter nach Breslau. Du wirst wahrscheinlich jetzt gar nicht schreiben können. Vielleicht wäre Dein lieber Vater so gut, mir einmal ein paar Zeilen zu schreiben, wie es Dir geht. Besucht Dich manchmal jemand von den früheren Klassengefährtinnen?

Vielleicht wird sich Sr. Agnella auf der Rückfahrt von Gemünd bei mir aufhalten; dann könnte ich gewiß noch manches von Dir hören. Jetzt möchte ich Dir nur noch viel Geduld wünschen für die Leidenszeit und den letzten Trost, auf den ich Dich schon manchmal hinweisen mußte: daß der Weg des Leidens der erprobteste ist zur Vereinigung mit dem Herrn. Die erlösende Kraft des freudig ertragenen Leidens ist so nötig gerade für unsere Zeit. Ich bitte Dich auch besonders um Dein Gebet für meine Angehörigen.

Mit den herzlichsten Grüßen und Wünschen
Deine Edith Stein

[1] Vgl. Br. 131 Anm. 1.
[2] Agnella Stadtmüller OP (vgl. Br. 48 Anm. 1).
[3] Dem Brief hatte Edith Stein ein Beuroner Engelbild beigelegt und auf die Rückseite geschrieben: „Er hat seinen Engeln befohlen … E. St. 26. VII. 33".

266

Edith Stein an Margarete Günther[1]

Köln-Lindenthal, 31. VII. 33
Dürenerstr. 89

Pax!
Liebes Fräulein Dr. Günther,

es war mir schon aufgefallen, daß der angekündigte Brief so lange nicht kam. Haben Sie denn den Abstand auch so empfunden, wenn Sie bei mir waren? Sie brauchen nicht zu fürchten, daß er hier größer wird. Eine Karmelitin muß ein Herz für alle und alles haben. Einen tiefen Frieden und eine grenzenlose Liebe – das habe ich hier gefunden. Schwer ist nur der Gedanke, noch einmal hinausgehen zu müssen und denen, die es wissen müßten, nicht begreiflich machen zu können, daß es kein größeres Glück gibt. Anfangs bekam ich nur liebe Willkommengrüße von zu Hause; indessen aber sind bei meiner lieben Mutter die Befürchtungen erwacht, und die letzten Zeilen, die ich erhielt, klangen recht verzweifelt. Es ist mir aber jetzt ein guter Engel[2] von hier nach Breslau vorausgegangen. Vielleicht wird er Wunder wirken. – Die Kisten[3] waren schon in der Klausur und ausgepackt, als ich ankam. Gesichtet werden sie erst, wenn ich ihnen nachgefolgt sein werde. Vorläufig wird nur immer das, was ich brauche, herausgesucht und kommt durch die „Winde“[4] zu mir heraus. Diese Einrichtung werden Sie ja auch einmal kennenlernen. Ich schicke Ihnen ein geweihtes Röschen, das Ihnen den Segen der Kleinen Theresia bringt[5].

Herzlichst Ihre E. St.

Ihnen und Frl. Heike[6] wünsche ich recht schöne und erholsame Tage.

[1] Vgl. Br. 212 Anm. 1.
[2] Sr. Marianna v. Gott (Gräfin Praschma), geb. am 9. 1. 1884 auf Schloß Falkenberg/Oberschlesien, gest. am 13. 1. 1966 im Karmel Witten/Ruhr, war zur Vorbereitung der in Breslau geplanten Neugründung dorthin vorausgefahren und hatte die Familie Stein aufgesucht.
[3] Die Kisten mit Edith Steins Büchern, die zu verpacken Margarete Günther in Münster geholfen hatte.
[4] Drehkasten an der Pforte, der dem Verkehr mit der Klausur diente.
[5] Zu Ehren der hl. Therese v. Lisieux wurden damals getrocknete Rosen kunstvoll verpackt und an Andächtige verschenkt.
[6] Kollegin von Margarete Günther an der Bibliothek des Deutschen Instituts für wissenschaftliche Pädagogik.

267

Edith Stein an Maria Brück[1]

Köln-Lindenthal, 31. VII. 33
Dürenerstr. 89

Liebes Fräulein Dr. Brück,

erst heute komme ich dazu, Ihnen für die freundliche Übersendung Ihrer Dissertation[2] herzlich zu danken. Es freute mich sehr, daß Ihr opus glücklich zu Ende geführt werden konnte. Ich wollte Ihnen aber nicht schreiben, ehe ich es gelesen hatte. Das habe ich, sobald es mir möglich war, getan. Sie haben sicher unendlich viel Mühe mit dieser Arbeit gehabt. Sie ist sehr sauber und gewissenhaft und wird sicher dauernd von Nutzen sein für jeden, der sich mit dem Verhältnis Husserls[3] zu Brentano[4] beschäftigen will. Freilich, nach dem, was ich bei Husserl als Philosophie verstehen gelernt habe, würde ich sie eher eine philologische als eine philosophische Arbeit nennen. Und ich bin überzeugt, wenn Sie die Möglichkeit haben, noch ein paar Jahre systematisch-philosophisch zu arbeiten, dann werden Sie selbst das Bedürfnis haben, darüber hinauszugehen: nicht nur selbständig zu den berührten Problemen Stellung zu nehmen, sondern vor allem die Interpretation von der Grundlage klar herausgestellter, letzter Prinzipien her in Angriff zu nehmen. Ohne das ist ja keine eigentliche Gegenüberstellung des systematisch Gemeinten möglich. Ich habe es von vornherein vermißt, daß nicht scharf herausgearbeitet wurde, was Brentano und was Husserl unter dem „Realen", unter „Wesen" und noch einigem andern verstehen. Erst von daher würde ihre Stellung zu den behandelten Problemen wirklich verständlich und könnte man ersehen, was von der gegenseitigen Polemik sachlich zu halten ist. Am Schluß wird ja ein Versuch zur Klärung des „Realen" gemacht. Aber er scheint mir nicht radikal genug; und außerdem müßte er am Anfang stehen, um der ganzen Diskussion als Grundlage zu dienen.

Sie werden diese freimütigen Äußerungen recht verstehen: wenn mir jemand eine Arbeit schickt, dann nehme ich an, daß ihm darum zu tun ist, ein Urteil zu hören, das ihm Anregung zu weiterführender Arbeit geben könnte.

Mit den besten Grüßen und Wünschen für Ihren ferneren Weg
Ihre Edith Stein

1 Maria Brück (später vermählte Schweitzer), geb. am 28.1.1902 in Lebach, gest. am 26.1.1991 in Dillingen, lernte Edith Stein in Münster kennen. In den 60er Jahren war sie Abgeordnete des Landtags des Saarlandes; 1976 konnte die Namensgebung der Edith-Stein-Siedlung in Lebach/Saarland begangen werden (eine Aussiedler-Wohnanlage). 1977 erhielt Maria Schweitzer den Peter-Wust-Preis in Saarbrücken.

2 Maria Brück, Über das Verhältnis Edmund Husserls zu Franz Brentano, vornehmlich mit Rücksicht auf Brentanos Psychologie, Würzburg 1933 (Triltsch). Vgl. HChr S. 401, Januar 1932: „Maria Brück besucht H⟨usserl⟩ zum Zwecke der Vorbereitung ihrer Dissertation über H⟨usserl⟩ und Brentano.".

3 Edmund Husserl (vgl. Br. 1 Anm. 1).

4 Franz Brentano, Philosoph, geb. am 16.1.1838 in Boppard, gest. am 17.3.1917 in Zürich, war seit 1874 Professor in Wien; Husserl hörte dort während mehrerer Semester seine Vorlesungen.

268

Franziska Ernst[1] an Edith Stein

Ansichtskarte: London, Westminster Cathedral, General View (Interior)

Poststempel: Mortlake S.W. 14, 2. Aug. 1933

Germany!
Frl. Dr. Edith Stein
89 Dürenerstr.
Köln-Lindenthal

2.8.33 East Steen

Lb. Edith, bin so froh, daß ich Dich in Köln treffen kann. Ich werde nächsten Dienstag um 11.57 ankommen von Brüssel her. Dann haben wir den ganzen Nachmittag zum Plaudern, werde mit dem 7 Uhr Zug weiter nach Frankfurt fahren. Es wäre sehr lieb von Dir, wenn Du mir diese Stunden schenken wolltest. Ich komme von der Bahn direkt hinaus. – Meinst Du nicht, daß es das Beste ist? Ich freue mich richtig! Lebe wohl, auf baldiges Wiedersehen!

Deine Fränzi

[1] Franziska (Fränzi) Ernst, geb. am 21.12.1904 in Metz, gest. am 7.2.1981 in Köln, kannte Edith Stein von ihrem Elternhaus in Frankfurt her, wohin Edith Stein, durch Vermittlung von Erich Przywara SJ, mehrmals eingeladen war. Am 31.12.1925 hat sich Edith Stein ins Gästebuch des Arztes Dr. Wilhelm Ernst, wohnend im Eckhaus Heinestraße/Eschersheimer Landstraße, und seiner Frau Maria, geb. Weis, eingetragen. Fränzi Ernst ist kurz nach Edith Stein in den Kölner Karmel eingetreten und erhielt dort den Namen Sr. Maria von Gott.

269

Raphael Walzer[1] an Edith Stein

Foto von Erzabt Walzer im Fernen Osten als Ansichtskarte

† B. b.[2]
Sie müssen leider herüberkommen, da ich Eile habe. Am 9. d. M⟨onats⟩, wohl erst 22.55, komme ich nach Trier. Am Samstag sollte ich verto tramite[3] wieder heim. Beste Sprechzeit wohl ca. 13 Uhr, während andere schlafen!

Erinnerung an Nava[4].
Herzlichen Gruß!

R⟨aphael⟩

3. 8. 33.

[1] Vgl. Br. 90 Anm. 3. Edith Stein wünschte vor ihrer Fahrt nach Breslau, um dort Abschied zu nehmen, mit Abt Walzer zu sprechen. Sie wußte offenbar, daß er im August 1933 nach Trier wollte und hatte vermutlich angefragt, wo sie ihn treffen könne. Wie die Karte sagt, erwartete sie der Abt in Trier. Der 9. 8. war ein Mittwoch. Am Donnerstag, den 10. 8., beging Abt Laurentius Zeller OSB der Trierer Abtei St. Matthias seinen Namenstag und zugleich das Silberne Jubiläum als Abt. In Trier war seit dem 22. Juli der Hl. Rock zur Verehrung ausgestellt. Daher benutzten die Äbte der Beuroner Kongregation diese Gelegenheiten zu einem Treffen in Trier. – Auch Edith Stein erwies im Trierer Dom der bedeutungsvollen Reliquie ihre Verehrung. Sie übernachtete bei diesem Trierer Aufenthalt im Karmel Kordel (jetzt Waldfrieden bei Auderath). Edith Stein erwähnt all dies in ihrem Bericht „Wie ich in den Kölner Karmel kam" (vgl. AN2 S. 34).

[2] Vielleicht: Benedictus benedicat = Benedikt segne!

[3] Umgehend.

[4] Das Foto der Ansichtskarte zeigt den Abt beim Besuch eines japanischen Tiergartens.

270

Edith Stein an Werner Gordon[1]

Köln-Lindenthal
Dürenerstr. 89, 4. VIII. 33

Lieber Werner,

über Deinen lieben Brief und das Bildchen habe ich mich sehr gefreut. Daß Du von niemandem Berichte bekommst, die Dir wirklich Aufschluß geben könnten, darf Dich nicht wundern. Es besteht ja längst kein Briefgeheimnis mehr, und jeder riskiert, daß 1.) der Brief nicht weitergeht und 2.) er selbst bestraft wird. Mich traf Dein Brief nicht mehr in Münster. Du weißt offenbar nicht, daß auch die Katholiken unter einem starken Druck stehen. Das Institut, an dem ich war, kämpfte den ganzen Sommer um seine Existenz. Es hatten alle, die dort tätig waren, den Wunsch und die Hoffnung, daß ich meine Vorlesungen wieder aufnehmen könnte, wenn die erste Erregung vorbei wäre. Die katholischen Lehrerinnen haben genau wie vorher für mich gesorgt (auch jetzt noch), die katholischen Studentinnen haben treu zu mir gestanden und mir alles zuliebe getan, was sie konnten, ebenso die Schwestern, bei denen ich wohnte, und viele, viele andere – auch Menschen, mit denen ich früher keine Fühlung hatte. Es war mein freier Entschluß, daß ich fortging. Und hier habe ich Aufnahme bei Klosterfrauen (Karmeliterinnen) gefunden, die mir nun bis an mein Lebensende alle Existenzsorgen abnehmen. So habe ich wahrhaftig keinen Grund, mich zu beklagen. Aber auch wenn die Menschen mir nicht so viel Gutes getan hätten, könnte mich das doch an der Kirche niemals irremachen. Ich bin ja nicht hineingegangen, um dadurch Vorteile zu haben oder weil Menschen mich hineingezogen hätten, sondern weil ihre Lehre und der Glaube an ihre Sakramente es mir unabweislich machten. Und deren Segen habe ich in 11 Jahren so reichlich erfahren, daß mich nichts mehr von ihr trennen könnte. Und wenn kein anderer Mensch auf der Welt wäre, dessen Leben Zeugnis dafür ablegte, was lebendiger Glaube aus einem Menschen zu machen vermag, so würde doch ich mich dazu verpflichtet fühlen. Es gibt aber genug andere, und ich gebe die Hoffnung nicht auf, daß auch Dir noch einmal welche begegnen werden. – Nächstens (16. VIII.) will ich nach Breslau fahren und über Großmutters Geburtstag[2] bleiben. Am 15. X. will ich wieder hier sein. Dein nächster Brief wird mich jedenfalls in Breslau treffen. Daß ich vor meiner Abreise von Münster einen Sonntag in Hamburg war, wird Dir wohl Deine Mutter geschrieben haben. Ich fand alle Drei[3] recht munter, vor allem Deinen Vater zwar ganz weißhaarig, aber gesund und frisch aussehend, auch bei guter Stimmung. Natürlich ist die Ungewißheit über die Zukunft für sie schwer zu ertragen. Ilse mochte damals noch gar nicht an eine Auslandsstellung denken. Hast Du gehört, daß Lilli Berg-Platau[4] mit Mann und Kindern nach Palästina geht?

Dir, Tulia[5] und dem prächtigen Hänschen[6] alles Gute und viele herzliche Grüße
Deine Tante Edith

[1] Vgl. Br. 92 Anm. 1. [2] Geburtstag von Auguste Stein: am 4. Oktober.
[3] Werners Mutter Else Gordon geb. Stein, sein Vater Dr. Max Gordon und die ältere seiner beiden Schwestern, Ilse Gordon.
[4] Lilli Berg-Platau, Mitstudentin und Kollegin von Erna Biberstein geb. Stein, der jüngsten Schwester Ediths, die Frauenärztin war. Ihre Praxis lag in Breslau in einem Stadtteil, in dem viele wohlhabende jüdische Familien lebten. Daher übernahm bei ihrem Wegzug Erna die Praxis ihrer Freundin (in der Kaiser-Wilhelm-Str. 80), da jüdische Ärztinnen „Arierinnen" nicht behandeln durften. Edith Stein hat die in diesem Zusammenhang entstandenen Schwierigkeiten geschildert in ihrem Bericht: „Wie ich in den Kölner Karmel kam" (vgl. ESGA 1, S. 357)
[5] Werner Gordons Frau Tulia Duque (vgl. Br. 214 Anm. 2).
[6] Der erste von Werner Gordons sechs Söhnen (geb. 1933); seine einzige Tochter (aus zweiter Ehe) nannte er Edith zu Ehren seiner Tante (geb. 1963). Vgl. Br. 214 Anm. 2.

271

Edith Stein an Hilde Vérène Borsinger[1]

Köln-Lindenthal, 4. VIII. 33
Dürenerstr. 89

Pax!
Liebe Gibi,

schon seit Monaten – nicht erst auf Ihren lieben Gruß von der Riffelalp – habe ich vor, Ihnen zu schreiben. Es unterblieb nicht nur wegen vieler anderer Geschäfte, sondern auch, weil ich über das Wichtigste, was ich Ihnen zu berichten hatte, nicht sprechen mochte. Auch jetzt bitte ich Sie, es als vertraulich aufzunehmen und noch einige Monate darüber zu schweigen. Ich bin am 14. VII. von Münster hierher übergesiedelt: zu den Karmelitinnen. Vorläufig wohne ich noch außerhalb der Klausur, weil ich am 15. VIII. noch einmal für 2 Monate nach Hause gehen will. Aber am 15. X. darf ich in das innerste Heiligtum einziehen. Ich bin dem Umsturz, der mir diesen Weg freimachte, sehr zu Dank verpflichtet. Nur für meine Mutter ist es sehr, sehr schwer, und ich bitte herzlich um Ihr Gebet in der Zeit, in der ich es ihr verständlich zu machen suchen will.

Ob der Klub Hrotsvith[2] mich dann noch als Mitglied brauchen kann? Jedenfalls muß die arme Klosterfrau Ihre Großmut dankbar annehmen und es Ihnen überlassen, die Beiträge zu zahlen. Es wird Ihnen gewiß ein lieber Gedanke sein, daß Sie und Ihr Wirken einen Rückhalt an so einem stillen Ort des Friedens haben.

Mit den herzlichsten Grüßen
Ihre Edith Stein

[1] Vgl. Br. 169 Anm. 4.

[2] Der „Club Hrotsvith – Schweizerischer Verband katholischer Frauen für Literatur, Journalistik und Kunst“ wurde 1932 als e. V. mit Sitz in Luzern gegründet. Hilde Vérène Borsinger war bei dieser Gründung beteiligt und nahm das Amt der Vizepräsidentin wahr. Der Verein änderte später seinen Namen in „Club Hrotsvith – Kunst und Frau“. Benannt ist der Verein nach Hrotsvith (= Roswitha) von Gandersheim (ca. 935 – nach 975), die als hochgebildete Nonne Dramen und Reimlegenden in lateinischer Sprache verfaßte; sie ist wohl die erste mit Namen bekannte Schriftstellerin der deutschen Literaturgeschichte (nach der Vereinszeitschrift vom Mai 1989).

272

Edith Stein an Elisabeth Nicola[1]

Poststempel: Köln-Lindenthal, 7. 8. 33

Briefumschlag:
Abs.: Stein
Köln-Lindenthal/Dürenerstr. 89

Fräulein Elisabeth Nicola
Düsseldorf
Lessingstr. 69

Köln-Lindenthal, 6. VIII. 33
Dürenerstr. 89

Pax!
Liebes Fräulein Nicola,

haben Sie herzlichen Dank für Ihren lieben Brief. Ich darf Ihnen wohl sagen, daß ich mit großer Freude die Umwandlung mit angesehen habe, die im letzten Jahr in Ihnen vorging. Es gibt ja nichts Schöneres auf der Welt als das Wirken der Gnade in einer Seele. Wenn ich dabei als causa secunda[2] mitgewirkt haben sollte, so ist es ganz ohne mein Wissen und ohne meine Absicht geschehen. Aber auch, wenn man so ohne eigenes Zutun Werkzeug sein darf, gibt das eine starke Verbindung. Und so glaube ich, daß unser gemeinsamer Weg nicht zu Ende ist, wenn auch kein lebhafter Briefwechsel und kein häufiges Zusammensein möglich sein wird. Am 16. VIII. habe ich vor, nach Breslau zu gehen (X, Michaelisstr. 38). Dann werden voraussichtlich 2 sehr schwere Monate für mich kommen, und ich bitte Sie besonders um Ihr Gebet für diese Zeit.

Über die Erhaltung Ihres Vereins[3] freue ich mich mit Ihnen. Für Ihre Arbeit wünsche ich Ihnen gutes Gedeihen, für die Ferienzeit Ihnen und Fräulein Lieb[4] recht gute Erholung.

Mit den herzlichsten Grüßen
Ihre Edith Stein

[1] Elisabeth Nicola, als Studentin in Münster Mitbewohnerin im Marianum, geb. am 25. 6. 1908 in Düsseldorf, gest. am 30. 5. 1989 in Aachen, trat dem Orden der Töchter vom Herzen Mariä bei und arbeitete bis zu ihrer Pensionierung im Schuldienst.
[2] Zweitursache (vgl. Br. 121 Anm. 11).
[3] Verein katholischer deutscher Lehrerinnen, der sich der von den Nationalsozialisten gewollten „Gleichschaltung" jahrelang erfolgreich widersetzte, bis 1937 die Zwangsauflösung erfolgte.

[4] Helene Lieb, Freundin von Elisabeth Nicola, geb. am 27.7.1909 in Düsseldorf, gest. am 4.7.1991 in Köln, wohnte während des Studiums in Münster im Marianum und lernte dort Edith Stein kennen. Sie trat später in den Kölner Karmel ein.

273

Edith Stein an Margarete Günther[1]

Köln-Lindenthal, 9. VIII. 33[2]

Pax!
Liebes Fräulein Dr. Günther,

heute bekam ich diesen Wunschzettel. Meine Nichte[3] wird nicht mehr zum Staatsexamen zugelassen und hat sich nun Hals über Kopf zur Mittelschullehrer-Prüfung gemeldet, ehe auch die gesperrt wird. Glauben Sie, daß Sie uns etwas von den gewünschten Büchern – ich besitze sie alle nicht – vom Institut für einige Zeit schicken lassen könnten? Ich wäre sehr dankbar. Aber natürlich nur, wenn es ohne Unannehmlichkeiten für Sie und die andern geht.

Für Ihren Feriengruß herzlichen Dank. Grüßen Sie, bitte, die andern am Institut, wenn Sie hinkommen.

Ab 16. VIII. bin ich Breslau X, Michaelisstr. 38.

Herzlichst Ihre Edith Stein

[1] Vgl. Br. 212 Anm. 1.
[2] In der Hs. steht irrtümlich 9. V. 33.
[3] Erika Tworoger (vgl. Br. 121 Anm. 8).

274

Edith Stein an Agnella Stadtmüller[1]

Ansichtskarte: Maria Laach, Klostergarten

Poststempel: Andernach (Bz. Koblenz)
In die Ass⟨umptionis 15.8.⟩ 33

Ehrw. Sr. M. Agnella O. P.
St. Katharina
Gemünd
Eifel

Pax!
Liebe Schwester,

mein Patenkind schenkt mir dieses herrliche Fest in Aachen[2]. Heute abend fahre ich nach Breslau weiter. Können Sie mir durch Sr. Callista[3] eine Adresse in England verschaffen, um ein 17jähriges Mädchen (Nichte unserer M. Pr⟨iorin⟩[4], Lyzeumsabsolventin) au pair unterzubringen? Unser Wiedersehen ist nur aufgeschoben. Ihnen und allen lieben Schwestern herzliche Grüße,

Ihre E. St.

[1] Vgl. Br. 48 Anm. 1.
[2] Irrtümlich für „Maria Laach". – Hedwig Spiegel geb. Heß, Katechumena Edith Steins, geb. am 5. 7. 1900 in Waldorf/Baden, gest. am 4. 2. 1981 in Heidelberg, fuhr mit Edith Stein zum Hochfest Mariä Himmelfahrt in die Benediktinerabtei Maria Laach. Hedwig Spiegel (Hede) war am 1. August 1933 im Kapitelzimmer des Kölner Doms von Prälat Dr. Albert Lenné getauft worden, und Edith Stein war ihre Patin. – Hedwig Spiegel und Agnella Stadtmüller haben bestätigt, daß es sich bei „Aachen" um ein Verschreiben Edith Steins gehandelt hat. Der Poststempel von Andernach bezeugt, daß Maria Laach der gemeinte Ort war.
[3] Callista Kopf (vgl. Br. 59 Anm. 1).
[4] Josepha Wery (vgl. Br. 264 Anm. 4).

275

Edith Stein an Susanne Biberstein[1]

Eintragung ins Poesiealbum

20. VIII. 33

Der Herr ist mein Licht und mein Heil – wen sollte ich fürchten?[2]
Zur Erinnerung an Deine Tante Edith

[1] Susanne Biberstein, Nichte Edith Steins, geb. am 25. 9. 1921 in Breslau, Tochter von Erna Biberstein geb. Stein und Hans Biberstein, lebt in Santa Rosa, CA (USA), vermählt mit Alfred Batzdorff.
[2] Ps 27, 1.

276

Edith Stein an Adelgundis Jaegerschmid[1]

Breslau, 27. VIII. 33

Pax!
Liebe Sr. Adelgundis,

herzlichen Dank für Ihre Mitfreude. Sr. Placida[2] kann Ihnen berichten, was ich ihr von meinen ersten Karmelfreuden erzählt habe. In via[3] sind auch wir, denn der Karmel ist ein hoher Berg, den man von unten an heraufsteigen muß. Aber eine übergroße Gnade ist es, diesen Weg zu gehen. Und Sie dürfen mir glauben, daß ich in den Gebetsstunden immer besonders derer gedenke, die gern an meiner Stelle wären. Und helfen Sie mir, daß ich würdig werde, im innersten Heiligtum der Kirche zu leben und für die einzustehen, die draußen wirken müssen.

In caritate Xi. Ihre Edith

[1] Vgl. Br. 80 Anm. 1.
[2] Vgl. Br. 38 Anm. 1.
[3] Auf dem Wege.

277

Edith Stein an Agnella Stadtmüller[1]

Breslau X, 27. VIII. 33
Michaelisstr. 38

Pax!
Liebe Sr. Agnella,

einen herzlichen Willkommengruß zum Heraustreten aus den hl. Exerzitien. Vielen Dank für die Adressen von Sr. Roswitha[2]; ich habe sie nach Köln weitergeschickt. – Die Aufklärung über das gescheiterte Treffen hat mich nicht überrascht, und ich finde es so viel schöner, als wenn es anders wäre. Dann darf man auch später wieder darum bitten, wenn sich eine Gelegenheit bietet. Natürlich werden Sie mir auch später schreiben dürfen. Nur wird es von den Vorgesetzten abhängen, ob ich antworten darf. Ich bin überzeugt, daß ich es immer darf, wenn damit einer Seele ein Liebesdienst geschieht. Denn das „maior horum caritas"[3] steht bei uns über allen andern Regeln. – Meine Mutter freut sich vorläufig nur meiner Gegenwart und hat in den 10 Tagen noch keine Frage gestellt. Ich warte ruhig, bis sie bereit sein wird zu hören. In den nächsten Tagen zieht die Familie Biberstein[4] aus unserm Haus ans andere Ende der Stadt, weil meine Schwester die Praxis einer Freundin übernimmt, die nach Palästina geht[5]. Den täglichen Umgang mit meiner Schwester und den Kindern künftig entbehren zu müssen, ist für meine Mutter sehr hart. – Ich freue mich herzlich, daß der Himmel Ihnen einen Paraklet[6] geschickt hat. Ich finde, dafür hat man nur zu danken. Es ist Gottes Wille, daß einer des andern Last trage. An M. Priorin in Speyer[7] habe ich lange nicht geschrieben. Ich will es erst tun, wenn die Unterredung mit meiner Mutter vorbei ist und ich frei sprechen kann. Bitte, sagen Sie M. Pr., ich dächte täglich an die lieben Toten von St. Magdalena; aber zum Schreiben sei ich nicht gekommen, weil die letzten Wochen so ereignisreich waren. Aus demselben Grunde konnte ich auch nicht an Mutter Hyacintha[8] zum Namenstag schreiben. Auch ihr werden Sie meine Grüße sagen, nicht wahr? Und besonders herzliche an die Würdige Mutter[9], die Pfortenschwestern, Sr. Callista[10]. – Heute ist das Fest der Herzdurchbohrung der hl. Theresia.[11]

In caritate Xi Ihre E. St.

[1] Vgl. Br. 48 Anm. 1.
[2] Roswitha Rothenanger OP, Dominikanerin von St. Magdalena in Speyer, geb. am 2.1.1904 in Speyer, gest. am 23.4.1965 in Ludwigshafen, hatte die von Edith Stein gewünschten Adressen zusammengestellt (vgl. Br. 274).
[3] Das Größte unter ihnen ist die Liebe (1 Kor 13,13).
[4] Ediths Schwester Erna Biberstein, deren Mann Hans Biberstein und ihre Kinder Susanne und Ernst Ludwig.
[5] Lilli Berg-Platau (vgl. Br. 270 Anm. 4).
[6] Beistand, Tröster, aus dem Griechischen in die Kirchensprache übernommenes Wort, meist auf den Heiligen Geist weisend (Joh 14,16 u.ö.); von Edith Stein wahrscheinlich auf einen geistlichen Berater bezogen.
[7] Paula Diez OP (Maria, geb. am 1.1.1877 in Ballinghausen/Unterfranken, gest. am 10.4.1956 in Speyer).
[8] Hyacintha Bally OP, Dominikanerin in St. Magdalena in Speyer, geb. am 17.6.1859 in Burrweiler, gest. am 21.8.1941 in Speyer.
[9] Generaloberin Ambrosia Heßler (vgl. Br. 119 Anm. 6).
[10] Callista Kopf (vgl. Br. 59 Anm. 1).
[11] Gedenktag an ein mystisches Erlebnis, das Teresa v. Avila in ihrer Autobiographie erzählt: ein Cherub durchstach mit einem feurigen Pfeil ihr Herz (in: Sämtliche Schriften der hl. Theresia von Jesus, Erster Band, Das Leben der Heiligen, 29. Hauptstück, 15. Abschnitt). Seit der Liturgiereform des II. Vatikanums ist das Gedenken nicht mehr verpflichtend; es ist im Ordensbrevier für den 26.8. verzeichnet.

278

Maria Schäfer[1] an Edith Stein

Bildkarte mit Photo: Erzabt Raphael Walzer O. S. B. mit drei Christenkindern, Japanreise 1933
Aufdruck: Menschensorge für Gottes Reich

Beuron, am 8. 9. 33

† Benedicite![2]

Ihnen, sehr verehrtes Fräulein Dr. Stein, aus der Erinnerung an manche Festzeit in Beuron ein herzliches Gedenken. Diesmal war es ein eigen schönes Fest, das ich hier mitfeiern durfte: Priesterweihe. Rev⟨erendus⟩ Vater Erzabt[3] hat in der Primizpredigt für seine jungen Priestermönche unvergeßlich tiefe Worte gefunden; ich wünschte, Sie hätten sie hören können.

Mit herzlichem Gruß
Ihre sehr ergebene Maria Schäfer

[1] Maria Schäfer war eine junge Bekannte Edith Steins aus Frankfurt, die sie in Beuron kennengelernt hatte.
[2] Preiset ⟨den Herrn⟩! Benediktinischer Gruß.
[3] Raphael Walzer OSB (vgl. Br. 90 Anm. 3).

279

Edith Stein an Nina Courant[1]

Breslau X, 9. IX. 33
Michaelisstr. 38

Liebe Nina,

diese Photosammlung hat sich neulich gefunden, als große Räumerei in unserm Hause war. Sie stammt sicher von Nelli[2]. Wir fanden, daß Du das nächste Anrecht darauf hast. Für mich ist es ein Anlaß, endlich an Euch zu schreiben. Ich habe es seit Monaten vor, weil ich natürlich immer gern hören wollte, was aus Euch wird. Als ich am 16. VIII. herkam, wurde mir gesagt, Richard sei in Konstantinopel. Gestern wurde es dementiert und statt dessen berichtet, er habe einen Ruf nach Cambridge und sei schon dort. Wirst Du mal Zeit finden, mir ein paar Zeilen zu schreiben?

Ich habe im Sommer auch keine Vorlesungen mehr gehalten, bin aber in Münster geblieben, bis ich wußte, wo meine neue Heimat sein wird. Mitte

Juli bin ich in diese neue Heimat übergesiedelt, ins Kloster der Karmeliterinnen in Köln-Lindenthal. Ich war einen Monat als Gast dort. Jetzt bin ich hier auf Urlaubskarte, die am 13.X. abläuft. Dann gehe ich für dauernd zurück. D.h. wohl nicht für immer, denn es wird eben jetzt die Gründung eines Tochterklosters dieses Kölner Hauses vor den Toren von Breslau vorbereitet, und ich werde wohl bald in dieses neue Haus übernommen werden. Meiner Familie wegen wäre mir das sehr lieb[3]. – Ich bitte Dich herzlich, über meine Pläne ganz zu schweigen, bis ich in Köln bin. Ich bin sehr glücklich darüber, daß ich endlich dorthin gehen darf, wohin ich längst gehöre. Aber meine Mutter ist noch nicht im Bilde. Sie weiß, woher ich kam und wohin ich gehe, aber es ist ihr noch nicht klar, daß dies den Eintritt in den Orden bedeutet. Ich warte mit der Aufklärung, bis sie eine Frage an mich stellt, und erspare es ihr gern noch eine Weile, weil sie eben jetzt viel andern Kummer hat. Meine Schwester Erna[4] hat natürlich ihre Kassenpraxis verloren und damit fast die gesamte Praxis. Nun wurde ihr angeboten, die Praxis einer Freundin zu übernehmen, die nach Palästina geht. Da dort (Kaiser Wilhelmstr.) meist jüdisches Publikum und mehr Privatpraxis ist, sind die Aussichten noch günstiger. Die Sprechstunde hat sie schon verlegt, die Familie wird bald nachfolgen. Meiner Mutter fällt es sehr schwer, daß sie Erna und die Kinder nicht mehr täglich um sich haben soll. Mein Schwager ist – als Frontkämpfer – noch unangefochten Oberarzt der Hautklinik, hat auch im Sommer noch lesen können. Natürlich ist er ständig auf Beurlaubung gefaßt. – Wie mag es Deiner lieben Mutter gehen?

Von uns allen herzlichste Grüße,
Deine Edith.

[1] Nina Courant geb. Runge, die zweite Frau des Göttinger Mathematikers Prof. Richard Courant, Vetters Edith Steins. Nina war geboren am 23.11.1891 in Hannover, emigrierte 1934 mit Mann und Kindern in die USA und starb am 6.5.1991 in New Rochelle.
[2] Nelli geb. Neumann war die erste Frau von Richard Courant. Sie war 1886 in Breslau geboren, ging später wieder als Mathematikerin in den Schuldienst (u.a. in Essen) und starb (wurde ermordet?) 1942 in Minsk.
[3] Dieser Plan zerschlug sich.
[4] Erna Biberstein geb. Stein und Hans Biberstein (vgl. Br. 10 Anm. 1).
[5] Lilly Berg-Platau (vgl. Br. 270 Anm. 4).

280

Edith Stein an Callista Kopf[1]

Breslau X, 13. IX. 33
Michaelisstr. 38

Pax!
Liebe Schwester Callista,

herzlichen Dank für Ihren lieben Brief mit den Adressen. Bitte, beten Sie jetzt besonders für mich und veranlassen Sie auch Sr. Agnella[2] dazu, wenn Sie sie sehen. Die ersten 2½ Wochen hier waren sehr friedlich, bis meine Mutter nach meinen Absichten fragte. D. h. friedlich ist es auch jetzt; es ist auf die erste Unterredung über dieses Thema keine zweite gefolgt. Aber ich weiß doch, daß meine Mutter sich nur einigermaßen beruhigt hat, weil sie im stillen hofft, daß ich es doch nicht fertigbringen werde, das Schrecklichste zu tun, was sie sich denken kann. Helfen Sie mir, daß ich gehen kann, wie es beabsichtigt war: am 13. X. läuft meine Ferienkarte ab, und ich sollte das Fest unserer heiligen Mutter[3] schon in der Klausur feiern. Wenn mir diese übergroße Gnade zuteil wird, dann seien Sie sicher, daß Sie mit allen Ihren Anliegen in all mein Beten und Opfern immer eingeschlossen sein werden. Ich denke, Sie werden mich dann auch einmal von Gemünd aus besuchen dürfen. Und selbstverständlich dürfen Sie auch schreiben.

Herzlichen Dank auch noch für den Brief vom Karmelfest[4], das ich ja schon in Köln feiern durfte, und viele Grüße

Ihre E. S.

[1] Vgl. Br. 59 Anm. 1.
[2] Agnella Stadtmüller (vgl. Br. 48 Anm. 1).
[3] Teresa v. Avila, Gründerin der Unbeschuhten Karmelitinnen, geb. am 28. 3. 1515 in Avila, gest. am 4. 10. 1582 in Alba de Tormes; sie war Mystikerin und Schriftstellerin; 1970 erhielt sie als erste Frau den Titel einer Kirchenlehrerin. Ihre Werke zählen zur Weltliteratur.
[4] Hochfest Unserer Lieben Frau vom Berge Karmel am 16. Juli.

281

Edith Stein an Petra Brüning[1]

Breslau X, 17. IX. 33
Michaelisstr. 38

Pax Xi!
Liebe Würdige Mutter,

verzeihen Sie, daß ich Ihren lieben, gütigen Brief vom 19. VIII. bis heute ohne Dank ließ. Er traf mich schon in Breslau (ich bin seit dem 16. VIII.

hier), und in dem Hangen und Bangen der letzten Wochen war es schwer zu schreiben: man möchte darein doch andere Menschen möglichst wenig hineinziehen. Meine Mutter hat über zwei Wochen lang gar nicht nach meinen Absichten gefragt, weil sie sich die Freude des Zusammenseins nicht trüben lassen wollte. Vor 2 Wochen kam die Frage und dann natürlich verzweifelte Abwehr. Es ist auf diese Unterredung keine zweite gefolgt, und meine Angehörigen sind genau so liebevoll zu mir wie vorher. Aber ich bin sicher, meine Mutter hält sich nur mit der Hoffnung aufrecht, daß ich ihr dies doch nicht antun werde, und der Abschied wird noch sehr schwer werden. Indessen wird von zwei lieben Schwestern[2] eifrig hier an der Gründung eines Karmel vor den Toren von Breslau gearbeitet, und ich habe alle Aussicht, schon im nächsten Jahr von Köln hierher versetzt zu werden. So besteht die Hoffnung, daß ich meiner Familie in den kommenden, sicher noch sehr schweren Jahren aus nächster Nähe werde beistehen können. Unsere beiden Schwestern sind hier im Ursulinenkloster[3] zu Gast; so bin ich jetzt öfters in diesem Haus.

Mutter Subpriorin[4] schrieb mir, das Brevier sei bestellt. Ich hoffe, das Herbstbändchen[5] wird noch hierher kommen, und ich werde das Fest der kl⟨einen⟩ Theresia[6] schon damit feiern können. Sonst jedenfalls das unserer Hl. Mutter[7], das ich ja schon in der Klausur feiern soll; am 13. X. läuft meine Ferienkarte ab. – Die Eigenmessen des Ordens der Unbeschuhten Karmeliten sind als Anhang zum Schott im Verlag Skapulier, Linz a. Donau, Landstr. 33 erschienen.

Wenn ich Sie in Köln bald einmal begrüßen dürfte, würden Sie mir und meinen lieben Schwestern eine große Freude bereiten. Gewiß dürfen wir auch hoffen, daß Sie meiner Hl. Einkleidung – Deo volente[8] im April oder Mai – beiwohnen werden.[9]

Von Frl. Dr. K⟨antorowicz⟩[10] habe ich seit Köln nichts mehr gehört. Ich hoffe, daß sie sich bei Ihnen wieder melden wird und daß Sie im Einverständnis mit H⟨och⟩w⟨ürden⟩ Herrn P. Prior[11] ihr zur Klarheit verhelfen können. Ich weiß, daß das eine schwere Arbeit bedeutet.

Mit dem herzlichen Wunsch, daß Ihre Exerzitien Ihrem Haus reichen Segen gebracht haben möchten, grüße ich Sie in herzlicher Dankbarkeit.

In der Liebe Xi. Ihre Edith Stein

[1] Vg. Br. 239 Anm. 1.

[2] Es waren Marianna Gräfin Praschma (vgl. Br. 266 Anm. 2) und Marie-Elisabeth von Jesus (Leopoldine Gräfin Stolberg-Stolberg), geb. am 13. 9. 1872 in Gimborn/Rheinland, gest. am 2. 1. 1948 auf Schloß Neuburg an der Kammel, best. auf dem Klausurfriedhof des Karmels in Welden bei Augsburg. Sr. Marie-Elisabeth war in Rom in den Orden eingetreten und schloß sich 1933 Sr. Marianna, ihrer Kusine, für die Neugründung in Breslau an.

[3] In Breslau am Ritterplatz.

[4] Teresia Renata vom Hl. Geist (Resi Posselt), damals Subpriorin und Novizenmeisterin, später Priorin und erste Biographin Edith Steins, geb. am 28.4.1891 in Neuß, gest. am 23.1.1961 in Köln.
[5] Das damalige Römische Brevier, das im Karmel gebetet wird, war in vier Bände geteilt; hier: Pars autumnalis.
[6] Gemeint ist hier die hl. Therese vom Kinde Jesu (Therese Martin) aus dem Karmel von Lisieux, deren Fest am 3. Oktober (jetzt am 1.10.) begangen wurde.
[7] Teresa v. Avila (vgl. Br. 280 Anm. 4).
[8] Wenn Gott will.
[9] Edith Stein wurde am 15.4.1934 eingekleidet und erhielt den Namen Teresia Benedicta vom Kreuz.
[10] Ruth Kantorowicz (vgl. Br. 264 Anm. 3).
[11] Bonaventura Rebstock OSB (vgl. Br. 243 Anm. 3) aus der Abtei Gerleve bei Coesfeld.

282

Edith Stein an Margarete Günther[1]

Breslau X, 18. IX. 33
Michaelisstr. 38

Pax!
Liebes Fräulein Günther,

herzlichen Dank für Ihren lieben Brief. Ja, anfangs hatte ich wohl gedacht, daß erst noch von Ihnen etwas kommen würde. Aber jetzt war ich schon lange auf dem Sprung, Ihnen zu schreiben. Meine Mutter[2] war die ersten Wochen nur froh, mich hier zu haben, und fragte gar nicht nach meinen Absichten. Vor 14 Tagen stellte sie die Frage und war natürlich ganz entsetzt. Seitdem haben wir nicht mehr über das Thema gesprochen. Es sind alle genau so gut zu mir wie vorher, aber den Abschied darf ich mir gar nicht ausmalen. Am 13. X. läuft meine Ferienkarte ab, wahrscheinlich werde ich am 12. abends[3] reisen. Indessen ist eifrig hier auf unsere Klostergründung hingearbeitet worden. Ich habe Aussicht, schon während meines Noviziats in die Neugründung übernommen zu werden. Wenn auch meine Mutter jetzt der Überzeugung ist, daß sie mich lieber in Südamerika[4] an einer Schule wüßte als hier im Kloster, so glaube ich doch, daß das später wesentlich anders aussehen wird. Meine Mutter hat eben jetzt sehr viel andere Sorgen. Meine verheiratete Schwester[5] (die Frauenärztin) hat die Wohnung in unserm Hause aufgeben müssen, um in einem andern Stadtteil die Praxis einer Freundin zu übernehmen. Der Abschied von ihr und den Kindern (die in unserm Hause geboren sind) war sehr schmerzlich. Außerdem steht nun die Hälfte des Hauses leer, und es gibt seit Wochen aufreibende Unterhandlungen mit Leuten, die sie besichtigen und im letzten Augenblick wieder zurückzucken[6]. – Meine Nichte[7] steckt ganz in der Arbeit; darum hat sie Ihnen bisher auch noch nicht für Ihre Güte gedankt. Die Bücher hat sie bis auf eines an das Institut zurückgeschickt. Dieses eine arbeiten wir eben zusammen durch, weil sie sich in der Psychologie allein nicht zurechtfindet. An das Institut habe ich natürlich öfters gedacht, seit ich weiß, daß der Lehrerverein aufgelöst ist und der Lehrerinnenverein wahrscheinlich folgen wird[8]. Es wird also wohl in Münster kein W⟨inter⟩S⟨emester⟩ mehr geben? Bitte, grüßen Sie Fräulein Holz und Fräulein Heike[9] von mir und nehmen Sie selbst die herzlichsten Grüße und viele gute Wünsche von

Ihrer dankbaren Edith Stein

Diesem Brief lag ein Kärtchen von Erika Tworoger bei:

Sehr geehrtes Fräulein Doktor,
haben Sie vielen Dank für Ihre große Liebenswürdigkeit! Zur Prüfung bin ich zugelassen, hoffentlich bestehe ich sie. Nochmals besten Dank und Gruß

Ihre Erika Tworoger

1 Vgl. Br. 212 Anm. 1.
2 Vgl. Br. 12 Anm. 11.
3 Edith Stein reiste am Morgen des 13. 10. von Breslau ab (vgl. ESGA 1, S. 360 f.).
4 Edith Stein hatte noch in Münster ein Angebot an eine Schule in Südamerika (Näheres ist nicht bekannt) erhalten, aber da war die Entscheidung zum Karmel schon gefallen (vgl. ESGA 1, S. 350).
5 Erna Biberstein geb. Stein zog mit ihrem Mann Dr. Hans Biberstein und den Kindern Susanne und Ernst Ludwig in die Kaiser-Wilhelm-Straße 80.
6 Dank der Bemühungen Edith Steins und dem Entgegenkommen der kirchlichen Oberen der (evangelischen) Kirche „Zu den elftausend Jungfrauen“ (eine Reminiszenz an die Verehrung der hl. Ursula mit ihren Gefährtinnen) konnten die leerstehenden Räume an die Pfarrgemeinde vermietet werden (vgl. ESGA 1, S. 358. Dazu auch: Franz Heiduk, Edith Steins Begegnung mit dem Stadtdekan von Breslau, in: „Schlesien“, Zeitschrift für Kunst-Wissenschaft-Volkskunde, Jg. XXXIII, Heft III, 1988).
7 Erika Tworoger (vgl. 121 Anm. 8).
8 Der Lehrerverband hatte sich selbst aufgelöst, während die katholischen Lehrerinnen sich weigerten, bis sie 1937 zwangsaufgelöst wurden.
9 Mitarbeiterinnen von Margarete Günther.

283

Edith Stein an Erna Herrmann[1]

27. IX. 33

Pax Xi!
Liebes Fräulein Herrmann,

besondern Dank für das schöne Bildchen. Ich war am 10./11. August in Trier und habe lange vor dem wunderschönen Gnadenbild[2] knien dürfen.

Da ich höre, daß Sie vielleicht bald fortgehen werden[3], möchte ich Ihnen noch herzliche Wünsche mit auf den Weg geben.

Mit den besten Grüßen
Ihre Edith Stein

[1] Vgl. Br. 84 Anm. 1.
[2] Ein Marienbild in der Gnadenkapelle der Benediktinerabtei St. Matthias in Trier.
[3] Erna Herrmann emigrierte nach Belgien und konnte dort der Verfolgung entgehen. Sie arbeitete zunächst in Eeklo als Handarbeitslehrerin an einem Mädchengymnasium (ab 1. 11. 1933). Am 16. 7. 1938 heiratete Erna den Witwer Firmin Haven, der drei unmündige Kinder hatte. Das Ehepaar arbeitete während des Krieges mit großem Einsatz in der Caritas und erhielt von Pius XII. die Auszeichnung Pro Ecclesia et Pontifice.

284

Edith Stein an Gertrud von le Fort[1]

Breslau X, 9. X. 33
Michaelisstr. 38

Pax Xi!
Liebe Gertrud le Fort,

über Ihren lieben Brief habe ich mich herzlich gefreut. Es tut mir in diesen schweren letzten Tagen so gut, wenn etwas von den Menschen zu mir kommt, die meinen Weg verstehen – im Gegensatz zu dem großen Leid, das ich hier verursachen muß und täglich vor Augen habe. Nicht wahr, Sie helfen mir, für meine liebe Mutter[2] bitten, daß ihr die Kraft geschenkt wird, den Abschied zu ertragen, und das Licht, ihn zu verstehen. Ich habe oft gedacht, daß es Ihnen viel bedeuten würde, meine Mutter zu kennen. Eine gewisse Verwandtschaft hat sie mit Veronikas Großmutter[3]; nur ist sie kein Kulturmensch, sondern ganz schlichte und starke Natur.- Natürlich habe ich auch in den letzten Monaten sehr oft an Sie gedacht, seit ich meinen Weg wußte: daß Sie nun den Karmel erst richtig kennenlernen werden, wenn Sie mich in Köln besuchen. Und das wird dann wahrscheinlich schöner als Münster und vielleicht sogar als Beuron. Sie dürfen nicht glauben, daß Sie irgendetwas verlieren. Jeder, der einen Platz in meinem Herzen und in meinem Gebet hat, wird nur gewinnen. Meine lieben Schwestern in Köln werden sich herzlich freuen, wenn Sie kommen, und Sie werden bald merken, daß das Gitter gar keine Schranke ist. Von Aachen ist es ja nur eine Stunde. Nur wird es nicht zu lange mehr dauern dürfen. Sie haben vielleicht gehört, daß ein Karmel nach Breslau kommt und daß ich dann wohl hierher versetzt werde. Allerdings werden Sie hier ebenso wie dort willkommen sein, aber für Sie wäre es doch wohl noch schwerer durchzuführen.

Ich hörte von etwas sehr Schönem, was Sie über das Wesen der Frau geschrieben hätten. Darf ich das einmal zu sehen bekommen?[4]

Wenn ich in dem tiefen Frieden sein werde – es liegt jetzt noch ein Abgrund davor –, dann weiß ich wohl, daß ich ein heiliges Amt für die habe, die draußen sein müssen.

Auf Wiedersehen!
In caritate Xi
Ihre Edith Stein

Ab 13. X. Köln-Lindenthal, Dürenerstr. 89.

1 Vgl. Br. 225 Anm. 8.
2 Vgl. Br. 12 Anm. 11.
3 In Gertrud von le Forts Roman „Das Schweißtuch der Veronika“ (erschienen 1932 bei Kösel & Pustet in München) ist Veronikas Großmutter eine der handlungs- und sinntragenden Gestalten.
4 G. v. le Fort, Die ewige Frau, Kösel & Pustet/München, 1934.

285

Edith Stein an Margarete Günther[1]

Postkarte

Poststempel: Breslau 11. 10. 33

Postwerbestempel:
Große Braune Landes-Messe Schlesien in Breslau vom 14.–22. Oktober 1933
Abs. Dr. E. Stein
Breslau X
Michaelisstr. 38

Fräulein Dr. Grete Günther
Münster i. W.
Gartenstr. 15/II.

11.X. 33

Pax!
Liebes Fräulein Günther,

herzlichen Dank für Ihren lieben Brief. Ich fahre Freitag früh[2] 7.54 hier ab. In Hamm bin ich abends 20.15, habe aber nur 10 Minuten Aufenthalt. Ich werde hinausgucken, nehme aber an, daß Sie nicht kommen, weil es doch zu wenig Zeit und eine so ungünstige Stunde für Sie ist. Ich glaube wohl, daß Sie mich in einigen Wochen schon besuchen könnten. Es wäre am besten, wenn Sie ein paar Tage vorher anfragten, dann würden meine Vorgesetzten entscheiden, ob es ginge. Bitte, denken Sie weiter an uns. Es sind jetzt schwere Tage.

Herzlichst Ihre E. St.

[1] Vgl. Br. 212 Anm. 1.
[2] 13. Oktober.

286

Amata Schäfer[1] an Edith Stein

Ansichtskarte: Der Kaiserdom von Nordwesten (Speyer)

Poststempel: Speyer, 14. 10. 33

Fräulein Dr. Edith Stein
Breslau/Michaelisstr. 38 Bitte, nachsenden, wenn abw⟨esend⟩
korrigiert in: Köln-Lindenthal/Dürenerstr. 89

St. Magd⟨alena⟩, den 12. 10. 33

Sehr verehrtes, lb. Frl. Dr.!

Zu Ihrem Namenstag sende ich Ihnen herzliche Wünsche mit treuem Gebetsgedenken. – Ich habe in den letzten Monaten viel u. mit großer Teilnahme Ihrer gedacht. Hoffentlich geht es Ihnen, den Verhältnissen entsprechend, ordentlich. – Vergessen Sie mich nicht im G⟨ebet⟩. – Gott befohlen, lb. Frl. Dr.! L⟨ie⟩b⟨en⟩ Namenstagsgruß von Ihrer Schw. M⟨aria⟩ Am⟨ata⟩ O.P.

[1] Vgl. Br. 119 Anm. 5.

287

Edith Stein an Margarete Günther[1]

Postkarte

Poststempel: Köln, 13.10.1933, 22–23 h

Abs.: Dr. E. Stein
Köln-Lindenthal/Dürenerstr. 89

Fräulein Dr. Grete Günther
Münster i. W.
Gartenstr. 15 a

13.X.33

Liebes Fräulein Günther,

hoffentlich waren Sie nicht in Hamm: die Auskunft in Breslau war falsch, der Zug ging gar nicht über Hamm, sondern Soest-Hagen. Nun möchte ich Ihnen noch recht herzlich danken für die herrlichen Rosen. Sie kamen am 11. abends an und erfreuten – trotz der sehr gedrückten Stimmung – die ganze Familie. Könnten Sie wohl gelegentlich im Marianum[2] und bei Rosenmöllers[3] sagen, daß ich nun am Ziel sei? Nun braucht es nicht mehr verschwiegen zu werden. Nochmals vielen Dank für alle Ihre Güte.

Ihre E. St.

[1] Vgl. Br. 212 Anm. 1.
[2] Im Collegium Marianum, dem Wohnheim für studierende Ordensfrauen und andere Studentinnen, die alle Edith Stein kannten. Sie dachte sicherlich auch an die Schwestern Unserer Lieben Frau, die das Haus betreuten und von denen nur die Oberin, Sr. M. Alphonsis Schulte (31.7.1883–7.11.1966), von ihren Klosterplänen wußte (vgl. AN2 S. 30, 34 f.).
[3] Vgl. Br. 211 Anm. 4 und Br. 258 Anm. 5.

288

Edith Stein an Callista Brenzing[1]

Postkarte

Poststempel: Kassel, 13. 10. 33
Werbestempel: Luftschutz ist nationale Pflicht. Werdet Mitglied im Reichsluftschutzbund.

Abs.: Dr. E. Stein
Köln-Lindenthal/Dürenerstr. 89

Ehrw⟨ürdige⟩ Frau Callista O.Cist.
Abtei Seligenthal
Landshut i. Bayern

13.X. 33

Pax Xi!
Liebe Frau Callista,

im D-Zug Breslau-Köln schreibe ich Ihnen, um Ihnen meine herzlichen Namenstagswünsche[2] zu senden. Das Fest der hl. Theresia[3] darf ich nun als ihr Kind feiern. Ich trete morgen in den Karmel in Köln-Lindenthal ein. Ich bitte Sie herzlich um Ihr Gebet für meine liebe Mutter.

In treuem Gedenken Ihre Edith Stein

1 Vgl. Br. 70 Anm. 1.
2 Am 14. Oktober, dem Gedenktag des hl. Papstes Callistus.
3 Am 15. Oktober feiert der Karmel das Hochfest der hl. Teresa v. Avila.

Register 1

Adressaten Edith Steins

(Ziffern beziehen sich auf die Dokumentnummer)

Register 2

Verfasser der Briefe an Edith Stein

(Ziffern beziehen sich auf die Dokumentnummer)

Register 3

In diesen Band wurden einige Schreiben mitaufgenommen, die weder von Edith Stein geschrieben noch unmittelbar an sie gerichtet sind. Sie gehören jedoch so in den Zusammenhang des Ganzen, daß die Herausgeber nicht auf die Wiedergabe verzichten wollten. Die Nummern dieser Schreiben sind wie jene der Briefe *an* Edith Stein in Kursivdruck gesetzt. Es handelt sich um folgende Dokumente:

Register 4

In den Dokumenten oder Anmerkungen erwähnte Personen

(Ziffern beziehen sich auf die Dokumentnummer)

Zeitfracht Medien GmbH
Ferdinand-Jühlke-Straße 7,
99095 - DE, Erfurt
produktsicherheit@zeitfracht.de

FSC
www.fsc.org
MIX
Papier | Fördert
gute Waldnutzung
FSC® C083411